高等院校电子商务专业规划教材

电子商务技术与安全

佟晓筠　王　翥　主　编

张　淼　刘　杨　　副主编
闫健恩　许海燕

中国铁道出版社
CHINA RAILWAY PUBLISHING HOUSE

内 容 简 介

本书主要围绕保障电子商务活动的技术及安全性展开，以电子商务安全体系结构作为主线，详细讲解在电子商务系统与交易中涉及的主要编程语言、方法与技术及安全理论。

本书按照“高角度、低起点、实用性、案例性、习题全”的原则进行编写，系统性和实用性强，内容与习题丰富，采用大量实例讲解，图文并茂、深入浅出，具有较强的可读性。

本书适合作为高等院校计算机科学与技术、电子商务、信息安全、网络空间安全、计算机网络、信息管理等专业的教材，也可作为电子商务安全技术培训教材，也可供从事计算机网络安全方面研究与开发设计及相关工程技术人员参考学习。

图书在版编目（CIP）数据

电子商务技术与安全 / 佟晓筠，王翥主编. —北京：中国铁道出版社，2017.8

高等院校电子商务专业规划教材

ISBN 978-7-113-23435-5

Ⅰ. ①电… Ⅱ. ①佟… ②王… Ⅲ. ①电子商务-高等学校-教材 Ⅳ. ①F713.36

中国版本图书馆 CIP 数据核字（2017）第 168699 号

书　　名：电子商务技术与安全
作　　者：佟晓筠　王　翥　主编

策　　划：周海燕　　　**读者热线：**（010）63550836
责任编辑：周海燕　李学敏
封面设计：乔　楚
责任校对：张玉华
责任印制：郭向伟

出版发行：中国铁道出版社（100054，北京市西城区右安门西街 8 号）
网　　址：http://www.tdpress.com/51eds/
印　　刷：虎彩印艺股份有限公司
版　　次：2017 年 8 月第 1 版　2017 年 8 月第 1 次印刷
开　　本：787 mm×1 092 mm　1/16　**印张：**22.5　**字数：**546 千
书　　号：ISBN 978-7-113-23435-5
定　　价：52.00 元

前　言

随着互联网的广泛应用和迅速发展，基于 Web 的电子商务信息发布及交易支付成为商业活动的重要组成部分。电子商务以 Internet 作为通信手段，利用计算机网络宣传自己的产品和服务，同时进行电子交易和资金结算。但是，由于网络的开放性、系统的缺陷与漏洞、恶意攻击、假冒、否认、泄密、网络黑客、通信监听和木马病毒等威胁存在，因此安全是确保电子商务过程顺利进行的必要条件。

电子商务技术与安全是许多高校面向电子商务专业、信息安全专业、网络空间安全学科专业等的一门专业课。本书主要围绕保障电子商务活动的技术与安全性进行展开，以电子商务安全体系结构作为主线，详细讲解在电子商务系统与交易中涉及的编程、方法与技术、安全理论。本教材提供了电子商务系统编程及安全的主要技术及课程的总体框架，通过实用案例导入的方法来介绍电子商务网站编程及安全方面的理论与实用技术。本书力求用图示与讲解相结合的方法编写，每章设有实例与习题。通过本书学习，学生可掌握电子商务的实用技术和电子商务系统工程实际开发技术。

全书共分为 8 章。第 1 章介绍电子商务基础知识，重点讲述电子商务的概念，电子商务的发展历程，电子商务的功能与分类，电子商务系统的层次与组成等，这是掌握电子商务技术的基础；第 2 章介绍电子商务安全知识，指出了电子商务安全存在的问题与威胁，提出了电子商务安全的体系结构和电子商务安全包含的安全技术，这是全书安全技术的基础；第 3 章介绍电子商务系统建设，主要包括电子商务网站的规划与设计，Web 服务器的设计原理，基于 Web 数据库的开发技术及电子商务网站整体系统建设等，这是学会设计电子商务系统网站的基础；第 4 章介绍密码技术在电子商务中的应用，主要介绍一些密码学基础知识，常用的分组与公钥加密算法，重点介绍加密技术在电子商务安全中如何应用；第 5 章介绍网络安全知识与安全组网技术，重点介绍网络通信威胁与信息传输安全，网络协议的安全性，安全组网技术，防火墙技术，入侵检测技术以及网络常见的攻防技术，并以实例介绍安全组网技术；第 6 章介绍电子商务认证技术，重点介绍数字证书及 X.509 证书的内容，认证中心 CA 的功能及结构，PKI 的组成及功能，并以实例介绍电子商务认证技术的应用；第 7 章介绍电子商务安全协议技术，重点介绍 SSL 和 SET 协议技术，并用实例介绍 SSL 和 SET 协议的应用；第 8 章介绍安全电子支付技术，重点介绍电子支付系统的结构与类型及电子支付的手段。

在本书的编写过程中，我们吸取教学过程中的"项目驱动教学法""案例教学"的特点，并吸收了其他研究人员的研究成果。在本书编写过程中作者主要参考了近年出版的一些文献资料，已在参考文献中列出。

本书由佟晓筠、王翥任主编，张淼、刘杨、闫健恩、许海燕任副主编。全书编写分工如下：佟晓筠、王翥编写第 1 章、第 2 章和第 8 章，闫健恩、佟晓筠、王翥编写第 3 章，刘杨编写第 4 章，张淼编写第 5 章，许海燕、佟晓筠、王翥编写第 6 章和第 7 章，全书由佟晓筠教授制定教材大纲及统稿。

由于编写时间仓促，作者水平有限，书中难免存在一些不足和疏漏，殷切希望广大读者批评指正。

编　者
2017 年 4 月

目　录

第 1 章

电子商务基础知识

电子商务是建立在因特网上的一种商业应用，因特网使得电子商务能够以比较低廉的成本从事较大经济规模的商业活动。电子商务的迅速发展也将给政府的管理、企业的经营、人们的工作和生活带来革命性变革。本章就电子商务基础技术用实例进行全面分析。

实现目标的知识点

- 电子商务的概念
- 电子商务的功能与分类
- 电子商务系统的层次与组成

1.1 电子商务的基本概念

1.1.1 日常生活中的电子商务

进入 20 世纪 90 年代以来，伴随着电子技术和因特网（Internet）的发展，信息技术作为工具被引入到商务活动中，产生了电子商务（Electronic Commerce，EC；或 Electronic Business，EB）。下面来看两个电子商务在生活中的应用。

1. 网上购书

当当网于 1999 年 11 月开通，目前是全球最大的中文网上图书音像城之一，为全世界中文读者提供 30 多万种中文图书和音像商品，每天为成千上万的消费者提供方便、快捷的服务，给全球网上购物者带来极大的方便和实惠。当当网（http://www.dangdang.com）主页如图 1-1 所示。

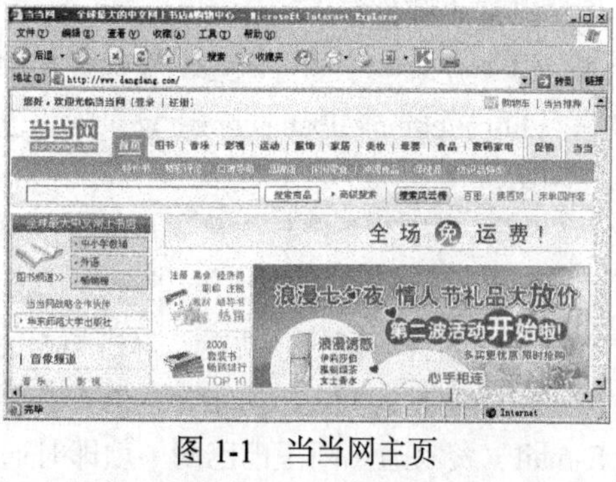

图 1-1 当当网主页

下面是在当当网上购书的例子。

张军是某大学电子商务专业的学生，他想通过网络购买一本《电子商务概论》参考书。购书过程如下。

（1）登录购物网站。在浏览器地址栏中输入当当网地址：http://www.dangdang.com，进入当当网主页。

购物流程：选购商品→注册/登录→填写收货信息→选择送货→选择包装和付款方式→提交订单等待收货。

（2）选购商品放入购物车。在商品搜索栏中选择“在所有图书中”按“商品名”搜索书名为“电子商务概论”的图书，单击“搜索”按钮。当当网将列表显示所有搜索结果。

（3）浏览搜索到的图书，查看其他读者对该图书的评论。选择自己所需要的图书，单击“购买”即可放入购物车。此时可以继续搜索/购买其他图书。

（4）单击购物车中的“去结算中心”，即进入注册/登录页面。

（5）注册/登录。输入邮件地址，选择“我已经登记过，我的密码是”并在下方输入登录密码，单击“下一步”。如果还未注册，需要先开户注册。选择“我还未登记过”，然后进入注册页面，需要输入用于注册的电子邮件地址，设定登录密码完成开户。

（6）填写收货信息。完成注册/登录后，即进入收货信息页面填写收货人的详细信息，包括收货人的姓名、地址、邮编、电话等。

（7）选择送货方式。送货方式有加急送、特快专递和普通邮递等几种，根据所在地区和时间要求，张军选择了“普通邮递”送货方式。

（8）选择付款方式。付款方式有货到付款、邮局汇款、银行电汇、储蓄卡汇款、在线支付等几种。张军选择货到付款。

（9）提交订单等待收货。几天后，张军在学校以近七折的价格收到了他订购的图书。

2．网上交易

阿里巴巴网站创建于 1999 年 3 月，是目前世界上最大的网上贸易市场之一。它将企业与供货商、经销商等关联企业的业务模式转变为以互联网为基础的电子商务模式，相关企业之间在互联网上发布产品和技术信息，以电子邮件或其他基于互联网的通信方式进行交流，在网上寻货、订货、处理订单、跟踪供货、库存和销售情况等。阿里巴巴（中国）网站（http://china.alibaba.com）主页如图 1-2 所示。

图 1-2　阿里巴巴网站主页

深圳九九加一实业有限公司是一个电子产品生产企业，数码照相机是其主要产品，其产品销售几乎全部在阿里巴巴网上完成。他们在阿里巴巴网站的一次营销工作按以下步骤进行。

（1）登录电子商务网站。在地址栏中输入 http://china.alibaba.com，登录阿里巴巴网站。

（2）上传企业产品信息。在阿里巴巴网站主页页面右上方有一个“我的阿里助手”超链接，单击它后便进入“阿里助手首页”，在这里，发布商业信息、上传企业简介和产品目录等，将产品的名称、型号、功能、价格等相关信息进行展示。

（3）客户询问、双方洽谈。客户在阿里巴巴网站上搜索到企业发布的商业信息后，通过 E-mail、贸易通（阿里巴巴的一款即时通信软件）等与企业联系，也可以在企业发布的商业信息后直接留下询问信息。电子商务操作人员每天的主要工作就是对意向客户留下的需求信息进行回复。

（4）达成协议后客户支付。经过数轮协商，双方达成协议后，若客户同意购买产品，则需要先付款。

（5）款到发货。收到客户货款后，立刻发货。

（6）客户收货后确认。客户收到货物后进行确认，交易完成。

1.1.2　电子商务的概念

通过两个例子，我们感觉到电子商务使人们的日常购物变得很方便而且对企业也有好处，那么，究竟什么是电子商务呢？

以下就是自电子商务诞生以来，国际上几个常见的电子商务的定义。

（1）欧洲议会对电子商务的定义：电子商务通过电子方式的商务活动。不仅包括货物电子贸易和服务、在线数据传递、电子资金划拨、电子证券交易、货运单证、商业拍卖、合同设计和工程、在线资料、公共产品获得等有形商品的商务活动，而且包括无形商品（服务）的商务活动，如信息服务、金融服务、法律服务、健身服务、教育服务等。

（2）国际商会对电子商务的定义：电子商务（E-commerce）是指对整个贸易活动实现电子化。它的技术是一种多技术的集合体，包括交换数据（如电子数据交换、电子邮件）、获得数据（共享数据库、电子公告牌）以及自动捕获数据（条形码）等。它的商务包括：信息交换、售前售后服务、销售、电子支付、运输、组建虚拟企业、公司和贸易伙伴可以共同拥有和运营共享的商业方法等。

（3）加拿大电子商务协会定义：电子商务是通过数字通信进行商品和服务的买卖以及资金的转账，它还包括公司间和公司内利用电子邮件（E-mail）、电子数据交换（EDI）、文件传输、传真、电视会议、远程计算机联网所能实现的全部功能（如市场营销、金融结算、销售以及商务谈判等）。

（4）美国政府对电子商务的定义：美国政府在其全球电子商务纲要中，对电子商务进行了比较笼统的定义：电子商务是通过 Internet 进行的各项商务活动，包括广告、交易、支付、服务等活动，全球电子商务将会涉及各个国家或地区。

（5）美国 IBM 公司对电子商务的定义：它的概念包括三部分：企业内部网（Intranet）、企业外部网（Extranet）、电子商务（E-commerce）。它所强调的是在网络计算环境下的商业化应用，不仅仅是硬件和软件的结合，也不仅仅是通常意义下强调交易的狭义的电子商务，而是把买方、卖方、厂商及其合作伙伴在因特网、企业内部网和企业外部网结合起来的应用。它同时强调这三部分是有层次的：只有先建立良好的 Intranet，建立好比较完善的标准和各种信息基础设施，才能顺利扩展到 Extranet，最后扩展到 E-commerce。

尽管关于电子商务的定义如此之多，但并没有完全统一、标准的认识，正说明了电子商务的发展性。本书结合目前世界上的主流认识，给出如下定义供参考。

电子商务，简单讲就是指借助 Internet 为主的现代网络工具来完成或辅助完成的商业交易活动。具体一点讲，就是把卖家与买家以及相关的合作伙伴借助现代通信网络平台（Internet、Intranet 和 Extranet）与原有的系统结合起来进行的商业活动。

在交易内容上，笔者认为，网上的商品可以是有形的实体（如图书、计算机及鲜花等），也可以是一些无形的数字化商品或服务（如数字电影文件、计算机软件、网络多媒体课件、网上有偿信息、网络游戏服务、网络金融服务等）。总之，只要基于 Internet 存在着商品或服务的有偿交换，就可称为电子商务。

电子商务的业务流程主要包括网上商务信息交换、网上订单处理或电子合同签订、网络支付与结算、商品物流配送以及售前售后服务等。

1.1.3 电子商务与传统商务的比较

1. 传统商务

电子商务与传统商务活动相比，其商务运作过程有着本质的差别。传统商务的运作过程是企业在具体进行一个商贸交易过程中的实际操作步骤和处理的过程，由交易前的准备、贸易磋商、合同与执行、支付与清算等环节组成。

1）交易前的准备

对于商贸交易过程来说，交易前的准备就是供需双方如何能宣传或者获取有效的商品信息的过程。商品供应方的营销策略是通过报纸、电视、户外媒体等各种广告形式宣传自己的商品信息。对于商品的需求者——企业和消费者来说，要尽可能得到自己所需要的商品信息，来充实自己的进货渠道。因此，交易前准备实际上就是商品信息的发布、查询和匹配的过程。

2）贸易磋商过程

在商品的供需双方都了解了有关商品的供需信息后，就开始进入具体的贸易磋商过程，贸易磋商实际上是贸易双方进行口头磋商或纸面贸易单证的传递过程。纸面贸易单证包括询价单、价格磋商、订购合同、发货单、运输单、发票及收货单等，各种纸面贸易单证反映了商品交易双方的价格意向、营销策略管理要求及详细的商品供需信息。在传统商贸活动的贸易磋商过程中使用的工具有电话、传真或邮件等。

3）合同与执行

在传统商务活动中，贸易磋商过程经常通过口头协议来完成，但在磋商过程完成后，交易双方必须以书面形式签订具有法律效应的商贸合同，来确定磋商的结果和监督执行的办法，在产生纠纷时由相应合同仲裁机构进行仲裁。

4）支付过程

传统商贸业务中的支付一般有支票和现金两种方式，支票方式多用于企业的商贸全过程，支票方式支付涉及双方单位及其开户银行；现金方式常用于企业对个体消费者的商品零售过程。

2. 传统商务的局限性

在传统商务活动中往往采取面对面交易或者纸面交易的方式来进行。

由于传统商务活动大部分依靠面对面及书面文档传递，使传统商务具有信息不完善、耗费时间长、花费高、库存和产品积压、生产周期长、客户服务有限等局限性。人们迫切寻找一种新的方式和手段，突破传统商务的局限性。

3. 电子商务

在电子商务环境下，商贸务实的运作过程虽然也有交易前的准备、贸易的磋商、合同的签订与执行以及资金的支付等环节，但是交易具体使用的运作方法是完全不同的，具体表现在以下几个方面。

1）交易前的准备

在电子商务营销模式中，交易的供需信息都是通过交易双方的网址和网络主页完成的，双方信息的沟通具有快速和高效率的特点。

2）贸易的磋商

电子商务中的贸易磋商过程将纸面单证在网络和系统的支持下变成了电子化的记录、文件和报文在网络上的传递过程，并且由专门的数据交换协议保证了网络信息传递的正确性、安全性和快速的特点。

3）合同的签订与执行

电子商务环境下的网络协议和电子商务应用系统的功能保证了交易双方所有的贸易磋商文件的正确性和可靠性，并且在第三方授权的情况下具有法律效应，可以作为在执行过程中产生纠纷的仲裁依据。

4）资金的支付

电子商务中交易的资金支付采用信用卡、电子支票、电子现金和电子钱包等形式以网上支付的方式进行。

1.1.4　电子商务的流

电子商务的任何一笔交易都包含着物流、资金流、商流和信息流，这就是电子商务的四流，如图 1-3 所示。

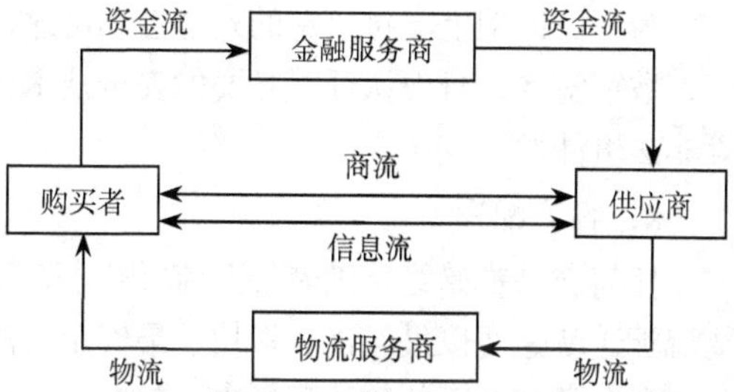

图 1-3　电子商务的流结构

图中，物流主要是指商品和服务的配送和传输渠道，对于大多数商品和服务来说，物流可能仍然经由传统的营销渠道；然而对有些商品和服务来说，可以直接以网络传输的方式进行配送，如各种电子出版物、信息咨询服务、有价信息等。资金流主要是指资金的转移过程，包括付款、转账、结算、兑换等过程。商流指商品或服务所有权的转移，它的标志是提货单、房产证等法律文书。信息流既包括商品信息的提供、促销行销、技术支持、售后服务等内容，也包括诸如询价单、报价单、付款通知单、转账通知等商业贸易单证，还包括交易方的支付能力、支付信誉和中介信誉等。

1.2　电子商务的功能和优势

1.2.1　电子商务的功能

从广义上说，电子商务是一个涉及供应、生产、销售、售后服务等所有环节的庞大而复杂的系统，但是通常所说的一般是狭义的电子商务。狭义的电子商务仅仅涉及与销售和售后服务有关的方面，所以一般它具有广告宣传与信息发布、咨询洽谈、网上订购、网上支付、物流配送、网上市场调研、信息反馈和交易管理等功能。

1. 广告宣传与信息发布

网络具有其他任何媒体无法比拟的实时性、快捷性、方便性、成本低和容量大等特点，企业借助网络的广告宣传和信息发布功能，可以全方位地、实时地进行商品的宣传、展示和营销。

2. 咨询洽谈

传统商务活动中的咨询洽谈一般直接通过面对面方式或借助电话、电报等通信工具来实现，有很大的局限性。而电子商务活动中的咨询洽谈能够跨越时间和空间的限制，并能够利用多种手段和方式予以实现，如在线洽谈、电子邮件、BBS 等。

3. 网上订购

经过咨询洽谈后，顾客对选中的商品可以利用网络的网上订购功能进行网上购物。网上订购通常采用电子邮件方式进行选择和确认，并且可以对于订购信息进行加密和认证，保证交易信息的机密性、完整性和不可抵赖性。

4. 网上支付

支付是商品交易活动中的一个重要环节，网上支付是电子商务为顾客与商家之间进行支付所提供的一个主要的手段。顾客和商家可以利用银行、信用卡公司及保险公司等金融机构提供的金融服务实现网上支付。支付方式可以是信用卡、电子现金或电子支票等。

为了保证网上支付信息的安全性和可靠性，顾客、商家和金融机构之间通常采用信息加密、数字签名、身份认证等必要的安全技术措施和安全协议来保证，防止欺骗、窃听或盗用等非法事件发生。

5. 物流配送

任何交易都始终伴随着信息流、资金流和物流。其中，物流是电子商务的一个重要环节。物流配送就是要以最经济、最快、最安全的配送方式将所购商品送到顾客手中。

在电子商务下的物流配送中，有些商品可以直接通过网络送达客户，如软件、电子读物、信息服务等。而其他一些有形商品则需要借助公路、铁路、水路或航空运输系统来传递。

6. 网上市场调研

市场调研是市场营销的基本组成部分，是制定营销策略的基础和依据。网上市场调研与传统的市场调研相比，其优势在于经济、快捷、方便和客观。它借助网络能够及时准确地收集客户信息，特别是有关消费者的需要、购买动机和购买行为等方面的市场信息，发现潜在客户，为营销决策提供有力的支持。

7. 信息反馈

电子商务的信息反馈功能使得企业能够及时了解和掌握客户对产品的意见和建议，增强客户对企业的信任感和忠诚度。有利于企业不断提高产品质量和服务水平，增强企业的竞争能力。

8. 交易管理

交易管理是涉及商务活动全过程的管理，它涉及企业与企业、企业与客户及企业内部等各方面的协调和管理。电子商务的交易管理是在网络环境下的交易管理，它借助网络能够及时、客观、准确地实现各方之间的沟通与协调，达到管理的目的。

1.2.2 电子商务的优势

电子商务与传统商务活动相比具有许多明显的优点，主要有以下几点。

1．高速高效

计算机网络使得通信速度大大提高，尤其是基于因特网的电子商务使得国际范围内的通信更加快捷，大大提高了业务效率。

2．电子商务可以降低成本，获得较高利润

据调查，使用 Internet 的商家基础设施投资回报率达到 21%~68%。据报道，美国的银行通过 Internet 的交易每笔付费只有 13 美分，而通过文传的交易每笔付费要 26 美分，通过电话交易每笔付费是 54 美分，按照传统方式到银行柜台当面交易每笔付费高达 1.08 美元。

传统交易模式中，必须有许多中间环节，企业销售产品需要经过批发商、零售商等，有人称工业经济为迂回经济。电子商务拉近了厂商与客户的距离，企业可以绕过传统的经销商而直接与客户沟通，客户的需求将直接转化为企业的生产指令，这不仅可以增加企业与消费者之间的联系，并且因减少许多中间环节，使企业大幅度降低经营管理成本，从而改变了传统的市场结构。

电子商务出现后，JIT（Just In Time，零库存）生产就能顺利实现。这样就可大大降低生产和销售成本。

3．覆盖面广

因特网几乎遍及全球的各个角落。卖方通过因特网可以方便地在世界各地寻找市场机会，增加商品的销售；买方也有了更多的选择，可以找到更多的供应商和贸易伙伴。电子商务可以使企业能够更加经济地经营地理上极为分散的、狭小的目标市场。

4．功能更全面

电子商务可以全面支持不同类型的用户实现不同层次的商务目标，如发布电子商情、在线洽谈、建立虚拟商场或网上银行等。

5．电子商务可以加强生产者和消费者之间的联系，提高服务质量

降低成本还不是电子商务的主要目的和收获，改善生产者和消费者之间的关系才是最大的收获。客户可以通过网站及时向供应商反馈产品的质量情况，寻求供应商售后服务的支持，供应商还可以通过网站及时反馈信息，满足客户的需要。

6．24 小时不分时区的商业运作可以增加商业机会

电子商务系统可以使用户得到 24 小时的信息查询和订货服务，可以使商家进行 24 小时的产品宣传和接收订单，方便了用户，提高了效率，同时降低了商家的运营成本。统计表明，电子商场的利用率为 21.04%，比传统商店 7.5%的利用率高出两倍。

7．电子商务有利于企业塑造企业形象，更好地参与市场竞争

按传统商业的做法，塑造一个企业的良好形象，必须花费大量的人力、物力，经过很多人长时间的努力才能做到。利用电子商务就可在短时间内确立自己的企业形象。如果网上公司为顾客提供品种齐全的商品、灵活的折扣条件、可靠的安全性，顾客就会对企业的信誉产生好感，并且会经常购买该企业的商品。良好的企业形象会很快在消费者心目中树立起来。

8．电子商务为虚拟企业的出现创造了条件

虚拟企业是指企业在组织上突破有形的界限，虽有生产、营销、设计、财务等功能，但企业体内却没有完整地执行这些功能的组织。就是说，企业在有限的资源下，为了取得竞争中的最大优势，仅保留企业中最关键的功能，而将其他功能虚拟化，其目的是在竞争中最大效率地发挥企业有限资源的作用。电子商务不但打破了企业之间、产业之间、地区之间的界

限，使现有资源组合成一种没有围墙、超越时空约束、利用电子手段联系、统一指挥的经营实体，为虚拟企业的出现创造了条件。

1.3　电子商务的分类及交易过程

按电子商务双方当事人的不同，电子商务运作模式有企业间电子商务（B2B）、企业对消费者电子商务（B2C）、消费者对消费者电子商务（C2C）和企业对政府电子商务（B2G）等许多种。下面以实例的形式描述这 4 种基本电子商务运作模式。

1.3.1　B2C 网站实例及其交易过程

消费者通过上网浏览决定在某一网站购买某商品后，买卖双方必须通过一定的方式，经过若干次交互后才能完成购买过程。一般而言，不同的网站在线环境会各有其不同的特点和模式，但交易过程大同小易。下面以卓越网为例，分析了解完整的 B2C 的业务流程。

1．登录卓越网站（http://www.joyo.com）

卓越网目前在北京和上海分别有一个网站和配货中心。北京是文化中心，上海是经济和金融中心，在这两地设点的目的和重要性不言而喻。一般而言，消费者向上海或北京站下单都一样，但网站会从经济的角度考虑，选择凡收货人地址在上海站送货上门范围内并选择送货上门的订单将由上海站处理，或由上海站处理更为便利、快速和节约的订单也交由上海站处理。登录了网站，就好像消费者到了现实中的百货店或超市一样，可以开始逛商场或挑选商品了，如图 1-4 所示。

2．注册

如果消费者对某一商品感兴趣并且打算购买，按网站的要求填写个人资料不仅必要而且必需。因为只有这样，网站才有可能把消费者所购买的商品准确及时地送到消费者手中。

消费者按卓越网的要求填写用户名和邮箱地址后即成为卓越的会员，如图 1-5 所示。如果消费者最终下了订单，网站会通过邮箱与消费者做进一步的接洽，比如通知货已发出，了解是否收到货，以及其他售后服务等。

图 1-4　登录卓越网站

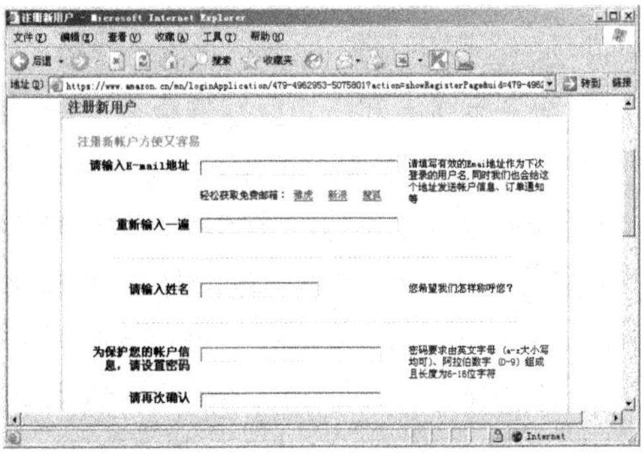

图 1-5　填写姓名和邮箱地址

3．搜索感兴趣或想要购买的商品

卓越网主营影视、音乐、图书、游戏和软件等几大类商品。卓越网与一百多家出版社有

合作，所经营的图书音像制品种类多且齐全，消费者可以各取所需，选择自己想要的商品，如图 1-6 所示。

4. 单击“购买”按钮

消费者选择了自己喜欢的图书或影碟等商品决定购买时，只需将自己选中的商品放进购物车中，并单击“购买”按钮，这跟现实中逛超市选商品一样，如图 1-7 所示。

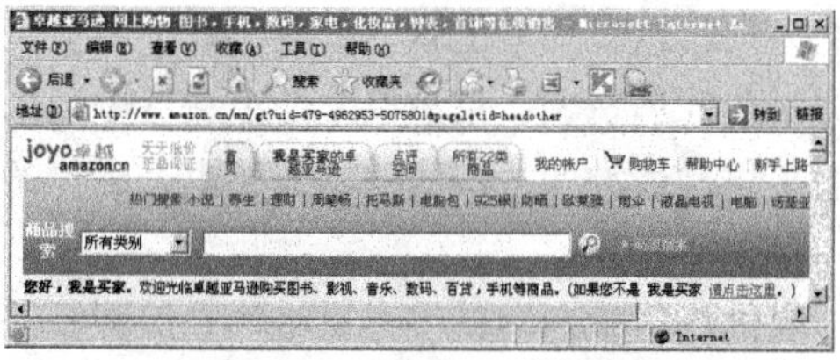

图 1-6　搜索自己需要的商品

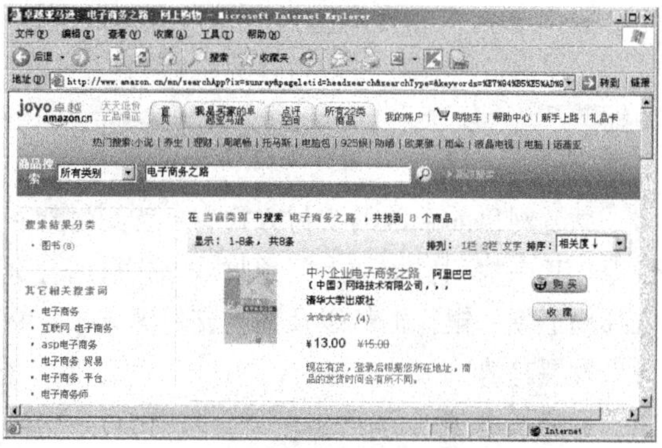

图 1-7　把选中的商品放进购物车

5. 单击“进入结算中心”按钮

消费者选中了自己要买的商品并放进购物车后，下一步当然就是到收银台交款了，单击“进入结算中心”按钮，弹出的界面如图 1-8 所示。

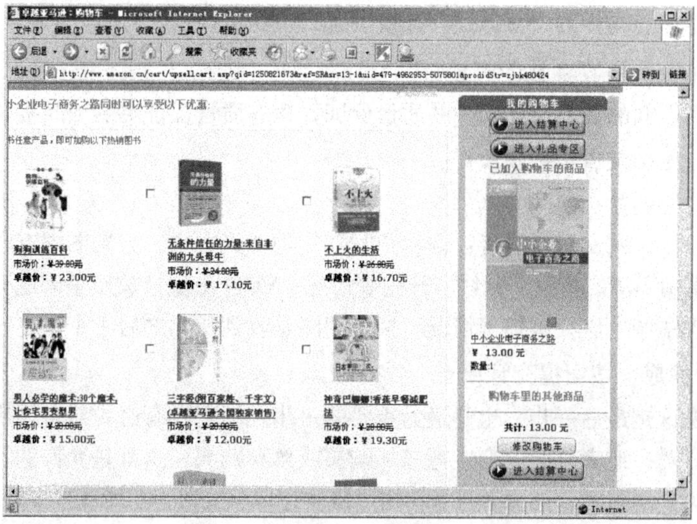

图 1-8　结算中心办理相关手续

6. 选择“送货方式”

卓越网的配货方式有送货上门、加急送货、EMS 和普通邮寄等主要方式。所以顾客要根据自己的轻重缓急选择配送方式，如图 1-9 所示。

7. 选择支付方式

等价交换是在商品经济的条件下人们之间互通有无的必要手段。付款收货，自然是网民购物必要手续之一，付款方式的选择界面如图 1-10 所示。

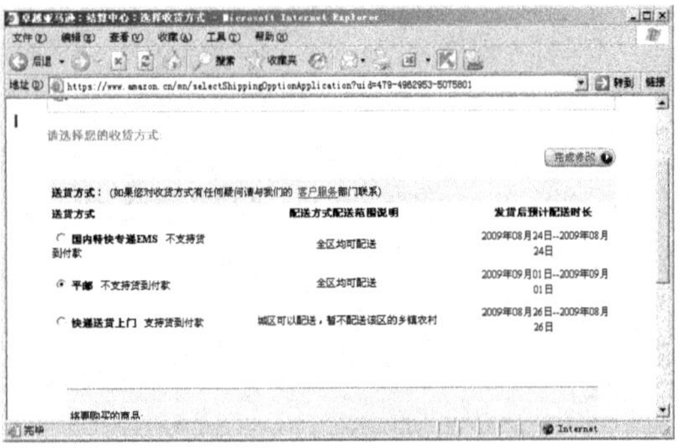

图 1-9　选择配送方式

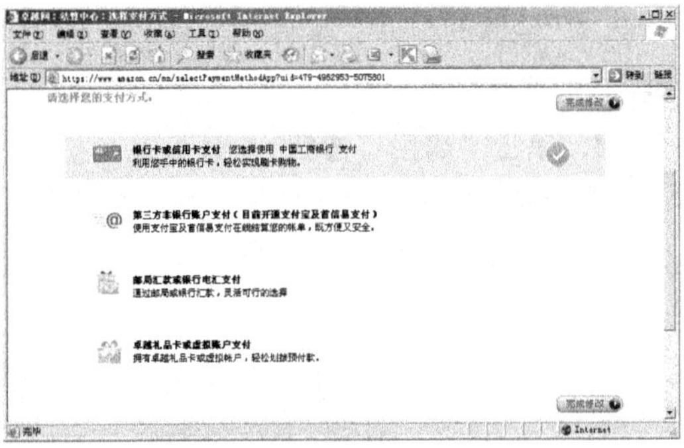

图 1-10　选择支付方式

卓越网目前采取的支付方式有：货到付款、上门预收款、邮局汇款、银行汇款、网上支付等。其中货到付款和上门预收款方式只适合京沪两地的消费者，京沪以外的消费者可以采取邮局汇款、银行汇款以及网上支付等方式。网上支付是最方便、快捷的方式，也是支付的未来发展趋势。

目前与卓越网合作的银行有中国银行、中国工商银行、招商银行等金融机构。但网民采用网上支付的方式，则先要与银行签订协议。例如，采用中国银行长城借记卡进行网上支付的网民，则须到中国银行办理如下手续并按相应的要求操作。

8. 了解网站的售后服务及保证

以下是卓越网给消费者提供的两条售货最重要的保证，正如卓越网所做的承诺：与亲临商场选购的商品享受同样的质量保证，并按国家有关规定执行。

1）网上所购产品的质量如何保证

与亲临商场选购的商品享受同样的质量保证。含有质量保证书的商品按照保证书的承诺执行。其他商品按国家有关规定执行。

2）退、换货规定

符合以下条件，网站即可退货：在客户收到货物 7 天之内，如果图书有印装质量，包括缺页、倒装、模糊不清、折页、开线、开胶等情况；VCD 出现播放质量问题；或者以上任一产品在配送过程中产生脏残破损等情况。换货期限是收到货物之后 1 个月之内。

9. 单击“完成”按钮提交订单

对网民来说这是最后一步，也是最为重要的一步。消费者有必要对自己挑选的商品和数据做最后一次核对，或者临时改变主意增加购买或放弃购买，这都是允许的。买与不买，最终的决定权取决于消费者，消费者只需单击“修改订单”按钮，增加或减少购买或改变购买；单击“完成”按钮，确定购买；或既不单击“修改订单”按钮，也不单击“完成”按钮，则放弃购买。

从《合同法》的角度分析，消费者单击“完成”按钮之前的操作步骤实质上就是消费者与 B2C 网站企业之间的交易磋商过程，也即是“发盘”和“还盘”的过程，而最后一步则是“接受”。因此，消费者单击“完成”按钮，也就意味着消费者与 B2C 网站之间达成了合同关系。

消费者至此完成了一次 B2C 网上操作的全部过程，接下来就是等待网站送货上门。

1.3.2　B2B 网站实例及其交易过程

阿里巴巴是全球 B2B 电子商务的著名品牌，是目前全球最大的商务交流社区和网上交易市场。它曾两次被哈佛大学商学院选为 MBA 案例，在美国学术界掀起研究热潮，两次被美国权威财经杂志《福布斯》选为全球最佳 B2B 站点之一，多次被相关机构评为全球最受欢迎的 B2B 网站、中国商务类优秀网站、中国百家优秀网站、中国最佳贸易网，被国内外媒体、硅谷和国外风险投资家誉为与 Yahoo、Amazon、eBay、AOL 等并肩的三大互联网商务流派代表之一。其创始人、首席执行官马云也被著名的世界经济论坛选为未来领袖、被某权威商业协会选为商业领袖，是 50 年来第一位成为《福布斯》封面人物的中国企业家。

由于有“良好的定位，稳固的结构，优秀的服务”，阿里巴巴如今已成为全球首家拥有 210 万以上商人的电子商务网站，成为全球商人网络推广的首选网站，被商人们评为“最受欢迎的 B2B 网站”，杰出的成绩使阿里巴巴受到各界人士的关注。

1．阿里巴巴的主要产品和服务

阿里巴巴的主要产品和服务是“中国供应商”和“支付宝”。阿里巴巴公司为中国优秀的出口型生产企业提供在全球市场的“中国供应商”专业推广服务。中国供应商是依托世界级的网上贸易社区，顺应国际采购商网上商务动作的趋势，推荐中国优秀的出口商品供应商，获取更多更有价值的国际订单。目前加盟企业超过 3000 家，全球在阿里巴巴网站上做生意的商人数量超过 40 000 000。

阿里巴巴 2002 年 3 月开始为全球注册会员提供进入诚信商务社区的通行证——“诚信通”服务。阿里巴巴积极倡导诚信电子商务，与邓白氏、ACP、华夏、新华信等国际国内著名的企业资信调查机构合作推出电子商务信用服务，帮助企业建立网上诚信档案，通过认证、评价、记录、检索、反馈等信用体系，提高网上交易的效率和成功的机会。阿里巴巴以 50 万元人民币创业资本起步，吸纳了国际资本 2500 万美元，经过 3 年的发展，于 2001 年底实现当月赢利，2002 年实现月收入双位数的增长，实现全年赢利，从而保证对客户的持久服务能力。

阿里巴巴的支付宝网站是国内先进的网上支付平台。支付宝服务自 2003 年 10 月 18 日在淘宝网推出以来，短短时间内，迅速成为淘宝网会员网上交易不可缺少的支付方式，深受淘宝会员喜爱，引起业界高度关注。支付宝服务突破了长期困扰中国电子商务发展的诚信、支付、物流三大瓶颈中的支付瓶颈。经过不断改进，支付宝服务日趋完善，支付宝开始为淘宝网之外的整个电子商务活动提供支付支持。

2．阿里巴巴的赢利模式分析

下面对阿里巴巴公司部分商业模式进行分析。

1）架设企业站点

很少有公司把为企业架设电子商务站点作为一项重要的业务，理由在于这是一个高度离散的行业。一个企业可以很从容地获得一个或者几个制作企业站点的机会，但不等于能够获得很多。有一些公司主营这项业务，它们往往将业务定格在高端客户。阿里巴巴是一个很大的商业社区站点，这就是说它有许多潜在顾客频繁接触的机会，更重要的是它能顺利地把潜在机会转化为现实收入。阿里巴巴则有能力提供从低端到高端所有的站点解决方案，它能在各企业的成长过程中获得全部收益。

阿里巴巴更大的优势在于制作商品交易市场型的企业站点，它替企业做一个外观主页，然后将其链接在自己的分类目录下。企业交易市场有了一个站点，实际上这和阿里巴巴的站点是同一个站点，这就提高了被检索的机会。

2）站点推广

企业网站设计完成后，推广是自然需求。但站在像阿里巴巴这类网站的角度，网站的媒体定位一直十分模糊，它应当是广播式的，还是特定用户检索式的？网站广播式的宣传模式容易让人理解，但是网站首页的空间是有限的，一些站点的合适位置已经充满了形式各异的广告，这就表明了这类网站的宣传能力难以有较大的突破。阿里巴巴为企业网站提供了一种检索式的宣传模式，这意味着有无限的宣传空间。在阿里巴巴今天的收入中，站点推广的收入占了一半还多。

3）诚信通

诚信通是网上贸易的高级服务，是阿里巴巴特别为发展中小企业量身定制的服务，通过为企业进行认证和提供强大的服务，大大提高企业网上交易的机会。

网络可能是虚拟的，但贸易本身必须是真实的，信用分析是企业的日常工作。在线贸易一方面体现了采购行为更充分的竞争性，另一方面企业对网络信息本身充满了质疑。诚信通为企业出示第三方的信用评估，企业在阿里巴巴的交易记录也有据可循。阿里巴巴利用为企业提供信用服务，一方面保证了电子商务交易的顺利进行，另一方面也为自己提供了一个赢利机会。

4）贸易通

贸易通是阿里巴巴提供的集成即时文字、语音视频、邮件、短信的商务沟通和客户管理工具，是商人网上贸易的必备工具。它主要有以下几项功能：即时在线沟通、互动；结识、管理自己的商业伙伴；开展一对一的在线营销；强大的商务搜索引擎；“服务热线”为诚信通会员即时解答网络贸易疑问，方便享受高质量的在线客户服务。

3. 技术环境支持

1）网络支持

（1）广域网。网络技术是 B2B 生存的关键，一个 B2B 商务系统必须构建在物理网络的基础上。Internet 是一个由全球无数计算机互连组成的网络，它包含许多网络，这些网络是物理分离的，只是在一些非常特殊的结点处连接在一起。

Internet 上的每个结点都使用 Internet 协议簇。能够使任何一对只需要知道 IP 地址或域名的结点直接进行通信。协议是运行在每个结点的软件的一部分，现在的操作系统都支持基本的 Internet 功能。OSI 模型将通信会话需要的各种进程划分成 7 个相对独立的功能层次，这些层次的组织部分分别如下：

- 物理层（Physical Layer）；
- 数据链路层（Data Link Layer）；
- 网络层（Network Layer）；
- 传输层（Translation Layer）；
- 会话层（Session Layer）；
- 表示层（Presentation Layer）；
- 应用层（Application Layer）。

而 TCP/IP 则将各种进程划分为 4 个相对独立的功能层次：

- 物理层（Physical Layer）；
- 网际层（Internet Layer）；
- 传输层（Transportation Layer）；
- 应用层（Application Layer）。

（2）企业局域网（Intranet）。Intranet 是基于 WWW 的专用网络，在局域网中使用 Internet 应用软件。内部网是共享信息的一种重要方式，而且成本低。Intranet 与 Internet 是兼容的，企业的许多应用和信息同样能够被外部的合作伙伴和客户所共享。内部网服务器可以对信息进行收集和分类，然后通过面向 Internet 的信息发布服务器将信息发布到 Internet 上。

信息内部网的好处是：由于 TCP/IP、FTP、HTML 等协议和基于这些协议的应用是独立于硬件平台的，内部网的主要优势包括：

- 高效、方便、低成本和环保的内部交流；
- 维护成本低；
- 增加了信息的可用性；
- 准确及时地获取信息；
- 信息发布和人员培训非常方便。

（3）外部网（Extranet）。外部网是将企业的内部网联入其业务伙伴、客户或供应商的网络。外部网可以是下列几种网络类型的一种：公共网络、专用网络或虚拟专用网络（VPN）。这几种网络都能实现企业间的信息共享。外部网必须是安全的，要防止将企业内部信息泄露给未经授权的用户。企业的授权用户可以方便地通过外部网联入其他企业的网络，并获取信息。外部网为企业提供了便捷的通信联络手段，帮助企业协调采购，通过 EDI 交换业务单证，实现彼此之间的交流和沟通。利用传统的 Internet 协议（如 TCP/IP），外部网可以实现网络之间的通信，而且即使是独立于 Internet 的专用网络也可使用 Internet 的协议和技术通信。

（4）虚拟专用网。虚拟专用网（VPN）是一个通过公共网络建立起来的临时的、安全的连接。它扩展了企业内部网。VPN 可以帮助远程用户、公司分支机构、商业伙伴及供应商同公司的内部网建立可信的安全连接，并保证数据的安全传输。

如果一个企业可以利用 VPN，它就在同一起跑线上拥有竞争的优势。VPN 的一个重要优点就是它能够在不同平台之间传输数据，无须对专门的设备及其相关协议操心。VPN 可以分为如下三类：一是内部网 VPN，在公司总部和分支机构之间建立的 VPN；二是远程访问 VPN，在公司总部和远地雇员或旅行之间建立的 VPN；三是外部网 VPN，在公司与商业伙伴、顾客、供应商、投资者之间建立的 VPN。

2）软件技术支持

（1）系统运行环境。系统运行环境的确定主要是指服务器、操作系统、数据库和应用软件等的选择，这需要依据所设计的系统对性能的要求以及投资规模、市场规划等因素来加以考虑。

服务器的选择除了考虑以上因素外，还要考虑到它的用途。如 Web 服务器，需要考虑它的存储容量和运行性能。操作系统的选择除了性能上的考虑外，还依赖服务器的类型。如小型机产品一般只能选用 UNIX 操作系统，PC 级服务器则可以根据需要决定选择 UNIX/Linux 或 Windows 系列操作系统。数据库产品的选择主要根据系统需求进行。Oracle 性能最好，是数据库的高端产品；Sybase 综合性能次之；MS SQL Server 属于低端产品，但由于作为 Web 数据库与 Microsoft 的 Web 环境、ASP 动态网页以及开发工具的结合最方便，且价格低廉，所以中小型企业的 B2B 网站都采用这种方式。应用软件的选用完全由具体系统的实际情况来决定。例如：在 IIS 环境下需要将 Linux 环境下运行的 PHP 网页移植过来，则需要替 IIS 安装支持 PHP 的服务器扩展软件。

在实际设计中，服务器、操作系统、数据库系统和应用软件的确定往往是在综合各种原因，并考虑到它们相互之间的依赖关系后，一并做出决定，确定系统的运行环境。

（2）开发工具支持。B2B 网站在开发过程中采用的是 Microsoft 运行环境，即 Web 的操作系统为 Windows 系统，数据库一般为 SQL Server。

① 网页制作工具：B2B 网站网页制作的工具很多，如 HotDog、Netscape 编辑器、Microsoft FrontPage、Adobe Dreamweaver、Adobe GoLive、Adobe Photoshop、Microsoft Image Composer 等。

常用的网页制作技术有：HTML、JavaScript、VBScript、Java、CGI、ASP、DHTML、XML 等。比较有效的组合是：网页制作及平面设计选用 Adobe 公司的系列工具，即 Dreamweaver、Firework 和 Flash。而 Visual InterDev 主要用于设计及调试 ASP 网页，特别是利用它在 Web 数据库设计、调试、跟踪程序等方面的强大功能。

② 数据库应用系统设计：作为 B2B 网站的重要组成部分，数据库是建立各种信息系统的基础。WWW 是 Internet 上最为流行的信息服务工具。浏览器使用 HTTP 协议与 Web 服务器进行通信。Web 服务器存储以超文本标记语言（HTML）描述的页面文件，把这些页提供给访问的用户，在其浏览器中显示。

常见的 Web 数据库访问技术有 CGI、ASP、PHP、JSP 等。

③ 远程数据传输系统：远程数据传输系统重点要解决数据在 Internet 上安全传输问题，设计通信及数据加密等问题，适合利用 C++ Builder、VC++等工具的强大设计能力。在 C++ Builder 中，除了调用传统的 Winsock 库外，可以利用它提供的控件来加速网络连接开发的过程。在数据库操作方面可以利用它支持的 ADO 对象访问数据库。同时 C++ Builder 还提供了一套性能强大的 Data Access 控件来设计数据库应用。

4. B2B 模式数据结构设计

1）B2B 模式总体结构

一般来说，B2B 数据结构可以分为如下几方面。

- 企业信息数据：在 B2B 数据结构中企业信息是最基本的信息之一，是管理的主要内容。
- 商品信息数据：商品信息也是 B2B 数据结构的一个最基本的信息，许多商务功能都是围绕着商品信息和企业信息而展开的。
- 客户信息数据：在 B2B 系统中参与者都是企业，系统需要把参与企业作为会员来管理，登记他们的基本信息。
- 供求信息数据：对于商业行为来说，供求关系是最为关键的。B2B 数据结构必须能够及时地体现供求关系的变化。
- 安全访问数据：由于是在 Internet 上进行一系列的商品买卖过程，所以必然会存在一定的安全问题。因此，解决 B2B 商务的安全性和可靠性是一个首要问题。

- 其他一些方面的数据比如网上拍卖、网上招标等。

2）B2B 模式数据功能模块

（1）企业信息数据模块。

① 企业基本信息。在 B2B 数据结构中企业信息数据的内容很多，不同的企业有着不同的企业信息。但是，一般的企业基本上要包含这些基本的信息：营业执照、法人代表、银行支付账号、产品情况、行业分类等。一个具体的企业信息包括：企业编号、企业名称、企业密码、企业简称、企业地址、营业执照、法人代表、客户性质、纳税号、开户银行、银行账号、经营范围、邮编、联系电话、传真、产品情况、结算方式、备注、商标、所在地区、企业网站、主行业分类、次行业分类、服务级别等。

② 企业信息综合查询。网上信息检索常用的方法有两种，一是利用分类目录检索，另一种就是利用搜索引擎。使用的企业信息查询功能由以下几个核心页面构成。

- 分类目录逐级查询：设计思想是通过行业分类来组织企业。利用 JavaScript 容易计算出二级目录树，单击树上的某个子项后，就以该项目的值作为参数调用企业检索网页，得出这个分类项目下的所有企业。
- 专用搜索引擎：分类目录搜索的缺点是当分类项多时使用不方便，另外就是符合条件的企业会很多，仍然需要进一步再检索。设计专用搜索引擎可以提高检索的智能性和效率，根据行业分类、所在地区、关键字等进行逻辑与、逻辑或、通配等形成组合检索条件，提高了检索的命中率。
- 企业列表显示：通过分类目录或专用搜索引擎，都能得到一次查询所需要的条件参数。按照这个条件，形成 Select 语句检索，并把符合条件的企业列表显示出来，为了增强系统的实用性，还需要设计基本的分页功能。在企业列表中，进一步单击，该企业的会员编号又可以作为参数，调用信息显示网页。
- 企业详细信息显示：该页面接收企业编号参数，以此作为参数检索，把企业的详细信息全部显示出来。

（2）商品信息数据模块。同企业信息数据一样，商品信息数据也是基本的数据之一。B2B 网上的商品都是各个企业自己发布的，属于该企业，并且一个企业是可以发布多个商品的。因此，企业与商品之间是一对多的关系，因此使用企业编号作为外部键。

① 商品基本信息。不同商品信息的基本数据是不同的，在此给出最基本的数据：商品编号、企业编号、商品名称、商品英文名称、所在行业、商品分类、专利状态、专利（申请）号、产地、销售价格、产品型号、包装规格、产品介绍、产品文件名、图像数据、联系人、联系电话、传真、电子信箱等。

② 商品信息的发布及修改。商品信息的发布及修改的设计过程与企业基本信息相似。所不同的是企业编号不需要客户填写，客户成功登录后，他的企业编号作为 Session 变量保存起来，当需要加入商品信息记录时，从 Session 变量中取出企业编号，连同其他产品信息执行 Insert 操作。另外，企业需要修改自己的商品信息时，由于存在一对多的关系，需要先从自己的商品列表中选择某商品，再进入该商品的信息修改界面。

③ 商品信息的浏览。在 B2B 系统中，一般都是通过所有者（企业）来浏览其下属的商品。当检索到某企业，得到企业编号值后，就用这个值，检索商品信息表，得出一个商品列表，把这个商品列表显示出来，供用户操作。用户选择感兴趣的商品进行单击，利用该位置

上的产品编号就可以得到这个商品的详细信息，专门设计一个页面来显示这些详细信息。

（3）客户信息管理。

① 客户注册与登录。客户在网上填写基本信息，申请注册成为会员。设计一个客户信息录入页面，利用表单接收录入项，脚本程序的设计可以通过各种语言完成。客户信息一般包括如下内容：会员编号、会员名、年龄、地址、基本信息、职务等。会员编号应该是自动生成的，也是唯一的，并且作为主键与商品信息进行联系，在存储过程中按照预定义的算法生成会员编号。

② 客户信息的浏览与修改。客户的基本信息可能会发生改变，这要求系统具有信息修改功能。客户登录系统后，进入信息修改页面，利用设计的表单填写需要更新的信息，脚本程序使用 Update 语句更新企业输入的信息到数据库中，除会员编号外的所有信息都可以进行更新操作。

③ 高级会员服务。高级会员除具备普通会员的所有服务外还可以进行一些普通会员不能进行的操作。如网上招标、竞卖等。

（4）供求信息管理。商品供求信息发布与查询是 B2B 系统的一个传统而重要的功能。供求信息的数据结构包括：信息编号、发布者/答复者、接受类型、标题、发送时间、注释、类型、信息源 ID 等。商品信息包括：编号、条码、品名、型号规格、尺寸、颜色、数量、价格、币种、注释、商品类、单位等。企业只能以一个产品项为单位发布一条信息。详细结构的供求信息表，比较适合有大型企业参加的专业交易网，企业可以一次性发布某项以后需求以及所包括的采购产品清单。在数据结构上，可以进行以下功能设计。

① 供方信息的发布。包括供货、提供合作或代理机会信息的发布。企业确认发布供方信息后，插入数据库时将类型字段设置为表示“供”的值，接下来依次发布每条产品的供货信息。

② 需方信息的发布。包括求货、寻求合作或代理机会信息的发布。企业确认发布需方信息后，插入数据库时将类型字段设置为表示“求”的值。接下来依次发布每条产品的需求信息。

③ 信息查询。可以分别设置供货查询栏目和求货查询栏目。具体的查询功能，可以按照分类目录逐级查询和专用搜索引擎两种主流模式进行设计。在分类目录查询中，按行业来组织分类。专用搜索引擎检索需要的产品所属行业、发布日期、信息类型等检索条件项。

④ 答复处理。供求信息的答复功能为企业提供了一个在网上环境下进行商业洽谈的机会，有助于交易的进行。信息答复的设计可以在原来的数据表结构上进行，不必再设计新的结构，只是类型字段需要设置为表示“答复”的值，以及需要利用一个字段存放原始供求记录的信息编号。发布了供求信息的企业，利用答复信息的检索功能查看供求信息的响应情况。答复信息，然后浏览每一条答复信息。

⑤ 供求信息的实现。为了方便供求撮合的实现，需要对供求信息表进行一定的扩充，增加价格上限、价格下限、交货期限、付款方式等内容。在实际设计中，可以设计两个 Procedure 完成。一个负责结果分发，一个负责信息匹配。一次撮合完成后必须进行记录的更新，这样才能完成最后的数据库更新。

（5）安全访问管理。在 B2B 电子交易过程中为了抵抗外部攻击者的威胁，需要有以下的安全要求。第一，真实性：能对交易双方的身份进行认证。第二，机密性：保证交易的内容不被非法授权的人知道。第三，完整性：保证交换的数据不被非法授权修改。

（6）其他信息管理。

① 商品信息审核。包括信息过滤、信息核准、信息删除等几方面。信息过滤先自动进行一遍信息过滤，屏蔽不完整、不规范、不合逻辑的信息。信息核准是在工作界面上人工审核信息的内容，通过审核的信息给予发布。信息删除是在人工审核过程中，将未通过的信息删除。

② 网上拍卖。包括拍卖标的发布、标的审核、标的查询、网上竞买、系统仲裁等。其中系统仲裁是后台程序的功能。当拍卖截止后，启动系统仲裁程序，它根据拍卖规则，分析数据库中的记录，确定谁是拍卖的赢家。然后把这个结果通知买卖双方。

③ 网上招标。包括招标标的发布、标的审核、标的查询、网上投标、系统评标等几个环节。

1.3.3　C2C 网站实例及其交易过程

消费者和消费者之间（Consumer to Consumer，C2C）的电子商务发生在消费者之间，这是伴随着 Internet 的普及而发展起来的一种商务模式，通常以拍卖、竞价的方式进行商务活动。该模式很适合物品、收藏品、二手货等的交易。卖方可以将闲置物品的介绍、定价等信息放到网上二手市场，买卖双方通过网络讨价还价、买卖商品。网站通常充当第三方角色，起着监督双方的买卖，保证交易公平的作用。而网站也往往会从交易中收取一定比例的提成，就像现实中自由市场的租金和管理费。C2C 电子商务的特征是“网上成交、网下交易”。

网上交易结束后，买卖双方经过协商，希望使用 C2C 电子商务的物流服务，可以参考、比较网上推荐的特约物流公司，然后通过电话或者 E-mail 等方式，和顾客中意的公司联系。接下来就是物流公司在约定的时间到卖家指定的地点取货（届时将核实卖家和用户或会员身份和网上商品号），并收取物流费用，然后及时送货至买家，收取货款，最后将货款交付到卖家手中。C2C 电子商务模式的交易流程如图 1-11 所示。

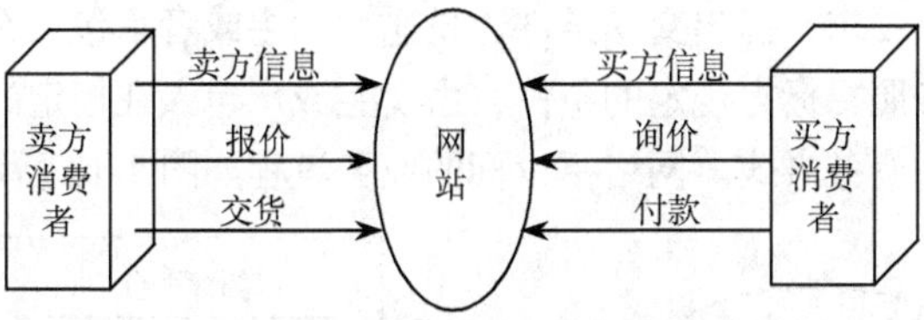

图 1-11　C2C 网上交易流程

针对 C2C 模式物流不畅、信用不高的问题，一些拍卖网站创造的新模式对此有所改善。例如，中国最大的拍卖网站——易趣网就解决了这个问题，它创建的本地网站鼓励人们在同一个城市交易，交易者先见面再进行交易。这个网站平均每月的交易额为 250 万美元，其中 40%～50%是在买卖双方见面后成交的，这个比例高于它的创始人本来预测的比例。近年来，易趣网拓展 C2C 的物流服务，在国内同类网站中率先针对 C2C 用户进行异地物流服务。网上竞标的网友足不出户，只要相互信任就能将物品送到买家手里，提高了拍卖者的兴趣。

1.3.4　B2G 网站实例及其交易过程

企业与政府之间（Business to Government，B2G）电子商务是指企业对政府机构的电子商务。在企业与政府机构方面的电子商务可以覆盖公司与政府组织之间的许多事务。目前我国有些地方政府已经推行网上采购。政府与企业之间的各项事务都可以涵盖在其中，包括政府采购、税收、商检、管理条例发布等。例如，政府的采购清单可以通过 Internet 发布，公司可以以电子的方式回应。这方面的应用目前还比较少，但随着政府大力推进电子交易的发展，B2G 电子商务将会快速发展起来。政府在这里有两重角色：既是电子交易的使用者，进行购买活动，属商业行为；又是电子商务的宏观管理者，对电子商务起着扶持和规范的作用。在发达国家，发展电子商务往往主要依靠私营企业的参与和投资，政府只起引导作用。在发展中国家，则更需要政府的直接参与和帮助。这是因为，与发达国家相比，发展中国家企业规模偏小，信息技术落后，债务偿还能力低，政府的参与有助于引进技术、扩大企业规模和提高企业偿还债务的能力。另外，许多发展中国家的信息产业都处于政府垄断经营或者政府管制下，没有政府的积极参与和帮助这些国家将很难快速发展电子商务。

各级政府机构作为经济、文化和社会活动的参与者、管理者和服务者，直接面临着各种日新月异的变化。一方面，政府肩负着从法律法规到调控管理的责任。另一方面，政府面向企业和社会的服务职能也面临着改变。随着政府机构内部信息系统建设的逐步发展和完善，各级政府部门在“拥有”大量宝贵信息资源的同时，具备了对外提供信息和应用服务的条件。企业和个人对获得诸如工商登记、统计、社会保障等方面信息的需求和方式提出了更高的要求；企业与政府或行业主管部门的信息交换方式的网络化，能够减少很多不必要的人工往返和重复工作，能够大大提高各个方面的办事效率；政府机构能够利用网络化的处理技术为公众提供更快更好的服务；在某些政策法规、方案提议的制定过程中，各政府部门可以充分利用网络信息渠道高效率地交流与协作，更有效地进行政策宣传和教育等。这些都表明政府在政务电子化和信息化方面具有极大的发展空间，并将带来巨大的社会效益和经济效益。

B2G 的特点是迅速和信息量大。由于活动在网上完成，使得企业可以随时了解政府的动向，还能减少中间环节的时间延误和费用，提高政府办公的公开性和透明程度。

B2G 比较典型的例子是网上招投标，先由采购方或者主办单位发出通知，说明准备采购的商品或者兴办工程的要求，提出交易条件，再邀请卖主或者承包人在指定的期限内提出报价；投标是一种严格按照招标方规定的条件，由卖主或承包人在规定的期限内提出报价，争取中标达成协议的一种商务方式。网络招投标的业务流程如图 1-12 所示。

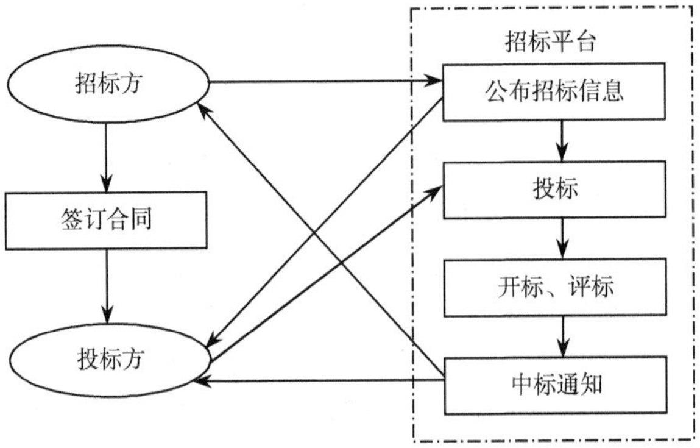

图 1-12　网上招投标的业务流程

1.4　电子商务的发展历程

1.4.1　电子商务产生的基础

1. 电子商务产生的社会基础

1）信息化建设受到世界各国政府的高度重视

20世纪70年代中期，美国开始了实用网络建设。1991年，美国参议员戈尔向国会提交了"高性能计算机网络法案"的提案，获得了国会的批准。戈尔在提案中开创性地提出"信息高速公路"的设想，使得网络引起了政府的高度重视。1993年，美国总统克林顿正式开始实施"国家信息基础结构行动计划（NII）"，明确提出了在推行信息高速公路建设方面应遵循的原则和目标。1997年7月1日，克林顿政府发表了"全球电子商务纲要"文件，将因特网及其对商务活动的影响和200年前的工业革命相提并论，表明了美国政府对信息化建设的重视程度。1999年，美国开始实施"下一代Internet（NGI）计划"。

我国政府对于信息化建设也给予了极大的重视。早在1983年，我国政府在制订新技术革命对策时，就把发展信息技术纳入国家总体科技发展战略规划中。在1986年制定科技863计划时，首次将信息技术列为重点开发的高技术领域。1996年，成立了国务院信息化领导小组，并先后出台了《国家信息化"九五"规划和2010年远景规划（纲要）》、《1997—1998年国家信息化建设工作要点》等政策性文件，1998年国务院成立信息产业部，这说明信息化已经上升到国家意志的高度，信息产业的发展、信息化建设已经在我国国民经济建设中具有了举足轻重的地位。

2）新的经济消费观正在逐步形成

现代信息技术的蓬勃发展，把人类社会带入到知识经济的新时代，传统消费观念则日渐淡薄。最典型的代表就是，人们开始流行利用电子邮件相互沟通和交流，很少利用笔纸写信。

2. 电子商务产生的技术基础

1）计算机技术与信息处理能力的提高

计算机从1946年诞生以来，其发展过程已历经五代。现代计算机迅速向两极发展：一是大型机巨型机的发展。譬如我国的银河系列巨型机，主要用以解决科学研究领域复杂方程的计算，当今世界先进巨型机已达几百万甚至上千万亿次/秒的速度；二是微型计算机的发展。台式、膝上型、笔记本式、掌上型，种类繁多，其功能每年甚至每季度都有大幅度的提高（从芯片到外部存储器）。

2）网络技术与通信水平的提高

网络技术的发展至今只有40多年的历史，但却发生了以下翻天覆地的变化。

- 1969年，因特网之父克莱恩·罗克第一次将两台电脑连在一起。
- 1969年，美国国防部高级研究计划署ARPA网建立，在加州大学洛杉矶分校、芭芭拉分校、犹他大学、斯坦福研究所建立4个站点。
- 1973年，ARPA成为因特网，英国、挪威等国家接入。

- 1983 年，ARPA 中一部分站点的通信协议转化为 TCP/IP，它标志着 Internet 的诞生。
- 1985 年，美国科学家基金会（NSF）建网。
- 1986 年，NSF 成为 Internet 的主干网，完全取代 ARPANET。
- 1989 年，蒂姆·贝纳斯·李开发出 WWW。
- 1992 年，欧洲核子研究中心（CERN）推出 WWW。
- 1994 年，美国推出全球信息基础设计计划。

自 20 世纪 80 年代以来，电子工具网络化成为当今 IT 发展的主要特色。由通信网络、计算机网络和信息资源网络构成的电子信息网络已经把分布在各地的计算机连接起来，实现硬件资源、软件资源和信息资源的共享。网络知识、网络技术的获取和应用自然成为当今电子商务从业人员的必备知识。

3）电子元器件开发技术的迅速发展

光盘、光驱的信息存取设备已经广泛应用到微机中，从而实现了微机上的多媒体技术（声、光、数据等及其组合形式）的应用。通过压缩技术和解压缩技术，人们可能把图像信号、视频信息和声音转换成巨量数字化信息压缩存储在光盘上，当阅读播放时再解压释放出来，从而实现了大量信息多媒体的计算机处理。

4）Web 技术和 Java 语言广泛应用于电子商务

目前电子商务应用系统的技术基础已经逐步摆脱了专用网络技术的束缚，发展到因特网的 Web 技术。与此同时，Java 语言已经成为开发 Internet/Intranet 应用系统的首选语言，Java 虚拟机被广泛应用于各种电子商务应用系统的开发和使用之中。

5）电子商务应用技术的发展

各国在电子商务技术的研究和开发方面做了大量工作，提供了成熟的电子商务基本技术。这些技术包括：

- 研究和开发出可以在网络上交换电子数据的技术。
- 研究和开发出数据与信息可快速传输的高速网、宽带网、广域网和可以互连的多种计算机网络系统。
- 研究和开发在网络上使用的电子邮件以及实现电子公告牌服务的信息发布技术。
- 研究和开发出通过网络进行电子资金转账以及共享网络数据库的技术。
- 研究和开发出在网上进行支付的信用卡支付技术和电子货币支付技术，实现了电子现金、电子货币与电子支票网络传送的完全认证与可靠支付技术。
- 研究和开发了各种计算机和网络的安全技术。

在上述信息技术、软件技术和相关高技术成果的强有力支持下，电子商务真正跨入了实用阶段。

3．电子商务产生的经济基础

1）交易的扩大，经济全球化，交易量上升

信息技术的发展使计算机及通信网络不断更新换代，通信、交通手段的革新使得生产社会化、国际化，加速了国际贸易的发展和跨国公司的涌现。跨国公司为了获得最佳经济效益，在全球范围内合理安排原料进货、加工、装配及销售等，开始使用先进的通信工具，如国际电传网、电话传真等。在电子数据交换技术上得到了长足的发展，推动了电子商务的进步。

研究资料表明，应用 EDI 可产生巨大的经济效益和社会效益。与传统贸易相比，商贸文件传递速度提高了 81%，文件成本降低了 44%，文件处理成本降低了 38%。由于错漏造成的商贸损失减少了 40%，市场竞争能力提高了 34%。

2）交易规范化的形成

电子商务的特征和特长在于交易规范化、标准化。交易规范化、标准化的发展使得企业之间无须采用人员接触的方式，而只要通过网络传递一些格式的数据就可以达成交易。

1.4.2　电子商务的发展

电子商务的发展经历了两个发展阶段：20 世纪 70 年代至 20 世纪 90 年代基于 EDI 的电子商务；20 世纪 90 年代以后基于 Internet 的电子商务。

1. 基于 EDI 的电子商务（20 世纪 70 年代至 20 世纪 90 年代）

从技术角度来看，人类利用电子通信的方式进行贸易活动已有几十年的历史。早在 20 世纪 60 年代，人们就开始用电报报文发送商务文件；20 世纪 70 年代人们又普遍采用方便、快捷的传真替代电报。但是由于传真技术是通过纸面影像复制来传递信息的，不能将信息直接转入到信息管理系统中，因此人们开始采用 EDI 作为企业间商务活动的辅助手段，这就形成了电子商务的雏形。

EDI 在 20 世纪 70 年代初期产生于美国，当时的贸易商们在各自使用计算机处理各类商务文件的时候发现，由于过多人为干预，影响了数据的准确性和工作效率，如果贸易伙伴之间能够通过各自的计算机自动进行数据交换，就能克服这些弊病，于是 EDI 技术应运而生。

EDI 技术是将业务文件按一个公认的标准从一台计算机传输到另一台计算机上去的电子传输方法。由于 EDI 大大减少了纸张票据，因此人们也形象地称 EDI 为"无纸贸易"或"无纸交易"。从技术上讲，EDI 包括硬件与软件两大部分。硬件主要是指计算机网络，软件包括计算机系统、应用软件以及 EDI 标准。

在硬件方面，20 世纪 90 年代之前的 EDI 是通过租用专用线路，在专用网络上实现的，这类专用的网络称为增值网（Value-Added Network，VAN），这样做的目的主要是考虑安全性问题。

在软件方面，EDI 所需软件的主要功能是将用户数据库系统中的信息翻译成 EDI 标准格式以供传输交换。由于不同行业的企业是根据自己的业务特点来规定数据库信息格式的，因此，当需要发送 EDI 文件时，从企业专有数据库中提取的信息，必须通过软件把它翻译成统一的 EDI 标准格式传输给对方，对方才能识别这些有用的信息。

2. 基于 Internet 的电子商务（20 世纪 90 年代以后）

20 世纪 90 年代中期，Internet 迅速走向普及化，逐步从大学、科研机构走向企业和百姓家庭，其功能也从信息共享演变成为一种大众化的信息传播工具。从 1991 年起，一直排斥在 Internet 之外的商业贸易活动正式进入到这个王国，因而使电子商务成为 Internet 应用的最大热点。

在基于 Internet 的电子商务发展初期，企业在 Internet 上建立静态网站，并发布基于 HTML 的网页作为在线目录。自 1997 年以来，一些创新的公司实施了第二代电子商务计划，计划的核心就是将其网站前端（信息发布浏览器主页和商品目录、价格、网上订单等）与后端订单管理和存货控制系统相连接。第二代电子商务计划使客户能够直接从一个公司的网站发现和追踪订单，这就大大降低了交易费用，并使客户能够更多地控制订购过程。

很显然，它与基于 EDI 的电子商务相比，具有以下一些明显的优势：

- 费用低廉。由于因特网是国际的开放性网络，使用费用很便宜，一般来说，其费用不到 VAN 的 25%，这一优势使得许多企业尤其是中小型企业对其非常感兴趣。
- 覆盖面广。因特网几乎遍及全球的各个角落，用户通过普通电话线就可以方便地与贸易伙伴传递商业信息和文件。
- 功能更全面。因特网可以全面支持不同类型的用户实现不同层次的商务目标，如发布电子商情、在线洽谈、建立虚拟商场或网上银行等。
- 使用更灵活。基于因特网的电子商务可以不受特殊数据交换协议的限制，任何商业文件或单证可以直接通过填写与现行的纸面单证格式一致的屏幕单证来完成，不需要再进行翻译，任何人都能看懂或直接使用。

1.4.3 电子商务在中国的发展历程

1. 基础设施发展迅速

网络设施是电子商务发展的基础。中国电信业发展迅速，其网络规模和用户数量都已经名列世界前茅，到 2016 年底，全年完成邮电业务总量 43 345.5 亿元，累计增长 52.7%。其中，全国完成邮政业务总量为 7 410 亿元，同比增长 45.9%；全国完成电信业务总量为 35 948 亿元，同比增长 54.2%，全行业固定资产投资规模完成 4 350 亿元，其中，移动通信投资完成 2 355 亿元。在用户规模方面，全国电话用户规模继续扩大，净增 2 617 万户，总数达到 15.3 亿户，同比增长 1.7%；4G 业务电话用户呈爆发式增长，全年新增 3.4 亿户，总数达 7.7 亿户。在 2016 全年中，全国移动互联网接入流量消费达 93.6 亿 GB，同比增长 123.7%，比上年提高 20.7 个百分点。全年月户均移动互联网接入流量达到 772MB，同比增长 98.3%。

2. 因特网用户呈几何级数增长

由中国互联网络信息中心发布的《第 39 次中国互联网络发展状况统计报告》显示，截至 2016 年 12 月底，中国网民规模达 7.31 亿，手机网民规模达 6.95 亿。报告显示，截至 2016 年 12 月底，中国互联网普及率达到 53.2%，较 2015 年底提升了 2.9 个百分点，超过全球平均水平 3.1 个百分点，超过亚洲平均水平 7.6 个百分点。全年共计新增网民 4 299 万人，增长率为 6.2%。中国网民规模已经相当于欧洲人口总量。中国网民规模和互联网普及率如图 1-13 所示。

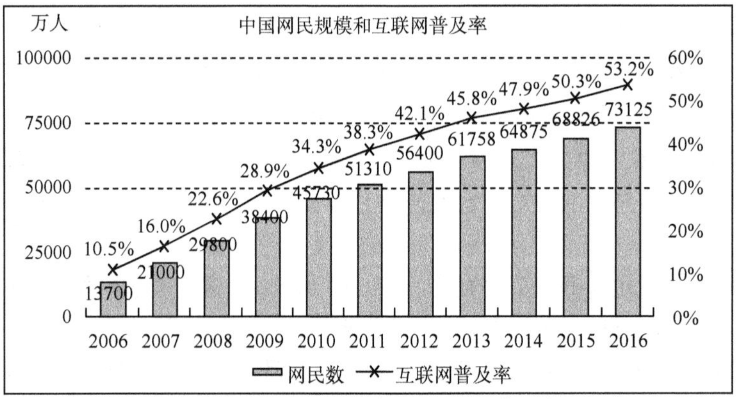

图 1-13　中国网民规模和互联网普及率

3. 电子商务环境进一步改善

2004 年 8 月由第十届全国人大常委会第十一次会议表决通过的《电子签名法》首次赋予电子签名与文本签名具有同等法律效力，同时承认电子文件与书面文件具有同等效力，从而使现行的民商事法律同样适用于电子文件，并明确了电子认证服务市场准入制度，保障电子交易安全。该法于 2005 年 4 月 1 日起施行。有关专家认为，《电子签名法》出台将增强网上交易的安全性、有效性，较大程度解决电子商务的法律障碍，这部法律将对中国电子商务、电子政务的发展起到极其重要的促进作用。

为了加强对国内电子商务认证机构的管理，信息产业部于 2001 年 12 月 10 日成立国家电子商务认证机构管理中心。由信息产业部信息化推进司负责对该管理中心的业务指导和管理，中国电子商务协会具体承担管理中心的日常工作。《电子认证服务管理办法》于 2005 年 1 月 28 日由中华人民共和国信息产业部第十二次部务会议审议通过，并正式发布，于 2005 年 4 月 1 日起施行。

2004 年底由国务院办公厅下发的《关于加快电子商务发展的若干意见》，加快研究制定电子商务税费优惠的财税政策，加强电子商务税费管理；支持企业面向国际市场在线销售和采购，鼓励企业参与国际市场竞争。并且，今后政府采购将积极应用电子商务。

1.5　电子商务系统的组成

1.5.1　电子商务系统结构

电子商务系统是由许多系统角色构成的一个大系统。由于电子商务条件下的各方是通过网络进行信息沟通和业务合作的，因此需要传统商务活动中没有参与的一些角色，如用于网上身份验证的认证中心、完成商品配送的物流中心和提供电子商务相关服务的电子商务服务商等。在电子商务系统中，即使是传统商务中的角色，在功能和定位上也发生了巨大的变化，如完成网上支付的银行等。电子商务的结构如图 1-14 所示。

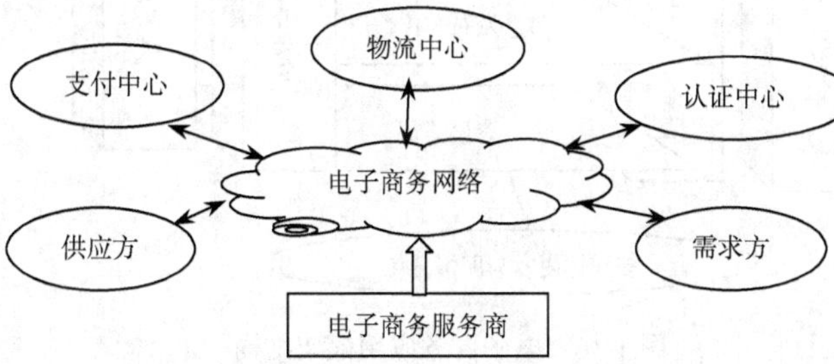

图 1-14　电子商务系统结构

电子商务系统的主要角色有需求方、供应方、支付中心、认证中心、物流中心和电子商务服务商等。其中，需求方可以是企业也可以是个人，只要通过电子商务系统采购（购买）商品或服务，就是电子商务系统中的需求方；供应方与需求方类似，可以是企业也可以是个人，只要通过电子商务系统提供商品或服务，就是电子商务系统中的供应方；支付中心的功能是为电子商务系统中的需求方和供应方等角色提供资金结算和支付服务，它一般由网络银行来承担；认证中心是一些不直接从电子商务交易中获得的第三方机构，负责发放和管理用来证明参与方身份的数字证书，使各参与方均能相互确认身份；物流中心接受供应方的送货要求，负责及时地将有形实物商品送达需求方指定的地点，并跟踪商品的动态流向；电子商务服务商提供网络接入服务、信息服务以及应用服务。所有参与各方围绕电子商务网络相互协作开展业务，共同完成电子商务系统的功能。

1.5.2 电子商务体系结构

随着网络技术的发展，真正意义上的、完善的电子商务应可提供网上交易和管理等全过程的服务。概括起来讲，电子商务的服务功能主要体现在如下几个方面：网上广告宣传服务、网上咨询和交易洽谈服务、网上产品订购服务、网上货币支付服务、电子账户管理服务、网上商品和传递及查询服务、用户意见征询服务以及交易活动管理服务等。而电子商务的安全性问题不像人们所想象的那样仅限于用户数据库信息管理的安全性和网上货币支付服务的安全性问题，而是贯穿了如图 1-15 所示的电子商务活动的全过程。

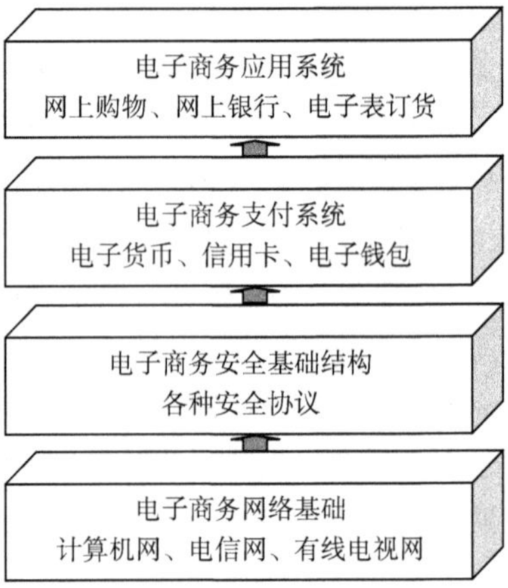

图 1-15　电子商务体系结构

1.5.3 电子商务系统的层次

电子商务的框架结构是指实现电子商务从技术到一般网上商务应用所应具备的完整的运作基础与支撑环境，其在一定程度上决定了电子商务运作与构成的基本结构，涉及信息技术、网络安全、政策规范、支撑环境等诸多要素。电子商务应用框架如图 1-16 所示。

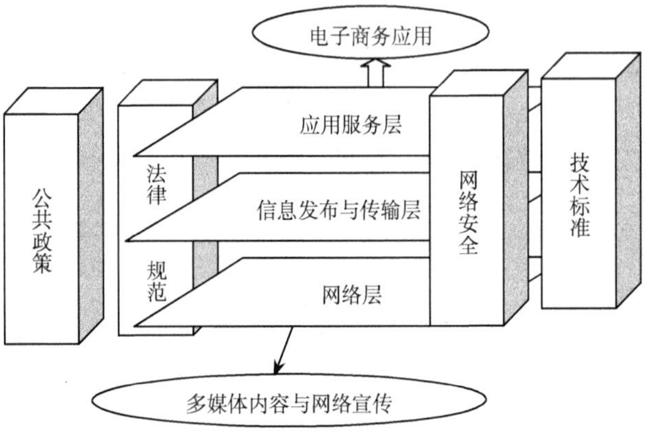

图 1-16　电子商务应用框架结构

电子商务应用框架结构包括 3 个层次、1 种宣传和 4 类支柱。3 个层次分别是：网络层、信息发布与传输层和应用服务层；1 种宣传是多媒体内容与网络宣传；4 类支柱分别是：公共政策、技术标准、网络安全和法律规范。

1. 电子商务框架的 3 个层次

1）网络层

网络层指网络基础设施，是实现网络互连的软、硬件平台。它是实现电子商务的底层的基础设施，它为电子商务的实现提供了一个信息高速公路，这条信息高速公路包括远程通信网（Telecom）、有线电视网（Cable TV）、无线通信网（Wireless）和互联网（Internet）等多种信息传输系统，由骨干网、城域网、局域网层层搭建使得任何连网的计算机都能够随时同这个商务世界连为一体。

在众多的网络设施中，最重要的是 Internet，因为现阶段电子商务都是构筑在 Internet 上的，其主要的硬件有：电话、调制解调器（Modem）、集线器、交换机、路由器等。

2）信息发布与传输层

网络上传播的内容包括文本、图片、声音、动画等，但网络本身并不知道传递的是声音还是文字，它把它们一视同仁地看作二进制串。对于这些二进制串的解释、格式编码及还原是由一些用于消息传播的硬件和软件共同实现的，它们位于网络层的上一层。这些消息传播工具提供了两种交流方式：一种是非格式化的数据交流，比如我们用 Fax 和 E-mail 传递的消息，它主要是面向人的；另一种是格式化的数据交流，像前面提到的 EDI 就是典型代表。

3）应用服务层

应用服务层是为了方便交易所提供的通用的业务服务，是所有的企业、个人进行贸易时都会遇到的服务。它主要包括：安全和认证、电子支付、商品目录和价目表服务等。

首先，可以看出这些服务有很大一部分是围绕着怎样提供一个安全的电子销售支付系统发展开来的。为了保证网上支付是安全的，就必须保证交易是保密的、真实的、完整的和不可抵赖的，目前的做法是用交易各方的电子证书来提供端到端的安全保障。

2. 电子商务框架的 1 种宣传

传统上，厂商要花很大的力气做各种广告和促销活动来宣传自己的产品，在电子商务的环境下，厂商仍然要宣传自己的产品，不过方式就大大不同了。Internet 使得地域界限变得不再那么重要。用户只要学会如何使用 Web 浏览器，就能很好地访问和使用 Web 上的电子商务工具。同样，Web 也使得企业能够为其合作伙伴、供应商和消费者提供更好更丰富的信息，HTML 使得消费者和采购人员能够得到最适当最精练的信息。

3. 电子商务框架的 4 类支柱

（1）公共政策。公共政策是指政府制定的促进电子商务发展的宏观政策，也包括互联网的市场准入管理、内容管理、电信及互联网收费标准的制定、电子商务的税收政策等。

（2）技术标准。技术标准定义了用户接口、传输协议等技术细节，它是信息发布、传递的基础，是网络上信息一致性的保证。为了保证商务活动数据或单证能被不同的国家、行业贸易伙伴的计算机识别处理，一定要有数据、格式的一致约定。电子商务标准体系包括公共标准、网络标准、应用平台标准和应用技术标准。我国电子商务技术应用标准包含了 6 个方面：EDI 标准、识别卡标准、商品编码标准（HS）、通信网络标准、安全技术标准和其他相关的标准。

（3）网络安全。安全问题可以说是电子商务中最中心的问题。如何保障电子商务活动的安全，一直是电子商务能否正常开展的核心问题。作为一个安全的电子商务系统，首先必须具有一个安全、可靠的通信网络，以保证交易信息安全、迅速地传递；其次必须保证数据库服务器的绝对安全，防止网络黑客闯入盗取信息及计算机病毒。为此必须制定一系列安全标准，如安全套接层（SSL）、安全 HTTP 协议、安全电子交易（SET），并采用电子签名和电子认证、防火墙等比较成熟的安全手段。

（4）法律规范。法律维系着商务活动的正常运作，网络活动必须受到法律制约。法律制定的成功与否直接关系到电子商务活动能否顺利开展。电子商务的法律规范涵盖了知识产权保护、电子合同、数字签名、网络犯罪等诸多方面。

1.6 实例分析

1.6.1 网上购物案例

以京东商城为例，作为中国最大的网上购物平台之一，2013 年 5 月 6 日，京东商城在完成内测后，正式与消费者见面，用户可在京东上购买食品饮料、调味品等日用品。此次京东将超市搬到线上，也是京东在“一站式购物平台”战略布局上的又一次发力。让消费者足不出户，就能轻松实现“打酱油”“买啤酒”等日常生活购物需求。

图 1-17 所示为京东商城的业务首页。京东商城首次上线的商品逾 5 000 种，涉及休闲特产、纯净水、粮油、调味品、啤酒饮料等多个产品品类；这些品类都与消费者日常生活息息相关。与以往打包出售所不同，如今在京东商城中一罐可乐、一瓶酱油，消费者都可零买，京东送货到家。加上支持货到付款等服务，真正能帮用户实现购物的便捷、高效、优质、实惠的目标，成为用户购物的首要选择。

图 1-17　京东商城首页

1.6.2 网络保险——PICC 电子商务案例

PICC 是中国第一家推出网络保险业务的中国保险公司，正在发展的 PICC 保险大超市，是中国人保实施差异化经营战略的重要步骤。对投保人而言，网上保险超市可以提供需求评估、投保方案招标、险种导购、条款比较、业务员搜索、保险公司搜索及一些简易险种等完全无压力、无干扰、随时随地的网上投保服务。保险业务人员则可以免费在保险超市上开设保险门店，展示自己的保险方案，接收和发布信息，方案竞标、搜索投保信息等，实现快捷的网上业务，节省大量无谓的拜访，免去日晒雨淋的辛苦。

PICC 还建立了一个专门的 B2C 电子商务平台（http://www.e-picc.com.cn），借助这个平台，PICC 为客户提供了许多保险品种的网上购买和网上支付服务，允许用户在网上填写投保单，完成投保的整个流程，足不出户就可以享受到类型多样的保险服务。PICC 的保险超市以及电子商务平台为保险公司提供了一种行之有效的推广网络保险业的尝试，此后，平安保险等公司也纷纷推出了类似形式的服务，为中国保险公司将网络保险业务做大做强开辟了一条新路。图 1-18 所示为 PICC 的电子商务平台页面。

PICC 电子商务平台推出的电子保单采用了国际领先的电子签单技术，选定所要购买的保险产品，在线网络支付保费，足不出户即可轻松获得具有法律效力的电子保险单。整个投保过程简便、快捷、高效，充分体现了人保财险“以市场为导向，以客户为中心”的公司经营理念。目前，人保电子商务平台已实现了网上投保、在线支付、发送电子保单的全流程电子化网络服务模式，在国内保险电子商务行业处于领先地位。

图 1-18　PICC 的电子商务平台页面

1.6.3　网上促销——Dell 电子商务案例

人们一提到 Dell 公司，首先想到的就是它有名的网络直销模式。也正是因为它这种销售模式降低了总生产销售成本，下面来看看 Dell 的销售模式。

Dell 公司于 1994 年推出其电子商务网站（http://www.dell.com），如图 1-19 所示，并于 1996 年加入电子商务功能，成为企业利用网际网络进行商业活动的典范。Dell 公司的网站是以 Microsoft Windows 操作系统为基础平台，目前为全球最高用量的商业网站。Dell.com 的网站基础建构完全是用 Dell PowerEdge 服务器运作，共有 78 个国家或地区的分站，每季共有超过 4 000 万人次浏览。用户能够在网站上实时取得 Dell 计算机的配备与价格资料，享受线上订购，并可于网络上 24 小时取得相关技术支持咨询。Dell 在网上的收益约占全公司的 50%。

Dell 公司在全球 34 个国家或地区设有销售办事处，Dell 公司的总部设在美国德克萨斯州的 Round Rock，1988 年 6 月 Dell 公司正式于美国 Nasdaq 上市。

Dell 公司的销售模式属于直销方式。在世界各地（包括中国）都有自己的网站和 800 免费电话，消费者可以通过上网和打 800 免费电话的方式查看或者咨询相关产品性能。Dell 公司直销模式的精华在于“按需定制”。Dell 的家庭订购页面如图 1-20 所示。

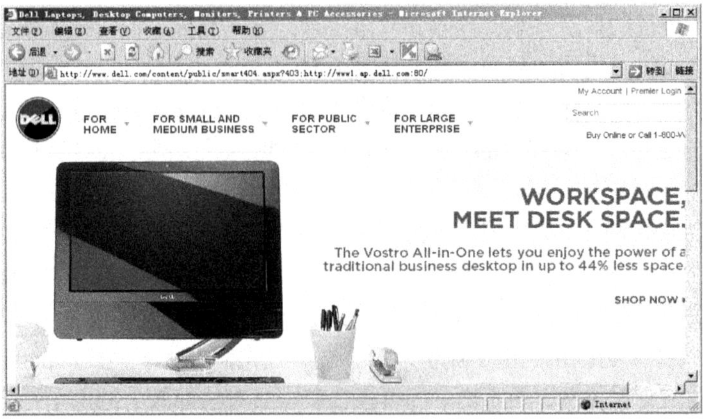

图 1-19　Dell 产品销售网站

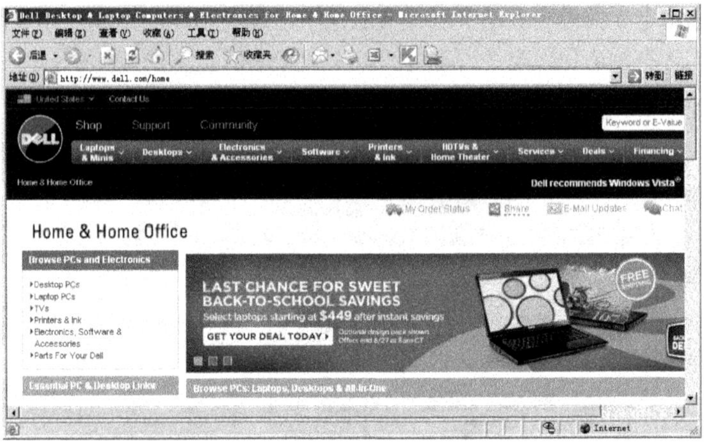

图 1-20　Dell 的家庭订购页面

1.6.4　网上书店——Amazon 电子商务案例

Amazon 网上书店电子商务网站（http://www.amazon.com）如图 1-21 所示，成立于 1995 年，是全球电子商务的成功代表。

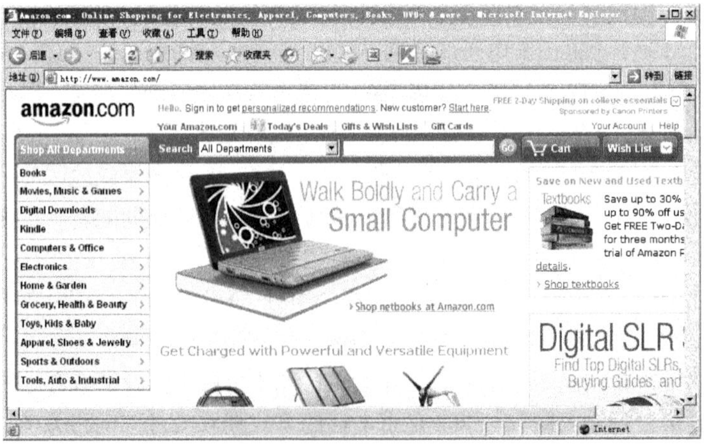

图 1-21　Amazon 网上书店

究竟是什么缔造了 Amazon 神话？它究竟有何优势和策略能如此成功地征服网络顾客？首先，需要提及的是企业定位，首席执行长官贝索斯将 Amazon 书店定位为高科技产业，而不是流通业、零售业。传统书店靠的是门店经营，但是在公司里，最多的却是软件工程师。商务管理与科学技术的高度集成无疑是 Amazon 在电子商务领域获得巨大成功的关键。

其次，快捷简便的客户服务和完整的供应链管理为 Amazon 提供了成功的保证。可以从搜索与送货两个方面证明 Amazon 书店的快速特征。其一是搜索快速，客户只要知道一个与商品相关的词汇，就可以方便地查找。

再次是送货时间快速。Amazon 快速的送货时间，是其受好评的重要原因。Amazon 书店对于订货到达时间有一个恒等式：找到订货商品+装运时间=所需的送货时间。举例来说，许多种类的商品在 Amazon 书店都标榜可以全天候 24 小时购得，如果在美国当地的消费者选择美国境内标准的送件方式，那么装运时间约为 3 ~ 7 个工作日，期间的差距依据住地的不同而定。套用上述公式，就是以一天的时间（找到订货商品）加 3~7 天（装运时间），所以购物者可以预期在网络上下了订单后的 4~8 天后收到货品。

Amazon 的经营优势有一点是至关重要的，就是库存量极低。Amazon 先前只维持大概库存 200 种最受欢迎的畅销书籍。为什么能够维持这么少的库存呢？因为 Amazon 不事先进货再等顾客购买，而是顾客买书，Amazon 才订书。Amazon 建立了良好的供应链，能够快速有效地与全球各地的出版商建立联系，在最短的时间内订购并获得所需书本。此外由于相对于传统零售业者退给出版商的退书率平均高达 25%，甚至到 40%，Amazon 却只有 0.25%。

习　　题

一、填空题

1. 电子商务的四流是：________、________、________和________。
2. 电子商务产业发展最根本的基础是：________。
3. 电子商务活动按其对象类型进行分类，可分为________、________、________和________等多种。
4. 网上市场调研与传统的市场调研相比其优势在于________、________、________和________。
5. 电子商务的功能主要包括：________、________、________、________、________、________、________和________等。
6. 在电子商务中，________是必须考虑的核心问题。
7. 电子商务的三个发展阶段是：________、________和________。
8. 电子商务系统的主要角色有________、________、________、________、________和________等。
9. 电子商务框架的三个层次是：________、________和________。
10. 电子商务框架的四类支柱是：________、________、________和________。

二、单项选择题

1. 要使网上交易成功首先要能确认对方的（　　）。
   A. 身份　　B. 信用程度　　C. 资金多少　　D. 是否上网

2. 以下（　　）不属于消费者在网上商店进行购物的操作。

A. 浏览产品　B. 选购产品　C. 订购产品　D. 信息发布

3. 网络广告的特点不包括（　　）。

A. 空间的有限性　B. 时间的便利性　C. 内容的选择性　D. 个性化

4. 网上交易的安全性由（　　）保证的。

A. 厂家　B. 认证中心　C. 银行　D. 信用卡中心

5. 企业间网络交易是电子商务的（　　）基本形式。

A. G2B　B. G2C　C. B2C　D. B2B

6. 关于电子商务信息的传递以下正确的是（　　）。

A. 网络信息更新及时、传递速度快，只要信息收集者及时发现信息，就可以保证信息的实效性

B. 电子商务信息，由于传递速度慢、传递渠道不畅，经常导致“信息获得了但也失效了”

C. 无论怎么样，网络信息都是最快最准确的

D. 电子商务信息，都是很滞后的

7. 电子商务的核心内容是（　　）。

A. 网络广告　B. 信息的互相沟通和交流

C. 信息查询　D. 企业管理

8. 按照法律的规定，网络交易中心所扮演的角色应该是（　　）。

A. 买方的卖方　B. 卖方的买方

C. 交易的中间人　D. 履约的监督管理人

9. 电子商务按照交易对象形式分类可以分为（　　）。

A. 电子数据交换商务、因特网商务、内联网商务、移动电子商务

B. 间接电子商务和直接电子商务

C. B2B、B2C、B2G 电子商务

D. 金融电子商务、旅游电子商务、娱乐电子商务

10. 从（　　）开始，我国政府就开始全力推动电子商务的实际运用。

A. 20 世纪 90 年代初　B. 20 世纪 90 年代末

C. 20 世纪 80 年代初　D. 20 世纪 80 年代末

11.（　　）是指利用移动网络的无线连通性，允许各种非 PC 设备在电子商务服务器上检索数据，开展交易。

A. 因特网电子商务　B. EDI 电子商务

C. 移动电子商务　D. 内联网电子商务

三、多选题

1. 网上购物可以选择下列（　　）付款方式。

A. 邮局汇款　B. 银行电汇　C. 在线支付　D. 货到付款

2. 下列（　　）属于物流。

A. 付款　B. 报价单　C. 电子出版物下载　D. 货物的流动

3. 购物车软件应该由以下（　　）模块组成。

A. 购物车显示模块　　B. 用户交流模块

C. 确认和支付模块　　D. 订单生成模块

4. 相对于传统商务信息，网络商务信息具有（　　）显著的特点。

A. 实效性强　　B. 便于存储　　C. 准确性高　　D. 集中性好

5. 下列选项中（　　）是电子商务的主要功能。

A. 企业网络经营　　B. 企业信息发布　　C. 网上购物

D. 网上招投标　　E. 网上聊天

6. 电子商务的交易过程大致可以分为以下（　　）个阶段。

A. 交易前的准备　　B. 交易谈判和签订合同

C. 办理交易进行前的手续　　D. 交易合同的履行和索赔

7. 对于因特网电子商务来讲，大致可以归纳为以下几种基本的流转程式（　　）。

A. 网络商品直销的流转程式　　B. 企业间网络交易的流转程式

C. 网络商品中介交易的流转程式　　D. 网络商品分销的流转程式

8. 网络商品直销的优点在于（　　）。

A. 可以从网上判断商品的质量优劣

B. 能够减少交易环节，降低交易成本

C. 能够利用信用卡进行网上交易，提高保密性

D. 能够减少售后服务的技术支持费用

9. 网络交易中卖方应当承担的义务是（　　）。

A. 按照合同提交标的物及单据　　B. 对标的物的权利担保

C. 对标的物验收　　D. 对标的物的质量担保

10. 电子商务对于社会生产力的推动作用突出表现在以下几个方面（　　）。

A. 降低信息成本，提高信息使用效率　　B. 减少了中间环节

C. 有利于第三产业的发展　　D. 有利于形成高效流通体制

四、简述题

1. 什么是电子商务？它能带来哪些好处？
2. 按照应用群体的角度进行分类，有哪几种类型的电子商务？
3. 电子商务产生的基础有哪些？
4. 电子商务系统结构与层次是什么样的？
5. 电子商务的体系结构是什么样的结构？

五、操作题

1. 上网寻找一个 B2C 网站，并操作其工作流程。
2. 上网寻找一个 C2C 网站，并操作其工作流程。

第 2 章
电子商务安全知识

电子商务的安全与其他计算机应用系统的安全一样，是一个完整的安全体系结构。它包含了从物理硬件到人员管理等各个方面，任何一个方面的缺陷都将在一定程度上影响整个电子商务系统的安全性。电子商务的安全性体现在网络安全、信息加密技术以及交易安全上，在计算机网络安全的基础上，保障电子商务交易过程顺利进行。本章就电子商务安全这个课题用实例进行全面分析。

实现目标的知识点

- 电子商务安全存在的问题与威胁
- 电子商务安全的体系结构
- 电子商务的安全技术

2.1 电子商务安全问题

2.1.1 漏洞

2009 年到 2016 年软件漏洞公布数量（单位：个）如图 2-1 所示。

1. 网络软件漏洞

图 2-1　2009 年到 2016 年软件漏洞公布数量

网络软件漏洞是进行网络攻击的首选目标，对于一个软件，特别是较大的系统或应用软件，要想进行全面彻底的测试已变得不太可能，虽然在开发过程中进行了一些测试，但总是会多多少少留下一些缺陷和漏洞，而这些缺陷又可能会在较长时间内发现不了，只有当被利用或某种条件得到满足时，才会显现出来。目前常用的一些大型软件系统，例如 Windows 7、Windows 10 和一些 UNIX 系统软件，以及 MS Internet Explorer 和 Netscape Communicator 等大型应用软件，都不断被用户发现有这样或那样的安全漏洞。另外，对于网站或软件供应商专门开发的一些 CGI 程序，很多都存在着严重的漏洞。对于电子商务站点来说，可能会由此导致恶意攻击者冒用他人账号进行网上购物等严重后果。

2．网络协议的安全漏洞

网络服务一般都是通过各种各样的协议完成的，如果网络通信协议存在安全上的缺陷，那么攻击者就有可能不必攻破密码体制即可获得所需要的信息或服务。值得注意的是，网络协议的安全性是很难得到绝对保证的。目前协议安全性的保证通常有两种方法：一种是用形式化方法来证明一个协议是安全的；另一种是设计者用经验来分析协议的安全性。形式化证明的方法是人们所希望的，但一般的协议安全性也是不可判定的。所以，对复杂的通信协议的安全性，现在主要采用找漏洞分析的方法。无疑，这种方法有很大的局限性。实践证明，目前 Internet 提供的一些常用服务所使用的协议（如 Telnet、FTP、TCP、IP、ARP 和 HTTP 协议）在安全方面都存在一定的缺陷。当今，许多黑客攻击都是利用这些协议的安全漏洞才得逞的。实际上，网络协议的漏洞是当今 Internet 面临的一个严重的安全问题。

2.1.2　病毒

计算机病毒是指编制者在计算机程序中插入的破坏计算机功能或者毁坏数据，影响计算机使用，并能自我复制的一组计算机指令或者程序代码，就像生物病毒一样，计算机病毒有独特的复制能力。它们能把自身附着在各种类型的文件上。当文件被复制或从一个用户传送到另一个用户时，它们就随同文件一起蔓延开来。在网络环境下，计算机病毒有不可估量的威胁和破坏力。

2008 年 2 月 3 日，在一家大型门户网站工作的刘小姐，一回到家便打开计算机，浏览网页。突然，Word 文档自动打开，上面自动在书写着："我看了你的照片，你真的很漂亮！"

职业的敏感让刘小姐立即意识到计算机感染了木马程序，她立即关闭了电源。"没想到我自己的计算机也中了'灰鸽子'，变成了'肉鸡'。如果我不关闭电源，黑客还控制着我的计算机并可能发出大大小小的数据包，那样我的计算机就没有任何机密可言了。"

据介绍，"灰鸽子"是最近几年最为疯狂的病毒之一，《2007 年中国电脑病毒疫情互联网安全报告》把它列为 2007 年第三大病毒，中毒后，计算机会被远程攻击者完全控制，黑客可轻易地复制、删除、下载计算机中的文件，还可以记录每个点击键盘的操作，用户的 QQ 号、网络游戏账号、网上银行账号，可被远程攻击者轻松获得。

2.1.3　黑客攻击

2015 年，根据 CNCERT 抽样监测结果和国家信息安全漏洞共享平台（CNVD）发布的数据，在 4 月第 3 周（04-13 至 04-19）期间，境内被篡改网站总数为 2 392 个，其中政府网站数量达到 65 个。

其中，我国境内被篡改网站按类型分布前五位分别是.com、.net、.gov、.org 与.biz。其中，.com 占比高达 75.6%，是我国最易遭到篡改的网站类型。而.biz 仅占 0.1%，被篡改可能性较小。篡改情况按类型分布如图 2-2 所示。

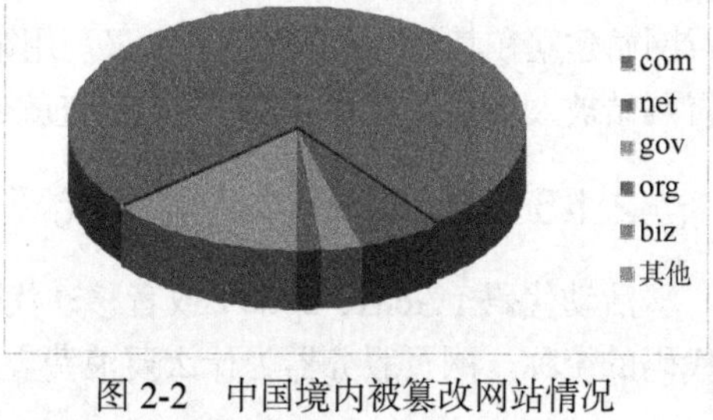

图 2-2　中国境内被篡改网站情况

黑客攻击是计算机面临的最大威胁，此类攻击又有两种。一种是网络攻击，即以各种方式有选择地破坏对方信息的有效性和完整性能；另一种是网络侦探，它是在不影响网络正常工作的情况下，进行截获、窃取、破译以获得对方重要的机密信息。这两种攻击会对计算机网络造成极大的危害。

2.1.4 网络仿冒

基于阿里在 2016 年 1—8 月收录的 APK 样本数据，从 16 个行业分类分别选取了 15 个热门应用，共 240 个应用进行仿冒分析，发现 83%的热门应用存在仿冒，总仿冒量高达 8 267 个，平均每个应用的仿冒量达 34 个，总感染设备量达 6 790 万台。广东省的仿冒应用感染设备量最大，占全国的 13%。北京市仿冒应用感染量也非常大，占全国的 7%。

16 个行业分类中，社交类应用的仿冒量达 4 096 个，占总仿冒量的 49.5%，排名第一。电信类应用的仿冒量占 14.2%，排名第二。金融行业中，银行类仿冒应用占 58%，仿冒应用已成为除仿冒网站（钓鱼链接）以外的另一大线上欺诈威胁，伪基站是传播银行仿冒网站与应用最重要的工具。电信行业的仿冒应用绝大多数具有恶意行为，其中短信劫持行为占比高达 72%。3 大运营商之中，中国移动手机营业厅的仿冒量最大，占 84%，其中大量通过伪基站传播。

在发现的仿冒应用样本中，59%具有恶意行为，对手机用户的账号、资金和隐私安全存在较大威胁。病毒仿冒应用主要具有流氓行为、恶意扣费、短信劫持或隐私窃取等恶意行为，其中短信劫持的风险最高。具体如图 2-3 和 2-4 所示。

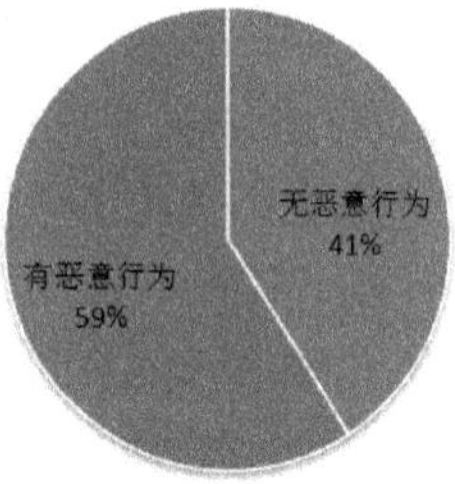

图 2-3 病毒仿冒应用占比

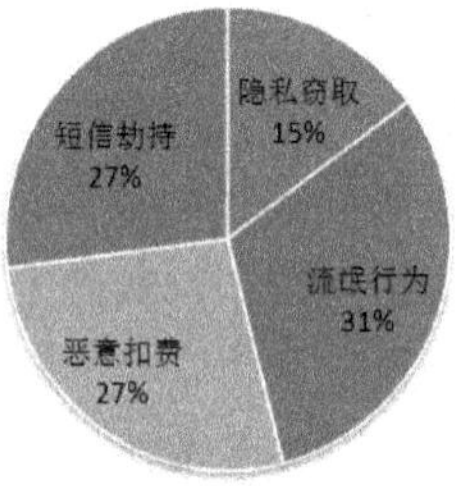

图 2-4 病毒仿冒应用量风险分布

网络仿冒又称网络欺诈、仿冒邮件或者钓鱼攻击等，是黑客使用欺诈邮件和虚假网页设计来诱骗收件人提供信用卡账号、用户名、密码、社会福利号码等，随后利用骗得的账号和密码窃取受骗者金钱。近年来，随着电子商务、网上结算、网上银行等业务在日常生活中的普及，网络仿冒事件在我国层出不穷，诸如中国银行网站等多起金融网站被仿冒。网络仿冒已经成为影响互联网应用，特别是电子商务应用的主要威胁之一。

网络仿冒者为了逃避相关组织和管理机构的打击，充分利用互联网的开放性，往往会将仿冒网站建立在其他国家或地区，而又利用第三方的邮件服务器来发送欺诈邮件，这样即便是仿冒网站被人举报，对网络欺诈者的追查就更困难了，这是现在网络仿冒犯罪的主要趋势之一。

2.1.5 活动代码或者移动代码

活动代码（Active Code）或者移动代码（Mobile Code）是对被“推入”到客户端执行的代码的统称。网页服务器为什么要浪费宝贵的资源和带宽去做那些客户工作站能做的简单工作呢？例如，假设想让你的网站上出现一些熊跳着舞跨过页面顶部的画面。为了下载这些正在跳舞的熊，你可能会在这些熊每一次运动的时候下载一幅新图片；向前移动一点，再向前移动一点，如此继续下去。然而，这种方法占用了服务器太多的时间和带宽，因为需要服务器带来计算这些熊的位置并下载很多新的图片。一种更有效利用（服务器）资源的方式是直接下载一个实现熊运动的程序，让它在客户端计算机上即可运行。

下面介绍不同种类活动代码的相关潜在弱点。

1. Cookie

严格来说，Cookie 不是活动代码，而是一些数据文件，远程服务器能够存入或获取 Cookie。然而，由于 Cookie 的使用可能造成从一个客户端到服务器的不期望的数据传送，所以它的一个缺点就是失去了机密性。

Cookie 是一个数据对象，可以存放在内存中（一次会话 Cookie），也可以为将来使用而存储在磁盘上（持久 Cookie）。Cookie 可以存储浏览器允许的与客户端相关的任何内容：用户按键、机器名称、连接详细内容（如 IP 地址）、日期和类型等。在服务器命令控制下，浏览器将 Cookie 的内容发送给服务器。一次会话 Cookie 在关闭浏览器的时候被删除，而持久 Cookie 却可以保留一段预先设定的日期，可能是未来的几年时间。

Cookie 为服务器提供了一个上下文。通过使用 Cookie，某些主页可以使用“欢迎回来，James Bond”这样的欢迎词来对用户表示欢迎，或者反映用户的一些选择，如“我们将把该订单上的货物邮寄到 Elm 大街 135 号，对吗？”但是，正如以上两个例子所显示的那样，任何人只要拥有了某人的 Cookie，他在某些情形中就代表着这个人。这样，任何人只要窃听或者获得了一个 Cookie，就可以冒充该 Cookie 的所有者。

Cookie 中究竟包含着关于用户的哪些信息呢？尽管这些都是用户的信息，但绝大多数时间用户都不会知道 Cookie 里边到底是什么内容，因为 Cookie 的内容是使用一个来自服务器的密钥加过密的。

因此，Cookie 会占用用户的磁盘空间，保存着一些用户不能看到但与用户相关的信息，能传递给服务器但用户不知道服务器什么时候想要它，服务器也不会通知用户。

2. 脚本

客户可以通过执行服务器上的脚本来请求服务。通常情况是，网页浏览器显示一个页面，当用户通过浏览器与网站进行交互时，浏览器把用户输入的内容转化成一个预先定义好的脚本中需要的参数，然后，它发送这个脚本和参数给服务器执行。但是，所有通信都是通过 HTML 来进行的，服务器不能区分这些命令到底是来自一个浏览器上的用户完成一个主页后提交的，还是一个用户手工写出来的。一些怀有恶意的用户可能会坚持观察一个浏览器与服务器之间的通信，观察怎样改变一个网页条目可以影响浏览器发送的内容，观察其后服务器会做出何种反应。具备了这些“知识”，怀有恶意的用户就可以操纵服务器的活动了。

来看看这种操纵活动有多么容易。首先，要记住程序员们通常不能预见到的恶意举动；事实正好相反，程序员们认为用户都是合法的，会按照程序预先设定的操作规程来使用一个程序。正是由于这个原因，程序员们常常忽略过滤脚本参数，以保证用户的操作是合理的，而且执行起来也是安全的。一些脚本允许包含到任何文件中，或者允许执行任何命令。攻击者可以在一个字符串中看到这些文件或命令，并通过改变它们来做一些实验。

一种广为人知的针对网页服务器的攻击方式是 Escape 字符（Escape-Character）攻击。一种常用于网页服务器的脚本语言——公共网关接口（Common Gateway Interface，CGI）定义了一种不依赖于具体机器的方法来对通信数据编码。按照编码惯例，使用%nn 来代表特殊的 ASCII 字符。例如，%0A（行结束）指示解释器将紧接着的一些字符当作一个新的命令。下面的命令是请求复制服务器的密码文件：

```
http://www.test.com/cgi-bin/query?%0a/bin/cat%20/etc/passwd
```

CGI 脚本也可以直接在服务器上启动一个动作。例如，如果攻击者观察到一个 CGI 脚本中包含着如下格式的一个字符串：

```
<!--#action arg1=value arg2=value -->
```

则攻击者用以下字符串替代上述字符串后，提交一个命令：

```
<! --#exec cmd="rm *"-->
```

这就会引起命令行解释器执行一个命令删除当前目录下的所有文件。

微软的动态服务器页面（Active Server Page，ASP）也具有像脚本一样的能力。这些页面指导浏览器怎样显示文件、维护上下文以及与服务器交互。因为它们在浏览器端也可以被看到，所以任何存在于 ASP 代码中的编程漏洞都可以用于侦查和攻击。

服务器永远不要相信来自客户端的任何东西，因为远程用户可以向服务器发送手工写出来的字符串，用以代替由服务器发送给客户端的恶意程序。正是由于有如此多的远程访问方式，所有这些例子证明了这样一点：如果某用户允许其他人在他的机器上运行程序，那他的机器就不会有绝对的安全保障。

3．活动代码

通过以下几个步骤可以开始显示主页：产生文本，插入图片，并通过鼠标单击来获取新页。很快，人们就在他们的站点上使用了一些精心设计的内容：蹒跚学步的孩子在页面上跳舞、三维旋转的立方体、图片时隐时现、颜色不断改变，以及显示总数等。其中，特别是涉及运动的小技巧显然会占用重要的计算能力，还需要花费大量时间和通信资源从服务器上把它们下载到客户端。然而，通常情况下，客户端自身有一个有能力却没有充分利用的处理器，因此，无须担心活动代码占用客户端计算时间的问题。

为了充分利用处理器的能力，服务器可以下载一些代码到客户端去执行。这些可执行代码称为活动代码（Active Code）。两种主要的活动代码是 Java 代码（Java Code）和 ActiveX 控件（ActiveX Control）。

（1）Java 代码。敌意的 Applet（Hostile Applet）是一种可以下载的 Java 代码，会对客户系统造成损害。由于 Applet 在下载以后失去了安全保护，而且通常以调用它的用户的权限运行，因此敌意的 Applet 会造成严重破坏。Dean 等列举了安全执行 Applet 的几种必要条件：

- 系统必须控制 Applet 对重要系统资源的访问，如文件系统、处理器、网络、用户显示和内部状态变量等。
- 编程语言必须通过阻止伪造内存指针和数组（缓冲区）溢出来保护内存。
- 在创建新对象时，系统必须通过清除内存内容来阻止对象的重用；在不再使用某些变量时，系统应该使用垃圾回收机制来收回所占用的内存。
- 系统必须控制 Applet 之间的通信，以及控制 Applet 通过系统调用对 Java 系统外的环境产生的影响。

（2）ActiveX 控件。微软公司针对 Java 技术的应对措施是 ActiveX 系列。使用 ActiveX 控件以后，任何类型的对象都可以下载到客户端。如果该客户端有一个针对这种对象类型的阅读器或者处理程序，就可以调用该阅读器来显示这个对象。例如，下载一个微软 Word 的.doc 文件就会调用系统上安装的 Word 程序来显示该文件。对于那些客户端没有相应处理程序的文件将会导致下载更多的其他代码。正是由于这个特点，从理论上来说，攻击者可以“发明”一种新的文件类型，如称为.bomb 类型，就会导致那些毫无戒心的用户在下载一个包含.bomb 文件的主页时，也随同下载了可以执行.bomb 类文件的代码。

为了阻止任意下载文件，微软公司使用了一种鉴别方案，在这种鉴别方案下，下载的代码是有密码标记的，而且在执行前需要验证签名。但是，鉴别验证的仅仅是源代码，而不是它们的正确性或者安全性。来自微软公司的代码并不是绝对安全的，具有未知来源的代码可能会更加安全，但也可能更不安全。以前的事实证明，不论代码来自何处，用户都不能假设它到底有多好或者有多安全。况且，有些弱点还可以允许 ActiveX 绕过这种鉴别。

4．根据类型自动执行

数据文件是通过程序进行处理的。对于某些产品而言，文件类型是通过文件的扩展名来表示的，如扩展名为.doc 的文件是一个 Word 文档，扩展名为.pdf，即可移植文档格式（Portable Document Format）的文件是一个 Adobe Acrobat 文件，而以.exe 为扩展名的文件是一个可执行文件。

把一个 Word 文档本身当作一个可执行文件是让人难以理解的。为了阻止人们通过输入名字作为命令来运行文件 Temp.doc，微软公司在文件中内置了它的真实类型。只需要在 Windows 文件浏览器窗口中双击该文件，就可以激活相应的程序来处理这个文件。

但是，这种方案也为攻击者提供了一个机会。一个“怀有恶意”的代理可能会给用户发送一个名为 innocuous.doc 的文件，使用户以为它是一个 Word 文档。由于它的扩展名是.doc，因此 Word 程序会试图打开它。假设该文件被重命名为 innocuous（没有扩展名.doc），但如果内置的文件类型是.doc，那么双击 innocuous 也会激活 Word 程序打开该文件。这个文件中可能包含着一些不怀好意的宏命令，或者通过请求打开另一个更危险的文件。

在通常情况下，可执行文件是危险的，而文本文件相对比较安全，一些带有活动内容的文件（如.doc 文件）介于两者之间。如果一个文件没有明显的文件类型，将会使用它内置的文件处理程序来打开。攻击者经常使用没有明显文件类型的方法来隐藏一个“怀有恶意”的活动文件。

2.2　电子商务安全的构成与需求

2.2.1　电子商务系统安全的构成

电子商务系统安全主要包括三部分：系统实体安全、信息安全和运行安全。具体信息如图 2-5 所示。

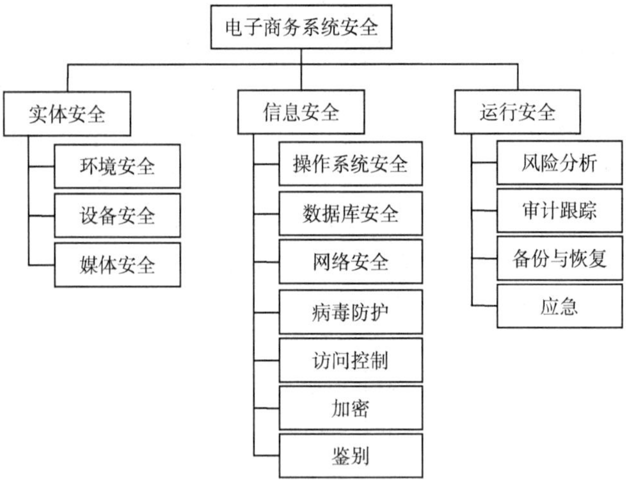

图 2-5　电子商务系统安全的构成

2.2.2　电子商务安全的威胁

安全威胁是指某人、物或事件对某一资源的保密性、完整性或合法性等所造成的危险。某种攻击就是某种威胁的具体实现。攻击分为 5 类：被动攻击、主动攻击、物理临近攻击、内部人员攻击和软硬件装配攻击。被动攻击是指信息的截获，对信息的保密性进行攻击，即通过窃听网络上传输的信息并对其进行业务流分析，从而获得有价值的情报，但它并不修改信息的内容。它的目标是获得正在传送的信息，其特点是偷听或监视信息的传递。常见的被动攻击包括：搭线窃听、信息泄密等。主动攻击是更改信息或拒绝用户使用资源的攻击，包括对信息进行故意的篡改（如改动某次支付活动的货币金额）。主动进攻可能造成数据资料的泄露和散播，或导致拒绝服务以及数据的篡改。总体来说，被动攻击比主动攻击更容易以最少的花费付诸工程实现。

物理临近攻击是指一未经授权的个人，在物理意义上接近网络、系统或设备，试图改变、收集信息或拒绝他人对信息的访问。

内部人员攻击可以分为恶意或无恶意攻击。前者指内部人员对信息的恶意破坏或不当使用，或他人的访问遭到拒绝；后者指由于粗心、无知以及其他非恶意的原因而造成的破坏。

软硬件装配攻击指在工厂生产或分销过程中对硬件和软件进行的恶意修改。这个攻击可能是在产品里引入恶意代码，比如后门。

在电子商务发展的过程中，常见的威胁如图 2-6 所示。

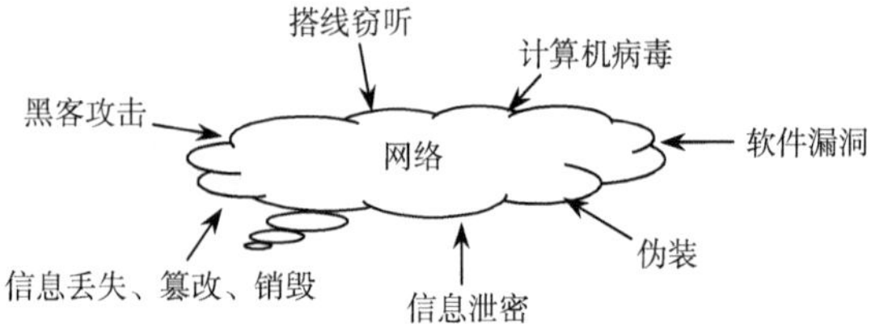

图 2-6　电子商务安全威胁

1. 黑客攻击

黑客攻击是计算机面临的最大威胁，此类攻击又有两种。一种是网络攻击，即以各种方式有选择地破坏对方信息的有效性和完整性；另一种是网络侦探，它是在不影响网络正常工作的情况下，进行截获、窃取、破译以获得对方重要的机密信息。这两种攻击会对计算机网络造成极大的危害。

2．搭线窃听

这是非法者常用的一种手段，即将导线搭到无人值守的网络传输线路上进行监听，通过信号的处理和正确的协议分析可以完全掌握通信的全部内容。

3．伪装

入侵者伪装成合法用户。伪装既可以通过技术手段也可以通过非技术手段来实现，例如：

（1）嗅探：通过检测局域网上的信息来窃取密码。

（2）口令猜测：利用计算机对所有的密码进行猜测试验，直至找到正确的密码。

（3）从废弃物中寻找：从受害人丢弃的废弃物中寻找密码等机密信息。

（4）社交手段：通过电话欺骗经授权的个人，使之泄露账号或密码。

4．计算机病毒

计算机病毒是指编制者在计算机程序中插入的破坏计算机功能或者毁坏数据，影响计算机使用，并能自我复制的一组计算机指令或者程序代码，就像生物病毒一样，计算机病毒有独特的复制能力。计算机病毒可以很快地蔓延，又常常难以根除。它们能把自身附着在各种类型的文件上。当文件被复制或从一个用户传到另一个用户时，它们就随同文件一起蔓延。

5．信息泄密

内部人员对数据的存储位置、信息重要性非常了解，这使得内部攻击更容易奏效。很多机密文件放在未经加密或没有严格限制内部人员查阅的地址内，一旦黑客进入网络就可轻松地访问这些数据，使信息泄密。

6．信息丢失、篡改、销毁

由于误操作或黑客的非法操作，使有价值的信息丢失、被篡改或销毁。

7．软件漏洞

网络软件漏洞是进行网络攻击的首选目标，随着现代软件系统的日益复杂，对于一个软件，特别是较大的系统或应用软件，要想进行全面彻底的测试已变得不太可能，虽然在开发过程中进行了一些测试，但总是会多多少少留下一些缺陷和漏洞，而这些缺陷又可能会在较长时间发现不了，只有当被利用或某种条件得到满足时，才会显现出来，对于电子商务站点来说，可能会由此导致恶意攻击者冒用他人账号进行网上购物等严重后果。

如果把网络系统的运转看作信息的流动，则正常情况下，信息从信源流向信宿，这种正常的信息流如图 2-7（a）所示。网络系统面临的威胁可以归纳为：中断、截获、篡改、伪造四种类型。

（1）中断（Interruption）。中断是指攻击者有意破坏和切断他人在网络上的通信，这是对可用性的攻击，如图 2-7（b）所示。

（2）截获（Interception）。截获是被动攻击，它是指攻击者从网络上窃听他人的通信内容，破坏信息的机密性，如图 2-7（c）所示。

（3）篡改（Modification）。篡改是指攻击者故意篡改网络上传送的报文，这是对完整性的攻击，如图 2-7（d）所示。

（4）伪造（Fabrication）。伪造是指攻击者伪造信息在网络传送，这是对真实性的攻击，如图 2-7（e）所示。

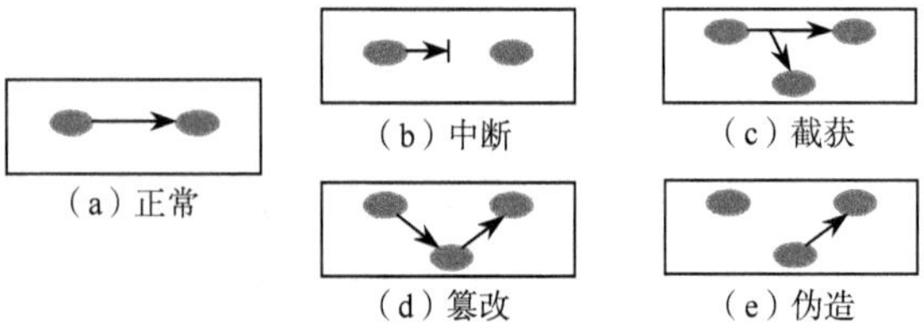

图 2-7　网络系统面临的威胁

2.2.3　电子商务安全的需求

电子商务的安全需求是电子商务系统的中心内容，是理解整个电子商务安全的基础，所有的安全威胁都是针对安全需求中的六项内容而言的，所有的安全技术也都是为保证这六项内容的实现，可见电子商务安全需求在整个安全问题中占据的位置。这六项内容分别是：保密性、完整性、认证性、不可否认性、不可拒绝性和访问控制性。

1．保密性

商务数据的保密性指信息在网络上传输或存储的过程中不被他人窃取、不被泄露给未经授权的人或组织，或者经过加密伪装后，使未经授权者无法了解其内容。

在商务活动的过程中，交易信息直接代表着个人、企业或国家的商业机密，如信用卡账号及密码、订货单、内部报价单等。传统的纸面贸易都是通过邮寄封闭的信件或通过可靠的通信渠道发送商业报文来达到保守机密的目的。而电子商务是建立在一个较为开放的网络环境上的，必须采用必要的技术手段来保证发送方和接收方之间交换信息的保密性，要预防非法的信息存取和信息在传输过程中被非法窃取，确保只有合法用户才能看到数据，防止泄密事件。

保密性可用信息加密技术实现，使信息截获者不能解读加密信息的内容。另外，保密性还要求保护通信流特性，如通信源与目的、流量、频率等，以防止被分析，从而丧失有价值的商业情报。

2．完整性

商务数据的完整性是指保护数据的一致性，防止数据被未授权者修改、建立、嵌入、删除、重复发送或由于其他原因被更改。

加密的信息在传输过程中，虽能保证其保密性，但并不能保证不被修改。电子商务系统应充分保证数据传输、存储完整性检查的正确性和可靠性。首先，为保证数据传输的完整性，网络传输所使用的协议必须具有查错纠错功能，并且应具有消息投递的确认与通知信息，以保证传送准确无误，防止数据的丢失和篡改。其次，为保证数据存储的完整性，电子商务系统信息存储必须保证正确无误。作为存储介质的磁盘，可采用容错磁盘和磁盘的热修补技术。第三，对电子商务报文进行完整性检查，抛弃不完整的电子商务文件。对接收的电子商务报文数据要进行扫描，按电子商务所规定的语法规则进行上、下文检查，把不符合语法规则的非法字符从数据流中移走。

贸易各方信息的完整性将影响到贸易各方的交易和经营策略，保持贸易各方信息的完整性是电子商务应用的基础，因此，要预防对信息的随意生成、修改和删除，同时要防止数据传送过程中信息的丢失和重复，并保证信息传送次序的统一。

3．认证性

商务对象的认证性或称真实性是指网络两端的使用者在通信之前相互确认对方的身份，保证交易方确实存在，而并非有人假冒。

认证性所解决的问题是，确定要进行交易的贸易方正是进行交易所期望的贸易方这一问题。传统的纸介质贸易通过双方在合同、契约或单据等书面文件上手写签名或盖章来鉴别。在无纸化的电子商务方式下，要保证交易双方身份的正确性，分辨参与者所声称身份的真伪，防止伪装攻击，需为参与实体提供可靠的标识。这往往需要第三方的介入，认证性用数字签名和身份认证技术实现。

4．不可否认性

商务服务的不可否认性或称不可抵赖性是指信息的发送方不能否认已发送的信息，接收方不能否认已收到的信息，这是一种法律有效性要求，通过这一特性，建立有效的责任机制，防止实体否认其行为。交易一旦达成就不能否认，如果否认必然会损害另一方的利益。信息的不可否认性用来保护通信用户对付来自其他合法用户的威胁，比如发送方对其所发消息的否认，接收方对其所收消息的否认，等等，这威胁并非来自未知身份的攻击者。不可否认性能够提供充分的证据迅速辨别出谁是谁非，采用的技术有数字签名等。

5．不可拒绝性

商务服务的不可拒绝性或称可靠性是保证授权用户在正常访问信息和资源时不被拒绝，即为用户提供稳定可靠的服务。

要对网络故障、操作错误、应用程序错误、硬件故障、系统软件错误及计算机病毒甚至自然灾害所产生的潜在威胁加以控制和预防。这类威胁的结果是破坏了计算机的正常处理速度或使计算机完全拒绝服务。贸易数据在确定的时刻、确定的地点必须是可访问的，延迟或拒绝服务都会把自己的顾客和贸易伙伴推向竞争对手那里，或者在竞争性交易中错过商机。

6．访问控制性

访问控制性或称可控性规定了主体访问客体的操作权力限制，以及限制进入物理区域（出入控制）和限制使用计算机系统和计算机存储数据的过程（存取控制），包括人员限制、数据标识、权限控制、控制类型和风险分析等。可控性在这里主要指能够控制使用资源的人或实体的使用方式，在网络上限制和控制通信信道对主机系统和应用的访问，保护计算机系统的资源不被未经授权的人或以未授权方式接入、使用、修改、破坏、发出指令或植入程序等，即防止授权的数据暴露。访问控制性可用防火墙等技术及相关制度措施等实现。

2.3　电子商务安全现状

2.3.1　法律法规建设

1．计算机犯罪立法（见表 2-1）

表 2-1　世界范围内有关计算机犯罪的立法情况

犯罪行为		美国	英国	澳大利亚	中国香港
黑客攻击	尝试性（如口令猜测）	无	有	无	有
	成功攻击，但不造成损失	无	有	有	有
	成功攻击，且造成损失	有	有	有	有
	有进一步犯罪动机	有	有	有	有

续表

犯罪行为		美国	英国	澳大利亚	中国香港
篡改行为	未经授权访问并篡改计算机数据	有	有	有	有
	经授权访问计算机但擅自篡改计算机数据	无	无	有	有
	干预和破坏正常的计算机运行	有	无	有	有
其他	买卖口令	有	无	无	无
	跨国界适用	无	有	无	无
	涉及所有计算机	无	有	无	有
最长刑期	黑客行为	20 年	5 年	2 年	5 年
	篡改行为	20 年	5 年	10 年	12 年

2．有关计算机安全的法律法规（见表 2-2）

表 2-2　国内外有关计算机安全的法律法规

国家/组织	法律法规	说　明
欧盟	2001 年《关于网络犯罪的公约》	加强社会防卫，打击盗版、网络欺诈、儿童色情和危害网络安全等严重的网络犯罪
美国	1970 年《金融秘密权利法》 1984 年《伪造存取手段以及计算机诈骗与滥用法》 1986 年《计算机诈骗与滥用法》《国家信息基础保护法》 1987 年《联邦计算机安全处罚条例》	对金融业计算机存储数据的保护作了规定 明确了对网络犯罪的处罚
中国	1994 年《中华人民共和国计算机信息系统安全保护条例》 1996 年《中华人民共和国计算机信息网络国际联网暂行规定》 1997 年《计算机信息网络安全保护管理办法》《计算机信息系统安全专用产品分类原则》 2000 年《互联网信息服务管理办法》《关于维护互联网安全的决定》	—

3．有关保护个人隐私的法律法规（见表 2-3）

表 2-3　世界范围内有关保护个人隐私的法律法规

国家	法律法规	说　明
美国	1980 年《隐私保护法》	为计算机形式的文件提供隐私保护
	1986 年《电子通信隐私法》	禁止个人在没有获权情况下截取通信资料
	1988 年《视频隐私保护法》	保护图片传输的隐私
	1997 年《消费者因特网隐私保护法》	要求计算机服务在公布用户信息时必须事先得到用户的书面同意
	1997 年《联邦因特网隐私保护法》	禁止联邦机构在因特网上公布个人信息
	1997 年《通信隐私和消费者权利法》	保护在线交易中的隐私权
	1997 年《资料隐私法》	限制使用关于个人的信息

续表

国家	法律法规	说　明
	1999 年《因特网保护个人隐私的政策》	禁止未经消费者同意传播消费者的信息
英国	1998 年 7 月《数据保护法》	—
澳大利亚	“个人数据保护十原则”	—
日本	《个人数据保护法》	—

4．有关网络知识产权保护的法律法规（见表 2-4）

表 2-4　世界范围内有关网络知识产权保护的法律法规

国家/组织	法律法规	说　明
世界知识产权组织	1996 年 12 月《世界知识产权组织版权保护条约》	对信息网络环境下的软件、数据库的著作权保护和信息数字化、网络传输、技术措施、版本信息等问题进行了解释
欧盟	2001 年《关于网络犯罪的公约》	加强社会防卫，打击盗版、网络欺诈、儿童色情和危害网络安全等严重的网络犯罪
美国	1997 年《禁止电子盗窃法》	是保护网络知识产权方面最重大的进步
	《数字版权净化和技术教育法》	通过远程教学的版权，限制了数字版权侵犯的范围
	《在线版权有限责任法》	保护因特网服务提供商，使他们在无法控制或不知侵害结果的特殊情况下直接或间接违法时免予承担责任
	1998 年《数字版权法》	侵权行为即使不带有营利性的动机，达到一定条件亦可被判定为犯罪

5．有关电子合同的法律法规

我国 2005 年 4 月 1 日出台的《中华人民共和国电子签名法》承认了电子签名的法律效力，2006 年 7 月 6 日我国政府正式签署了《联合国国际合同使用电子通信公约》，它是我国电子商务领域的国家法，具有划时代的意义。

目前，我国现行的涉及交易安全的法律法规主要有 4 类：

（1）综合性法律，主要是民法通则和刑法中有关保护交易安全的条文。

（2）规范交易主体的有关法律，如公司法、国有企业法、集体企业法、合伙企业法、私营企业法、外资企业法等。

（3）规范交易行为的有关法律，包括经济合同法、产品质量法、财产保险法、价格法、消费者权益保护法、广告法、反不正当竞争法等。

（4）监督交易行为的有关法律，如会计法、审计法、票据法、银行法等。

我国法律对交易安全的研究起步较晚，且长期以来注重对财产静态权属关系的确认和保护，未能反映现代市场经济交易频繁、活泼、迅速的特点。虽然在上述 4 类法律法规中体现了部分交易安全的思想，但大都没有明确的电子商务交易安全的法律规定，因而，电子商务法律的制定与完善是一项艰巨的任务。

2.3.2　理论研究和技术开发

在提供保密性的加密算法里，有基于分组加密的 DES 算法，有基于大数因子分解的 RSA

算法，还有基于NP完全理论的背包加密算法，基于离散对数的ElGamal加密算法，等等。

在提供完整性和不可否认性的数字签名里，不仅有RSA签名和ElGamal签名，还有盲签名、多重签名和定向签名、代理签名等。

在提供认证性领域里，有目前流行的公钥基础设施（PKI）。

更有防火墙、授权服务器等产品来提供可控性。

2.4 电子商务安全防治措施

2.4.1 技术措施

电子商务安全防治所用到的技术措施主要由以下几点构成：

1. 网络安全检测设备

预防为主是防范黑客的基本指导思想。利用网络从事交易的单位或个人，有条件的话应当加强黑客行为的网络监控。SAFEsuite是第一个也是最为广泛应用的网络安全监控系统，为审核、监控和校正网络安全而专门设计。SAFEsuite可找出安全隐患，提供堵住安全漏洞所必须的校正方案，建立必要的循环过程，确保隐患即刻被纠正。此外，SAFEsuite还监控各种变化情况，从而使用户可以找出经常发生问题的根源所在。SAFEsuite包括Web Security Scanner、Firewall Scanner、Intranet Scanner、System Security Scanner和RealSecure。SAFEsuite检测安全隐患的对象包括：Web站点、防火墙和路由器、Windows系列、WindowsNT和UNIX工作站、Windows NT和UNIX服务器等。

中科院高能物理所与福建省海峡科技信息中心共同承担的中国科学院应用研究与发展重大项目“若干计算机网络安全关键技术与产品开发”中的“黑客入侵防范软件”是国内一个较好的黑客防范产品。该软件是针对目前我国网络发展中存在的安全问题，针对Internet上黑客的非法入侵而设计的一个较为有效的防范软件。其主题为一套以网络安全和系统安全为主的测试软件，用于分析和指出有关网络的安全漏洞及被测系统的薄弱环节，并给出相应的修补措施和安全建议。

“黑客入侵防范软件”主要在UNIX平台上开发，现支持Linux、Solaris等操作系统。

2. 访问设备

未来10年，也许每个人都可能拥有自己的智能卡。这种智能卡是多用途的，不仅可用于支付，而且可用于支持身份认证、旅行、小批量购买授权及实际和虚拟访问控制等。

美国GSA公司开发了用于Internet的安全磁盘：一种装有嵌入式芯片的3.5 in软盘。目前流行的一种访问令牌（Access Token）是SecurityDynamics公司生产的SecuIDCard（安全认证卡）。该卡起价34美元，系统ACE服务器牌价2450美元。另外，Dallas半导体公司的微型iButton数字辅助设备，为Web安全又加了一道保险。

3. 防火墙

防火墙可以使用户或企业确定什么人在什么条件下可以进入他们的Internet环境。防火墙的产品种类繁多，性能和价格也各不相同。

4．浏览器/服务器软件

Netscape 公司配有 SSL 3.0 的 Navigator 3.0，WebServer 也支持 SSL 2.0。Microsoft 公司推出的 Internet Explorer 6.0 支持 SSL 3.0，但包含 Internet 信息服务器的 NT Server 4.0 只支持 SSL 2.0。

NCSA（National Center for Super-Computering Applications，美国国家超级计算机应用中心）的 XMosaic 2.6S UNIX 浏览器，现处于β测试阶段，支持 S-HTTP（Secure Hyper Text Transfer Protocol，安全超文本传输协议），也支持 SSL 2.0 和 3.0。NCSA 还通过 S-HTTP 在其服务器和浏览器上实现了数字标记功能，用于解决网上交易的拒付问题。

5．证书

认证与访问控制的证书（Certificate）的发放与管理是一个根本性的问题。最知名的证书授权部门是 VeriSign。它发放三种级别的公用证书，信用程度依次增高。另外，VeriSign 正在开发一种为大型机构定做证书的"Private Label（专用标签）"服务。VeriSign 依靠目前的基础结构规模可提供数以千万计的证书服务。

6．商业软件

加强型安全商业软件包括 Open Market 公司的 OM-Transact 等产品。AT&T 公司已选定 OM-Transact 用以开发一种新型的 Internet 商业服务。这种产品已赢得了一些客户的青睐，如 BBN、MCI 和英国电信等公司。

WebMate Technologies 公司提供受该公司 Webmate/Foundation 平台支持的 MallMaker 和 StoreMaker 软件。Foundation 工具包可用于实现电子支付系统扩展和与 SQL 数据库的连接，还可提供访问控制和密码支持。SpaceWorks 公司提供一种商业套装软件产品，将买主直接连接到卖主的办公室，从而取消了中间环节。

7．安全工具包软件

安全工具包可以从 RSA 公司和 Terisa 公司获得，用以帮助有关部门建立自己的安全 Web 交易系统。

RSA 公司的 BSAFE 是最畅销的通用密码工具包。BSAFE 支持 RSA、DES、Triple DES、RC2、RC4 和其他密码技术。另一种新型的工具包 BCERT 支持建立证书发放与管理应用。

Terisa 系统提供一种比较高级的 Web 客户机和服务器工具包。该工具包可使开发商实现安全的通信系统集成，如 SSL（Secure Sockets Layer，安全套接层）和 S-HTTP 等。

对于独立于应用的安全系统，有 Secure Ware 公司的 HannaH。该软件可为运行在 TCP/IP 网络上的任何信息提供安全保护。

中国互联网安全产品测评中心是一个国家授权成立的专门从事信息安全产品和信息系统安全性测试、评估和认证的非营利的技术支持和服务性机构，其宗旨是对我国互联网络中使用的信息安全产品和系统进行公正、客观和权威的测试、评估和认证，确保互联网络安全中心已经在 Internet 上设立了自己的主页，并将通过这个主页公布通过认证的信息安全的产品清单，并提供联络信息。企业和个人在选择网络安全产品时，一定要注意选择中国互联网络安全产品认证中心推荐的产品。

8．保护传输线路安全

传输线路应有露天保护措施或埋于地下，并要求远离各种辐射源，以减少由于电磁干扰引起的数据错误。电缆铺设应当使用金属导管，以减少各种辐射引起的电磁泄漏和对发送线路的干扰。集线器和调制解调器应放置在受监视的地方，以防外连的企图，对连接要定期检查，以检测是否有窃听、篡改或破坏行为。

9．防入侵措施

应加强对文件处理的限制，控制重要文件的处理。利用报警系统检测违反安全规程的行为，即安全码的不正确使用或使用无效的安全码。对在规定次数内不正确的安全码使用者，网络系统可采取行动锁住该终端并报警，以防止非法者突破安全码系统进行入侵。

10．数据加密

数据加密是网络中采用的最基本的安全技术。网络中的数据加密，除了选择加密算法和密钥外，主要问题是加密方式及实现加密的网络协议层和密钥的分配及管理。网络中的数据加密方式有链路加密、节点加密和端对端加密等方式，数据加密可在OSI协议参考模型的多个层次上实现。

11．访问控制

访问控制是从计算机系统的处理能力方面对信息提供保护，它按照事先确定的规则决定主体对客体的访问是否合法。当一主体试图非法使用一个未经授权的资源时，访问控制机制将拒绝这一企图，并将这一事件报告给审计跟踪系统，审计跟踪系统将给出报警信息，并记入日志档案。对文件和数据库设置安全属性，对其共享的程度予以划分，通过访问矩阵限制用户的使用方式，如只读、只写、读/写、可修改、可执行等。数据库的访问控制还可以分库、结构文件、记录和数据项四级进行。

12．鉴别机制

鉴别是为每个通信方查明另一个实体身份和特权的过程。它是在对等实体间交换认证信息，以便检验和确认对等实体的合法性，这是访问控制实现的先决条件。鉴别机制可以采用报文鉴别，也可以采用数字签名或终端识别等多种方式。

报文鉴别是在通信双方建立通信联系之后，每个通信者对收到的信息进行验证，以保证所收到信息的真实性的过程，也就是验证报文的完整性。一旦这种鉴别信息被得知，并用它的准确性和完整性有保证，那么本地用户或系统就可以做出适当的判断——什么样的数据可以发送到对方。

数字签名是一个密文收发双方签字和确认的过程。所用的签署信息是签名者所专有的、秘密的和唯一的，而对接收方检验该签署所用的信息和程序则是公开的。签名只能由签名者的私钥产生，检验过程则用公开程序和公钥来确定签名是否是由签名者的私钥产生的，所以当出现纠纷时，仲裁者可利用公开程序来证明签名者的唯一性。数字签名可以为实体认证、无连接完整性、源点鉴别、制止否认等服务提供支持，它也是数据完整性及公证和认证机制的基础。

终端识别技术是利用回收信息核对用户位置、识别用户身份的一种方式。回信核对装置还对用户的联机位置进行检查、核对。如果某入侵用户得到的联机口令在非法地点联机，系统会立即切断联络，并对这一非法事件进行记录，将非法者的联机时间、地点等详细情况记录下来，并打印出来，以便及时查处和制止非法犯罪行为。

13．路由选择机制

在一个网络中，从源点到目的节点有多条路径可以到达，有些路径可能是安全的，而另一些路径可能是不安全的。路由选择机制可以使信息的发送者选择特殊的路由，以保证数据安全。路由选择机制实际上就是流向控制。在一个大型网络系统中，选择安全通路是一个重要问题。这种选择可以由用户提出申请，在自己的程序和数据前打上路由标志；也可以由网络安全控制机构在检测出不安全路由后，通过动态调整路由表，限制某些不安全通路。

14．通信流控制

通信流分析是一种特殊的被动型攻击，敌方通过分析网络中某一路径的信息流量和流向就可以判断某事件的发生。例如，在军用网络中发向某一站点的报文流量突然激增，便可判断某地发生了某种军事行动。为了对付这种攻击，在某些站点间无信息传递时，持续地传送伪随机数据，使敌方不知道哪些是有用信息，哪些是无用信息，从而挫败通信流分析攻击。信息流的安全控制包括：掩盖通信的频度、掩盖报文的长度、掩盖报文的形式、掩盖报文的地址。具体方法是填充报文和改变传输路径。

填充报文，包括增加伪报文或将所有报文都扩充到同样长度，并随机地选择通信对象，使网络中的数据流量比较平衡。为了掩盖报文地址，一般采用物理层的链路加密方式，而伪报文的发送则在网络高层协议中实现。为了掩盖报文的形式，常采用带反馈的加密方式。

15．数据完整性

网络通信协议中一般都考虑了传输中的差错控制措施，但不能对付人为的破坏。网络中传输数据完整性控制包括：数据来自正确的发送方，而非假冒；数据送到了正确的接收方，而无丢失或误送；数据接收的内容与发送时一致；数据接收的时序与发送时一致；数据没有重复接收。保护数据完整性的措施是增加入侵者所不能控制的冗余信息。

16．端口保护

远程终端和通信线路是安全的薄弱环节，尤其是在利用电话拨号上网的计算机网络中。因此，端口保护成为网络安全的一个重要问题，一种简单的保护方法是在不使用时拔下插头或关掉电源。不过，这种方式对于拨号系统或联机系统是不可行的，因此通常采用的方法是利用各种端口保护设备。

除此之外，还有安全检测、审查和跟踪等措施。

2.4.2　管理措施

网络交易系统安全管理制度是用文字形式对各项安全要求所做的规定，它是保证企业网络营销取得成功的重要基础工作，是企业网络营销人员安全工作的规范和准则。这些制度应当包括人员管理制度、保密制度、跟踪审计制度、系统维护制度、数据备份制度、病毒定期清理制度等。

1．人员管理制度

网络营销是一种高智力的劳动。从事网络营销的人员，一方面必须具有传统市场营销的知识和经验，另一方面，又必须具有相应的计算机网络知识和操作技能。由于营销人员在很大程度上支配着市场经济下的企业的命运，而计算机网络犯罪又具有智能型、隐藏性、连续性等特点，因此，加强对网络营销人员的管理变得十分重要。

（1）严格选拔网络营销人员。经过一定时间考察，将责任心强、讲原则、守纪律、了解市场、懂得营销、具有基本网络知识的人员委派到各种岗位上。

（2）落实工作责任制。不仅要求网络营销人员完成规定的营销任务，而且要求他们严格遵守企业的网络营销安全制度，特别是在当前企业人员流动频率较高的情况下，更要明确网络营销人员的责任，对违反网络交易安全规定的行为应坚决进行打击，对有关人员要进行及时处理。

（3）贯彻电子商务安全动作基本原则。

① 多人负责原则：重要业务不要安排一个人单独管理，实行两人或多人相互制约的机制。

② 任期有限原则：任何人不得长期担任与交易安全有关的职务。

③ 最小权限原则：明确规定只有网络管理员才可实施物理访问，只有网络管理员才可进行软件安装工作。

2．保密制度

网络营销涉及企业的市场、生产、财务、供应等多方面的机密，需要很好地划分信息的安全防范重点，提出相应的保密措施。信息的安全级别一般可分为以下三级。

（1）绝密级。如公司经营状况报告、订/出货价格、公司的发展规划等。此部分网址、密码不在 Internet 上公开，只限于公司高层人员掌握。

（2）机密级。如公司的日常管理情况、会议通知等。此部分网址、密码不在 Internet 上公开，只限于公司中层以上人员使用。

（3）敏感级。如公司简介、新产品介绍及订货方式等。此部分网址、密码在 Internet 上公开，供消费者浏览，但必须有保护程序，防止黑客入侵。

保密工作的另一个重要问题是对密钥的管理。大量的交易必然使用大量的密钥，密钥管理必须贯穿于密钥的产生、传递和销毁的全过程。密钥需要定期更换，否则可以使黑客通过积累密文增加破译机会。

3．跟踪、审计、稽核制度

跟踪制度要求企业建立网络交易系统日志机制，用来记录系统运行的全过程。系统日志文件是自动生成的，内容包括操作日期、操作方式、登录次数、运行时间、交易内容等。它对系统进行运行监督、维护分析、故障恢复，对于防止案件的发生或在发生案件时为侦破提供监督数据，都可以起到非常重要的作用。

审计制度包括经常对系统日志的检查、审核，及时发现对系统故意入侵行为的记录和违反系统安全功能的记录，监控和捕捉各种安全事件，保存、维护和管理系统日志。

稽核制度是指工商管理、银行、税务人员利用计算机及网络系统，借助于稽核业务应用软件调阅、查询、审核、判断辖区内各电子商务参与单位业务经营活动的合理性、安全性，堵塞漏洞，保证电子商务交易安全，发出相应的警示或做出处理处罚的有关决定的一系列步骤及措施。

4．网络系统的日常维护制度

1）硬件的日常管理和维护

企业通过自己的 Intranet 参与电子商务活动，Intranet 的日常管理和维护变得至关重要，特别是对那些运行关键任务的 Intranet，如银行、邮电、税务等部门更是如此。但 Intranet 的日常管理和维护又是一件非常繁重的工作，因为计算机主机机型和其他网络设备很多，网管人员水平参差不齐，所以管理和维护的难度可想而知。

（1）网络设备。对于一些网络设备，一般都有相应的网管软件，如 3COM 的 Transcend、Cisco 的 CiscoWorks 等，应及时安装网管软件。这些软件可以做到对网络拓扑结构的自动识别、显示和管理，网络系统节点配置与管理，系统故障诊断、显示及通告，网络流量与状态的监控、统计与分析，还可以进行网络性能调优、负载平衡等。对于不可管设备应通过手工操作来检查状态，做到定期检查与随机抽查相结合，以便及时准确地掌握网络的运行状况，一旦有故障发生能及时处理。

（2）服务器和客户机。这部分一般没有相应的网管软件，只能通过手工操作检查状态。在 UNIX 环境下，可以用 Shell 命令写一个巡查程序（Ping 和 PS 命令），检查各服务器或客户机是否处于活动状态及各机的用户注册情况。如果服务器是冷备份，则应定时启动备份机检查。

（3）通信线路。对于内部线路，应尽可能采用结构化布线。虽然采用布线系统在建网初期会增加投资，但这样可以大大降低网络故障率，即使有故障发生也较容易排除。对于租用电信部门的通信线路，网络管理员应对通信线路的连通情况做好记录，当有故障发生时，应及时与电信部门联系，以便迅速恢复通信。

2）软件的日常管理和维护

（1）支撑软件。支撑软件包括操作系统 UNIX 或 Windows NT，数据库 Oracle 或 Sybase，开发工具 PowerBuilder、Delphi 或 C 语言等。对于操作系统，一般需要定期清理日志文件、临时文件；定期整理文件系统监测服务器上的活动状态和用户注册数；处理运行中的死机情况等。

（2）应用软件。应用软件的管理和维护主要是版本控制。为了保持各客户机上的版本一致，应设置一台安装服务器，当远程客户机应用软件需要更新时，就可以从网络上进行远程安装。

Office、E-mail 等软件均可远程安装。但是，远程安装应选择网络负载较低时进行，特别是安装大型应用软件，最好在晚上进行，以免影响网络的日常工作。

5．数据备份制度

广域网上一般都有几个至十几个应用系统，每个应用系统都设置了若干角色，用户管理的任务就是增加/删除用户、增加/修改用户组号。例如，要增加一个用户，需进行如下工作（以 UNIX 为例）。

（1）在用户使用客户机上增加用户并分配组号。

（2）在用户使用的服务器数据库上增加用户并分配组号。

（3）分配该用户的广域网访问权限。

为了保证广域网的安全，必须统一管理用户，由网管部门统一增加或删除用户。这些工作在 UNIX 环境下都可通过一个简单的 Shell 程序一步完成。

6．病毒防范制度

病毒在网络环境下具有更强的传染性，对网络交易的顺利进行和交易数据的妥善保存造成极大的威胁。从事网上交易的企业和个人都应当建立病毒防范制度，排除病毒的干扰。

（1）给自己的计算机安装防病毒软件。应用于网络的防病毒软件有两种：一种是单机版防病毒产品；另一种是联机版防病毒产品。前者是以事后消毒为原理的，当系统被病毒感染之后才能发挥这种软件的作用，适合于个人用户。这类产品有 KV300、AV95、360 等。后者属于事前的防范，其原理是在网络端口设置一个病毒过滤器，即事前在系统上安装一个防病毒的网络软件，它能够在病毒入侵到系统之前，将其挡在系统外边。例如，在每个工作站和服务器的批处理文件中，建立调用 DOS 系统文件中最好的内存驻留型防病毒程序——VSAFE.com，一旦有病毒侵入，该程序会立即报警。这类软件还有病毒克星 Netvrv 等。

（2）不打开陌生地址的电子邮件。电子邮件传播病毒的关键是附件。由于文字处理软件 Word 具有夹带病毒的可能，所以当收到陌生地址的电子邮件时，无论是 Word 文件还是执行文件，最好不要随便打开。例如，专门窃取招行网上银行的账号、密码和数字证书的“快乐耳朵”病毒就是采用这种方式传播的。“快乐耳朵”病毒会在用户的计算机上搜索电子邮件地址，并向外发送大量邮件，邮件的题目是“快来看看我的偷拍作品”，以此来诱惑更多的用户登录病毒作者建立的病毒网站并下载运行编码器，而用户一旦下载并运行这个编码器就会被感染。著名的“网银大盗”病毒也是采用类似的方法传播的。

（3）认真执行病毒定期清理制度。许多病毒都有一个潜伏期。有时候，虽然计算机仍在运行，但实际上已经染上了病毒。病毒定期清理制度可以清除处于潜伏期的病毒，防止病毒的突然爆发，以使计算机始终处于良好的工作状态。

（4）控制权限。可以将网络系统中易感染病毒的文件的属性、权限加以限制，对各终端用户，只许他们具有只读权限，断绝病毒入侵的渠道，从而达到预防的目的。

（5）高度警惕网络陷阱。网络上常常会出现非常诱人的广告及免费使用的承诺，在从事网络营销时对此应当保持高度警惕。

7．应急措施

应急措施是指在计算机灾难事件，即紧急事件或安全事故发生时，利用应急计划辅助软件和应急设施，排除灾难和故障，保障计算机信息系统继续运行或紧急恢复。在启动电子商务业务时，就必须制订交易安全计划和应急方案，一旦发生意外，立即实施，最大限度地减少损失，尽快恢复系统的正常工作。

电子商务运行中的灾难事件指的是导致参加交易活动的计算机不能正常运行的事件。洪水、地震和其他自然灾害会直接导致计算机系统不能正常运行；发电厂的事故、信息服务商的问题也可以导致计算机系统的非正常运行；计算机系统本身也可导致灾难的发生，如系统升级时发生差错、严重的操作错误、备份中心发生故障或系统管理员的恶意操作都可能导致重要数据的丢失，引发计算机系统的灾难。

灾难恢复包括许多工作。一方面是硬件的恢复，使计算机系统重新运转起来。另一方面是数据的恢复。一般来讲，数据的恢复更为重要，难度也更大。目前运用的数据恢复技术主要是瞬时复制技术、远程磁盘镜像技术和数据库恢复技术。

（1）瞬时复制技术。瞬时复制技术就是使计算机在某一灾难时刻自动复制数据的技术。现在的一种瞬时复制技术是通过使用磁盘镜像技术来复制数据。利用空白磁盘和每一数据磁盘相连，把数据复制到空白磁盘，在复制进行过程中，为保证数据的一致性，使用数据的应用程序被暂时挂起。当复制完成时，瞬时复制磁盘与数据磁盘脱离连接，应用程序继续运行。瞬时复制的备份数据可以典型地用来产生磁带备份或用作远程恢复节点的基本数据。

（2）远程磁盘镜像技术。远程磁盘镜像技术是在远程备份中心提供主数据中心的磁盘镜像。这种技术最主要的优点是可以把数据中心磁盘中的数据复制到远程备份中心，而无须考虑数据在磁盘上如何组织。

系统管理员仅需要确定哪些磁盘需要备份到远程备份中心，存储在这些磁盘上的数据会全自动地备份到远程备份中心，这对应用系统的安全非常有利。

（3）数据库恢复技术。数据库恢复技术是产生和维护一份或多份数据库数据的备份。数据库复制技术为用户提供了更大的灵活性。数据库管理员可以准确地选择哪些数据可以被复制到哪些地方。对于那些在日常应用中使用大量联机数据的用户，可以选择少量关键数据复制到远程，用来减少对远程存储系统的效率和对网络带宽的影响。大多数的复制服务器比磁盘镜像更加灵活，支持对数据的多个复制，同时可选择哪些数据被复制到哪些地方。

2.5　电子商务安全体系与安全技术

2.5.1　电子商务安全体系结构

1. 电子商务安全

什么是电子商务安全？在给其下定义之前，先要了解计算机安全、网络安全、信息安全、电子商务安全的关系。

计算机安全是使处理的数据和程序文件不被非授权人员、计算机或其他程序所访问、获取或修改。网络安全是指网络系统的硬件、软件及其系统中的数据受到保护，不因偶然的或者恶意的原因而遭到破坏、更改、泄露，系统连续可靠正常地运行，网络服务不中断。信息安全是为了保障电子信息的有效性，涉及信息的保密性、完整性、抗否认性、可用性。

电子商务安全从整体上可分为两部分：计算机网络安全和商务信息安全。商务信息安全则紧紧围绕传统商务在互联网上应用时产生的各种安全问题，在计算机网络安全的基础上，保障电子商务过程的顺利进行。即实现电子商务的保密性、完整性、抗否认性、可用性。计算机网络安全与商务信息安全实际上是密不可分的，两者相辅相成，缺一不可。没有计算机网络安全作为基础，商务交易安全就犹如空中楼阁，无从谈起。没有信息安全保障，即使计算机网络本身再安全，仍然无法达到电子商务所特有的安全要求。

因此，计算机网络安全是实现电子商务安全的基础和保障，信息安全是实现安全技术的目标，而电子商务安全是这一目标的具体应用和体现。

2. 电子商务的安全体系结构

电子商务的安全体系结构是保证电子商务中数据安全的一个完整的逻辑结构，同时它也为交易过程的安全提供了基本保障。电子商务的安全体系结构如图 2-8 所示。电子商务安全技术可以进一步分为网络安全技术和交易安全技术两部分。网络安全技术为电子商务运行平台的安全提供技术支持，主要安全技术有：信息加密、防火墙、访问控制、入侵检测、病毒防范等。交易安全技术是为电子商务安全交易提供技术支持，主要的安全技术有：加密技术、报文鉴别、数字签名、身份认证、安全协议等。

电子商务安全体系结构由网络服务层、加密技术层、安全认证层、交易协议层、电子商务应用系统层 5 个层次组成。从图 2-8 中可以看出，下层是上层的基础，为上层提供了技术支持；上层是下层的扩展与递进。各层之间相互依赖、相互关联，构成统一整体。计算机网络安全和商务交易安全是密不可分的，两者相辅相成、缺一不可。没有计算机网络安全作为基础，商务交易安全无从谈起；没有商务交易安全，即使计算机网络本身再安全，也无法满足电子商务所特有的安全要求，电子商务安全也无法实现。

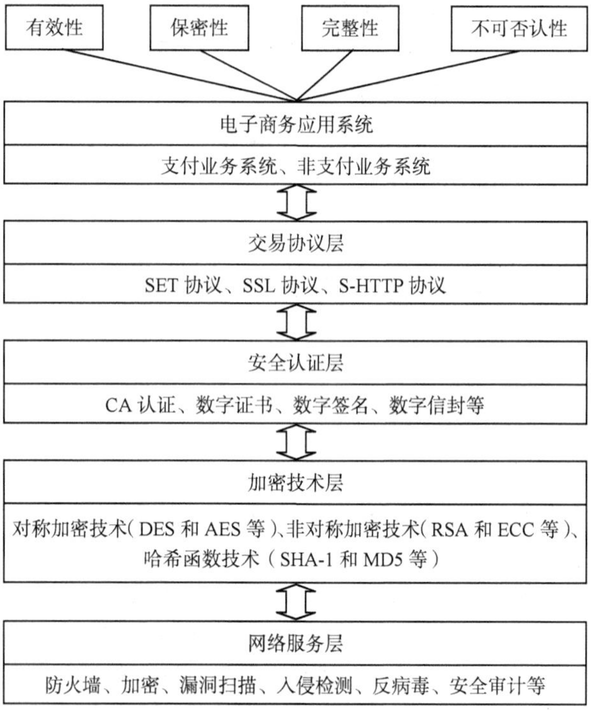

图 2-8　电子商务安全体系结构图

电子商务安全体系结构图中各层通过控制技术的递进，实现电子商务系统的安全。下层是上层的基础，为上层提供技术支持，底层网络安全技术是电子商务安全的基础，网络安全技术涉及的方面也比较广，如操作系统安全、防火墙技术、虚拟专用网 VPN 技术、各种反黑客技术和漏洞技术等。上层还有密码技术和 PKI 技术，其中密码技术主要有加密、数字签名、认证技术等；PKI 技术是公钥基础实施技术，它为电子商务、电子政务、网上银行证券等提供了一整套安全基础平台。

具体来说，电子商务的安全要素包括：有效性、机密性、完整性和不可否认性。

（1）有效性：电子商务作为贸易的一种电子形式，直接关系到个人、企业和国家的经济利益和声誉，因此，保证其有效性，必须对网络故障、操作错误、应用程序错误、硬件故障、计算机病毒及黑客破坏攻击等产生的潜在威胁加以控制和预防，以保证贸易数据时刻有效。

（2）保密性：电子商务建立在较为开放的 Internet 网络环境上，加大了商业机密维护的难度。因此，必须预防非法的信息存取和传输过程中被非法窃取篡改，以保证信息的保密性。

（3）完整性：电子商务简化了贸易交易过程，减少了人为干预，维护贸易各方面商业信息的完整性和统一性。但是由于数据输入时的意外差错甚至欺诈行为，也可能导致贸易各方面的不同。此外，传输过程中，数据信息的丢失、重复或传送次序差异都可能导致贸易各方的差异。信息的完整性影响到贸易各方的交易和经营策略，保持贸易各方面的信息完整性是电子商务应用的基础。因此，必须要预防随意生成信息，对数据进行修改和删除，防止数据信息在传输过程中丢失和重复，并能够保证信息传输次序的正确、统一。

（4）不可否认性：不可否认性直接关系到贸易交易的进行，是电子商务顺利进行的关键。传统贸易通过交易双方在合同、契约或单据等书面纸质文件上手写签名或印章来鉴别身份，确认其可靠性、承认合法性并防止抵赖行为的发生。所以电子商务中，必须保证传输过程中参与交易的个人、企业或国家能够提供可靠的标识。

2.5.2　电子商务安全技术

1. 网络安全

电子商务系统是通过网络实现的，需要利用因特网的基础设施和标准，因此构成电子商务安全系统结构的底层是网络服务层。网络服务层是各种电子商务应用系统的基础，提供信息传输功能、用户接入方式和安全通信服务，并保证网络运行安全。网络服务层是电子商务应用系统的网络服务平台。

网络服务层也提供计算机网络安全。计算机网络安全主要包括计算机网络的物理安全、计算机网络系统安全和数据库安全等。网络安全主要是针对计算机网络本身可能存在的安全问题，实施网络安全方案。计算机网络安全采用的主要安全技术有防火墙技术、加密技术、漏洞扫描技术、入侵检测技术、反病毒技术和安全审计技术等，用以保证计算机网络自身的安全。

1）防火墙技术

防火墙是一种常用的网络安全装置，安放在内部网络与外部网络的连接处。它既可以防止外部人员对内部网络的恶意攻击，又可以防止内部人员非法访问外部网络。但是，由于内部人员访问内部网络时不需要经过防火墙，它防止不了内部人员的攻击。有多种实现防火墙的技术，如包过滤、代理服务器、双穴主机和屏蔽子网网关等。其中实现起来比较简单的是包过滤，它是一个检查通过它的数据包的路由器，限定外部用户的数据包。其原理是监视并过滤网络上流入流出的 IP 包，拒绝发送可疑的包。包过滤是运用一定的规则把经过它的 IP 包过滤掉的方法来实现的。通常，可以根据 IP 中的以下字段进行过滤操作：源 IP 地址、目的 IP 地址、TCP/UDP 源端口或 TCP/UDP 目的端口号等。

2）加密技术

数据加密技术可以用来保护网络系统中包括用户数据在内的所有数据流。只有接收信息的用户或网络设备才能够解密所加密的数据，从而在不对网络环境作特殊要求的前提下，从根本上保证网络信息的完整性和可用性。

3）漏洞扫描技术

漏洞扫描是自动检测远端或本地主机安全漏洞的技术。它通过执行一些脚本文件对系统进行攻击并记录它的反应，从而发现其中的漏洞。

漏洞是硬件、软件或策略上的缺陷，这些缺陷使得攻击者能够在未授权的情况下访问甚至控制系统。漏洞的危害可以简单地用木桶原理加以说明：一个木桶能盛多少水，不在于组成它的最长的那根木料，而取决于它身上最短的那一根。同样，对于一个系统来说，它的安全性不在于它是否采用了最新的加密算法或最先进的设备，而是由系统本身最薄弱之处，即漏洞所决定的。只要这个漏洞被发现，系统就有可能成为网络攻击的牺牲品。早期的扫描程序是专门为 UNIX 系统编写的。随着越来越多的操作系统开始支持 TCP/IP，每一种平台上都出现了扫描工具（Scanner），扫描常用技术包括 ping 扫描、端口扫描、操作系统识别和穿透防火墙的扫描等。

4）入侵检测技术

入侵检测技术通过获取网络上的所有报文，并对报文进行分析处理，报告异常和重要的数据模式和行为模式，使网络安全管理员清楚地了解网络上发生的事件，以便能够采取行动阻止可能的破坏。

入侵检测可被定义为对计算机和网络资源的恶意使用行为进行识别和响应的处理过程。它不仅检测来自外部的入侵行为，同时也检测内部用户的未授权活动，还能发现合法用户滥用特权，提供追究入侵者法律责任的有效证据。该技术通过分析入侵过程的特征、条件、排列以及事件间的关系，具体描述入侵行为的迹象。这些迹象不仅对分析已经发生的入侵行为有帮助，而且对将来可能发生的入侵行为也有警戒作用。

5）反病毒技术

计算机病毒数据将导致计算机系统瘫痪、程序和数据遭受严重破坏，使网络的效率和作用大大降低，许多功能无法使用或不敢使用。反病毒技术大体分为病毒检测、病毒清除、病毒免疫和病毒预防。

6）安全审计技术

安全审计是一个安全的网络必须支持的功能特性，审计是记录用户使用计算机网络系统进行所有活动的过程，是提高安全性的重要工具。它不仅能够识别是谁访问了系统，还能指出系统正被怎样使用。

在确定是否发生网络攻击这一点上，审计信息对于确定问题和攻击源十分重要。同时，系统事件的记录能够更迅速、更系统地识别问题，并且它是后一阶段事故处理的重要依据，为网络犯罪行为及泄密行为提供取证基础。另外，通过对安全事件的不断收集与积累并且加以分析，有选择性地对其中的某些站点或用户进行审计跟踪，以便对已经发生或可能产生的破坏性行为提供有力的证据。

具体而言，网络的审计系统应该由三个层次组成，分别是：

（1）网络层层次的安全审计。主要利用防火墙的审计功能、网络监控与入侵检测系统来实现。

（2）系统的安全审计。主要利用各种操作系统和应用软件系统的审计功能实现。包括用户访问时间、操作记录、系统运行信息、资源占用等。

（3）对信息内容的安全审计，属高层审计。

各层次的安全审计措施是网络安全系统的重要组成部分，而对审计数据的维护是其重要内容之一。

2. 交易安全

交易安全是针对传统商务在因特网上运用时产生的各种安全问题而设计的一套安全技术，目的是在计算机网络安全的基础上确保电子商务过程的顺利进行，即实现电子商务的保密性、完整性、可靠性、匿名性、原子性和不可否认性等。加密技术层、安全认证层和交易协议层一起构成电子商务交易安全。安全协议层是加密技术层和安全认证层的安全控制技术的综合运用与完善。

1）加密技术层

加密技术是电子商务最基本的安全措施。在目前技术条件下，加密技术通常分为对称加密和非对称加密两类。

在对称密钥加密中，密钥安全交换是关系到对称加密有效性的重要环节。目前常用的对称加密算法有 DES、AES、IDEA 和 3DES 等。

不同于对称加密，非对称加密的密钥被分解为公开密钥和私有密钥。公开密钥和私有密钥构成一个密钥对，密钥对生成后，公开密钥以非保密方式对外公开，私有密钥则保存在密钥发布者手里。目前，常用的非对称加密算法有 RSA 和 ECC 算法。

在对称和非对称两类加密方法中，对称加密的特点是加密速度快（通常比非对称加密快 10 倍以上）、效率高，被广泛应用于大信息量的加密。但该方法的致命缺点是密钥的传输与交换也面临着安全威胁，密钥易被截获；而且，若和大量用户通信，难以安全管理大量的密钥，因此大范围应用存在一定问题。而非对称密钥则相反，它能很好地解决对称加密中由于密钥数量过多导致管理难及费用高等问题，也无须担心传输中的私有密钥的泄露，保密性能优于对称加密技术。但由于非对称加密算法复杂，加密速度难以达到理想状态，所以目前电子商务实际运用中常常是两者结合使用。

2）安全认证层

仅有加密技术层提供的加密技术不足以保证电子商务中的交易安全，身份认证技术是保证电子商务安全的又一重要技术手段。认证的实现包括数字签名技术和数字证书技术等。

（1）报文摘要。通过使用单向哈希（Hash）函数将需要加密的明文“摘要”成一个固定长度（如 128 bit）的密文。不同的明文加密成不同的密文，对明文的微小改动都会造成报文摘要的完全不同；相同的明文其报文摘要必然一样。因此，利用报文摘要就可以验证通过网络传输收到的明文是否是初始的、未被篡改过的，从而保证数据的完整性。

（2）数字签名。数字签名是非对称加密技术的一种特定应用。其主要方式为：报文发送方从报文文本中生成一个报文摘要，并用自己的私有密钥对这个报文摘要进行加密，形成发送方的数字签名；然后，这个数字签名将作为报文的附件和报文一起发送给报文的接收方；报文接收方首先从接收到的原始报文中计算出报文摘要，接着再用发送方的公开密钥来对报文附加的数字签名进行解密得到报文摘要。如果这两个报文摘要相同，那么接收方就能确认该数字签名是发送方的。利用数字签名技术，接收者可以确定发送者的身份是否真实，同时发送者不能否认发送的消息，接收者也不能篡改接收的消息。

（3）数字证书。数字证书用电子手段来标识一个用户的身份。数字证书的内部格式是由 ITU-T X.509 国际标准所规定的，包含以下内容：证书拥有者的姓名、证书拥有者的公共密钥、公共密钥的有效期、颁发数字证书的单位、数字证书的序列号。数字证书涉及数字认证中心 CA。

目前，数字证书有个人证书、企业证书和软件证书，其中前两类较为常用。个人证书仅仅为某单个用户提供凭证，用以帮助其个人在网上进行安全交易操作。企业证书通常为网上的某个 Web 服务器提供凭证，拥有 Web 服务器的企业就可以用具有凭证的互联网站点来进行安全电子交易。

（4）认证中心 CA。在电子商务系统中数字证书的发放需要有一个具有权威性和公正性的第三方认证机构来承担。认证中心 CA 正是这样的一个受信任的第三方。CA 为用户签发数字证书，提供身份认证服务，是整个系统的安全核心。

在非对称密钥认证系统中，用户的签名公钥和加密密钥通常是分开的，而 CA 只知道用户的签名公钥，这样就避免了可信第三方被攻击而导致整个系统陷入瘫痪的严重问题。此外，在认证系统中，CA 只负责审核用户的真实身份并对此提供证明，而不介入具体的认证过程，从而缓解了可信第三方的系统瓶颈问题。而且 CA 只需管理每个用户的一个公开密钥，大大降低了密钥管理的复杂性。这些优点使非对称密钥认证系统适用于用户众多的大规模网络系统。

（5）数字时间戳。在保证文件的真实性和有效性方面，签署时间也是非常重要的内容。在电子商务活动中，同样需要对商务活动所涉及文件的时间采取保护措施，而数字时间戳服务（Digital Time-stamp Service，DTS）就是为电子商务活动中交易文件的签署时间信息提供安全保护服务的。

数字时间戳服务是由网上专门的机构提供的一种安全服务项目。时间戳是一个经加密后形成的凭证文档，它包括需加时间戳的文件摘要、DTS 机构到文件的时期和时间，以及 DTS 机构的数字签名等内容。

数字时间戳产生的基本过程如下。

① 用户首先将需要加时间戳的文件利用报文摘要技术生成摘要信息，然后将该摘要发送到 DTS 机构。

② 当 DTS 机构收到文件摘要后，在其中加入收到的日期和时间信息，并对该文件进行加密（即数字签名），然后送回用户。

到此为止，用户在它的文件中就加入了由 DTS 机构提供的数字时间戳，使电子商务活动中信息的真实性和有效性进一步得到了保障。

3）交易协议层

除加密技术层和安全认证层提到的各种安全控制技术之外，电子商务的运行需要一套完整的安全协议。目前，比较成熟的协议有安全套接层协议、安全电子交易协议、匿名原子交易协议和公钥基础设施等。

（1）安全套接层协议。安全套接层协议（Secure Socket Layer，SSL）是网景（Netscape）公司于 1996 年推出的安全协议。它位于运输层和应用层之间，由 SSL 记录协议（SSL Record Protocol）、SSL 握手协议（SSL Handshake Protocol）、修改加密约定协议（Change Cipher Spec Protocol）和报警协议（Alert Protocol）组成。

SSL 握手协议被用来在客户与服务器进行传输应用层数据之前建立安全机制。当客户与服务器第一次通信时，双方通过握手协议在版本号、密钥交换算法、数据加密算法和哈希算法上达成一致，然后互相验证对方身份，最后使用协商好的密钥交换算法产生一个只有双方知道的秘密信息，客户和服务器各自根据此秘密信息产生数据加密算法和哈希算法参数。SSL 记录协议根据 SSL 握手协议协商的参数，对应用层送来的数据进行压缩、加密，计算报文验证码（MAC），然后经网络传输层发送给对方。

（2）安全电子交易协议。安全电子交易协议（Secure Electronic Transactions，SET）是由 VISA 和 Master Card 两大信用卡组织制定的标准。SET 用于划分与界定电子商务活动中消费者、网上商家、银行、信用卡组织之间的权利义务关系，给定交易信息传送流程标准。SET 主要由三个文件组成，分别是 SET 业务描述、SET 程序员指南和 SET 协议描述。SET 协议保证了电子商务系统的保密性、完整性、不可否认性和身份的合法性。

（3）公钥基础设施 PKI。多年来，世界各国为解决 Internet 的安全问题进行了大量的研究，初步形成了一套完整的 Internet 安全解决方案，其中最著名的就是公钥基础设施 PKI。PKI 是实现网络及其应用安全的一种体系、一种基础设施，它能够为所有基于网络应用透明地提供加密、数字签名和数字证书等密码服务所需要的密钥和证书管理，能够有效地解决公开密钥的发布、收发双方的身份认证、不可抵赖、保证数据的机密性、完整性和有效性等安全问题。

PKI 采用数字证书的方式来管理公开密钥，并通过权威的可信任的第三方——CA 认证中心将用户的公开密钥与用户的其他标识信息捆绑在一起，用于用户的身份验证。因此，数字证书是 PKI 的核心元素，而 CA 认证中心是其核心的执行者。

总之，PKI 的主要目的就是通过管理密钥和证书，为用户建立起一个安全的网络运行环境，使用户能够方便地使用加密技术、数字签名技术和身份认证，保证网络中信息传输的机密性、真实性、完整性和不可抵赖性。随着 Internet 应用的不断普及深入和 PKI 技术的成熟与完善，PKI 已经成为电子商务、电子政务等系统安全的首选技术和安全解决方案，PKI 具有非常广阔的应用前景。

2.6 实例分析

2.6.1 网络钓鱼案例

1. 典型案例

犯罪嫌疑人通过给受害者发送手机短信，称受害人的银行 e 令即将到期，需尽快登录某一网址进行升级。受害人上网登录了短信上提供的所谓银行网址，输入用户名、密码等，很快页面显示升级成功。当受害人再次登录银行官网的网银账户时，发现自己账户内的大量资金被转走。这种欺诈方式即为网络钓鱼，短信上提供的网址就是钓鱼网站的网址。

另外一个例子，某些手机用户在网上为手机缴费时，误入了“钓鱼”网站，充值的话费打了水漂。调查发现，一些骗取话费的诈骗网站以一种“推广链接”的广告发布形式跻身于搜索页的头条，引人上当。

以上两个例子都是典型的网络“钓鱼”攻击。根据中国反钓鱼网站联盟（APAC）发布的数据，仅 2011 年 4 月份联盟处理“钓鱼”的网站就多达 2 635 个。

2. “钓鱼”攻击的主要目标及攻击过程

银行与客户是网络“钓鱼”攻击中的最大目标。“钓鱼”手段也从最初的骗取用户账户和密码等，发展到有针对性地通过用户的微博、团购等消费痕迹和消费行为，通过网络、短信等实施“个性化钓鱼”，致使受害者一时间难以辨别其真假。很多社交平台也成为网络“钓鱼”的新渠道。

国际反钓鱼网站工作组（Anti-Phishing Working Group，APWG）将网络“钓鱼”定义为：一种利用社会工程和技术诡计，针对客户个人身份数据和金融账号进行盗窃的犯罪机制。

诈骗者通常会将自己伪装成网络银行、在线零售商和信用卡公司等可信的组织机构，主要通过电子邮件、网页、短信、微博等途径散布虚假信息，诱骗不知情的网络用户连接到一个通过精心设计与目标组织的网站非常相似的“钓鱼”网站上，并获取受害人在此网站上输入的个人敏感信息，如信用卡号、银行卡账户、身份证号等内容，通常这个攻击过程不会让受害者察觉。

3. 常见“钓鱼”攻击

网络“钓鱼”常用攻击手段归纳起来可以分为两类，第一类攻击完全利用社会工程学的方式对受害者进行诱骗，如发送大量诱骗邮件、诱骗短信、各种仿冒网站等；第二类攻击则主要通过漏洞触发，包括操作系统漏洞、应用程序及浏览器漏洞、目标网站服务器漏洞等，利用这些漏洞结合社会工程学对受害者进行诱骗。

1）完全利用社会工程学形式的“钓鱼”攻击

（1）虚假诱骗型。如利用虚假电子邮件、虚假短信、虚假即时通信消息、虚假搜索引擎消息、虚假聊天室、留言板、论坛等方式进行大量虚假信息的传播，以骗取浏览者去访问相应的“钓鱼”站点，以此来骗取用户的个人资料，包括账号、密码等信息。

（2）内容仿冒型。内容仿冒是目前“钓鱼”攻击中最常见的一种方式。攻击者仿冒一些银行机构的网银页面，或者是仿冒电子商务网站。当用户在该平台选择商品消费时，网站所提供的支付平台完全是攻击者自行设计、假冒的支付页面，以此来获得消费者的网上相关个人信息，包括银行账号、密码等信息。

（3）“内容仿冒”和“虚假诱骗”一般都是配合进行，通过诱骗让访问者访问仿冒的网银或者电子商务网站，并进行登录、支付等操作，从而攻击者直接截取到相关的个人信息。在多家商业银行的网银被“钓鱼”的案例中，几乎都采用这两种攻击手法，攻击者直接获取到用户账户和密码信息。

（4）域名仿冒型。域名仿冒的“钓鱼”攻击是比较常见的“钓鱼”攻击行为，也是很早出现的“钓鱼”攻击形式之一。这种攻击的特点是在网站的域名上做文章，利用用户对域名的“不了解”或“想当然”的心态来骗取用户的信任，从而使得“钓鱼”攻击成功。这样，用户很容易因为域名的相似而轻易相信此网站为合法的官方网站而被“钓鱼”攻击。

2）由站点漏洞触发进行的“钓鱼”攻击

（1）利用网站自身漏洞进行“钓鱼”攻击。攻击者可以利用跨网站脚本（XSS）漏洞以及各种劫持攻击相结合进行“钓鱼”攻击，攻击者可以窃取域名 Cookie、篡改页面内容、突破浏览器的安全级别限制、网页挂马等。攻击者还可以利用特定漏洞进行页面重定向，当普通用户单击攻击者精心构造的看似合法的链接时，浏览器立即自动跳转到“钓鱼”网站。

（2）利用站点应用的第三方网站内容的漏洞进行“钓鱼”攻击。这里所说的“利用第三方网站内容的漏洞”进行的“钓鱼”攻击是指可信任网站引用其他第三方网站的页面等作为自身业务的一部分的情况，而导致发生“钓鱼”行为的网络攻击。例如，很多综合性网站使用视频网站的在线视频，公司的企业网站使用第三方的客服系统等。如果这些被引用的服务存在“钓鱼”攻击的可能，那么，引用这些服务的网站同样会遭受到“钓鱼”攻击。

（3）利用数据传输过程的漏洞进行“钓鱼”攻击。这种“钓鱼”攻击手法是采用浏览者在访问正常站点进行数据传输的过程中进行数据劫持而指向“钓鱼”网站，该种方式隐蔽性强，浏览者难以发现。这类钓鱼攻击最具代表性的就是利用 DNS 缓存中毒的漏洞，攻击者攻击存在该漏洞的 DNS 服务器，更改服务器中 IP 地址和 URL 的对应关系，将目标网站的 URL 定位到钓鱼网站上，钓鱼攻击就这样“不知不觉”地发生了。

（4）利用访问者客户端的漏洞进行“钓鱼”攻击。这种钓鱼攻击是攻击者直接利用客户端的漏洞，直接欺骗客户访问钓鱼网站进行的攻击，如利用浏览器漏洞、第三方应用漏洞以及操作系统漏洞等。

4. “钓鱼”攻击的防范

为了有效地应对“钓鱼”攻击，应该全面评估“钓鱼”攻击可能利用的各种弱点，以及相关产业链条各个环节可能带来的影响，基于“事前-事中-事后”循环改进的防护思路建立一个多层面、立体的反“钓鱼”体系。具体步骤如下：

（1）事前及时进行预警，及时找到被“钓鱼”攻击利用的弱点，第一时间启动紧急预案，做出响应，确保预警工作的完备性。具体可以从业务安全风险评估、业务环境脆弱性评估和异常交易检测与风险警示等方面进行分析。

（2）事中主动进行防御。包括及时关停“钓鱼”网站或在客户端及时阻断钓鱼威胁。

（3）事后进行整改和教育，尽可能地减少同类事件发生的概率。可以组织专项整改行动，并组织多样化的安全意识教育等。

2.6.2　客户机安全案例

客户机是指一台连接远程服务器的本地机，通常是 PC，也是 B/S 结构中的浏览器一端。其安全性可划分为两段：客户机上网前的安全和客户机上网后面临的安全。对于客户机上网前的安全，主要是其硬件、软件的安全问题，硬件方面有计算机的各种插卡有没有问题，是否做到了功能统一、相互匹配，以及对意外事件的抵御能力等；软件方面有操作系统是否及时更新了漏洞，各种应用软件有没有被入侵的风险。这种客户机上网前的安全性是电子商务安全的前提，要求必须首先实现 PC 的安全。客户机上网后面临的安全，是指客户机和服务器进行信息往来传送时面临的被攻击的问题，是电子商务安全的主要关注点。

客户机上网面临的安全性问题主要来源于页面的活动内容。活动内容是指在页面上嵌入的对用户透明的程序。活动页面可显示动态图像、下载和播放音乐或利用插件来执行相关功能模块，使页面功能更为丰富、形式更为活泼。活动内容形式包括 Java 小应用程序、ActiveX 控件、浏览器插件、JavaScript、VBScript、活动脚本和包含一些隐含嵌入指令的文件等。小应用程序是可以在另一个程序中执行的程序，但它不能在计算机上直接执行。只要客户的浏览器兼容 Java，Java 小应用程序就可以在客户机上运行。Java 利用 Java 运行程序安全区来限制 Java 小应用程序的活动，Java 运行程序安全区是根据安全模式所定义的规则建立起来的，这些规则适用于所有不可信的 Java 应用程序。可信的 Java 小应用程序是从本地文件系统中下载的，或者带有可信第三方的数字签名。插件是用于解释或执行嵌入下载图形、声音或其他对象中的指令。JavaScript 和 VBScript 都支持页面设计者创建在浏览器端可执行的活动内容，但这种程序或页面要经过客户的手动启动。ActiveX 是一个对象（称作控件），它由页面设计者放在页面中来执行特定任务的程序，只能运行在微软的 Windows 操作系统上，并要求浏览器支持 ActiveX 控件。浏览器下载到嵌有 ActiveX 控件的页面时，会提醒你是否安装执行。ActiveX 控件一旦执行，就能访问所有的系统资源。所有形式的活动页面都支持 WWW 页面完成一些特定的任务。例如，网页的表单（Form）或表格（Table）上的按钮可激活嵌入的程序来计算和显示信息，或将客户机上的数据发送给服务器。

Java Applet 的下载执行过程，如图 2-9 所示。

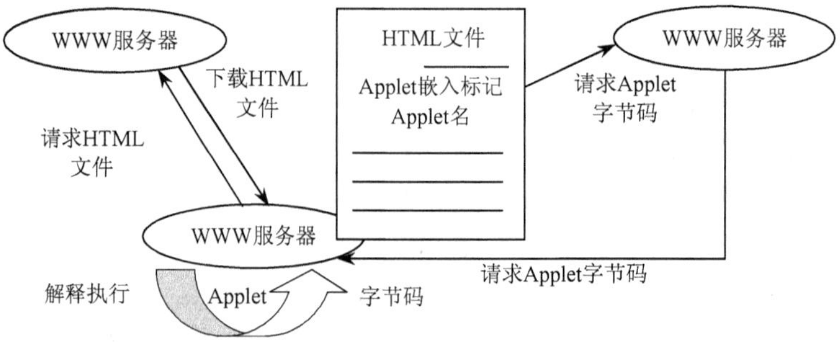

图 2-9　Java Applet 的下载执行过程

ASP 文件的处理，如图 2-10 所示。ASP.NET 文件的处理，如图 2-11 所示。

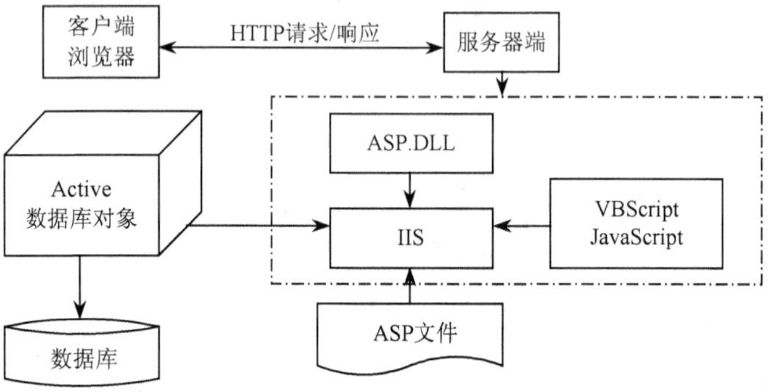

图 2-10　ASP 文件的处理

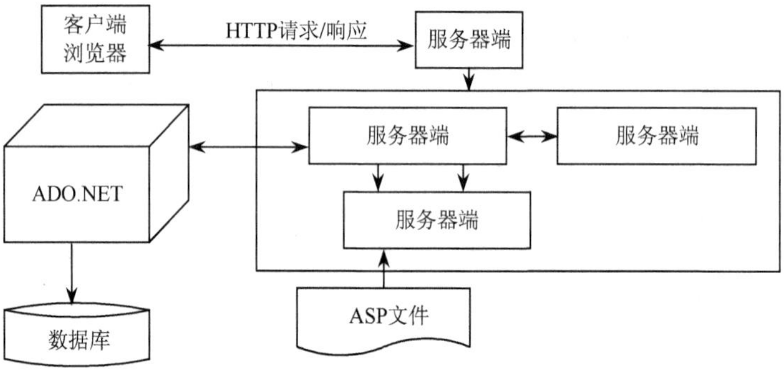

图 2-11　ASP.NET 文件的处理

如果活动内容是特洛伊木马、网络蠕虫等病毒，就将为电子商务带来多种安全风险。HTTP 协议是无状态的，即它不能记忆从一个页面到另一个页面间的响应，所以它要借助 Cookie 技术来解决记忆客户订单信息或用户名与口令等问题。Cookie 是用户在访问某些站点时，其 Web 服务器在用户计算机中所写入的一些文件。这些小文件可能记录了关于用户的个人信息，比如，何时访问该网站，在网站从事过哪些活动等。当用户再次访问该网站时，Web 服务器只要查询 Cookie 的记录就会记得用户是谁。有恶意的活动内容会利用 Cookie 将客户机的文件泄密。

除了活动内容，那些被用户有意下载的文件、软件、电子邮件的附件等都有可能带来安全隐患，这些下载后的文件中都有可能包含病毒、木马等。对每台计算机来说，最大的两个威胁是病毒和蠕虫，其实它们就是计算机程序，有些人出于好玩或好奇而编写这些程序，有些人则作为一项挑战，想要编出最具毁灭性的病毒或蠕虫。虽然有些病毒和蠕虫完全无害，但大多数的病毒和蠕虫会带来各种各样的麻烦，从在显示屏上显示无意义的信息，到让键盘工作反常，以致删除文件，甚至使整个硬盘发生紊乱。

如何保护上网的客户机呢？第一，对活动页面的活动内容要有所限制，设置好用户的浏览器安全选项。第二，对活动内容喜欢访问的 Cookie，用户要加以控制。第三，对用户有意下载的文件、软件和电子邮件附件等，要进行签名消息或签名代码的检查，同时用防病毒软件查杀病毒。

据来自 NSS Labs Web Browser Security Socially-Engineered Malware Protection（http://www.nsslabs.com/browser-security）的数据显示，在 2010 年 10 月对各种浏览器拦截社会化恶意软件的拦截率测试中，IE 9.0 的拦截率达到 99%，排在首位。IE 9.0 的安全考虑包括 6 个方面：隐私首选项、安全区域、数字证书、内容分级、用于 Microsoft 虚拟机的基于权限的安全性、SmartScreen 筛选。表 2-5 显示了 IE 8.0 和 IE 9.0 在安全功能上的对比。

表 2-5　IE 8.0 和 IE 9.0 安全功能对比

安全功能	IE 8.0	IE 9.0
SmartScreen 筛选	√	√
下载声誉		√
SmartScreen URL 声誉的改进		√
InPrivate 浏览	√	√
InPrivate 筛选	√	√
选项卡隔离和恢复	√	√+
跨站脚本筛选	√	√+
点击劫持保护	√	√
域名高亮	√	√
用户首选项保护	√	√
跨站请求	√	√

IE 9.0 对跨站脚本筛选的结构为：收到 HTTP 响应，①判断是否导航至 HTML？②是则判断是否为相同站点？③是则判断是否匹配经验 GET/POST 数据？④是为每个经验匹配构建签名。⑤再判断响应体是否匹配签名？⑥是则对每个签名匹配删去适当的字符。⑦向 Web 浏览器提供 HTTP 响应。IE 9.0 的 SmartScreen 筛选器可针对位置声誉的网站请求反馈。

IE 9.0 的 InPrivate 浏览方式能够有效保护用户的信息不被泄漏，InPrivate 还能进行筛选和跟踪保护。表 2-6 所示为 InPrivate 浏览的安全效果。

表 2-6　InPrivate 浏览的安全效果

信　　息	InPrivate 浏览影响效果
Cookies	驻留在内存中以确保网页工作正常，但当用户关闭浏览器时被清空
Internet 临时文件	存储在磁盘上以确保网页工作正常，但当用户关闭浏览器时被删除
网页历史记录	该信息不被存储
表单数据及密码	该信息不被存储

续表

信　　息	InPrivate 浏览影响效果
反钓鱼缓存	临时信息将被加密和存储以确保网页工作正常
地址栏及搜索的自动完成	该信息不被存储
自动故障恢复（ACR）	在一个会话中，ACR 能在某个选项卡崩溃时进行恢复，但如果是整个窗口崩溃了，数据将会被删除而且窗口将不能被恢复
文档对象模型（DOM）存储	DOM 存储是一种 Web 开发者可用以保留信息的“超级 Cookie”。就像普通 Cookie 一样，当窗口关闭时不会被保留

IE 9.0 的安全性组策略可以调整，包括：限制用户更改配置；配置 SmartScreen 筛选器；限制加载项的安装和运行；确保用户不被欺骗性证书及未签名的软件欺骗；控制哪些 HTTPS 算法被启用；针对特定网站控制哪些安全区域设置被应用；减少攻击面。

互联网是电子商务的通信信道，如何让这个信道变得安全，进行安全传输？主要包括保证互联网信道通信保密性、消息完整性和渠道可用性，互联网信道的安全性要靠各种网络协议来保障。

2.6.3　电子商务系统安全结构案例

电子商务系统的基础设施主要包括网络架构、基本网络服务（如 DNS）、Web 服务和文件服务等，其中网络架构是基础设施的重要组成部分。网络的架构或设计将对整个系统安全产生重大影响。一种更安全的设计是使用网络分段。合理设计的分段网络不仅可以有效地控制各个网络段之间的通信流量，而且还可以为端口监视和筛选以及其他网络管理任务提供相当大的灵活性。它将允许管理员根据用户安全要求配置各个网段。因此它不仅可以减少威胁的数量，而且还可以限制由于单个弱点而导致的损失，从而提高了系统的性能和安全。

IBM 提出了一种网络结构模型，该模型采用网络分段设计方法将网络分为若干个分离的安全区域：

- Internet——不受控区域。
- Internet DMZ——非军事区（DMZ）。该区域通常包括 Internet 可以直接连接的主机和多个防火墙，它处于不受控区域与限制区域之间，被认为是内部和外部网络之间的缓冲区。
- 限制区域——只有授权用户才能访问这个区域中的网络服务。这个区域与 Internet 没有直接连接。
- 安全区域——只有少数授权用户才能够访问该区域，它主要提供管理服务。

清华得实公司的 WebST BtoB 安全解决方案也采用了类似的方法将 B2B 电子商务网络划分为三个区域：

- 外部网络——通过路由器连接到的 Internet。
- 非军事区——这是一个服务子网，由代理服务器、公共服务器构成。对外公开的服务器（如 WWW、E-mail）也可以放在非军事区中。此外用于保证应用安全的安全服务器、安全应用代理可以部署在该区域的代理服务器上，其中安全服务器为所有访问电子商务系统的客户提供身份验证服务，而安全应用代理可以根据客户身份进行访问控制决策。

- 内部网络——由电子商务的实际应用服务器和数据库组成。

图 2-12 显示了上面所介绍的三个区域。它通过配置防火墙过滤规则来满足下列要求：

- 外部网络的远程客户只能访问非军事区的安全服务器和应用代理服务器，不能直接访问内部网络的电子商务应用服务器和数据库。
- 内部网络的客户端只能访问本网段的应用服务器，不能访问防火墙以外的任何其他网络。
- 服务子网中的安全服务器和应用代理服务器可以通过防火墙访问内部网络的应用服务器和数据库服务器指定的 HTTP 服务端口以及 TCP 服务端口。

随着 Internet 服务的不断普及，电子商务系统遭受攻击的可能性将大幅增加。尽管网络分段降低了这种风险，但因为防火墙只是被动地防止攻击，所以对于关键应用，WebST BtoB 建议采用入侵检测系统（IDS）。

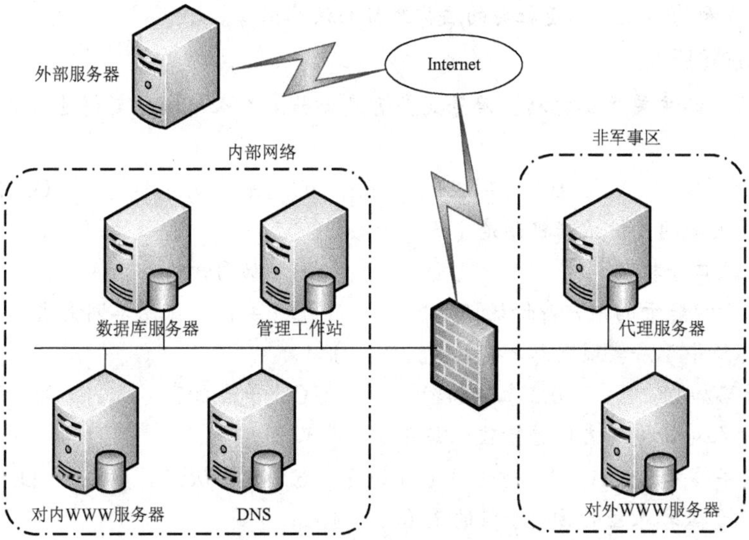

图 2-12　安全的网络结构

尽管虚拟私有网络、防火墙和入侵检测系统能够阻止部分网络攻击，但要想全面预防网络攻击，则还需要在网络服务或应用程序开发阶段就开始仔细考虑安全因素，这样才能有效地减少程序漏洞。减少程序漏洞的首要原则就是永远不要相信用户输入的任何数据，对所有输入数据进行检查是防御诸如缓冲区溢出、跨站点脚本攻击等各类攻击的有效方法。此外，最小特权原则也是简单而有效的安全策略。系统管理员只应该赋予服务器上的程序所需的最低权限，仅允许其访问完成任务所必需的资源。

习　题

一、填空题

1. 对网络交易的风险必须进行深入分析，并从________、________和________角度提出风险控制办法。

2. ________是网络交易成功与否的关键所在。

3. 客户认证主要包括________和________。

4. 信息的安全级别一般可分为三级：________、________、________。

5. 比较常用的防范黑客的技术产品有________、________和安全工具包/软件。

6. 电子商务的安全要素包括：________、________、________和________。

7. 电子商务安全技术可以进一步分为________和________两部分。

8. 电子商务系统安全主要包括：________、________和________三部分。

9. 网络系统面临的威胁可以归纳为：________、________、________和________四种类型。

10. 我国2005年4月1日出台的________承认了电子签名的法律效力，它是我国电子商务领域的第一部国家法，具有划时代的意义。

11. 一个完整的网络交易安全体系，至少应包括三类措施。一是________方面的措施；二是________方面的措施；三是社会的法律政策与法律保障。

二、单项选择题

1. 身份认证的主要目标包括：确保交易者是交易者本人、避免与超过权限的交易者进行交易和（　　）。

A. 可信性　　B. 访问控制　　C. 完整性　　D. 保密性

2. 目前最安全的身份认证机制是（　　）。

A. 一次口令机制　　B. 双因素法

C. 基于智能卡的用户身份认证　　D. 身份认证的单因素法

3. 下列环节中无法实现信息加密的是（　　）。

A. 链路加密　　B. 上传加密　　C. 节点加密　　D. 端到端加密

4. 防止他人对传输的文件进行破坏需要（　　）。

A. 数字签名及验证　B. 对文件进行加密　　C. 身份认证　　D. 时间戳

5. 下列属于黑客入侵的常用手段的是（　　）。

A. 口令设置　　B. 邮件群发　　C. 窃取情报　　D. IP欺骗

6. 我国电子商务立法目前所处的阶段是（　　）。

A. 已有《电子商务示范法》　　B. 已有多部独立的电子商务法

C. 成熟的电子商务法体系　　D. 还没有独立的电子商务法

三、多项选择题

1. 网络交易的信息风险主要来自（　　）。

A. 冒名偷窃　　B. 篡改数据　　C. 信息丢失　　D. 虚假信息

2. 安全认证主要包括（　　）。

A. 时间认证　　B. 支付手段认证　　C. 身份认证　　D. 信息认证

3. 在企业电子商务的安全认证中，信息认证主要用于（　　）。

A. 信息的可信性　　B. 信息的完整性

C. 通信双方的不可抵赖性　　D. 访问控制

4. 下列属于电子商务的立法目的考虑的方面是（　　）。

A. 为电子商务的健康、快速发展创造一个良好的法律环境

B. 鼓励利用现代信息技术促进交易活动

C. 弥补现有法律的缺陷和不足

D. 与联合国《电子商业示范法》保持一致

5. 目前运用的数据恢复技术主要是（　　）。

A. 瞬时复制技术　　B. 远程磁盘镜像技术

C. 数据库恢复技术　　D. 系统还原技术

四、简述题

1. 电子商务的安全需求有哪些？
2. 在电子商务发展的过程中，常见的威胁主要有哪几种？
3. 电子商务系统安全主要包括哪几部分安全？
4. 电子商务以什么作为两大支柱？
5. 电子商务的安全体系是什么？
6. 简述电子商务的安全技术有哪些？
7. 电子商务包含几类安全？每类各包含哪些安全技术？

五、原理题

1. 请查资料解释 5 个网络漏洞和 3 种网络病毒的产生工作原理与防治方法？

2. 请查资料叙述一种市场上实用的安全设备的技术资料和工作原理？比如防火墙、IDS、IPS、数据加密设备等，并附该设备的图片。

第 3 章

电子商务系统建设

电子商务系统是实现电子商务的基础，电子商务网站是进行电子商务活动的平台，因此，了解建立网站需要的软件和硬件系统、Web 服务器的原理以及网站建设的基本流程，是建立电子商务交易平台的基础工作。

本章通过一些实例，介绍了电子商务网站的基本架构和内容组成，同时介绍了开发电子商务网站的相关技术，希望读者掌握建立和开发一个完整电子商务网站的基本方法和技术。最后，网站建设中的安全性问题，也是建设电子商务系统必须考虑的重要内容。

实现目标的知识点

- 电子商务网站的功能和定义
- 电子商务网站的规划和设计
- Web 服务器的原理
- 一般电子商务网站的结构和组成
- 数据库访问技术
- 电子商务系统中的安全性问题

3.1 电子商务系统功能

Internet 的快速发展，带来了电子商务的繁荣。电子商务具有开放性、国际性、实时性、互动性和低成本等特点。同时，经济的市场化与全球化、互联网的普及，使电子商务迅猛发展。企业要想在短时间内了解世界或让世界了解自己，最好的方式就是登录互联网。电子商务网站是企业对外展示信息，从事商务活动的窗口。因此，电子商务网站在建立企业的电子商务的诸多过程和环节中，占有非常重要的地位。

3.1.1 电子商务网站的定义

未来商务交易的主要运营模式是电子商务，而电子商务实施与运作依赖于电子商务系统，电子商务网站则是电子商务系统工作与运作的承担者与表现者。一般来说，电子商务网站由一系列网页、后台服务器、网络设备和数据库等软件和硬件组成。电子商务网站是企业开展电子商务活动的基本手段，是企业树立企业形象，与用户交流和沟通的窗口，也是买卖双方信息交流的渠道，是企业展示其产品与服务的平台。

3.1.2　电子商务网站的功能

电子商务网站的功能因行业差异、企业不同以及产品特点、使用范围等因素而各不相同，但电子商务网站应该具备的以下几个基本功能：

1）商品展示

网站规模的大小、商品种类和数量等因素决定展示的手段和方法。小型的电子商务网站，销售商品的种类比较少，商品数量规模不大，因此商品名录可以简单明了。网站页面上直接显示商品清单，加上商品的照片和简单描述，并直接链接到商品介绍和详细信息的页面上；这样的商品目录无须进行专门组织。大型网站如淘宝网、阿里巴巴网等就不同了，它们要有复杂的导航工具和精心编制的商品组织形式，这就要求有全面的商品目录，使用功能强大的后端数据库来保证信息服务。

2）购物车

"购物车"已经成为目前电子商务的标准方法。如同在超市购物一样，购物车可跟踪客户所选购的商品，允许客户管理购物车内的商品。用户把订购商品加入到购物车，有关商品的细节信息都会自动保存下来。在生成订单的时候，这些信息作为订单的生成内容。购物车可以临时保存商品信息，也可以将商品暂存在虚拟商店里，几天后再来确认和结账。

3）交易处理功能

交易处理是电子商务网站的核心功能之一。电子交易的过程与传统的商品交易过程不同，它完全处于一种虚拟的状态，客户在收到商品前，基本无法干预交易进程，绝对是一种全新的体验。完善而全面的交易处理功能设计，要有明确的业务流程，保证交易的正常运转；要提供完善的服务，保证交易过程的透明与安全。交易处理完成客户从订购到收货整个商务交易的管理工作，包括客户信息的维护、订单的生成、订单状态追踪、商品的信息维护、库存管理、发货收货管理以及支付管理等。

3.2　电子商务系统的总体设计与策划

3.2.1　电子商务网站的类型

电子商务网站的分类方式很多，详述如下：

1. 按商务模式分类

可以分为 B2B（Business to Business）网站、B2C（Business to Customer）网站以及 C2C（Customer to Customer）网站等。

（1）B2B 网站。B2B 网站是指提供企业对企业间电子商务活动平台的网站。据统计，B2B 模式是当前电子商务模式中份额最大、也是最具操作性、最容易成功的模式。在美国，B2B 模式交易额占整个电子商务交易额的 80%以上。B2B 网站可分为大型企业的 B2B 网站、第三方经营的 B2B 网站、行业生态型的 B2B 网站。

企业间商务活动的绝大多数环节都可以通过网络进行，如供求信息的发布与交易的协商、电子单据的传输、网上支付与结算、货物配送以及售后服务等。国内的阿里巴巴网站是典型的 B2B 型的电子商务网站。

（2）B2C 网站。B2C 网站是指提供企业对客户间电子商务活动平台的网站。这类网站很多，一般以零售类业务为主，借助 Internet 开展在线销售活动，例如当当网、卓越网、Amazon 网站。

（3）C2C 网站。C2C 网站是指直接为客户间提供电子商务活动平台的网站，例如拍卖网站就属此类。国内目前最成功的 C2C 网站就是淘宝网，最著名的是 eBay 网站。另外，一些二手货交易网站也属于此类。

2．按电子商务网站经营模式及提供的服务分类

按网站的运作模式，将电子商务网站划分为企业网站、中介类网站、电子商场、平台网站和批发网站。

（1）企业网站。指生产企业为推销自己的产品而自己建设的网站。例如联想的在线购物网站。该类网站的特点是：① 网站建立在企业内部网（Intranet）上。② 网站上只展示和经营企业自己生产的产品，为企业产品提供产品介绍、购物指导、信息咨询、信息查询、产品销售、产品培训、售后服务等各种形式的信息服务。③ 网站大多采用将成熟的电子商务解决方案与自主开发相结合的方法进行开发、建造。因此，这类网站功能强大、灵活，各具特色，且具有较好的适应性、可扩充性和便于维护的特性。

（2）中介类网站。网站以提供中介服务的角色积极参与企业商务活动。用户交易只能通过买卖双方提交到指定平台上进行，经确认后供需双方才可直接联络。

（3）电子商场。电子商场是指网站经营商建造的网站，该网站可为许多企业提供商品展示和销售的“柜台”或“店铺”，各企业可以租用的形式在“店铺”内经营自己的商品。

（4）平台网站。为企业从事电子商务活动提供平台及各种服务，是从 ASP（应用服务提供商）发展起来的电子商务平台类网站，这也是技术色彩最为浓厚、非常受关注的一类。

（5）批发网站。指网站经营商除设计、建造网站外，还在网上经营有特色的商品，但网站经营商并不生产产品，它所经营的商品是通过与产品的生产厂商以各种方式交互批发来的。

3.2.2 电子商务网站的组成

一般来说，电子商务网站由一系列网页、后台服务器、网络设备和数据库等软件和硬件组成。从商务业务逻辑上看，电子商务网站应该具有以下几个部分：

（1）Web 内容服务：这部分主要提供电子交易过程中的企业宣传、产品展示、网站客户的注册管理、购物车管理和支付服务等内容服务。它面向 Web 访问用户，是网站对外服务的窗口。

（2）应用服务系统：这部分主要提供电子商务交易过程中的业务处理部分，如客户信息维护、网站产品管理、客户订单处理、产品出库入库、订单货物配送、商务数据计算、电子邮件服务等。它是网站的核心部分，整个电子交易的业务处理都在此完成，它同时与数据服务系统和安全服务系统相关联，保证交易过程业务和数据的正确性和完整性。

（3）数据服务系统：这部分主要提供网站电子交易中的数据服务，一般由数据库系统组成，提供各种数据信息服务，管理网站的数据信息，例如客户信息、商品信息、交易记录、账目数据等，保证交易过程中数据的真实性、有效性和完整性。

（4）结算服务系统：这部分主要提供交易中的数据结算和交易转账服务，所有交易发生的资金往来都由这部分处理。

（5）支付服务系统：这部分主要提供交易资金的支付服务，它一般由金融机构提供服务，通过专用的网络与网站的结算服务系统相连，使用专用的协议，完成账户资金的往来。

（6）安全服务系统：这部分主要提供网站的安全保障。例如客户身份认证、各种系统的密钥管理、电子证书的颁发维护以及防火墙系统、入侵检测系统等，它是保障电子交易过程安全的重要部分。没有安全的交易环境，就无法保证交易业务、交易数据和交易过程的真实、完整和有效，因此它是电子商务网站重要组成部分。

这几部分的关系如图 3-1 所示。

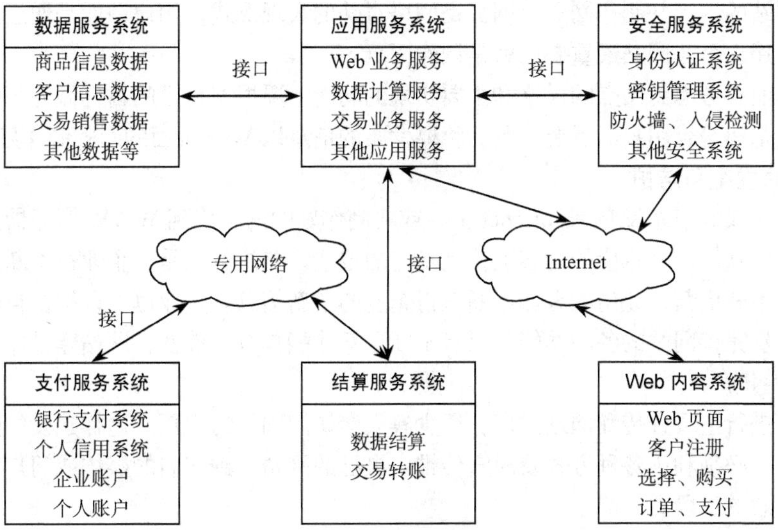

图 3-1　电子商务网站的组成结构

3.2.3　电子商务网站建设流程

创建网上商务站点的主要工作包括确定企业域名、选择合适的网络平台、网站内容信息发布的方式及安全进行统一规划、逐步完善网站的功能，满足企业进行商务活动的需要。

1．域名注册

域名可以简单地认为是接入网络的用户在网络上的名称，它是对应于 IP 地址而言直观地反映企业名称的网络地址。国际互联网信息中心（Internet Registration Services）是一个域名注册及管理机构，任何企业都可以申请一个代表自己的域名，并且对应自己计算机的 IP 地址。域名是一个企业或机构在网上的永久性电子商标，它的作用如同商标在市场上的作用一样，它是企业的一种无形资产，因此注册域名是一个重要的环节。用户也可以申请国内域名，国内域名由中国互联网信息中心（CNNIC）审批和维护，需要向 CNNIC 或是 Inter NIC 申请注册一个自己的域名。如 companyname.com.cn 或 companyname.com 等，也可以自己在网上向 CNNIC 注册或通过其他代理公司进行注册。

2．IP 地址

有了域名之后还需要有一个独立的 IP 地址，这个 IP 地址是由 ISP（Internet 服务提供商）

提供的。根据 TCP/IP 协议，在 Internet 上的机器都有一个 32 位（或 128 位）二进制数字的地址。任何一台连入 Internet 的计算机必须有一个 IP 地址，每个 IP 地址标识了连接在 Internet 上的一台计算机，例如 202.96.214.10。上面所提到的域名是为了便于记忆 IP 地址而产生的，它与 IP 地址相对应，例如 202.96.128.110 的域名是 www.gznet.com。域名和 IP 地址是对连接在 Internet 上的计算机的标识。

3. 建设网站平台

任何公司无论是自己拥有独立的服务器还是租用虚拟主机，如果想进行电子商务活动，都要选择某种网络操作系统在 Web 服务器上建设网络化的内外平台，设置自己的 WWW 发布系统、FTP 系统、电子邮件系统等。

规划网站的内容并制作网页，网页是网络对外的表现形式，用户一般是通过网页了解网站的。所以建立企业网站最重要的就是制作网页。

在制作前要考虑到站点的风格和主要实现的功能，要根据自己的目标做充分的准备，使自己的站点基调符合用户的需要，最后将要发布的信息以 Web 页面的形式制作好。

4. 信息发布和维护

将制作完成的信息发布到 Internet 上，或将制作好的网页传到 WWW 服务器上。可以使用专门的上传软件，将相应的内容上传到指定的位置。要注意的是，企业在不断发展，网站的内容也要不断更新，让访问者能不断获得企业的最新信息。企业也可以根据自己不断变化的需要进一步完善网站的各项功能。只有不断更新才能具有时效性，网站建设才有意义。

5. 网站推广

如果不进行主页宣传和网站推广，很少有人会访问到你的主页。这样建设的网站就毫无意义了，所以必须利用各种方式及时宣传推广自己的网站。到知名的媒体或门户网站投放广告是一种有效的手段。

3.2.4 电子商务网站硬件平台

1. 电子商务网站硬件的构成和实现

电子商务网站从硬件角度考虑包含网络服务器、应用终端或工作站以及用于设备互连的硬件设备和其他保障网站正常活动功能的设备。一般情况下硬件的配置应主要考虑业务要求、系统功能与性能因素。

2. 网络服务器

构建网站的服务器有多种，企业根据各自的商务业务和提供的服务来设置不同的服务器。需要的服务器有：

（1）Web 服务器，它的主要功能是提供一个 WWW 站点，借此可完成网站日常的信息访问以及商务业务处理。

（2）邮件服务器，它为网站客户提供电子邮件的发送和接收电子邮件。

（3）数据库服务器，它通过网络互连设备与其他服务器进行数据交互，提供电子商务业务的数据服务。还可根据需要设置协作服务器、财务服务器等。

一般情况下，这些服务器需要使用专用的服务器设备，并配备配套辅助设施。

3. 应用终端

网站建设和维护工作要求网站内部的终端设备至少要有以下几种：

（1）输入终端，用于一般的文档录入工作，性能和配置要求较低。

（2）管理监控终端，用于网站运行情况的监测，保障系统运转和数据安全。

（3）开发测试终端，用于网站的设计开发工作，同时在系统上线后，进行维护系统和检测。

这些硬件可以依据各自用途的差异而采用档次及配置不同的 PC 来实现。

4. 网络连接设备

网络连接设备用于构建网站的运行网络，将服务器、终端设备和其他设备进行互连。包括：

（1）集线器。集线器属于纯硬件网络底层设备，主要功能是对接收到的信号进行再生整形放大，以扩大网络的传输距离，同时把所有节点集中在以它为中心的节点上。集线器与网卡、网线等传输介质一样，属于局域网中的基础设备。

（2）交换机。交换机也是局域网的主要连接设备，主要功能包括物理编址、网络拓扑结构、错误校验、帧序列以及流控。目前交换机还具备了一些新的功能，如对 VLAN（虚拟局域网）的支持、对链路汇聚的支持，甚至有的还具有防火墙的功能。

（3）路由器。路由器是互联网的主要节点设备，主要用于连接多个逻辑上分开的网络。路由器的一个作用是连通不同的网络，另一个作用是选择信息传送的线路。

网络互连设备的选择可以根据规划网站的规模、提供的服务、处理能力、网络拓扑等因素来选购。有些设备的费用比较高，比如路由器，因此要考虑必要的成本因素。

5. 其他设备

网站日常工作要求备有其他设备，如扫描仪、复印机、打印机、光盘刻录机、网络检测设备等。另外，一些特殊的安全保障设备也是必不可少的，如 UPS、硬件防火墙、入侵监测设备、灾备设备等。

网站硬件平台的规划和构建，要依据需求来配置。企业根据实际的商务处理要求、服务能力、安全保障等因素来选择。如果选择租用或服务器托管的方式建站，这部分内容是可以不用考虑的。

3.2.5　电子商务网站软件平台

如果说硬件平台给电子商务网站搭起“表演”的舞台，那么“唱戏”的就是软件系统了。网站软件的选择是与网站的功能密不可分的，网站提供何种服务，就需要何种软件系统。电子商务网站的软件平台一般由以下几部分组成：

1. 操作系统

操作系统是系统软件中最基础、最核心的部分。因此操作系统在整个电子商务服务器系统中有着至关重要的作用。

1）Windows 系列操作系统

Windows 系列是微软公司开发的窗口式操作系统，它主要运行于 Intel 生产的 CISC 芯片的处理器上。目前，该系列主要运行于微机服务器，所以基于 Windows 系列平台只能构建小型电子商务系统。该系列操作系统主要包括：Windows NT、Windows 2008、Windows Server 2008。

2）UNIX 系列操作系统

UNIX 系列操作系统主要运行于 RISC 结构的处理器上，它是一个真正的多用户、多任务网络操作系统，它不仅可以在微型计算机上运行，而且也支持在大、中、小型机上运行，因此基于 UNIX 系列平台，可以构建规模较大的电子商务系统。在微型计算机上运行主要采用的是 UNIX SystemV 版本，而在大、中、小型机上运行主要采用 UNIX BSD 版本。目前主流的 UNIX 操作系统主要包括 IBM 公司的 AIX、SUN 公司的 SUNOS 和 SOLARIS 等。

3）Linux 系列操作系统

Linux 操作系统是开放的操作系统，可以自由获得其源代码，它可以为 PC 及兼容机硬件平台上的多个用户提供多任务功能。常用的 Linux 操作系统有：Red Hat AS 系列、SUSE 系列、Ubuntu 系列等。

2. Web 服务器软件

Web 服务器又称 WWW（World Wide Web）服务器，主要功能是提供网上信息浏览服务。目前主流的应用服务器产品来自于 IBM、微软、SUN、Oracle、BEA 等公司。它是电子商务网站必不可少的软件，带应用程序服务器的 Web 服务器软件完成企业核心业务处理。

3. 数据库系统软件

信息处理领域的软件系统都离不开数据库的支持，电子商务系统也不例外。数据库管理系统（DataBase Management System，DBMS）是一种操纵和管理数据库的大型软件，它主要用来建立、使用和维护数据库，它是数据库系统的核心部分。数据库市场上有许多关系数据库产品，如 Oracle、Microsoft SQL Server、Sybase、Informix、MySQL、Microsoft Access 等。

1）Oracle 数据库系统

Oracle 是由 Oracle 公司开发的最早商品化的以高级结构化查询语言（SQL）为基础的分布式关系型数据库管理系统，它不仅具有完整的数据管理功能，而且支持各种分布式应用，特别是支持基于 Internet 的电子商务应用，主要用于大型电子商务系统中。它也是应用广泛、功能强大的数据库管理系统。Oracle 是支持浏览器/服务器（Browser/Server）体系结构的数据库之一，它拥有一套界面友好、功能齐全的数据库开发工具，它使用 PL/SQL 语句执行各种操作，具有可开放性、可移植性、可伸缩性等特性。

2）Microsoft SQL Server 数据库系统

Microsoft SQL Server 是由微软公司推出的典型的关系型数据库管理系统，是目前应用最广泛的数据库系统之一，主要运行于微软系列的操作系统，它使用 Transact-SQL 语句完成数据操作。Microsoft SQL Server 是开放式的系统，其他系统可以与它进行完好的交互操作。目前应用较广的产品为 Microsoft SQL Server 2005，它具有可靠性、可伸缩性、可用性、可管理性等特点，为用户提供完整的数据库解决方案。

4. 其他软件

除了前面介绍的 3 类软件系统之外，电子商务网站的软件系统还有很多，比如提供电子邮件服务的电子邮件服务器软件、完成文件传输服务的 FTP 软件、保障安全的病毒防护软件、防止攻击的防火墙和入侵检测软件等。

网站处理的事务与提供的服务决定了选择哪种软件系统。同时也不能求大求全，多安装一种软件就可能存在更多漏洞和危险，因此构建网站的软件平台也要充分分析需求、合理规划。

软件与硬件相辅相成，硬件平台是网站的基础保证，而软件系统则是服务的保证。网站的规划和建设要从系统的有效性、性能、安全性、处理事务的完整性、可靠性、扩展性和协同性等方面全面考虑。

3.3　Web 服务器

一般来讲，Web 服务器传送 WWW 资源页面，使 Web 浏览器可以浏览。而真正进行事务处理工作的是 Web 应用程序服务器。Web 应用程序服务器提供客户端应用程序可以调用的方法，完成客户端请求的业务处理。确切地说，Web 服务器专门处理 HTTP 请求，而 Web 应用程序服务器是通过很多协议来为应用程序提供商业逻辑。

3.3.1　Web 服务器的工作原理

Web 服务器能够解析 HTTP 协议。当 Web 服务器接收到一个 HTTP 请求后，它会返回一个 HTTP 响应，响应的内容可以是一个静态页面或图片，或者进行页面跳转，或者把动态响应的产生委托给其他程序，例如 CGI 脚本、JSP 脚本、Servlets、ASP 脚本，或者是其他服务器端技术。无论脚本的目的如何，这些服务器端的程序通常产生一个 HTML 响应，让浏览器可以浏览。

在提供 Web 服务的过程中，真正进行事务处理的是 Web 应用程序，它工作在 Web 服务器之上，通过各种协议，把商业逻辑提供给客户端应用程序。Web 应用程序服务器是通过组件的应用程序接口把商业逻辑提供给客户端应用程序，例如基于 J2EE（Java 2 Platform，Enterprise Edition）应用程序服务器的 EJB（Enterprise JavaBean）组件模型。

Web 服务器和 Web 应用程序的界限是很模糊的，人们一般不区分 Web 服务器和在其上运行 Web 应用程序。典型的 Web 应用程序结构如图 3-2 所示。

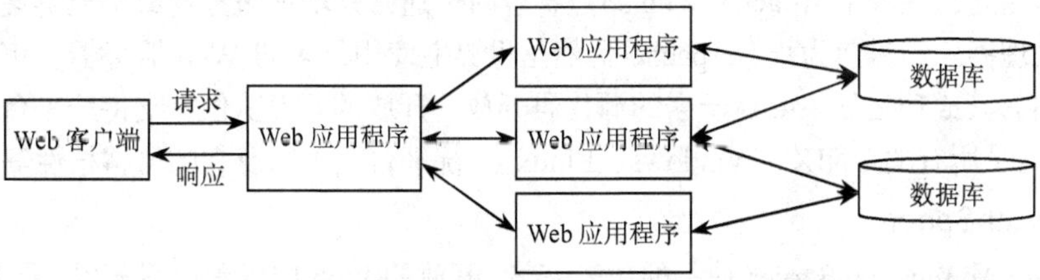

图 3-2　Web 应用程序结构

Web 工作方式基于客户端和服务器。客户端和服务器的交互实际上是一个请求-应答的过程。这个过程遵循以下步骤：

（1）计算机上运行一个 Web 浏览器客户端程序，如 Netscape 或者 Microsoft Internet Explorer。

（2）Web 浏览器客户端通过网络与 Internet 建立连接。

（3）客户端向 Internet 上的 Web 服务器请求一个页面。

（4）Web 服务器收到请求后，查找所请求的 HTML 或者交给 Web 应用程序进行事务处理，生成客户端请求的页面。

（5）Web 服务器将所请求的页面传到客户端。

（6）浏览器接收到服务器传来的 HTML 文件后，将对它解释并在屏幕上显示出来。

这样一个 Web 交互的处理过程就完成了。

3.3.2 Web 服务器软件

1. Microsoft IIS

Microsoft 的 Web 服务器产品是 Internet Information Server（IIS），IIS 是允许在公共 Intranet 或 Internet 上发布信息的 Web 服务器。IIS 是目前最流行的 Web 服务器产品之一，很多著名的网站都是建立在 IIS 的平台上。IIS 提供了一个图形界面的管理工具，称为 Internet 服务管理器，可用于监视配置和控制 Internet 服务。

IIS 是一种 Web 服务组件，其中包括 Web 服务器、FTP 服务器、NNTP 服务器和 SMTP 服务器，分别用于网页浏览、文件传输、新闻服务和邮件发送等方面，它使得在网络（包括互联网和局域网）上发布信息成为一件很容易的事。它提供 ISAPI（Intranet Server API）作为扩展 Web 服务器功能的编程接口；同时，它还提供一个 Internet 数据库连接器，可以实现对数据库的查询和更新。

2. Apache

Apache 源于 NCSA Httpd 服务器，经过多次修改，成为世界上最流行的 Web 服务器软件之一。Apache 取自“a patchy server”的读音，意思是充满补丁的服务器。因为它是自由软件，所以不断有人为它开发新的功能、特性，修改原来的缺陷。Apache 的特点是简单、速度快、性能稳定，并可作为代理服务器来使用。

最初 Apache 只用于小型或试验 Internet 网络，后来逐步扩充到各种 UNIX 操作系统中，并且对 Linux 的支持也相当完美。Apache 有多种产品，可以支持 SSL 技术，支持多个虚拟主机。Apache 采用以进程为基础的结构，而进程要比线程消耗更多的系统开支，不太适合于多处理器环境，因此，在一个 Apache Web 站点扩容时，通常是增加服务器或扩充群集节点，而不是增加处理器。到目前为止，Apache 仍然是世界上使用最多的 Web 服务器，市场占有率在 60%左右。其成功之处主要在于它的源代码开放、开放的开发队伍、支持跨平台的应用（可以运行在几乎所有的 UNIX、Windows、Linux 系统平台上）以及它的可移植性等方面。

3. IBM WebSphere

WebSphere Application Server 是一种功能完善、开放的 Web 应用程序服务器，是 IBM 电子商务计划的核心部分，它是基于 Java 的应用环境，用于建立、部署和管理 Internet 和 Intranet Web 应用程序。这一整套产品进行了扩展，以适应 Web 应用程序服务器的需要，范围从简单到高级直到企业级。

WebSphere 针对以 Web 为中心的开发人员，他们都是在基本 HTTP 服务器和 CGI 编程技术上成长起来的。IBM 将提供 WebSphere 产品系列，通过提供综合资源、可重复使用的组件、功能强大并易于使用的工具，以及支持 HTTP 和 IIOP 通信的可伸缩运行时环境，来帮助这些用户从简单的 Web 应用程序转移到电子商务世界。

4. BEA WebLogic

BEA WebLogic Server 是一种多功能、基于标准的 Web 应用服务器，为企业构建自己的应用提供了坚实的基础。各种应用开发、部署所有关键性的任务，无论是集成各种系统和数据库，还是提交服务、跨 Internet 协作，起始点都是 BEA WebLogic Server。由于它具有全面的功能、对开放标准的遵从性、多层架构、支持基于组件的开发，基于 Internet 的企业都选择它来开发、部署最佳的应用。

BEA WebLogic Server 在使应用服务器成为企业应用架构的基础方面继续处于领先地位。BEA WebLogic Server 为构建集成化的企业级应用提供了稳固的基础，它们以 Internet 的容量和速度，在连网的企业之间共享信息、提交服务，实现协作自动化。

5．Tomcat

Tomcat 是一个开放源代码、运行 Servlet 和 JSP Web 应用软件的基于 Java 的 Web 应用软件容器。Tomcat Server 是根据 Servlet 和 JSP 规范进行执行的，因此可以说 Tomcat Server 也实行了 Apache-Jakarta 规范且比绝大多数商业应用软件服务器要好。

Tomcat 是 Java Servlet 2.2 和 JavaServer Pages 1.1 技术的标准实现，是基于 Apache 许可证下开发的自由软件。Tomcat 是完全重写的 Servlet API 2.2 和 JSP 1.1 兼容的 Servlet/JSP 容器。Tomcat 使用了 JServ 的一些代码，特别是 Apache 服务适配器。随着 Catalina Servlet 引擎的出现，Tomcat 第四版的性能得到提升，使得它成为一个值得考虑的 Servlet/JSP 容器，因此目前许多 Web 服务器都是采用 Tomcat。

3.3.3　站点的发布

网站发布就是将完成的商务网站发布到互联网上，让用户可以通过网站进行需要的商务交易活动。这个过程也是将制作好的网站发送到 Web 服务器上的过程。站点的发布主要包括以下几个步骤：

1．域名注册

域名是 Internet 网络上的一个服务器或一个网络系统的名字，是在 Internet 定位资源的标识，对于网站来说，域名就是它在 Internet 上的唯一名字。通过域名就可以在浩瀚的 Internet 中到达指定的网站。一个域名被注册后，其他任何机构都无权再注册相同的域名。

域名注册分为国际域名注册与国内域名注册两种，分别由国际和国内管理机构负责。国内域名注册由中国互联网络信息中心（CNNIC）（http://www.cnnic.net.cn）授权其代理进行；国际域名注册通过国际互联网络信息中心（InterNIC）（http://www.internic.net.cn）授权其代理进行。也可以在网上通过其他代理公司进行注册。

2．网站建立方式

常用的建站方式有 3 种：虚拟主机方式、托管服务器和专线接入方式，用户可以根据自身的情况加以选择。

1）虚拟主机方式

所谓虚拟主机即是客户无须购置硬软件和租用数字线路，而是直接租用 ISP 的服务器空间，将信息存入。网上用户通过每一台虚拟主机所具有的独立域名和 IP 地址，即可直接访问该客户的页面。客户可采用远程登录和委托网络管理员两种方式进行信息维护（信息增删、修改等）。在外界看来，每台虚拟主机和一台独立的主机完全一样。采用这种方式有如下的优点：

（1）投资少，企业不用花费大量的资金购买主机，而且更加安全可靠。

（2）企业不用耗费人力、物力用于硬件维护、软件配置、网络监控和文件备份等工作。

正是基于这两点，虚拟主机方式是当前被企业所采用最多的一种方式。

2）托管服务器

托管服务器方式是指用户购买服务器，并按照 ISP 的要求进行配置，然后把服务器交给

ISP 托管，并向 ISP 交付一定的费用。

与虚拟主机方式相比，这种方式的优点在于用户拥有了更多的使用空间和更高的管理权限。当然，它的缺点就是用户要花费一定的费用用于购买服务器。这种方式比较适合那种信息量大、虚拟主机难以适应需求的企业采用。

3）专线接入

在专线接入方式下，企业先建立起自己的 Intranet，然后通过专线（如 DDN 等）进入 Internet，这种方式的最大好处就是可以最大限度地满足企业电子商务的需要。当然，它的缺点也是显而易见的，这主要就是要花费很多资金来购买各种网络设备、管理维护网络的运行、承担专线使用费用等。所以这种方式一般是一些大中型企业才采用的。

3. 上传网站

具备了域名和建站空间后，接下来需要把制作好的电子商务网站文件上传到服务器空间。一般情况下，可以使用 FTP 的方式将文件上传。比较著名的 FTP 客户软件主要有 CuteFTP、LeapFTP、FlashFXP 以及 NetAnt 等，可以使用它们把文件上传到服务器。

3.4 功能设计

建设一个电子商务网站，首先要明确建站的目的和用户需求。对于不同的企业、不同的商务活动要求、不同的市场需求等目标，网站的定位和功能设计有非常大的差别。例如，有的网站主要目的是树立企业形象、宣传企业特色，而有的是为了进行商品交易的商务活动等，因此在网站的功能设计上，必须要充分做好网站的需求调研和分析，这样才能设计出满足要求的系统功能，达到最终的目的。本节以 B2C 型的网上购物网站为例，介绍一个电子商务网站的设计和实现。

3.4.1 电子商务网站信息流程设计

有了明确的目的和需求，就可以做出切实可行的系统分析和设计。B2C 电子商务网站中，顾客的具体商务行为一般包括以下几个：

- 顾客登录网站，浏览该网站的有关页面。
- 挑选所需商品。在这个过程中，顾客浏览商品的说明、功能、价格、付款方式、送货条件、退货条件、售后服务等信息，决定是否进行购买行为。
- 订购。选定商品后就可以订购。订购时使用网站提供的订购程序完成订购。
- 付款。最好提供多种付款方式，方便货款的支付。
- 商品配送。获得网络商业销售的有形产品要利用传统的配送渠道，如邮寄快递、货运公司等传送到顾客手中，而数字化产品如软件音乐可以通过 Internet 直接传送给顾客。

这个过程可以使用图 3-3 所示的流程图来表示。

1. 网站功能设计

根据顾客的商务行为，电子商务网站的基本功能包括：

1）客户端前台

（1）登录与注册：提供客户登录功能，对非注册客户，提供注册功能，客户填写自己的相关资料注册成为本商店的会员。注册完客户可以登录该网站，对个人信息进行查询和修改。

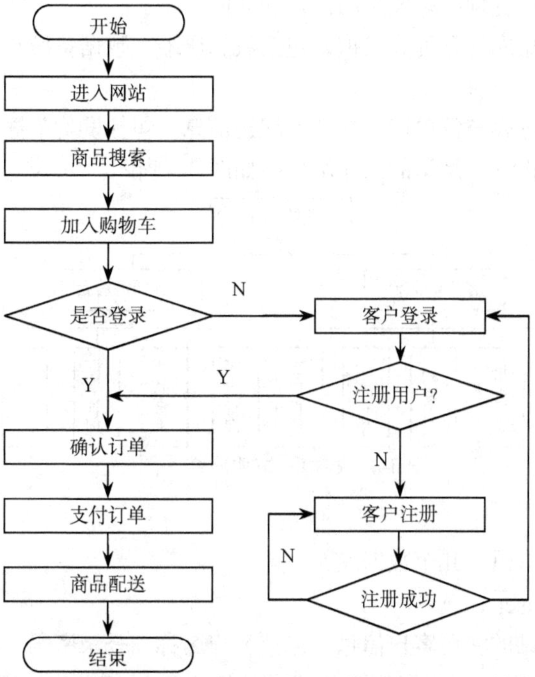

图 3-3　网站购物流程图

（2）商品浏览与选购：客户进入网站主页之后，可以浏览关注的商品，也可以通过商品的名字和类别等进行搜索来浏览自己需要的商品，查看商品的详细信息，并将需要的商品加入购物车。

（3）购物管理：包括购物车的管理、修改订购商品数量、删除购物车内的商品信息以及订单生成。

（4）个人订单管理：注册客户通过查看订单状态，确认是否已经发货。当客户购物完成后，可以结账付款。在未发货之前，客户还可以根据需要修改收货人的地址等。

（5）支付管理：提供支付方式，由客户选择并付款。

2）服务器端后台

（1）客户管理：对已注册用户的资料进行维护。包含修改用户资料、查询用户、删除用户。系统用户在登录时需进行身份验证，如果身份合法，才能登录进入网站。

（2）商品管理：对网站销售的商品信息进行管理，包括商品信息的增加、修改、删除、剩余数量等信息的管理。

（3）订单管理：管理客户生成的购物订单。主要对销售订单进行维护，包括订单的结账确认、订单的查询、取消订单等。

管理员可以按照几种方式查询用户已经提交的订单，比如按照某个时间段进行查询，这样可以方便管理员定时处理订单；当然也应该可以查询各个状态的订单，比如未付款的订单、已取消的订单等。对于已经付款的订单，店铺应尽快予以发货。管理员要及时处理订单，保证交易快速、顺利完成。

3）其他功能

（1）新闻公告管理：管理网站发布的公告和新闻。

（2）数据维护：数据库的管理和维护，包括数据压缩、数据备份与恢复等，保持网站数据的安全。

（3）配送管理：管理客户订单产生的商品配送信息，包括发货单据等信息的管理。

根据上面的分析和设计，网站的功能结构图如图 3-4 所示。

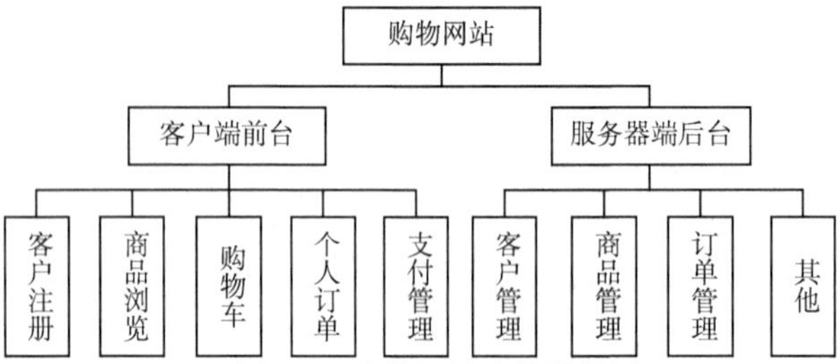

图 3-4　购物网站功能结构图

2. 数据库设计

网上购物系统主要有以下几个数据表：

1）客户信息表（user）

客户信息表存放网站的注册客户信息，包括客户名称、登录密码、注册邮箱、注册时间和客户地址等客户基本信息，这些信息在生成商品订单时，可以作为辅助信息使用，如表 3-1 所示。

表 3-1　客户信息表

字　段	数据类型	中文名	备　注
ID	Int	自动编号	主键
username	varchar	客户名称	Not null
userpass	Varchar	密码	Not null
usermail	Varchar	邮件地址	Not null
question	Varchar	安全问题	
answer	Varchar	问题答案	
savemoney	Int	积分	Not null
degree	Int	登录次数	Not null
regtime	Datetime	注册时间	Not null
landtime	Datetime	登录时间	Not null
user_type	Int	客户类型	Not null
user_adds	Varchar	客户地址	
user_tel	Varchar	客户电话	
user_postcode	Varchar	邮编	
user_namec	Varchar	真实姓名	
user_lastip	varchar	登录 IP 地址	Not null
user_regip	varchar	注册 IP 地址	Not null

2）商品信息表（product）

商品信息表存放网站销售商品的相关信息，包括商品的各级类别编号、商品名称、价格、库存数量、商品编号等属性信息，由于是网络购物，客户不能见到真实的商品，因此尽量使用详细的信息描述，让客户直观地了解商品特性，如表 3-2 所示。

表 3-2　商品信息表

字　段	数据类型	中文名	备　注
hw_id	Int	自动编号	主键
pinpai_id	Int	大类 ID	Not null
sort_id	Int	小类 ID	Not null
nsort_id	Int	品牌 ID	Not null
hw_name	Varchar	名称	Not null
hw_buys	Int	购买次数	Not null
hw_price1	Int	市场价格	Not null
hw_price2	Int	会员价格	Not null
hw_kucun	Int	库存数量	Not null
hw_jifen	Int	积分	
hw_sn	Varchar	商品编号	Not null
hw_xu	Int	序号	
hw_content	Varchar	简单描述	
hw_content2	Varchar	详细描述	
hw_pic	Varchar	图片位置	
tjindex	Int	是否推荐	
tjsort	Int	是否分类推荐	
tejia	Int	是否特价	
hw_date	Datetime	添加日期	

3）订单信息表（order）

订单信息表存放客户订购的商品的订单情况，包括订单的基本信息、订单处理的情况等信息。订单是购物过程中非常重要的交易凭证之一，故要详细体现客户购买商品的收发信息、处理进程等内容，使客户了解交易的进展状况，如表 3-3 所示。

表 3-3　订单信息表

字　段	数据类型	中文名	备　注
order_id		自动编号	主键
order_name	Varchar	订货人	Not null
order_date	Datetime	下单日期	Not null
order_fadate	Datetime	发货日期	Not null
order_number	Varchar	订单号	Not null
order_zt	Int	订单状态	Not null

续表

字　段	数据类型	中文名	备　注
order_ps	Int	发货方式	Not null
order_pay	Int	付款方式	Not null
order_totime	Datetime	送货时间	Not null
order_fapiao	Int	发票	
order_quehuo	Int	是否缺货	
order_toname	Varchar	收货人	Not null
order_mail	Varchar	收货邮件地址	Not null
order_tel	Varchar	收货人电话	Not null
order_adds	Varchar	收货地址	Not null
order_post	Varchar	邮编	Not null
order_from	Varchar	订货人	Not null
order_frommail	Varchar	订货邮件地址	Not null
order_fromtel	Varchar	订货人电话	Not null
order_fromadds	Varchar	订货人地址	Not null
order_frompost	Varchar	订货地邮编	Not null
order_other	Varchar	备注	
order_k	Int	是否到款	Not null
order_h	Int	是否发货	Not null
order_zt1	Varchar	处理说明	
order_date1	Datetime	处理时间	
order_zt2	Varchar	付款说明	
order_date2	Datetime	付款时间	
order_zt4	Varchar	发货说明	
order_date4	Datetime	发货时间	
order_zt5	Varchar	到货说明	
order_date5	Datetime	到货时间	

4）购物车信息表（basket）

购物车信息表存放客户当前选中的待购商品信息，包括商品的名称、购买数量、是否已经下订单以及是否付款等信息，如表 3-4 所示。

表 3-4　购物车信息表

字　段	数据类型	中文名	备　注
basket_id	Int	自动编号	Not null
hw_id	Int	商品编号	Not null
user_name	Varchar	客户姓名	Not null
basket_count	Int	数量	Not null

续表

字　段	数据类型	中文名	备　注
basket_date	Datetime	日期	Not null
basket_check	Int	是否下单	Not null
hw_name	Varchar	商品名称	Not null
hw_price	Datetime	单价	Not null
order _number	Varchar	订单号	
hw_jifen	Int	积分	Not null
hw_k	Int	是否付款	Not null

以上只是给出系统主要的几个数据表，由于篇幅限制不能一一罗列，后面继续介绍几个重要功能的具体设计和实现。

3.4.2　客户管理

网站的客户管理可以分为客户端前台的客户注册管理和后台的客户信息维护。网站对访问网站的用户进行客户管理，是进行电子商务交易的必要措施。它可以保证电子商务交易的真实性和有效性，保证交易过程的顺利进行，同时方便客户反复登录网站购物而不必每次都处理个人的信息。

1. 客户注册

在 Internet 上，登录网站访问的用户可以是任意人。不过，如果要完成真正的电子商务交易，需要一些必要的个人信息，从而保证交易的正常进行。提供客户的注册服务，是个很好的选择。

客户注册的业务流程基本是这样：用户在网站提供的登录服务上输入用户名和密码登录系统，如果是已注册客户，则可以登录系统，处理个人信息，修改个人购物订单或者进行商务交易等活动；如果是非注册用户，则需要进行客户信息的注册，通过系统的注册验证后，即可成为注册用户。流程如图 3-5 所示，客户登录页面如图 3-6 所示。

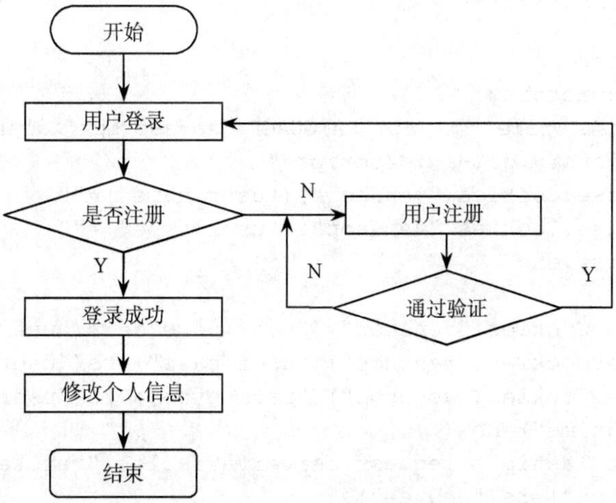

图 3-5　客户登录注册流程图

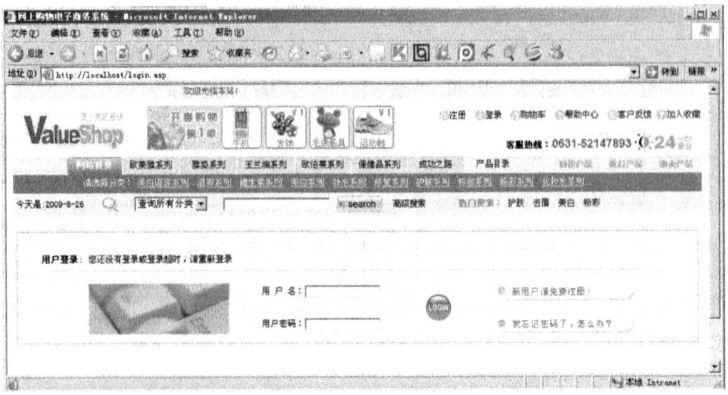

图 3-6　客户登录页面

登录过程的部分实现代码如下。

```
<!--#include file="conn.asp"-->
<%if request("action")="login" then
   errmeg1="登录名和密码为空！"
   errmeg2="登录名和密码不匹配！"
   user_name=DelStr(request("user_name"))
   user_pass=md5(DelStr(request("user_pass")))
   comurl=request("comurl")
   if comurl="" then
       comurl="index.asp"
   end if
   if request("user_name")="" or request("user_pass")="" then
       Response.Write"<script LANGUAGE='javascript'>alert
('"&errmeg1&"'); history.go(-1);</script>"
       Response.Cookies("venshop")("user_name")=""
       Response.Cookies("venshop")("user_type")=""
       Response.end
    end if
    set rs=server.createobject("adodb.recordset")
    sql="select * from user where username='"&user_name&"' and userpass=
'"&user_pass&"'"
    rs.open sql,conn,1,3
    if rs.eof then
       rs.close
       set rs=nothing
       response.Write "<script LANGUAGE='javascript'>alert('"&errmeg2&"');
           history.go(-1);</script>"
       Response.Cookies("venshop")("user_name")=""
       Response.Cookies("venshop")("user_type")=""
       Response.end
     end if
     Response.Cookies("venshop")("user_name")=rs("username")
     Response.Cookies("venshop")("user_pass")=rs("userpass")
     Response.Cookies("venshop")("user_type")=rs("user_type")
     rs("landtime")=now()
     rs("user_lastip")=request.servervariables("remote_addr")
     rs("degree")=rs("degree")+1
     rs.update
```

```
        rs.close
        set rs=nothing
        if Request.Cookies("venshop")("guest")<>"" then
        guest=Request.Cookies("venshop")("guest")
        rs.open "select * from basket where user_name='"&guest&"' and
                  basket_check=0",conn,1,3
        rs("user_name")=request("user_name")
        rs.update
        rs.close
        Response.Cookies("venshop")("guest")=""
      end if
      response.redirect comurl
      Response.end
      response.redirect index.asp
   else%>
      <table border="0" cellpadding="0" cellspacing="5" width="980">
      <tr><td>
      <table border="0" cellpadding="0" cellspacing="0">
      <%if Request.Cookies("venshop")("user_name")<>"" then
        user_name=Request.Cookies("venshop")("user_name")%>
      <tr><td colspan="5">提示: <%=user_name%>您好，您已经登录成功!</td></tr>
      <tr><td colspan="5"></td></tr>
      <tr><td colspan="5" align="center" height="30"></td></tr>
   <%else%>
       <form method="POST" name="form1" action="login.asp?action=login">
       <tr><td colspan="5">用户登录:您还没有登录或登录超时，请重新登录</td></tr>
       <tr><td width="31%" rowspan="2"></td>
       <td width="11%" align="right">用 户 名: </td>
       <td><input name="user_name" type="text"></td>
       <tdrowspan="2"><input  type=image  src="<%=venshop_skin%>/button_
   login.gif"
       name="login"></td>
       <td><A  href="reg.asp"><IMG  src="<%=venshop_skin%>/loginreg.gif">
   </A></td>
       </tr>
       <tr><td>用户密码: </td><td><inputtype="password" name="user_pass"></td>
      <td><a  href="repass.asp"><IMG  src="<%=venshop_skin%>/repass.gif">
   </a></td></tr>
       <tr><td colspan="5" align="center" height="45"></td></tr></form>
       <%end if%>
      </table></td></tr>
   </table>
   <%end if%>
```

2. 客户信息管理

在后台管理中，对客户信息的维护和管理也是重要的工作。包括客户信息的修改、会员等级的设定、查看客户订单信息等。修改客户信息的页面如图 3-7 所示。实现修改的部分代码如下。

```
<!--#include file="conn.asp"-->
```

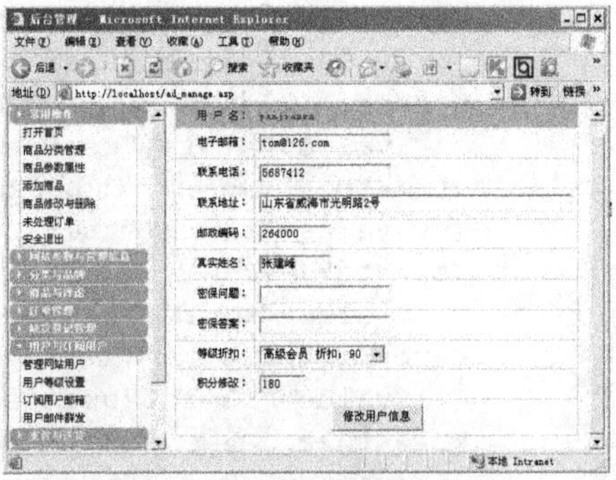

图 3-7　客户信息修改页面

```
<meta http-equiv="Content-Type" content="text/html; charset=gb2312">
<%id=request("id")
if request("action")="change" then
    user_mail=request("user_mail")
    user_adds=request("user_adds")
    user_postcode=request("user_postcode")
    user_tel=request("user_tel")
    user_namec=request("user_namec")
    user_buymoney=request("user_buymoney")
    if user_mail="" then user_mail="@"
    if user_adds="" then user_adds="-"
    if user_postcode="" then user_postcode="0"
    if user_tel="" then user_tel="0"
    if user_namec="" then user_namec="-"
    set rs=server.createobject("adodb.recordset")
    sql="select * from user where id="&id&""
    rs.open sql,conn,1,3
    rs("savemoney")=user_buymoney
    rs("usermail")=user_mail
    rs("user_adds")=user_adds
    rs("user_postcode")=user_postcode
    rs("user_tel")=user_tel
    rs("user_namec")=user_namec
    rs("user_type")=request("user_type")
    rs("question")=request("question")
    rs("answer")=request("answer")
    rs.update
    rs.close
    response.write "用户资料更改完毕！"
    set rs=nothing
    else
    set rs=server.createobject("adodb.recordset")
    sql="select * from user where id="&id&""
    rs.open sql,conn,1,1
    %>
    <form method="POST" action="ad_modify.asp?id=<%=rs("id")%>&action=
change">
    <table border="0" cellpadding="5" cellspacing="1">
    <tr><td>用 户 名: </td><td><%=rs("username")%></td></tr>
    <tr><td>电子邮箱: </td><td><input type="text" name="user_mail"
        value="<%=rs("usermail")%>"></td></tr>
    <tr><td>联系电话: </td><td><input type="text" name="user_tel"
        value="<%=rs("user_tel")%>"></td></tr>
    <tr><td>联系地址: </td><td><input type="text" name="user_adds"
        value="<%=rs("user_adds")%>"></td></tr>
    <tr><td>邮政编码: </td><td><input type="text" name="user_postcode"
        value="<%=rs("user_postcode")%>"></td></tr>
    <tr><td>真实姓名: </td><td><input type="text" name="user_namec"
        value="<%=rs("user_namec")%>"></td></tr>
    <tr><td>密保问题: </td><td><input type="text" name="question"
        value="<%=rs("question")%>"></td></tr>
    <tr><td>密保答案: </td><td><input type="text" name="answer"
        value="<%=rs("answer")%>"></td></tr>
    <tr><td>等级折扣: </td><td><select size="1" name="user_type">
```

```
    <%set rst=server.CreateObject("adodb.recordset")
    rst.open "select * from usertype",conn,1,1
    if rst.eof and rs.bof then
       response.write "暂无"
    else
       do while not rst.eof%>
       <option value="<%=rst("usertype_id")%>"<%if rs("user_type")=rst
("usertype_id") then%> selected<%end if%>><%=rst("usertype_name")%> 折扣:
<%=rst("usertype_zhekou")%></option><%
       rst.movenext
       loop
    end if
    rst.close
    set rst=nothing%></select></td></tr>
    <tr><td>积分修改: </td><td><input type="text" name="user_buymoney"
       value="<%=rs("savemoney")%>"></td></tr>
    <tr><td><input name="B1" type=submit value="修改用户信息"></td></tr>
    </form>
    </table>
    <%rs.close
    set rs=nothing
end if
conn.close
set conn=nothing
%>
```

3.4.3　商品管理

商品管理是购物型商务网站的重要组成部分，管理员要根据当前市场情况、库存情况、物流情况和销售策略等信息，及时调整电子货架所陈列的商品。商品管理包括商品的分类管理、商品基本信息的维护、商品添加、删除、库存情况的处理等工作。实际工作中，不同企业产品、不同产品类型、不同客户群体的商品管理不尽相同，而且涉及商务活动的很多环节，处理相对复杂，本节的举例，只是一些基本的处理方法，提供一些解决思路，不进行过多讨论。

1. 商品分类管理

在处理商品信息的时候，一般情况下，采用分类处理的方式比较方便，因此在管理商品中，首先进行商品的分类管理。商品要根据各行业产品、消费群体、产品特性等特征进行分类，从而达到化繁为简、条理清晰的目的。比如消费电子类商品和服装服饰类商品，它们的差别非常大，因此，要结合具体实际情况，综合考虑。另外，如果一个级别的分类无法满足需要，可以采用多级分层分类的方法进行管理。

在本节的购物系统中，采用了二级分类管理的方式。首先管理商品一级大类，然后在每个一级分类下，再进行二级分类管理，从而保证商品分类的层次清晰与管理方便。商品分类管理页面如图 3-8 所示。部分实现代码如下。

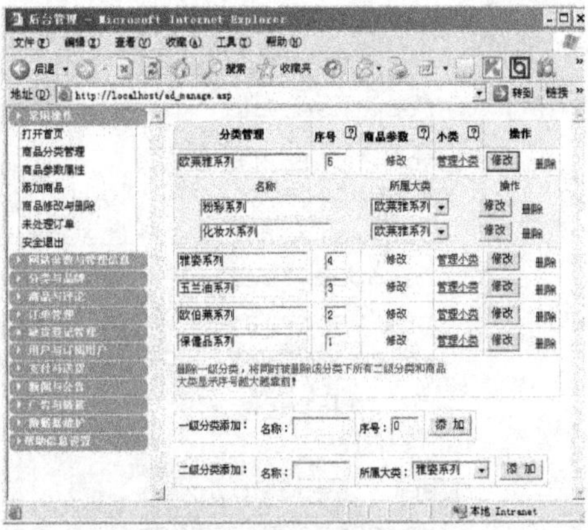

图 3-8　商品分类管理页面

```
<!--#include file="conn.asp"-->
<meta http-equiv="Content-Type" content="text/html; charset=gb2312">
<%sort_id=request("sort_id")
 nsort_id=request("nsort_id")
 if request("action")="adda" then
     set rs=server.CreateObject("adodb.recordset")
     rs.Open "select * from sort",conn,1,3
     rs.AddNew
     rs("sort_name")=request("sort_name")
     rs("sort_xu")=request("sort_xu")
     rs.Update
     rs.Close
     set rs=nothing
     response.Redirect "ad_sort.asp"
     response.end
end if
if request("action")="addb" then
     set rs=server.CreateObject("adodb.recordset")
     rs.Open "select * from nsort",conn,1,3
     rs.AddNew
     rs("nsort_name")=request("nsort_name")
     rs("sort_id")=request("sort_id")
     rs.Update
     rs.Close
     set rs=nothing
     response.Redirect "ad_sort.asp"
     response.end
end if
if request("action")="edita" then
     set rs=server.CreateObject("adodb.recordset")
     rs.open "select * from sort where sort_id="&sort_id&"",conn,1,3
     rs("sort_name")=request("sort_name")
     rs("sort_xu")=request("sort_xu")
     rs.update
     rs.close
     set rs=nothing
     response.Redirect "ad_sort.asp"
     response.end
end if
if request("action")="editb" then
     set rs=server.CreateObject("adodb.recordset")
     rs.open "select * from nsort where nsort_id="&nsort_id&"",conn,1,3
     rs("nsort_name")=request("nsort_name")
     rs("sort_id")=request("sort_id")
     rs.update
     rs.close
     set rs=nothing
     response.Redirect "ad_sort.asp"
     response.end
```

```
end if
if request("action")="dela" then
    conn.execute "delete from sort where sort_id="&sort_id&""
    conn.execute "delete from nsort where sort_id="&sort_id&""
    conn.execute "delete from hw where sort_id="&sort_id&""
    response.Redirect "ad_sort.asp"
    response.end
end if
if request("action")="delb" then
    conn.execute "delete from nsort where nsort_id="&nsort_id&""
    conn.execute "delete from hw where nsort_id="&nsort_id&""
    response.Redirect "ad_sort.asp"
    response.end
end if
%>
    <table border="0" cellspacing="1" cellpadding="3">
      <tr><td>分类管理</td> <td>序号;</td>
      <td>商品参数</td>
      <td>小类;</td>
      <td>操作</b></td>
 </tr>
    <%set rs=server.CreateObject("adodb.recordset")
    rs.open "select*from sort order by sort_xu desc,sort_id desc",conn, 1,1
    if rs.eof and rs.bof then
    response.write "No DATA"
    else
    do while not rs.eof
      sort_id=rs("sort_id")%>
 <form method="post" action="ad sort.asp?action=edita
       &sort_id=<%=rs("sort_id")%>">
   <tr><td><input name="sort_name" type="text" value="<%=rs("sort_name")
%>"></td>
    <td><input name="sort_xu" type="text" value="<%=rs("sort_xu")%>"></td>
    <td><a href="ad_ziduan.asp?sort_id=<%=rs("sort_id")%>">修改</a></td>
    <td    onclick="menuclick(submenu<%=rs("sort_id")%>,bar<%=rs("sort_
id")%>)"
       id=bar<%=rs("sort_id")%>>管理小类</td>
    <td><input type="submit" name="Submit3" value="修改">
    <a href=ad_sort.asp?action=dela&sort_id=<%=rs("sort_id")%> onClick=
"return confirm('您确定进行删除操作吗？ ')">删除</a></td>
 </tr></form>
 <tr id=submenu<%=rs("sort_id")%> style="DISPLAY: none;">
 <td><table border="0" cellspacing="0" cellpadding="2" width="100%">
 <tr><td>名称</td><td>所属大类</td><td>操作</td></tr>
 <%set rsn=server.CreateObject("adodb.recordset")
    rsn.open "select * from nsort where sort_id="&sort_id&"",conn,1,1
    if rsn.eof and rsn.bof then
       response.write "还没有商品分类信息，请添加！"
    else
```

```
    do while not rsn.eof%>
    <form method="post" action="ad_sort.asp?action=editb&
      nsort_id=<%=rsn("nsort_id")%>">
 <tr><td><input name="nsort_name" type="text"value="<%=rsn("nsort_name")
%>"></td>
    <td align="center"><select size="1" name="sort_id">
    <% set rsc=server.CreateObject("adodb.recordset")
    rsc.open "select * from sort",conn,1,1
    do while not rsc.eof%>
    <%if rsc("sort_id")=rs("sort_id") then%>
      <option selected value="<%=rsc("sort_id")%>"><%=rsc("sort_name")%>
</option>
     <%else%>
     <option value="<%=rsc("sort_id")%>"><%=rsc("sort_name")%></option>
     <%end if
     rsc.movenext
    loop
    rsc.close
    set rsc=nothing
    %>
    </select></td>
 <td align="center"><input type="submit" name="Submit" value="修改">
 <a href=ad_sort.asp?action=delb&nsort_id=<%=rsn("nsort_id")%>
     onClick="return confirm('您确定进行删除操作吗？')">删除</a></td></tr>
</form>
 <%rsn.movenext
 loop
 end if
 rsn.close
 set rsn=nothing%>
 </table></td></tr>
 <%rs.movenext
 loop
 end if
 rs.close
 set rs=nothing%>
 <tr><td colspan="5">删除一级分类，将同时删除该分类下所有二级分类和商品大类显示序
号越大越靠前！</td></tr>
 </table>
 <table border="0" cellpadding="5" cellspacing="1">
 <form method="post"  action="ad_sort.asp?action=adda">
 <tr><td>一级分类添加：</td>
   <td>名称：<input name="sort_name" type="text"></td>
 <td>序号：<input name="sort_xu" type="text" value="0"></td>
 <td><input type="submit" name="Submit2" value="添 加"></td>
 </tr></form></table><br>
 <table border="0" cellpadding="5" cellspacing="1">
 <form method="post"  action="ad_sort.asp?action=addb">
 <tr><td>二级分类添加：</td>
 <td>名称：<input name="nsort_name" type="text"></td>
```

```
<td>所属大类: <select size="1" name="sort_id">
<%set rsc=server.CreateObject("adodb.recordset")
rsc.open "select * from sort",conn,1,1
do while not rsc.eof%>
   <option value="<%=rsc("sort_id")%>"><%=rsc("sort_name")%></option>
   <%rsc.movenext
loop
rsc.close
set rsc=nothing
conn.close
set conn=nothing
%>
</select></td>
<td><input type="submit" name="Submit2" value="添 加"></td>
</tr>
</form>
</table>
```

2. 商品信息维护

商品信息管理主要商品基本信息的维护、商品添加、删除、库存情况的处理等工作。管理员要注意商品库存的情况，注意哪些商品已经缺货，通知采购员进行商品采购。

添加商品信息需要选择商品的分类，从而实现在指定的分类下添加合适的商品信息。处理输入信息时，注意对输入信息的合法性进行验证，因此要在页面上加入对输入文本的验证处理程序。商品信息的添加页面如图 3-9 所示。

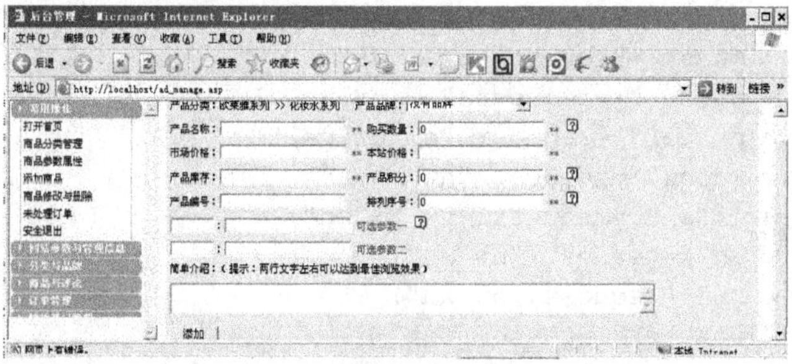

图 3-9　商品信息的添加

部分实现代码如下：

```
<!--#include file="conn.asp"-->
<%if request("action")="save" then
     if not(isnumeric(request("hw_price1"))) or not(isnumeric(request
("hw_price2")))
        or not(isnumeric(request("hw_kucun"))) or not(isnumeric(request
("hw_jifen")))
   then
      errmsg="<br>"+"<li>价格、库存、积分必须为数字且不能为空"
      founderr=true
   end if
   if request("hw_name")="" then
      errmsg=errmsg+"<br>"+"<li>名称不能为空"
      founderr=true
```

```
end if
if  not(isnumeric(request("hw_buys"))) then
     errmsg=errmsg+"<br>"+"<li>够买数量不能为除数字之外的其他字符"
     founderr=true
end if
if not(isnumeric(request("hw_xu"))) then
     errmsg=errmsg+"<br>"+"<li>排列序号不能为除数字之外的其他字符"
     founderr=true
end if
if founderr=true then
   response.write errmsg
   response.write "<br>"
   response.write "<a href=# onClick=history.go(-1)>Back</a>"
   response.end
else
   hw_content=server.htmlencode(request("hw_content"))
   hw_content=replace(hw_content," "," ")
   hw_content=replace(hw_content,chr(13)&chr(10),"<br>")
   set rs=server.createobject("adodb.recordset")
   sql="select * from product"
   rs.open sql,conn,1,3
   rs.addnew
   rs("pinpai_id")=request("pinpai_id")
   rs("sort_id")=request("sort_id")
   rs("nsort_id")=request("nsort_id")
   rs("hw_name")=request("hw_name")
   rs("hw_buys")=request("hw_buys")
   rs("hw_price1")=request("hw_price1")
   rs("hw_price2")=request("hw_price2")
   rs("hw_kucun")=request("hw_kucun")
   rs("hw_jifen")=request("hw_jifen")
   rs("hw_sn")=request("hw_sn")
   rs("hw_xu")=request("hw_xu")
   rs("hw_content")=hw_content
   rs("tjindex")=request("tjindex")
   rs("tjsort")=request("tjsort")
   rs("tejia")=request("tejia")
   rs("hw_date")=now()
   rs.update
   rs.close
   set rs=nothing
   response.write "货物添加成功"
   response.write "<br>"
   Response.Write"<meta http-equiv='refresh'content='1;history.go(-1);'>"
else
if request("sort_id")="" or request("nsort_id")="" then
     response.write "请选择分类"
     response.end
end if%>
<table border="0" cellspacing="1"cellpadding="3">
```

```
<form method="post" name="form" action="ad_addhw.asp?action=save">
<tr><td>产品分类: <%=request("sort_name")%>
<input type="hidden" name="sort_id" value="<%=request("sort_id")%>">
<%=request("nsort_name")%>
  <input type="hidden" name="nsort_id"value="<%=request("nsort_id")
%>">产品品牌:
    <select name="pinpai_id" size="1"><option value="0">没有品牌</option>
    <%set rs=server.createobject("adodb.recordset")
    rs.open "select * from pinpai" ,conn,1,1
    if rs.eof or rs.bof then
    else
    do while not rs.eof and not rs.bof%>
      <option value="<%=rs("pinpai_id")%>"><%=rs("pinpai_name")%></option>
      <%rs.movenext
    loop
    end if
    rs.close
    set rs=nothing%></select></td></tr>
 <tr><td>产品名称:
 <input type="text" name="hw_name" >购买数量:
 <input type="text" name="hw_buys" value="0">
 </td></tr>
 <tr><td>市场价格:
    <input type="text" name="hw_price1"> **本站价格:
    <input type="text" name="hw_price2"class=input> **
 </td></tr>
 <tr><td>产品库存:
 <input type="text" name="hw_kucun">**产品积分:
 <input type="text" name="hw_jifen" value="0">、**、
 </td></tr>
 <tr><td>产品编号:
    <input type="text" name="hw_sn" >排列序号:
    <input type="text" name="hw_xu" value="0">**
 </td></tr>
 <tr><td><input type="text" name="kxaa" >:
    <input type="text" name="kxab" >可选参数一
 </td></tr>
 <tr><td><input type="text" name="kxba">:
    <input type="text" name="kxbb"> 可选参数二
 </td></tr>
 <tr><td> 简单介绍:(提示:两行文字左右可以达到最佳浏览效果)</td></tr>
 <tr><td valign="top">
    <textarea rows="2" name="hw_content" cols="80"></textarea>
 </td></tr>
 <tr><td>
 <input type="submit" value=" 添加 " name="B1" class=input onClick= "document.
form.hw_content2.value=frames.message.document.body. innerHTML;" >
     <input name="hw_content2" type="hidden" id="hw_content2" value="">
 </td></tr>
```

```
 </form>
 </table>
<%end if
conn.close
set conn=nothing
%>
```

商品信息的维护还包括对已有商品信息的修改以及删除过期或者下架的商品。管理员要及时维护网站商品信息，给客户提供最新、最全面的商品信息。对于其他的实现细节，由于篇幅所限，就不再进行展开讲解，读者可以参考添加过程的设计和实现进行处理。

当然商品管理不仅仅是商品信息的维护，就像前面提及的，行业不同，商品种类差别很大，因此设计合理的商品管理，需要经过认真的调研和分析，充分考虑行业特点和网站建设的需要，这样才能找到符合要求的解决方案。

3.4.4 订单管理

电子购物过程中，形成买方与卖方完成交易的重要凭证之一就是订单。订单即表明了客户购买商品、要求进行交易的事实，又是销售方商品销售、商品出入库的凭据，而且一个成功的交易，订单是一种买卖双方的电子契约形式，也是交易过程和结果这种商业行为的依据，因此订单的管理是管理电子商务交易过程的一个重要环节。

一般情况下，订单的管理可以分为两部分：一是客户端前台客户生成订单的管理；二是服务器后台，相关管理人员对订单约定的购买商品进行后续处理过程的管理，包括订单有效性的审查、商品的出货、发货管理以及后续的跟踪服务。

1. 客户订单生成

当客户选择完准备购买的商品后，即可生成商品订单。订单生成的流程一般为：

（1）从购物车提取客户已选购的商品，并对选购商品进行数量与金额的统计。

（2）客户填写订货人信息和收货详细信息。这部分信息可以从客户的注册信息中提取，以方便客户的输入。

（3）选择货款支付方式。

（4）选择商品送货方式。

（5）确认并提交订单。

客户确认提交后，订单生成，也就是确认商品的交易行为开始发生，因此订单具有生存期和状态。订单的生存期就是从客户确认生成开始，直到客户收到货物，商品的交易行为完成的时间区间，或者在交易的中途，任何一方由于某种原因终止交易，这时订单的生存期也随之结束。

由于商品从客户购买到收到的过程要经历几个阶段，因此可以在订单管理中，依据订单处理的过程，将订单划分成不同的状态：

- 未处理状态：客户提交之后，并未被管理员处理。
- 确认付款状态：商品货款已经支付，但尚未发货。
- 无效状态：无效的订单。
- 发货状态：管理员确认订单，安排发货。
- 收货状态：客户已接收到购买商品。

- 完成状态：完成交易的订单。

在客户端前台生成的订单只要还处于未处理状态，订货客户是可以随时对订单的信息进行修改的，比如增减购买的商品种类、数量、收货人相关信息等内容或者取消订单。客户端订单管理的流程如图 3-10 所示。

客户端订单管理的部分实现代码如下：

```
<!--#include file="conn.asp"-->
<table width=980 border=0 cellpadding=0 cellspacing=0>
  <tr><td width=181 align="center" valign="top"></td>
    <td valign="top" align="center">
    <%if Request.Cookies("venshop")("user_name")="" and Request.Cookies
("venshop")("guest")="" then%>
    <%elseif Request.Cookies("venshop")("user_name")<>"" then
      user_name=Request.Cookies("venshop")("user_name")%>
      <table border="0" cellpadding="0" cellspacing="5" width="90%">
        <tr><td align="center">
         <table border="0" cellpadding="0" cellspacing="0" width="100%" >
           <tr><td height="30" colspan="7"><b>您购物车中的产品</td></tr>
           <tr><td height="30" align="center" width="10"></td>
           <td height="30" align="center">商品名称</td>
           <td height="30" align="center">单价(元)</td>
           <td height="30" align="center">数量</td>
           <td height="30" align="center">合计(元)</td>
           <td height="30" align="center">类型</td>
           <td height="30" align="center" width="10"></td></tr>
           <%set rs=server.createobject("adodb.recordset")
           sql="select * from amwayp_basket where user_name='"&user_name&"'
                and basket_check=0"
           rs.open sql,conn,1,1
           do while not rs.eof%>
           <tr><td height="30" align="center" width="10"></td>
           <td height="30" align="center" class="cartshow">
           <a target="_blank" href="views.asp?hw_id=<%=rs("hw_id")%>">
            <%=rs("hw_name")%></a></td>
           <td height="30" align="center" class="cartshow">
            ¥<%=trim(rs("hw_price"))%></td>
           <td height="30" align="center" class="cartshow">
             <%=rs("basket_count")%></td>
           <td height="30" align="center" class="cartshow">
            ¥<%=rs("basket_count")*trim(rs("hw_price"))%></td>
           <td height="30" align="center" class="cartshow">
             <%=rs("kxa")%>-<%=rs("kxb")%></td>
           <td height="30" align="center" width="10"></td></tr>
           <%totalcash=totalcash+(rs("basket_count")*trim(rs("hw_
price")))
              totalisbn=totalisbn+(rs("basket_count")*rs("hw_jifen"))
           rs.movenext
           loop
           rs.close
           set rs=nothing%><tr><td height="30" colspan="7" align="right">
```

```
        价格总计:<%=totalcash%> 元 </td></tr></table></td></tr></table>
<pre></pre>
     <!--#include file="cashin.asp"-->
   <%end if%>
    </td></tr>
</table>
```

在处理过程中，对客户输入的收货相关信息进行了数据合法性验证，这是保证交易顺利完成的必要步骤，也是保证网站数据的安全。订单录入页面如图 3-11 所示。

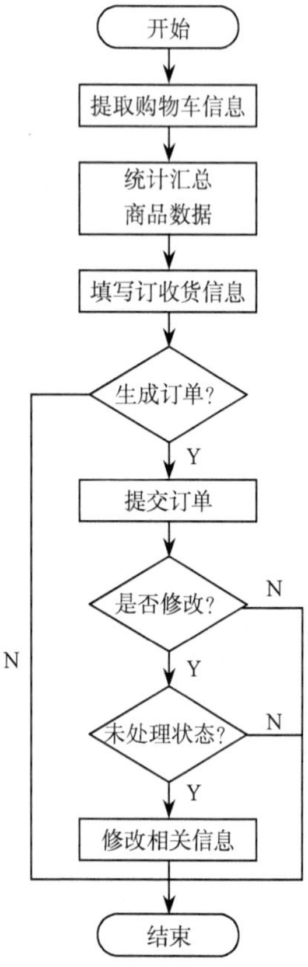

图 3-10　客户端订单管理流程

图 3-11　订单录入页面

2. 后台订单管理

客户确认生成订单后，管理员就可以对订单进行进一步的处理。可以按照订单状态分类管理订单。对未处理的订单，审查其有效性，如果无效，比如收货人或地址等信息不清楚，则通知客户进行进一步修改；对于付款未发货的订单要及时安排商品出库和发货；对商品已经到达客户的订单进行归档整理；对于商品缺货的订单及时通知相关部门进行商品的采购等。

后台处理客户订单的流程一般为：

- 审查订单：审核客户提交的未处理订单的相关信息，是否符合要求。
- 确认付款：查看未处理订单的付款情况，若付款，则改变订单状态，准备发货。
- 商品出库和发货：对已付款订单安排商品出库和发货改变订单状态。
- 收货确认：确认客户是否收到商品，若收到，则改变订单状态。

- 订单归档：对已经完成交易的订单进行归档。

处理流程如图 3-12 所示。

下面举例实现订单处理的过程。在下面的实现中，对选中订单进行如下处理：

- 修改订单状态，根据当前交易进程，修改订单状态，使交易按照步骤进行。
- 修改商品，可以根据客户的要求修改购买商品的信息，如数量，或者删除商品。
- 删除订单，对于无效订单或者终止交易的订单进行删除，清除无效的数据。

订单处理页面如图 3-13 所示。

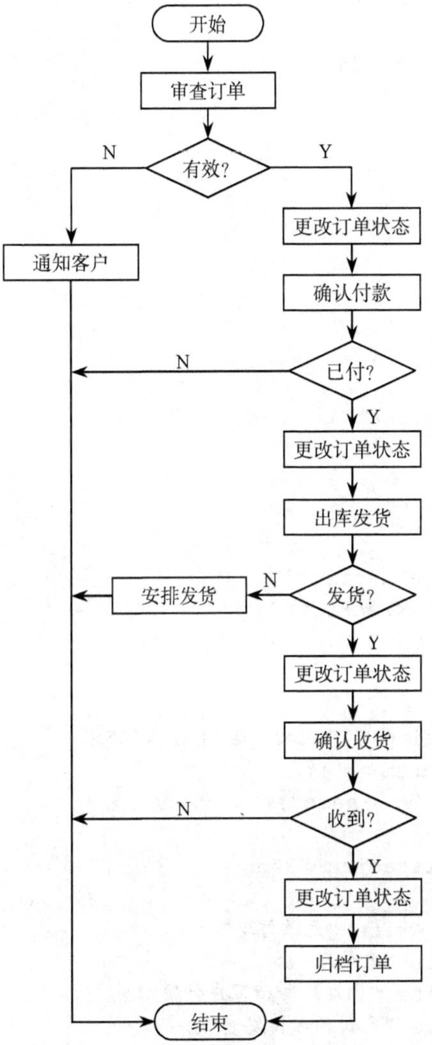

图 3-12　订单处理流程图

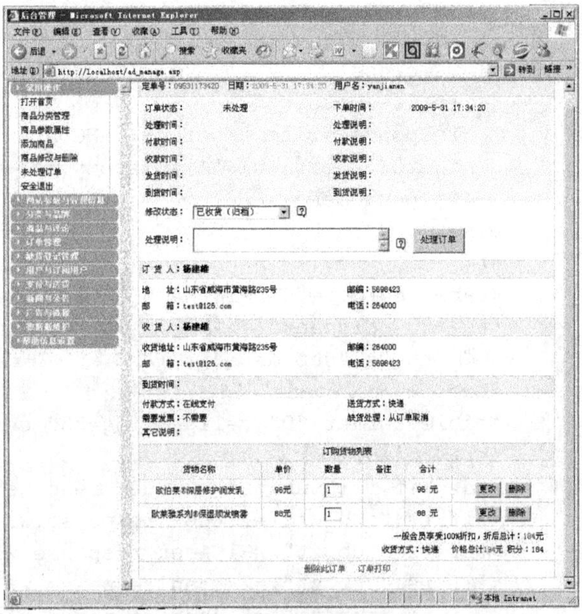

图 3-13　订单处理页面

订单处理的部分实现代码如下。

```
<!--#include file="conn.asp"-->
<%if (request("sub_id")="") then
     errmeg1="订单编号不存在！"
      response.Write "<script LANGUAGE='javascript'>
      alert('"&errmeg1&"');history.go(-1);</script>"
```

```
    Response.end
else
if request("action")="del" then  '删除
sub_id=request("sub_id")
  conn.execute "delete from sub where sub_id="&sub_id
  response.Write "订单删除成功"
else
  if (request("sub_id")<>"") then
sub_id=request("sub_id")
sql="select * from sub where sub_id="&sub_id
if (request("action")="zt") then
  set rsu=server.createobject("adodb.recordset")
  rsu.open sql,conn,1,3
  if not rsu.eof then
    rsu("sub_zt")=request("sub_zt")
    rsu("sub_zt1")=request("sub_zti")
    rsu("sub_date1")=Now()
    rsu.update
  end if
  rsu.close
  set rsu=nothing
end if
set rs=server.createobject("adodb.recordset")
rs.open sql,conn,1,1
if rs.eof then
   rs.close
   set rs=nothing
   response.Write "<script LANGUAGE='javascript'>
   alert('"&errmeg1&"');history.go(-1);</script>"
   Response.end
else
%>
<table border="0" width="600" cellspacing="1" cellpadding="5">
<tr><td colspan="6">订单号: <%=rs("sub_number")%>
日期: <%=rs("sub_date")%>;用户名: <%=rs("sub_name")%></td></tr>
<tr><td  colspan="6">
<table border="0" cellpadding="5" cellspacing="0">
<tr><td>订单状态: </td>
<td><%if rs("sub_zt")=0 then response.write "无效订单"%>
<%if rs("sub_zt")=1 then response.write "未处理"%>
<%if rs("sub_zt")=-1 then response.write "已处理等待客户付款"%>
<%if rs("sub_zt")=2 then response.write "已付款等待发货"%>
<%if rs("sub_zt")=3 then response.write "已收款发货中"%>
<%if rs("sub_zt")=4 then response.write "已发货注意收货"%>
<%if rs("sub_zt")=5 then response.write "已收货(归档)"%></td>
<td>下单时间: </td><td><%=rs("sub_date")%></td></tr>
<tr><td>处理时间: </td><td><%=rs("sub_date1")%></td>
<td>处理说明: </td><td><%=rs("sub_zt1")%></td></tr>
<tr><td>付款时间: </td><td><%=rs("sub_date2")%></td>
<td>付款说明: </td><td><%=rs("sub_zt2")%></td></tr>
```

```
<tr><td>收款时间：</td><td ><%=rs("sub_date3")%></td>
<td>收款说明：</td><td><%=rs("sub_zt3")%></td></tr>
<tr><td >发货时间：</td>
<td><%=rs("sub_date4")%></td>
<td>发货说明：</td><td><%=rs("sub_zt4")%></td></tr>
<tr><td >到货时间：</td><td><%=rs("sub_date5")%></td>
<td>到货说明：</td><td><%=rs("sub_zt5")%></td></tr>
</table>
<table border="0" cellspacing="0" cellpadding="5">
<form method="POST" action="ad_submore.asp?sub_id=<%=sub_id%>&action=
zt">
<tr><td>修改状态：</td><td>
<select size="1" name="sub_zt">
<option value="0">无效订单</option>
<option value="1">未处理</option>
<option value="-1">已处理等待客户付款</option>
<option value="2">已付款等待发货</option>
<option value="3">已收款发货中</option>
<option value="4">已发货注意收货</option>
<option value="5" selected>已收货（归档）</option>
</select> <img border="0"></td>
<td rowspan="2" valign="bottom">
<input type="submit" value="处理订单" name="submit1"></td></tr>
<tr><td width="0">处理说明：</td>
<td><textarea rows="2" name="sub_zti" cols="38"></textarea></td>
</tr></form></table></td></tr>
<tr><td colspan="6">订 货 人：<b><%=rs("sub_from")%></b></td></tr>
<tr><td colspan="6">
<table border="0" width="600" cellspacing="0" cellpadding="0">
<tr><td>地址：<%=rs("sub_fromadds")%> </td>
<td>邮编：<%=rs("sub_fromtel")%></td></tr>
<tr><td>邮箱：<%=rs("sub_frommail")%></td>
<td>电话：<%=rs("sub_frompost")%></td></tr>
</table>
</td></tr>
<tr><td colspan="6">收 货 人：<b><%=rs("sub_to")%></b></td></tr>
<tr><td colspan="6"><table border="0" width="600">
<tr><td >收货地址：<%=rs("sub_adds")%> </td>
<td>邮编：<%=rs("sub_post")%></td></tr>
<tr><td>邮箱：<%=rs("sub_mail")%></td>
<td>电话：<%=rs("sub_tel")%></td></tr>
</table></td></tr>
<tr><td colspan="6">到货时间：<%=rs("sub_date5")%></td></tr>
<tr><td colspan="6">
<table border="0" width="600">
<tr><td>付款：<%if rs("sub_pay")=1 then%>在线支付<%else%>银行转账<%end
if%></td>
<td>送货方式：<%if rs("sub_ps")=1 then%>快递<%else%>邮寄<%end
if%></td></tr>
```

```
  <tr><td>发票: <%if rs("sub_fapiao")=1 then%>需要<%else%>不需要<%end
if%></td>
  <td>缺货处理:<%if rs("sub_quehuo")=1 then%>等待到货<%else%>从订单取消<%end
if%></td></tr>
  <tr><td colspan="2">其他说明: <%=rs("sub_other")%></td></tr>
  </table></td></tr>
  <tr><td colspan="6">订购货物列表</td></tr>
  <tr><td>货物名称</td><td>单价</td><td>数量</td>
  <td>备注</td><td>合计</td><td ></td></tr>
  <%
    sql="select * from amwayp_basket where sub_number='"&rs("sub_number") &"'"
    set rsb=server.createobject("adodb.recordset")
    rsb.open sql,conn,1,3
    if (request("action")="change") then
      sql="select * from basket where basket_id="&request("basket_id")&"
            and sub_number='"&request("sub_num")&"'"
      set rsu=server.createobject("adodb.recordset")
      rsu.open sql,conn,1,3
      if not rsb.eof then
      rsu("basket_count")=request("count")
      rsu.update
        end if
        rsu.close
        set rsu=nothing
      end if
      if request("action")="delb" then  '删除
      conn.execute "delete from basket where basket_id="&request("basket_id")
      end if
    %>
  <form name="form1" method="POST" action="ad_submore.asp?action=change&
basket_id
  =<%=rsb("basket_id")%>&sub_id=<%=sub_id%>&sub_num=<%=rs("sub_number")%>">
  <% do while not rsb.eof%>
  <tr><td>
   <a target="_blank" href="views.asp?hw_id=<%=rsb("hw_id")%>">
      <%=rsb("hw_name")%></a></td>
  <td><%=rsb("hw_price")%>元</td>
  <td><input type="text" name="count" size="2" value="<%=rsb("basket_
count")%>">
  </td>
  <td></td>
  <td><%=CInt(rsb("basket_count"))*rsb("hw_price")%> 元</td>
  <td> <input type="submit" value="更改" name="B1">
  <input onclick="javascript:window.open('ad_submore.asp?action= delb
&basket_id=<%=rsb("basket_id")%>&sub_id=<%=sub_id%>','_self','')"
type="submit" value="删除"></td>
    </tr>
    <%hw_total=hw_total+CInt(rsb("basket_count"))*rsb("hw_price")
    rsb.movenext
    loop
```

```
    rsb.close
    set rsb=nothing%>
    </form>
    <tr><td colspan="6">总计: <%=hw_total%>元收货方式: <%if rs("sub_ps")=1
then%>快递;价格总计<%=hw_total+10%>元<%else%>邮寄;价格总计<%=hw_total+3%> >
元<%end if%></td></tr>
    <tr><td bgcolor="#FFFFFF" colspan="6" align="center">
    <a href="ad_submore.asp?sub_id=<%=sub_id%>&action=del"
      onClick="return confirm('确定删除操作吗? ')">
    删除此订单</a>
    <a href="ad_create.asp?sub_id=4">订单打印</a></td></tr></table>
    <%rs.close
    set rs=nothing
    end if
    end if
    end if
  end if
  %>
```

3.4.5　电子商务网站检索

一个成功的数据库应用程序都使用 Connection 对象建立连接，并使用 Recordset 对象处理返回的数据。通过使用这两个对象，可以开发出执行大多数数据处理任务的数据库应用程序。

下面是一个简单但实用的运用 SQL 语句查询数据库的 ASP 通用程序。为了更清楚更直接地了解SQL语法在ASP中的应用，在此先将查询的所有核心过程写成一个名为QUERY2tab的过程（在 QUERY2tab.inc 文件中），然后利用 ASP 的服务器端包含功能调用该过程。

【例】通用的 ASP 查询程序及其应用实例，浏览结果如图 3-14 所示。

```
<!--#include file = "conn.asp"-->
<% SUB QUERY2tab(strQUERY)
 set conn=Server.CreateObject("ADODB.Connection")
 conn.open strDSN_less
 set rsTemp=conn.Execute(strQUERY)
 FieldNum=rsTemp.FIELDS.count-1
%>
<table border=1>
     <tr><%FOR i=0 to FieldNum%>
          <td><b><%=rsTemp(i).name%></B></TD>
          <% next %>
     </tr>
     <%DO WHILE NOT rsTemp.EOF%>
     <tr><% FOR i=0 to FieldNum        '读取字段的值
          Thisvalue=rsTemp(i)
          IF isnull(thisvalue) then  '判断字段的值是否为空
               thisvalue=" "     '若为空，则将变量thisvalue的值定义为一个空格
          END IF%>
          <td valign=top><%=thisvalue%></td>
     <% next %>
     </tr>
     <%rsTemp.MoveNext
```

```
        LOOP%>
</table>
<%rsTemp.Close
Set rsTemp=nothing
conn.Close
set conn=nothing
End SUB%>
```

stu_id	name	birthday	sex	address	mark	major	sdept
2007070101	张元	1985-10-09	男	河南郑州	560	计算机科学与...	信息学院
2007070102	张红	1985-01-14	女	河南开封	565	计算机科学与...	信息学院
2007070103	王明	1986-07-08	男	河南洛阳	570	计算机科学与...	信息学院
2007070104	李伟	1986-03-11	男	河南郑州	564	计算机科学与...	信息学院
2007070201	郑澜	1985-12-01	女	河南平顶山	567	电子商务	信息学院
2007070202	赵恒	1986-02-03	男	河南周口	566	电子商务	信息学院
2007070203	张兰	1986-04-06	女	河南许昌	571	电子商务	信息学院
2007080101	李伟	1985-09-12	男	河南郑州	578	会计学	会计学院
2007080102	钱丽	1985-11-23	女	河南安阳	573	会计学	会计学院
2007080201	孙楠	1986-11-19	男	河南南阳	577	财务管理	会计学院

图 3-14　浏览界面

3.4.6　电子商务网站 BBS 售后服务

聊天室是目前网上应用非常广泛的一种在线即时交流方式。在聊天室网页中，综合运用了 ASP 的多个内置对象，尤其是 Session 对象和 Application 对象，其次是 Response 对象和 Request 对象。聊天界面如图 3-15 所示。

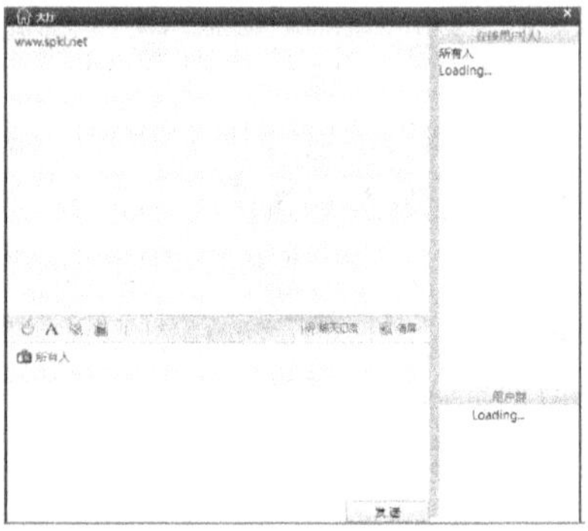

图 3-15　聊天界面

1．用户登录（Login.html）

获取当前用户输入的用户名和密码，与数据库信息进行匹配，匹配成功则成功登录，匹配失败则将提示信息返回给用户。程序如下：

```
<html>
<body>
  <form method="post" ation="ChatPage.asp" name=frm1>
  <script for=frm1 event=onsubmit language=vbscript>
  if frm1.UserName.Value=""then
      Msgbox"名字不能为空"
      frm1.Clearattributes
  end if
  </script>
 <p>输入您的姓名：
 <input type=text name=UserName size=20></p>
 <input type=submit value=登录>
 <input type=reset value=重新输入>
 </form>
</body>
</html>
```

2．发送消息（Message.asp）

聊天双方输入聊天信息，单击“发送”按钮即可进行实时通信。程序如下：

```
<html>
<head><title>Message Page</title></head>
```

```
<%
 If Not Request.Form("message")=""then
    Application.Lock
    for i=5 to 1 Step-1
        Application("Talk"& i)=Application("Talk"&(i-1))
    Next
    p=Session("UserName")& "说: "& Request.Form("message")
    Application("Talk"& 0)="("& time &")"&p
    Application.Unlock
 end if
 %>
<body bgcolor=LightBlue>
<form method="post" action="Message.asp">
<%=Session("UserName")%>,请输入谈话内容: <br>
<input type=text name=message size=40>
<input type=submit value=发送>
</form>
</body>
</html>
```

3．历史消息（Display Page.asp）

存储用户之间的聊天记录，在得到用户的请求响应时显示出来。程序如下：

```
<html>
<head>
  <META http-equiv=refresh content="5;<%=MySelf%>">
  <title>Display Page</title>
 </head>
<boby>
 <%
 for i=0 to 5
    if application("Talk"& i)<>""then
      response.write(application("Talk"& i)& "<br>")
    end if
 next
 %>
</body>
</html>
```

本节通过实例，讲解了电子商务网站功能设计过程主要面对的问题和解决方法。电子商务网站在功能设计时，要充分分析商务交易的需求和交易业务的流程，必须满足必要的交易环节，这样才可以通过电子商务的方式，完成传统的商务活动。设计的过程中除了要考虑功能需要外，还要深入挖掘系统数据流程，合理设计数据库，同时要考虑页面美观性、人性化的操作方式，全面的信息服务，给客户创造一种轻松、愉悦、享受购物过程的心理感受。

另外，在举例中，只是完成了基本的功能性设计和实现，而且限于一定的范围，因而缺乏广泛适用性。更加详细的功能设计和实现，需要读者根据实际需求去探索、完善，从而设计出功能丰富、页面美观、操作方便的电子商务网站系统。

3.5 系统开发技术

3.5.1 电子商务网站体系结构

电子商务实施与运作有赖于电子商务系统，电子商务网站则是电子商务系统工作与运作的承担者与表现者。

目前电子商务网站的体系结构有多种，比较流行的是三层体系结构模式：

（1）数据层：提供网站业务数据服务，包括数据库系统和访问数据库的应用程序接口。数据库提供具体的业务数据支撑，而数据访问应用程序接口为上层的业务处理应用程序提供访问数据库的方法，从而实现数据交互。它处于底层，是构建网站的基础。

（2）业务层：提供电子商务交易过程中的业务逻辑处理服务，这个层次中包含具体为业务服务的应用程序，每个商务过程都是由一个相关的任务序列组成的事务。比如处理 Web 请求的 Web 应用程序、处理订单业务的 EJB 等。网站业务的实现，全部由这些应用程序完成，如网站客户管理、商品管理、订单管理、结算支付以及安全保障等。它是网站体系结构的核心层，整个电子交易的业务处理都在此完成。

（3）表示层：表示层提供电子交易过程中的企业宣传、商品信息的发布、信息查询、注册管理、购物车管理以及订单录入等。它位于最上层，面向 Web 访问用户，是网站对外服务的窗口。

电子商务网站的体系结构如图 3-16 所示。

表示层	HTML DHTML ASP JSP PHP
业务层	业务处理组件 COM+ EJB IIS WebSphere
数据层	数据库访问 API ODBC、JDBC 数据库 Oracle、SQL Server

图 3-16 电子商务网站的体系结构

3.5.2 客户端技术

1. 静态网页开发技术

HTML（Hypertext Market Language）是常用的静态网页开发技术。它是一种超文本标记语言，是万维网的基本构件。HTML 文件是内嵌逻辑标识代码的纯文本文件，存放在 Web 服务器上，由服务器把文件传送到和它相连的 Web 浏览器上。但 HTML 不是在浏览器上直接显示的，而是由浏览器根据 HTML 代码中的指令部分进行翻译，然后创建 Web 页，再显示出来。

当前的 Web 页大部分都离不开 HTML，从最简单的文字，到绚丽的图画，甚至是动画和动人的音像效果。而且动态网页设计技术（如 ASP、JSP、PHP 等）也可以集成在 HTML 文件中发挥更好的效用。

2. JavaScript

JavaScript 是 Web 上的第一种脚本语言（Scripting Language），它是由 Netscape 公司开发和完成的，其开发的目的是增强 HTML 的表达功能，即提高网页的交互性。脚本语言是指这种语言不能单独成为程序体，而必须“附着”于某程序上，同时又扩展所附着程序的功能。

JavaScript 是嵌入到 HTML 程序中的。JavaScript 作为一种 Script 语言，不是 Java 语言，

虽然它们之间在语法上有些地方很相似。它是一种解释性语言，在浏览器加载网页的时候由浏览器解释执行，完成预定的操作。

JavaScript 的一大优点是不受任何操作系统或是浏览器的限制，但是它的源代码不能加密，因而能够被任何人看到和复制。JavaScript 是面向对象的，它有自身的基本数据类型、运算表达式和运算符以及程序流程、基本语法等。另外，作为一种面向对象的语言，JavaScript 还包含有 9 种事件（Event）可供应用，这些事件是浏览器与所加载的 HTML 文件交互的基础。

3．VBScript

Microsoft Visual Basic Scripting Edition 是程序开发语言 Visual Basic 家族的一个成员。它将灵活的 Script 应用于更广泛的领域，包括 Microsoft Internet Explorer 中的 Web 浏览器 Script 和 Microsoft Internet Information Server 中的 Web 服务器 Script。

VBScript 使用 ActiveX 脚本与宿主应用程序对话。ActiveX 脚本使宿主可以编译 Script，获取和调用入口点及管理开发者可用的命名空间。通过 ActiveX Script，语言厂商可以建立标准脚本运行时语言，Microsoft 将提供 VBScript 的运行时支持。Microsoft 正在与多个 Internet 组一起定义 ActiveX 脚本标准以使脚本引擎可以互换。

4．DHTML

DHTML 就是当网页从 Web 服务器下载后无须再经过服务器的处理，而在浏览器中直接动态地更新网页的内容、排版样式、动画。例如，当鼠标移至文章段落中，段落能够变成蓝色，或者当你点击一个超链后会自动生成一个下拉式的子超链目录。

DHTML 不是一门新的语言，它只是 HTML、CSS 和客户端脚本的一种集成，是一种通过各种技术的综合发展而得以实现的概念，这些技术包括 JavaScript，VBScript，Document Object Model（文件目标模块），Layers 和 Cascading Style Sheets（CSS 样式表）等。

DHTML 不是由万维网联盟（W3C）规定的标准。DHTML 是一个营销术语，是被网景公司（Netscape）和微软公司用来描述 4.x 代浏览器应当支持的新技术。

对于个人网站来说充分运用 DHTML 技术可以令网页栩栩如生，动感十足。然而对于建立商业网站的企业而言，仅仅拥有 DHTML 是远远不够的。因为仅仅发生在客户浏览器端的动态效果，是无法满足商业网站业务交互的“动态”需求的。

5．XML 技术

XML 自从出现以来，以其可扩展性、自描述性、自相容性等优点，被誉为信息标准化过程的有力工具，基于 XML 的标准将成为以后信息标准的主流。由于 XML 提供了一个通用的方法来传送自我描述的资料，因此它是将文件和结构化资料一起移动和沟通的最佳机制。不过，为了保护企业在 EDI 上的巨大投资，传统的 EDI 也没有被彻底废除，而是与 XML 相结合，形成了 XML-EDI。

XML 技术对电子商务有重大影响，XML 的人机互动式架构提供了使用者与计算机之间的互动交流，利用其可延伸性及自我描述特性，电子通信文件可以在企业间的应用程式中自动传输、处理及储存，不同厂商的电子商品目录可以在同一个使用者界面同时呈现，资讯的搜寻变得更为精确快速，不同系统间可以流畅地互通，不同网站之间的资料得以动态共享，强化了使用者与系统之间的聚合性。由于 XML 为信息的自动交换提供了必要的技术支持，因此有人提出“eXe”将成为最基本的连接模式，其中的“e”是指企业（enterprise），而“X”就是 XML。

3.5.3 服务器端技术

1. ASP 技术介绍

ASP（Active Server Pages）技术是 Microsoft 公司开发的一套全新的服务器端脚本程序环境。它是一种根据客户端的不同请求，在服务器端经过相应的 ASP 程序处理，生成不同的静态 HTML 页面再传给浏览器的技术。因此，它可以处理数据库查询等一系列数据库访问请求。ASP 提供多个内建对象和组件，供用户直接调用。ASP 技术是一种目前流行的动态网页开发技术。

ASP 实际上是将标准的 HTML 文件拓展了一些附加特征，ASP 像标准的 HTML 文件一样，包含 HTML 语句并且在一个浏览器上解释并显示。但它为 HTML 编写人员提供了在服务器端运行脚本的环境，使 HTML 编写人员可以利用 VBScript 和 JavaScript 或其他第三方脚本语言来创建 ASP，实现了过去需要编写复杂的 CGI 程序才能实现的具有动态内容的网页，如计数器等。

一个 ASP 文件的扩展名为.asp，其中包含实现动态功能的 VBScript 或 JavaScript 语句，如果去掉那些 VBScript 或 JavaScript 语句，它和标准的 HTML 文件没有任何区别。ASP 包含标准的 ActiveX 组件，这些组件可以实现一些复杂的功能，如使用数据库等。

ASP 所设计出的是动态网站，可接收用户提交的信息并做出反应，其中的数据可随实际情况而改变，无须人工对网页文件进行更新即可满足应用需要。例如，当浏览器用户申请主页时，可以调用 ASP 引擎，解释被申请文件。当遇到任何与 ActiveX Scripting 兼容的脚本（如 VBScript 或 JavaScript）时，ASP 引擎会调用相应的脚本引擎进行处理。若脚本指令中含有访问数据库的请求，就通过 ODBC 与后台数据库相连，由数据库访问组件执行访问库操作。这样，在站点服务器上执行的不只是一个简单的 HTML 文件，而是一个复杂的应用程序。该应用程序分析用户的请求，根据不同的请求将相应的执行结果（通常是数据库查询的结果集）以 HTML 的格式传送给浏览器。在结构上，由于 ASP 是通过 ODBC 与数据库打交道，数据库的数据可以随时变化，而服务器上执行的应用程序却不必更改，客户端得到的网页信息会始终保持最新的状态。

2. JSP

JSP（Java Server Pages）是由 Sun Microsystems 公司倡导、许多公司参与一起建立的一种动态网页技术标准。它继承了标准 Java 跨平台的特性，允许网页设计人员利用 JavaScript 这类简单的脚本语言，产生各种动态的网页内容。动态信息由 JSP 页面来表现，JSP 页面由安装在 Web 服务器或者使用 JSP 的应用服务器上的 JSP 引擎执行。JSP 引擎接受客户端对 JSP 页面的请求，并且生成 JSP 页面作为对客户端的响应。

JSP 页面通常被编译成为 Java Servlets，这是一个标准的 Java 扩展。页面开发人员能够访问全部 Java 应用环境，以利用 Java 技术的扩展性和可移植性。当 JSP 页面第一次被调用时，如果它还不存在，就会被编译成一个 Java Servlets 类，并且存储在服务器的内存中。这就使得在接下来对该页面的调用中，服务器会有非常快的响应（这避免了 CGI—BIN 为每个 HTTP 请求生成一个新的进程的问题）。

JSP 页面可以包含在多种不同的应用体系结构或者模型中，可以用于由不同协议、组件和格式所组成的联合体中。基于 JSP 的动态信息发布技术是一个开放的、可扩展的建立动态

Web 页面的标准。不论采用什么创建工具，开发人员都可以使用 JSP 页面来创建可移植的 Web 应用，在不同的 Web 应用服务器上运行。

JSP 将内容的生成和显示进行分离。Web 页面开发人员可以使用 HTML 或者 XML 标识来设计和格式化最终页面，并使用 JSP 标识或者小脚本来生成页面上的动态内容。生成内容的逻辑被封装在标识和 JavaBeans 组件中，并且捆绑在脚本中，所有的脚本在服务器端运行。

3．PHP

PHP（Hypertext Preprocessor，超级文本预处理语言）是一种 HTML 内嵌式的语言，PHP 与 ASP 和 JSP 颇有几分相似，都是一种在服务器端执行的嵌入 HTML 文档的脚本语言，语言的风格类似于 C 语言，现在被很多网站编程人员广泛运用。PHP 独特的语法混合了 C、Java、Perl 以及 PHP 自创新的语法。它可以比 CGI 或者 Perl 更快速地执行动态网页。用 PHP 做出的动态页面与其他的编程语言相比，PHP 是将程序嵌入到 HTML 文档中去执行，执行效率比完全生成 HTML 标记的 CGI 要高许多；与同样是嵌入 HTML 文档的脚本语言 JavaScript 相比，PHP 在服务器端执行，充分利用了服务器的性能；PHP 执行引擎还会将用户经常访问的 PHP 程序驻留在内存中，其他用户再一次访问这个程序时就不需要重新编译程序，只要直接执行内存中的代码就可以了，这也是 PHP 高效率的体现之一。PHP 具有非常强大的功能，而且支持几乎所有流行的数据库以及操作系统。

PHP 最初是 1994 年 Rasmus Lerdorf 创建的，刚刚开始只是一个简单地用 Perl 语言编写的程序，用来统计他自己网站的访问者。后来又用 C 语言重新编写，包括可以访问数据库。在 1995 年以 Personal Home Page Tools（PHP Tools）开始对外发表第一个版本，Lerdorf 写了一些介绍此程序的文档，并且发布了 PHP 1.0。在这早期的版本中，提供了访客留言本、访客计数器等简单的功能。1995 年中 PHP 2.0 发布了。第二版定名为 PHP/FI（Form Interpreter）。PHP/FI 加入了对 MySQL 的支持，从此建立了 PHP 在动态网页开发上的地位。

3.5.4　基于 Web 的数据库访问技术

1．数据库系统访问技术

目前访问数据库服务器的主流标准接口主要有 ODBC、OLE DB 和 ADO。下面分别对这三种接口进行概要介绍。

1）开放数据库连接

开放数据库连接（Open Database Connectivity，ODBC）是由 Microsoft 公司定义的一种数据库访问标准。使用 ODBC 应用程序不仅可以访问存储在本地计算机的桌面型数据库中的数据，而且可以访问异构平台上的数据库，例如，可以访问 SQL Server、Oracle、Informix 或 DB2 构建的数据库等。采用 ODBC 的最大好处是应用程序的开发系统可以不需要与数据库属于同样的系统。

ODBC 是一种访问数据库的应用程序编程接口（Application Programming Interface，API），基于标准的 SQL 语句，它的核心就是 SQL 语句，因此，为了通过 ODBC 访问数据库服务器，数据库服务器必须支持 SQL 语句。

ODBC 通过一组标准的函数（ODBC API）调用来实现数据库的访问，但是程序员不必理解这些 ODBC API 就可以轻松开发基于 ODBC 的客户机/服务器应用程序。这是因为在很多流行的程序开发语言中，如 Visual Basic、PowerBuilder、Visual C++等，都提供了封装 ODBC

各种标准函数的代码层，开发人员可以直接使用这些标准函数。

ODBC 获得了巨大成功并大大简化了一些数据库开发工作。但是它也存在严重的不足，因此 Microsoft 公司又开发了 OLE DB。使用 ODBC 访问数据库的原理如图 3-17 所示。

2）OLE DB

OLE DB 是 Microsoft 公司提供的关于数据库系统级编程的接口（System-Level Programming Interface），是 Microsoft 公司数据库访问的基础。OLE DB 实际上是 Microsoft 公司 OLE 对象标准的一个实现。OLE DB 对象本身是 COM（组件对象模型）对象并支持这种对象的必需接口。

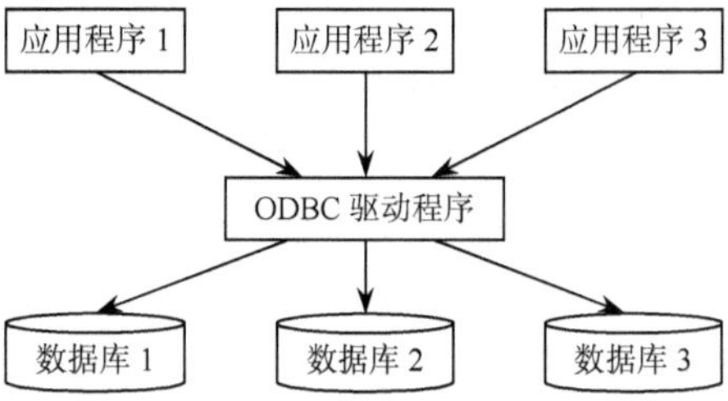

图 3-17　使用 ODBC 访问数据库原理图

一般说来，OLE DB 提供了两种访问数据库的方法：一种是通过 ODBC 驱动器访问支持 SQL 语言的数据库服务器；另一种是直接通过原始的 OLE DB 提供程序。因为 ODBC 只适用于支持 SQL 语句的数据库，因此 ODBC 的使用范围过于狭窄，目前 Microsoft 公司正在逐步用 OLE DB 取代 ODBC。

3）动态数据对象

动态数据对象（Active Data Objects，ADO）是一种简单的对象模型，可以被开发者用来处理任何 OLE DB 数据，可以由脚本语言或高级语言调用。ADO 对数据库提供了应用程序水平级的接口（Application-Level Programming Interface），几乎使用任何语言的程序员都能够通过 ADO 来使用 OLE DB 的功能。Microsoft 公司声称，ADO 将替换其他数据访问方式，所以 ADO 对于任何使用 Microsoft 公司产品的数据库应用是至关重要的。

2. Web 数据库访问技术

1）CGI 技术

CGI（Common Gate Interface）是最早普遍使用的 Web 数据库访问技术，几乎所有的 Web 服务器都支持 CGI。程序员可以选择任何一种语言，如 C、C++、Delphi、Visual Basic 或 Perl 来编写 CGI 应用程序。

CGI 是一个位于服务器和外部应用程序之间的通信协议，CGI 程序可以与 Web 浏览器进行交互，并可以通过数据库的调用接口和数据库服务器进行通信。

CGI 工作过程如下：

（1）Web 浏览器向 Web 服务器发出请求。

（2）Web 服务器利用 CGI 所规定的语义，分析来自 Web 浏览器的参数，并启动 CGI 程序。

（3）打开同 DBMS 连接，CGI 与 DBMS 交互，即按照用户需求，对数据库进行查询或更新。

（4）CGI 程序可根据从数据库中检索所得到的数据生成动态的 HTML 文档。

（5）Web 服务器将 HTML 文档返回给 Web 浏览器，然后关闭与服务器的连接。

尽管几乎所有的 Web 服务器都支持 CGI 技术，并且具有程序设计简单等优点，但是实践表明 CGI 的方法存在开发成本高，编程复杂，服务器性能差，功能有限和不具备事务（Transaction）功能等缺点。

2）Web API 技术

普通 CGI 中对同一个 CGI 程序的每次调用都会使 Web 服务器装载该程序，从而造成普通 CGI 程序启动速度慢、资源利用效率低。针对这一缺点，一种基于共享 CGI 程序的改进方案应运而生，这就是应用程序编程接口 Web API（Web Application Programming Interface）。

Web API 是 Web 服务器开发商为其产品用户开发，类似于 CGI 程序的服务器端扩展程序所提供的专用编程接口。用户利用 Web API 可以完成 CGI 程序所能实现的功能，并且维持服务器较好的性能。API 应用程序通常以动态链接库（DLL）的形式提供，驻留在 Web 服务器上，它的作用与 CGI 相似，也是为了扩展 Web 服务器的功能。其主要产品有 Microsoft 的 ISAPI 和 Netscape 的 NSAPI。以 ISAPI 为例，其工作过程（如下图所示）如下：

（1）Web 用户通过填写 HTML 表单或单击链接向 Web 服务器发出请求。

（2）Web 服务器从接受的信息中取得请求，并装载 httpodbc.dll，httpodbc.dll 获取数据库操作信息，连接数据库，执行操作。

（3）数据库操作结果返回到 httpodbc.dll，生成 HTML 文档，HTML 文档送回 Web 服务器。

（4）Web 服务器把 HTML 文档返回给客户端浏览器，显示出来。使用 API 方式访问 Web 数据库的结构如图 3-18 所示。

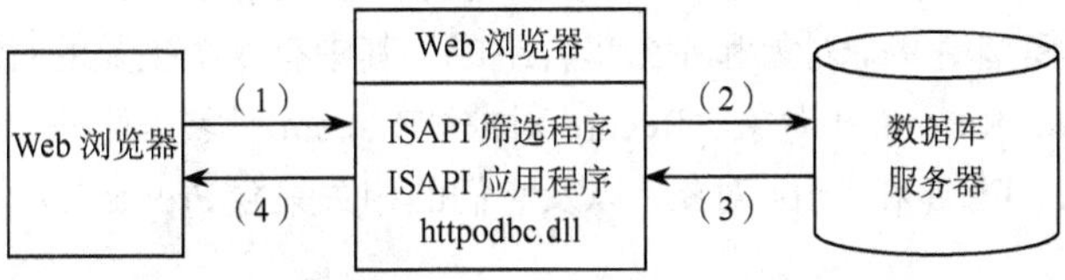

图 3-18　使用 API 方式访问 Web 数据库的结构

ISAPI 只能在 Microsoft 开发的 IIS（Internet Information Server）或 PWS（Personal Web Server）的 Web 服务器上应用，且操作系统只能是 win32 系统；NSAPI 中能在 Netscape Server，如 Netscape enterprise Server 上运行，可支持多种操作系统，如 Unix 或 win32。所以，API 方式的开放性、扩展性差，尤其是两种 Web 应用程序一旦出了问题很可能会导致 Web 服务器崩溃，稳定性较差。

3）ASP 技术

建立在 Active 平台上的 ASP 技术是一种服务器端脚本运行环境，它为诸如 VBScript、JavaScript 等脚本语言提供脚本引擎，使得用这些脚本语言编写的脚本命令可以直接嵌入到 HTML 文件中建立起动态的、交互的高性能 Web 应用程序。ASP 通过自带的 ActiveX 数据对象组件 ADO 与任何跟 ODBC 兼容的数据库和 OLE DB 数据源进行高性能的连接，进行数据库访问操作。ADO 主要运行在服务器上，由 ASP 的服务器端的代码调用，通过 ADO 可以执行完整的数据库操作，包括增加、删除、修改、查询和调用存储过程。由于运行在服务器上，所以使用任何浏览器都可以访问 ADO。ASP 技术访问数据库的结构示意图如图 3-19 所示。

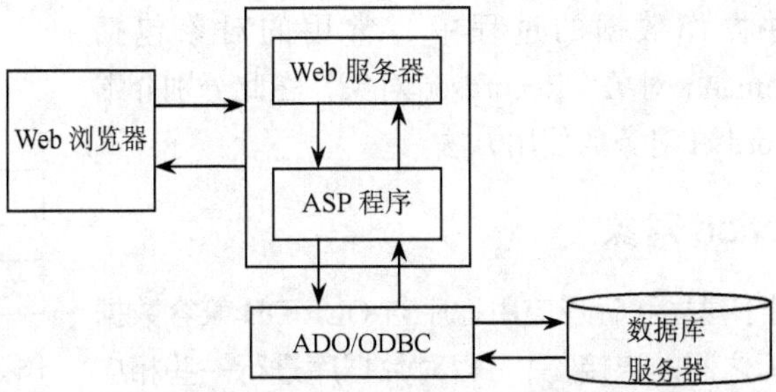

图 3-19　ASP 技术访问数据库的结构示意图

3.6 ASP 数据库编程技术

ADO（ActiveX Data Object）是一个运行于服务器端的 ActiveX 组件，它所提供的功能是进行数据库访问。运用 ADO 可以编写简洁且可扩展性强的脚本。ADO 是 Microsoft Data Access Components（或 MDAC）组件中的一个。

ADO 是实现 ASP 网页数据访问的理想工具，是一种完全的 Web 数据库访问方案，它把 ADO 与 ASP 结合起来，建立提供数据库信息的网页内容，在网页中执行 SQL 命令，对数据库进行查询、插入、更新、删除等操作。ADO 中可用 VBScript、JavaScript 语言来控制数据库的访问（而 ASP 恰恰是脚本语言的解释环境）和查询结果的输出。

ADO（ActiveX Data Object）是 ASP 内置的、用于访问 Web 数据库的 ActiveX 服务器组件。应用程序开发者可以将它与 ASP 结合起来，编写提供后台数据库信息的动态网页，并在客户浏览器端实现对 Web 数据库的查询、插入、更新和删除数据的操作。

ADO 2.5 对象模型由 9 个对象和 4 个集合组成，其中有 5 个主要的对象：Connection 对象、Command 对象、Recordset 对象、Record 对象和 Stream 对象。此外，还有 4 个子对象：Property、Parameter、Field 和 Error 对象，以及它们的相关集合 Properties、Parameters、Fields 和 Errors。

- Connection 对象：负责创建一个 ASP 脚本与指定数据库的连接。在对某个数据库进行各种操作之前，首先需要与该数据库建立连接。
- Recordset 对象：用来保存和表示从数据库中取得的记录集合，并允许访问者进一步对其中的记录和字段进行各种操作。
- Command 对象：负责对数据库提出操作请求，通常是传递和执行指定的 SQL 命令。该对象的执行结果将返回一个 Recordset 记录集。
- Record 对象：Record 对象允许处理半结构存储中存储的数据（如在某个目录结构中的文件），就像这些数据记录在数据库中一样。
- Stream 对象：Stream 对象用来处理二进制数据，所以，可以用来处理 BLOB 类型的数据，比如数据库中的图像或大文本数据。

在 ASP 页面中使用 ADO 组件访问数据库的时候，既可以通过 ODBC 进行访问，也可以通过 OLE DB 进行访问。OLE DB 是新一代 Microsoft 数据访问规范，它不仅允许访问关系型数据库，还允许访问包括非关系型数据库、电子邮件系统、电子表格、文本文件等数据源。使用 ADO 访问数据资源的原理如图 3-20 所示。

在访问数据库并操作数据的过程中，常用的对象包括 Connection 对象、Command 对象、Recordset 对象，在此分别介绍 Connection 对象和 Recordset 对象的使用方法。

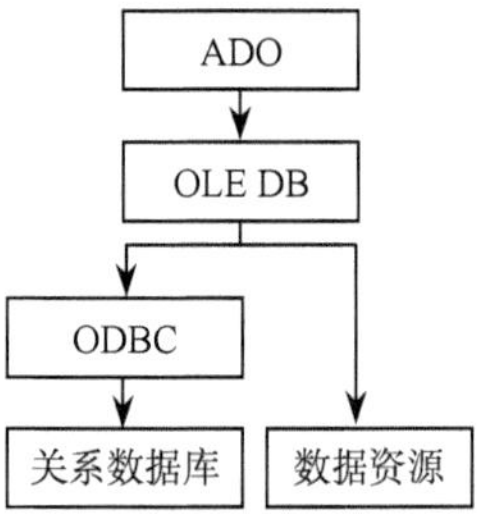

图 3-20　ADO 访问数据资源的原理图

3.6.1 Connection 对象

Connection 对象用于建立和管理应用程序与 OLE DB 兼容数据源或 ODBC 兼容数据库之间的连接，并可以对数据库进行一些相应的操作。

在 ASP 中，在使用 ADO 连接数据库时，需要声明一个 Connection 对象，方式如下：

```
<% Set Conn=Server.CreateObject ("ADODB.Connection")%>
```

这个实例执行之后，实际上并未连接到任何数据库系统，只是完成数据库连接前的声明操作，下面主要介绍如何连接到数据库。

OLE DB 向 ADO 提供了两种访问数据库的方法：一种方法是直接访问，通过原始的 OLE DB 驱动程序进行访问；另外一种方法是间接访问，通过 ODBC 驱动程序进行访问。

Connection 对象常用的方法及其说明如表 3-5 所示，下面分别介绍方法的使用。

表 3-5　Connection 的方法及其说明

方　法	说　明
Open	负责与具体数据源的连接
Execute	执行指定的 SQL 语句或存储过程
Close	负责关闭一个已经启动的连接对象及其相关的对象

1. Open 方法

Open 方法用于创建与数据源的物理连接。语法为：

```
Connection.Open ConnectionString, UserID, Password:
```

其中：ConnectionString 用于指定连接字符串；UserID 指定建立连接时所使用的用户名；Password 指定建立连接时所使用的密码。

1）通过 OLE DB 驱动程序连接数据库

（1）通过 OLE DB 连接 SQL Server 数据库，方法如下：

```
Set Conn=Server.CreateObject ("ADODB.Connection")
Conn.Open "Provider=SQLOLEDB;Data Source=数据库服务器名称;
            Initial Catalog=数据库名称;User ID=用户名; Password=密码; "
```

其中：Provider 指定用于连接的提供者的名称；Data Source 为指定数据库服务器的名称；Initial Catalog 为指定要连接的数据库名称；User 表示登录 SQL Server 服务器的用户账号；Password 表示登录 SQL Server 服务器的用户密码。举例如下：

```
<%
On Error Resume Next
conn="Provider=SQLOLEDB;Data Source=192.168.1.2;Initial Catalog=testdb;
  User ID=yan;Password=3487"
Set conn=Server.CreateObject("ADODB.Connection")
conn.Open connstr
if conn.State=1 then
Response.Write "<p style='font-size:9pt' align=center>数据库连接成功! </p>"
    conn.Close
else
Set conn=Nothing
Response.Write "<p style='font-size:9pt' align=center>数据库连接出错! </p>"
Response.Write "<p style='font-size:9pt' align=center>可能出错原因: 数据库
位置或名称不对、数据库损坏! </p>"
Response.End
End if
 %>
```

（2）直接通过 OLE DB 连接 Access 数据库，方法如下：

```
Set Conn=Server.CreateObject ("ADODB.Connection")
 Conn.Open "Provider=Microsoft.Jet.OLEDB.4.0;Data Source=数据库文件名"
```

其中：Provider 是用于连接的提供者的名称；Data Source 是 Access 数据库的物理位置和文件名称。举例如下：

```
<%
On Error Resume Next
dbfolder="database/"
connstr="Provider=Microsoft.Jet.OLEDB.4.0;Data Source=" & Server.MapPath
(dbfolder&"count.mdb")
Set conn=Server.CreateObject("ADODB.Connection")
conn.Open connstr

if conn.State=1 then
    Response.Write "<p style='font-size:9pt' align=center>ACCESS数据库连
接成功! </p>"
    conn.Close
else
    Set conn=Nothing
    Response.Write "<p style='font-size:9pt' align=center>ACCESS数据库连
接出错! </p>"
    Response.Write "<p style='font-size:9pt' align=center>可能出错原因:
数据库位置或名称不对、数据库损坏! </p>"
    Response.End
End if
%>
```

程序运行结果如图 3-21 所示。

图 3-21　使用 OLE DB 连接 Access 数据库示意图

2）通过 ODBC 连接数据库

通过 ODBC 连接数据库，方法如下：

```
Set
Conn=Server.CreateObject("ADODB.Connection")
Conn.open "DSN=数据源名称;UID=数据库用户名;PWD=密码"
```

其中：DSN 是设置的 ODBC 数据源名称。无论连接何种数据库，只要设置好 ODBC 连接数据源（通常称为数据源名称，即 DSN），都可以使用这种方式连接数据库。

一般情况下，由于处理数据库的页面很多，将连接数据库的操作可以放在单独的 ASP 文件中，然后通过使用包含文件的方式使用。例如，把建立连接的 ASP 文件命名为 connection.asp，可以在需要使用的 ASP 文件的顶端加入下面一行：

```
<!--#include file="connection.asp"-->
```

这样不必再为每个 ASP 页面都输入连接细节，同时方便于更改整个站点使用的连接。

2. Execute 方法

Execute 方法用来执行指定的查询、SQL 语句等操作。举例如下：

```
<%
connstr="Provider=Microsoft.Jet.OLEDB.4.0
    Data Source=" & Server.MapPath("testdb.mdb")
Set conn=Server.CreateObject("ADODB.Connection")
conn.Open connstr
strSQL="INSERT INTO Customers (FirstName, LastName) VALUES ('tom','jams')"
conn.Execute strSQL
```

```
%>
```

上面这个例子中，使用 Connection 对象的 Execute 方法来执行一个 SQL 语句，它没有返回结果。Server.MapPath(estdb.mdb)打开数据库，此方法可将 Access 数据库直接放在网站的 ASP 执行目录中存取，也有助于隐藏 ODBC 的连接，不易被窃取 ODBC 的路径信息。

3．Close 方法

Close 方法负责关闭一个已经启动的连接对象及其相关的对象，其语法如下：

```
Connection.Close
```

3.6.2　RecordSet 对象

Recordset 对象又称记录集，是 ADO 中最常用的对象，它负责从数据库中取得所需的记录数据并创建一个记录集合。它可以用于检索数据、检查结果、更改数据库数据等操作。Recordset 对象有许多可以使用的特性，它保持查询返回记录的位置，允许用户一次一项逐步扫描结果。

根据 Recordset 对象的指针类型属性设置，可以滚动和更新记录。数据库指针可以在一组记录中定位到特定的项。指针还用于检索和检查记录，然后在这些记录的基础上执行操作。

创建 Recordset 对象实例的语法格式如下：

```
Set rs = Server. CreateObject("ADODB. Recordset")
```

其中：rs 即为创建的 Recordset 对象。

Recordset 对象的方法和属性及其说明如表 3-6 和表 3-7 所示。

表 3-6　Recordset 对象的方法及其说明

方　法	说　明
AddNew	添加一条空白记录
CancelBatch	取消一个批处理更新操作
CancelUpdate	取消已存在的和新的记录所做的任何改变
Close	关闭打开的记录集
GetRows	取得记录集的多条记录
Movefirst	将 RS 记录集对象的指针移至记录集对象中最顶端的记录
Moveprevious	将 RS 记录集对象的指针向上移动一条
Movenext	将 RS 记录集对象的指针向下移动一条
Movelast	将 RS 记录集对象的指针移至记录集对象中最底端的记录
Open	打开一个记录集
Requery	重新执行查询
Update	向数据库提交对一条记录的改变或添加
Fields.count	显示该记录集对象内所含有的字段数

表 3-7　Recordest 对象的属性及其说明

属　性	说　明
AbsolutePage	设置当前记录所在位置是第几页
AbsolutePosition	设置记录集对象所在位置是第几条记录

续表

属　性	说　明
ActiveConnection	设置记录集属于哪个 Connection 对象
BOF	检验当前记录集对象所指位置是否在第一条记录之前，若成立，则返回 True，否则返回 False
EOF	检验当前记录集对象所指位置是否在最后一条记录之后。若成立，则返回 True，否则返回 False
CacheSize	设置记录集对象在内存中缓存的记录数
Cousor	设置记录集对象的光标类型，共分为 4 种，分别为 Dynamic、Static、Forward-only、Keyset
EditMode	指定当前是否处于编辑模式
LockType	在记录集的当前位置锁定记录
PageSize	设置记录集对象一页所容纳的记录数
PageCount	显示记录集当前的页面总数

下面将一些常用的方法做简单介绍。

1. Open 方法

Open 方法的功能是创建与指定数据源的连接，并打开一个 RecordSet 对象。其语法格式为：

```
RecordSet.Open Source, ActiveConnection, CursorType, LockType, Options
```

其中：Source 是数据源，可以是数据库中的表名、存储的查询或过程、SQL 字符串、Command 对象或适用于提供者的其他命令对象；ActiveConnection 记录集使用的连接，可以是一个连接字符串或者一个打开的 Connection 对象；CursorType 是 RecordSet 的一个属性，表示使用的光标类型，必须是定义的光标类型中的一种，默认值为 adForwardOnly；LockType 也是 RecordSet 的一个属性，表示使用的锁定类型，必须是定义的锁定类型中的一种，默认值为 adLockReadOnly；Options 告诉提供者 Source 参数的内容是什么，如表、文本字符串等。例如：

```
<%
On Error Resume Next
dbfolder="database/"
conn="Provider=Microsoft.Jet.OLEDB.4.0;Data Source=" & Server.MapPath
(dbfolder&"count.mdb")
Set conn=Server.CreateObject("ADODB.Connection")
conn.Open connstr
if conn.State=1 then
    Set rs=Server. CreateObject("ADODB. Recordset")
    rs.open "select * from count",conn,AdOpenKeySet,AdLockPessimistic
End if
%>
```

上面例子中使用 Recordset 的 Open 方法访问数据库，并获得 SQL 语句执行的结果记录集合。其中 AdOpenKeySet 是 CursorType 属性的值，表示记录光标可以在记录集中前、后移动；AdLockPessimistic 是 LockType 属性的值，表示指定在编辑一个记录时立即锁定它。有了记录集合，就可以对其中的数据进行需要的操作。关于 CursorType 和 LockType 属性取值，如表 3-8 和表 3-9 所示。

2. Close 方法

关闭所指定的 RecordSet 对象以便释放所有关联的系统资源。语法格式为：

```
RecordSet.Close
```

表 3-8 CursorType 的属性值

常　量	参数值	说　明
AdOpenForwardOnly	0	仅向前游标，只能在记录集中向前移动（默认值）
AdOpenKeySet	1	键集游标，可以在记录集中前、后移动。如果其他用户删除或改变了某条记录，记录集中将反映这个变化（添加记录除外）
AdOpenDynamic	2	动态游标，可以在记录集中前、后移动。其他用户造成的记录的变化都将在记录集中有所反映
AdOpenStatic	3	静态游标，可以在记录集中向前或向后移动。不会对其他用户造成的任何记录的变化有所反映

表 3-9 LockType 的属性值

常　量	参数值	说　明
AdLockReadOnly	0	只读，不能改变数据（默认值）
AdLockPessimistic	1	保守式锁定（逐个），指定在编辑一个记录时立即锁定它
AdLockOptimistic	2	开放式锁定（逐个），只有在调用 Update 方法时才锁定记录
AdLockBatchOptimistic	3	开放式批更新，用于批更新模式

需要注意的是关闭 Recordset 对象并非是将它从内存中删除。要将对象从内存中完全删除，可将对象变量设置为 Nothing。例如：

```
rs.close
set rs=Nothing
```

3. 移动记录集合光标的方法

移动记录集合光标包括 MoveFirst、MoveLast、MoveNext 和 MovePrevious 方法，功能为：

（1）MoveFirst 方法：将当前记录指针移动到 RecordSet 对象的第一条记录。

（2）MoveLast 方法：将当前记录指针移动到 RecordSet 对象的最后一条数据记录。

（3）MoveNext 方法：将当前记录指针移动到下一条数据记录。

（4）MovePrevious 方法：将当前记录指针移动到上一条数据记录。

记录集合光标的移动示意如图 3-22 所示。

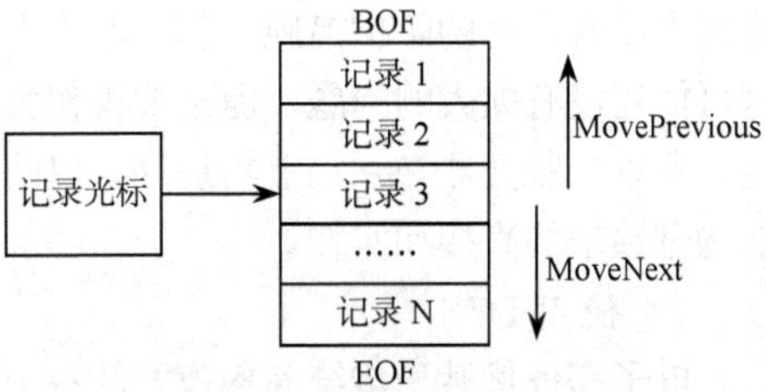

图 3-22 RecordSet 光标的移动示意图

例如：

```
<%
On Error Resume Next
dbfolder="database/"
connstr="Provider=Microsoft.Jet.OLEDB.4.0;Data Source=" & Server.MapPath
(dbfolder&"count.mdb")
Set conn=Server.CreateObject("ADODB.Connection")
conn.Open connstr
if conn.State=1 then
    Set rs=Server. CreateObject("ADODB.Recordset")
    rs.open "select top 10 * from article order by id DESC",conn,1,1
    i=0
```

```
    do while not rs.eof
        i=i+1%>
        <%=i%>.<a href="article.asp?a_id=<%=rs("id")%>" target=_blank>
<%= left(rs("a_name"),16)%></a><br>
        <%
        rs.movenext
        loop
    rs.close
    set rs=nothing
End if
%>
```

在上面的例中使用 MoveNext 方法逐条访问数据集中的记录。

3.7 电子商务系统及安全设计

电子商务的信息安全问题，始终束缚着电子商务的各种解决方案，并逐步成为电子商务解决方案的一部分。能否提供一个安全可靠的商务运行环境，已经成为电子商务系统设计人员面临的一项巨大的挑战。只有保证电子商务的安全，才能吸引更多的客户、商户和金融机构参与交易，才能带动电子商务不断发展。

3.7.1 网站安全设计

网站的安全问题，不仅来源于 Internet，构建网站的平台往往也存在很多的安全隐患，因此在进行网站设计的时候，安全是一个必须着重考虑的问题。

1．物理安全问题

1）给服务器加把锁

硬件设施是电子商务的基础。硬件的安全往往是最容易被管理者忽视的。如果在你的计算机上没有任何的防护措施，来防止其他人使用你的计算机，这是危险的。如果作为工作站，这可能还没有太大的问题，但是如果作为服务器，任何非专业的操作都有可能导致系统不稳定。所以，服务器必须加上物理锁，以防止其他人使用。使用密码当然也可以，但是远远不如物理锁来的直接和实在。

2）使用 UPS

电子商务优胜于传统商务模式的一个显著特点就是它可以 24 小时不间断地提供服务。但是，前提是你的服务器同样能够 24 小时服务。如果突然的电力中断或者电压不稳，那么UPS 的投入就很有必要。对于服务器来说，UPS 的好处还在于它能够将电流过滤稳定地输出，以保证服务器在一个良好的环境中运行。

3）数据备份

世界上不存在绝对安全的服务器，操作系统的漏洞、代码的不安全以及管理人员的疏忽都有可能造成具有重要数据服务器的崩溃。崩溃不是 DOOM，但是前提是必须有服务器中数据的备份。简单的通过设备来备份并不能够在最危机的时刻显示它的作用。在 911 事件发生后，原来世贸大厦中 60%以上的企业都倒闭了，原因就是缺乏足够的资料以及数据能够让他们恢复被袭击之前的业务。所以，如果您想让您的数据真正的备份，那么最好的办法就是在远离公司的异地设定一个备份中心。对于数据比较少的情况下，可以选择异地双机热备份的方法。这样可以保证，即使发生了自然灾害数据也是完整的。

2．软件的安全问题

1）Windows 的系统漏洞

Windows 操作系统是目前最流行的桌面操作系统，其安全性影响相对突出。除了功能强大，操作人性化外，同时它还具有各种各样的、随时发布更新的补丁程序。例如运行 IIS 4.0，当服务器环境为 Windows NT 时，存在着 ism.dll 缓冲区溢出的设计缺陷。如果攻击者将一个以超长 HTR 文件名（大约 3000 个字符以上）传递给 IIS，那么这个值将在 ism.dll 中造成输入缓冲区溢出并导致 IIS 崩溃。针对该弱点 Microsoft 发布了修补程序，在 NT Sever Pack6 中修补了该问题。

还有不久前，微软发出对 IIS Web 服务器上的 IIS 零日漏洞的警告，受影响的是微软 IIS 5.0～6.0 版本。如果成功利用这个漏洞，可以提升攻击者的权限，访问敏感数据。尽管微软说还没有发现存在对这个漏洞的攻击，但是不能保证这个漏洞永远不被人利用。

为确保 Web 服务器的安全，系统管理人员需要不断跟踪相关软件产品提供商发布的安全漏洞和补救信息，了解最新技术动态并及时进行技术咨询，同时安装必要的补丁程序。

2）UNIX/Linux 的系统漏洞

UNIX/Linux 下的 Web 系统环境也存在着漏洞，占有服务器市场份额半壁江山的 Apache 同样存在危险，例如，可以引发拒绝服务攻击（DoS）的漏洞。另外，CGI 脚本一般是作为 HTML 表单的后台来运行，负责处理由用户输入的信息并提供某种定制的输出用户。如果是正确的和所期望的数据类型的形式，则不会有问题，但是用户也可能是某个恶意的黑客，凭借他有关操作系统和 Web 服务器软件的知识，并利用常见的编程错误进行入侵。这些入侵表面上一切都正常，却是最危险和最难检测出来的。比如文件上传功能的实现，在实施过程中除了编写服务器端后台程序外还需要开放服务器上有关路径的读/写权限，在实现系统功能要求的同时也降低了系统的安全性，这就使黑客有了可乘之机。解决的办法不多，要么放弃使用，否则赶紧打补丁程序吧！

3）其他商用软件的漏洞

在电子商务系统建设过程中，可能还需要使用或集成其他一些应用软件，这些商用软件都难以保证它们是绝对安全的。例如，赛门铁克公司的个人防火墙产品发现 4 个安全漏洞。黑客能够利用这些漏洞使目标系统无法修补或者以内核级身份执行远程代码。

由于构建不同类型的电子商务网站需要不同的服务器软件和应用软件，因此在部署之前设计者要充分了解它们的安全问题，这样才可以从网站的基础架构部分，避免留下安全隐患。

鉴于以上暴露的问题，网站设计者不得不在系统设计的时候，就着手进行网站的安全设计。

3．代码安全问题

对于网站的安全性问题，不仅仅在平台软件上，往往在实现业务功能的程序代码中，也存在很多引发安全事件的问题。下面介绍常见的一些代码安全问题。

1）SQL 注入攻击

数据库系统是电子商务网站中不可或缺的部分，虽然用户在使用数据库服务提供的数据服务时，不与数据库直接接触，但 Web 服务器需要和它进行数据交互，因此针对数据库攻击方式就产生了。

SQL 作为一种国际标准的数据库查询语言，是操纵数据库最直接和方便的方式。SQL 注入原理就是在客户端提交特殊代码，非法获取服务器信息。

一般的网站都提供用户注册的功能，注册用户登录后，可以享受更多的服务。通过一个验证登录用户实验，来感受一下 SQL 注入攻击的威胁。登录时对用户验证处理的 SQL 语句一般为：

```
select * from reguser where user='"+Username.Text+"' and pwd='"+Pwd.Text+"'
```

其中：Username.Text 和 Pwd.Text 代表用户在 Web 页面上的输入。

当从数据库中查询到满足条件的客户信息后，就可以认证该用户是注册用户，但是，当一个恶意的输入出现时，情况就改变了，如果用户名输入为：'asdf' or 1=1 --，密码部分随意输入，则查询的 SQL 语句就变成了：

```
select * from reguser where user='asdf' or 1=1 --' and pwd=''
```

这条语句执行的结果是列出所有记录，因此，网站的用户信息就不再是什么隐私了。

问题主要是由于传入特殊字符引起的，可以对输入的用户名和密码进行过滤特殊字符处理来解决这个问题。也可以使用存储过程，通过传入参数的方法可解决此类问题。

2）跨站攻击

跨站攻击（Cross Site Script Execution，通常简写为 XSS）是指攻击者利用网站程序对用户输入过滤不足，输入可以显示在页面上对其他用户造成影响的 HTML 代码，从而盗取用户资料、利用用户身份进行某种动作或者对访问者进行病毒侵害的一种攻击方式。

跨站攻击的定义是指攻击者在远程 Web 页面的 HTML 代码中插入具有恶意目的的数据，用户认为该页面是可信赖的，但是当浏览器下载该页面，嵌入其中的脚本将被解释执行。由于 HTML 允许使用脚本进行简单交互，攻击者便通过技术手段在某个页面里插入一个恶意 HTML 代码，例如记录论坛保存的用户信息（Cookie），由于 Cookie 保存了完整的用户名和密码资料，用户就会遭受安全损失。举个简单的例子：很多的 BBS 或者网站的留言系统允许使用 JavaScript 脚本或者发布链接，把下面的代码输入进去：

```
<a href="javascript: alert(document.cookie);">看看是什么！ </a>
```

它会弹出一个包含用户 Cookie 信息的消息框。攻击者运用脚本就能把用户信息发送到他们自己的记录页面中，稍做分析便获取了用户的敏感信息。

解决这个问题的方式之一是对输出进行编码。使用 ASP 的 Server.HTMLEncode 方法把要输出的内容进行编码，这个方法将包括 HTML 标记在内的危险符号，转换成无害的表示，例如将“<”转换成“&lt”。

3）ASP 的安全

ASP 是一种方便而有效的开发动态网站的技术，前面已经详细讲解，不过在使用 ASP 开发页面的时候，仍然需要注意很多安全性问题。

（1）身份验证后才能被访问的页面。在网站中存在这样的情况：如果攻击者知道某些页面的路径和文件名，就可以绕过身份验证，直接进入到该页面。比如需要用户通过 login.asp 页面登录并经过身份验证才能打开 test.asp 页面，攻击者可以通过 http://www.…/tset.asp 直接进入该页面。

为防范此漏洞，可利用 Session 对象来实现安全控制。访问者通过身份验证后，把 Session 对象的 Sessionid 属性作为一个 Session 变量存储起来，当访问者试图登录到有效链接页面时，可将当前的 Sessionid 与已保存在 Session 对象中的原值进行比较，如果不匹配，则拒绝访问。当然使用 Cookie 技术也可以。在我们的实例中，每个后台管理页面中使用下列代码进行身份验证：

```
<%
if Request.Cookies("vshop")("admin_name")="" or
     Request.Cookies("vshop")("admin_pass")="" or
       Request.Cookies("vshop")("admin_class")="" then
   Response.Cookies("vshop")("admin_name")=""
   Response.Cookies("vshop")("admin_pass")=""
   Response.Cookies("vshop")("admin_class")=""
   response.redirect "ad_login.asp"
   response.end
end if
%>
```

在每个页面开始部分，都要进行 Cookie 验证，从而保证是合法的登录用户在进行操作。

（2）维护 Global.asa 的安全。Global.asa 文件管理着 ASP 应用中两个非常重要的对象：Application 对象和 Session 对象。它其实是一个可选文件，代码编写者可以在该文件中指定事件脚本，并声明具有会话和应用程序作用域的对象，用来存储事件信息和由应用程序全局使用的对象。

为了充分保护 ASP 应用程序，一定要在应用程序的 Global.asa 文件上为适当的用户或用户组，设置 NTFS 文件权限。如果 Global.asa 包含向浏览器返回信息的命令而没有保护 Global.asa 文件，则信息将被返回给浏览器。这样所有业务处理的全局或会话对象就可能会呈现在用户面前，因此也就没有什么安全而言了。

（3）预防来自 Filesystemobject 组件的威胁。IIS4 的 ASP 文件操作都可以通过 Filesystemobject 实现，包括文本文件的读/写、目录操作、文件复制、重命名、删除等。但这个强大的功能也留下了非常危险的“后门”，利用 Filesystemobject 可以篡改和下载 FAT 分区上的任何文件，即使是 NTFS 分区，若权限没有设定好的话，同样也能被破坏。这个问题的例子很多，可以在任何搜索引擎上搜索到，在此不一一举例说明。

（4）SessionID 和 Cookie 的安全性。前面的举例中，提及 Session 对象和 Cookie 对象给业务处理带来的方便性，但是一旦攻击者截获了用户 SessionID 和 Cookie，攻击者可以使用此 ID 和 Cookie 假冒该用户。如果 ASP 应用程序包含私人信息、信用卡或银行账户号码，拥有窃取的 ID 和 Cookie 的攻击者就可以在应用程序中开始一个活动会话并获取这些信息。

解决的方法是可以通过对 Web 服务器和用户的浏览器间的通信链路加密来防止 SessionID 和 Cookie 被截获。

（5）防范 asp 木马。Internet 上，木马是一个重要的安全威胁，为了防止遭受脚本类木马的攻击，可以在使用 Windows NT 服务器的平台上，完成配置服务器工作后，从 cmd 窗口运行以下命令：

```
regsvr32/u C:\WINNT\System32\wshom.ocx
del C:\WINNT\System32\wshom.ocx
regsvr32/u C:\WINNT\system32\shell32.dll
del C:\WINNT\system32\shell32.dll
```

即可将 WScript.Shell、Shell.application、WScript.Network 组件卸载，可有效防止 asp 木马通过 WScript 或 Shell.application 执行命令以及使用木马查看一些系统敏感信息。

（6）页面缓存管理。如果浏览器设置了“浏览网页时首先查看本地缓冲区里的页面”，就给非法用户提供了越权浏览的机会。因此，重要的 Web 页面（如身份验证页面）必须禁止页面缓存，强制浏览器每次向 Web 服务器请求新页面。ASP 环境下利用 Response 对象的 Expires 属性和 Clear 方法可实现禁止页面缓存，具体设置为：

```
<%
Response.expires=0
Response.clear
%>
```

其中：expires 表示缓存页面的有效期，0 表示立即过期，clear 表示清空缓冲区。

以上介绍了在网站安全中存在一些问题和解决的方法，网站的设计者可以在网站系统的开发过程中注意这些安全问题，设计安全的商务网站。

3.7.2 电子商务安全

1. 电子商务存在的主要安全问题

电子商务的形式多种多样，涉及的安全问题各不相同，但在 Internet 上的电子商务交易过程中，最核心和最关键的问题就是交易的安全性。电子商务安全中主要存在以下几种安全隐患：

1）信息在网络的传输过程中被截获

攻击者可能通过互联网、公共电话网、搭线或在电磁波辐射范围内安装截收装置等方式，截获传输的机密信息，或通过对信息流量、流向、通信频率和长度等参数的分析，推断出有用信息、如消费者的银行账号、密码等。

2）传输的文件可能被篡改

攻击者可能从三方面破坏信息的完整性：

（1）篡改：改变信息流的次序、更改信息的内容，如更改商品的出货地址。

（2）删除：删除某个消息或消息的某些部分。

（3）插入：在消息中插入一些让收方读不懂或接收错误的信息。

3）假冒他人身份

（1）冒充他人身份，如冒充领导发布命令、调阅文件。

（2）冒充他人消费，栽赃。

（3）冒充主机欺骗合法主机及合法用户。

（4）冒充网络控制程序，套取或修改使用权限、密钥等信息。

（5）接管合法用户，欺骗系统，占用合法用户的资源。

4）伪造电子邮件

（1）虚开网站和商店，给用户发电子邮件，收购货单。

（2）伪造大量用户。发电子邮件，穷尽商家资源，使合法用户不能正常访问网络资源，使有严格时间要求的服务不能及时得到响应。

（3）伪造用户，发大量的电子邮件，窃取商家的商品信息和用户信用等。

5）抵赖行为

（1）发信者事后否认曾经发送过某条内容。

（2）收信者事后否认曾经收到过某行消息或内容。

（3）购买者发出订货单后不承认。

（4）商家卖出的商品因价格差而不承认原有的交易。

2. 电子商务中的主要安全技术

为了满足电子商务在安全服务方面的要求，除了网络本身运行的安全外，电子商务系统还必须利用各种安全控制技术保证整个电子商务过程的安全与完整。具体实现有以下几种技术。

1）加密技术

采用密码技术对信息加密，是最常用的安全交易手段。在电子商务中获得广泛应用的加密技术有以下两种：

（1）公共密钥和私用密钥（Publickey and Privatekey）。这一加密方法亦称为RSA编码法。RSA加密技术是一种公开密钥加密技术。

（2）数字摘要。数字摘要一般采用安全的Hash算法（Secure Hash Algoritm，SHA），通过使用单向散列函数（Hash）将需要加密的明文"摘要"成一个固定长度（128 bit）的密文。该密文同明文是一一对应的，不同的明文加密成不同的密文；相同的明文其摘要必然一样。因此，利用数字摘要可以验证通过网络传输收到的明文是否为初始的、未被篡改过的，从而保证数据的完整性和有效性。

2）数字签名

签名的作用有两点，一是使签名具有抗抵赖性；二是使签名不易仿冒。采用数字签名，也能确认相似的两点，一是收方可以确认发方的真实身份，且发送方事后不能否认发送过该报文；二是发送方或非法者不能伪造、篡改报文。数字签名并非用"手书签名"的图形标志，它采用了双重加密的方法来实现防伪、防赖。根据采用的加密技术不同，数字签名有不同的种类，如私用密钥的数字签名、公开密钥的数字签名、只需签名的数字签名、数字摘要的数字签名等。

3）数字时间戳

交易文件中，时间是十分重要的信息。在书面合同中，文件签署的日期和签名一样是防止文件被伪造和篡改改的关键性内容。数字时间戳服务能提供电子文件发表时间的安全保护。它由专门机构提供，是计算机网络上的安全服务项目。

4）数字证书

数字证书是用电子手段来证实一个用户的身份和对网络资源的访问权限。在网络上的电子交易中，如双方出示了各自的数字凭证，并用它来进行操作，那么双方都可不必为双方身份的真伪担心。数字凭证可用于电子邮件、电子商务、群体及电子资金转移等各种用途。

目前，数字凭证有个人凭证、企业凭证、软件凭证，其中前两类较为常用，第三类则用于较特殊的场合。目前，能提供各类凭证的认证中心并不普遍。

数字证书由一个认证中心（CA）签发，它具有权威性，是一个普遍可信的第三方。CA具有四大职能：证书发放、证书更新、证书撤销和证书验证。此外，CA还应具有证书归档的职能。

3.7.3　网上支付安全

电子支付作为电子商务中一个极为重要的组成部分，变得越来越关键。电子支付是电子交易的当事人，包括消费者、厂商和金融机构使用安全的、数字化的支付手段，通过网络向另一方进行货币支付或资金流转。随着越来越多的基于 Internet 的电子商务系统的出现，网上在线支付成为电子支付中一个重要的部分。在线支付与原有的电子支付的不同为：早期的电子支付是以信用卡支付等为代表的支付形式，它基于专用的金融网络，比如在商场、酒店等在 pos 机进行刷卡消费，而在线支付是电子支付的全新方式，它是基于开放的 Internet 网络环境，在支付过程中，既要使消费者感到方便快捷，又要保证交易各方信息的安全保密。

在线支付的过程涉及客户、商家、银行、认证部门之间安全互动，基本构成如图 3-23 所示。

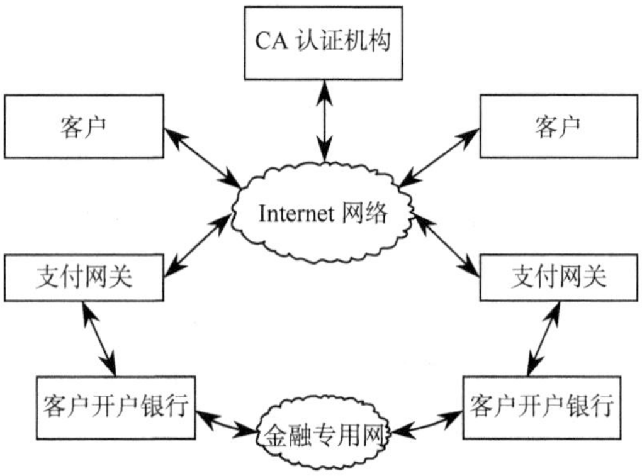

图 3-23　网上支付系统的基本结构

在结构图中包括以下实体：

- 客户是指与商家有交易关系并存在未清偿的债权债务关系的一方。客户用自己已拥有的支付工具，如银行卡、网上银行账户、电子钱包等来发起是支付体系运作的原因和起点。
- 商家则是拥有债权的商品交易的另一方，它可以根据客户发出的支付指令向金融体系请求获取货币给付，商家一般准备了优良的服务器来处理。
- 客户开户行是指客户在其中拥有账户的银行，客户所拥有的支付工具就是由开户行提供的，客户开户行在提供支付工具同时也提供了一种银行信用即保证支付工具的兑付。
- 商家开户行是商家在其中开设账户的银行，其账户是整个支付过程中资金流向的地方。商家将客户指令提交给其开户行后，就由开户行支付授权请求及银行之间的清算等工作。
- 支付网关是开放的 Internet 与金融专用网之间的接口，支付信息必须通过支付网关才能进入银行支付系统进而完成支付的授权和获取。支付网关的建设关系着支付结算的安全以及银行自身的安全。
- 金融专用网则是具有高安全性的银行内部及行间进行通信的网络。包括中国国家现代化支付系统（CNAPS）、全国电子联行系统等。
- 认证机构（CA）是负责为参与的各方（客户、商家、支付网关、银行）发放数字证书，以确认各方的真实身份，保证网络支付的安全性。

除以上参与各方外，网络支付系统的构成还包括支付中使用的支付工具以及遵循的支付协议。网络支付工具常用的有银行卡、电子现金、电子货币等。支付协议如 SSL 与 SET 协议。

由于网上在线支付基于开放的 Internet 网络环境，因此必然存在一些安全问题。

1）信息传递的安全问题

开放的网络环境中，信息在传递过程中，很容易被窃取。例如：

（1）网络硬件的安全缺陷，如设备可靠性差、电磁辐射、电磁泄漏等。

（2）通信链路的安全缺陷，如链路的电磁辐射、电磁泄漏、搭线、串音等。

（3）缺乏系统的安全标准引起的安全缺陷，虽然已经有了一些网络安全标准，但还不完善。

2）业务系统的安全问题

（1）系统内部威胁。根据 ICSA（International Computer Security Association，国际计算机安全协会）统计，来自计算机系统内部的安全威胁高达 70%。硬、软件系统的漏洞都可以被利用，受到各种非法攻击的侵入。

（2）非法的系统操纵。非法用户侵入系统，对业务及交易数据的非法侵占和恶意篡改；由于软件系统业务逻辑错误，造成合法用户对系统资源的非法使用等。

（3）业务数据的否认。如果缺乏必要的身份认证及信息确认技术，那么可能在交易过程中，买卖各方对已发生数据进行否认，从而破坏交易的进行。

（4）系统拒绝服务攻击。攻击者可能向销售商的服务器发送大量的虚假订单来消耗系统资源，从而使合法用户不能得到正常的服务。

3）外部的安全威胁

（1）病毒侵扰。Internet 上的病毒无处不在，它可以穿透服务器以及用户的浏览器，利用系统漏洞破坏数据，造成大量数据的损坏和丢失。

（2）恶意攻击。不法黑客利用病毒或者木马，将用户引导到由黑客控制的网站，并在用户的机器中留下远程控制程序，从而窃取用户或者商家的交易及个人信息。

（3）网络钓鱼。最常见的网络钓鱼攻击方式是，攻击者以 E-mail 等形式模仿著名的金融机构向客户发送邮件，攻击者通常将邮件地址篡改成银行 E-mail 地址，用看上去相似的 URL 地址混淆真正银行的网站地址，骗取用户对该邮件的信任，并要求用户在表单中输入相关账户信息，从而骗取用户的关键信息，如银行账户、账户密码等。

本节主要介绍了电子商务系统和网站系统中的一些安全问题和安全技术。在设计电子商务系统的过程中，必须要全面考察系统方案的安全性问题，从而保障电子交易过程的安全。

3.8　基于 Web 数据库网站设计与实现案例

本节以网上书店为例，简要说明基于 Web 数据库网站的设计与实现。

3.8.1　数据库结构设计

与购物相关的网上书店的数据库至少需要包含商品信息、订单信息以及用户信息，以下具体说明表的结构和表间关系。

1. 表结构设计

（1）User 表用于记录用户注册时填写的基本信息及对用户访问网站情况的具体信息，其表结构如表 3-10 所示。

表 3-10　用户表（User）结构

字 段 名	标识符号	数据类型	字段大小	说　明
用户编号	userid	Long	长整型	主键
用户名	username	Char	50	

续表

字　段　名	标识符号	数据类型	字段大小	说　　明
密码	Password	Char	50	
Email	useremail	Char	50	
身份证号	identify	Double	双精度	
手机	mobile	Char	50	
QQ	userqq	Char	50	
收货人姓名	recepit	Char	50	
城市	city	Char	50	
地址	address	Char	100	
邮编	postcode	Char	50	
电话	usertel	Char	50	
送货方式编号	deliverymethord	Long	长整型	
汇款方式编号	paymethord	Long	长整型	
性别	sex	Long	长整型	默认值 0（男）
真实姓名	realname	Char	50	

（2）Purchase 表用于记录用户购书行为的相关信息，其表结构如表 3-11 所示。

表 3-11　订单表（Purchase）结构

字　段　名	标识符号	数据类型	字段大小	说　　明
编号	actionid	Long	长整型	主键
订单用户名	username	Char	50	
日期	actiondate	Datetime		
产品编号	id	Long	长整型	
产品订购数量	productnum	Long	长整型	
订单编号	goods	Char	50	
收货人	recepit	Char	50	
收货地址	address	Char	100	
邮编	postcode	Long	长整型	
汇款方式编号	paymethord	Long	长整型	
送货方式编号	deliverymethord	Long	长整型	
总金额	paid	Float	单精度	
姓名	realname	Char	50	
Email	useremail	Chardouble	50	
电话	usertel	Char	50	
用户 ID	userid	Long	长整型	

（3）Books 表用于设置书的详细信息，其表结构如表 3-12 所示。

表 3-12　图书信息表（product）结构

字　段　名	标识符号	数据类型	字段大小	说　　明
图书编号	id	Long	长整型	
书名	name	Char	255	
作者	author	Char	50	
出版日期	productdate	Datetime		
详细介绍	detail	Varchar		
目录	content	Varchar		
市场价	price 1	Double	双精度	元
会员价	price 2	Double	双精度	元
是否推荐	recommend	Long	长整型	
订购次数	solded	Long	长整型	次
折扣	discount	Float	单精度	
缩略图	pic	Char	255	
添加日期	adddate	Datetime		
Vip 价格	vipprice	Double	双精度	元
出版社	mark	Char	255	
简介	desc	Char	200	

真实的网上书店的数据库表结构和字段设计要比示例复杂得多，其中还包括用于描述送货服务、书籍评论信息、书籍分类、城市信息、管理员信息、网站相关信息等。

3.8.2　功能模块设计

1）新书发布

将图书信息表（Product）中的记录按照添加日期（Adddate）字段降序排列，显示到发布新书的页面，同时显示每本图书各主要属性的值。

2）畅销图书发布

将图书信息表（Product）中的记录按照订购次数（Solded）字段降序排列，显示到发布畅销书的页面，同时显示每本图书各主要属性的值。

3）推荐图书发布

将图书信息表（Product）中“是否推荐”（Recommend）字段中，值为 1 的记录按照添加日期（Adddate）字段降序排列，显示到发布推荐图书的页面，同时显示每本图书各主要属性的值。

4）用户注册

新用户访问网站，正确填写注册信息后，成为网上书店的正式会员，可以在本站订购图书。注册流程如图 3-24 所示。

5）用户登录

已注册的用户访问网站，若要购买图书需先登录。登录过程如图 3-25 所示。

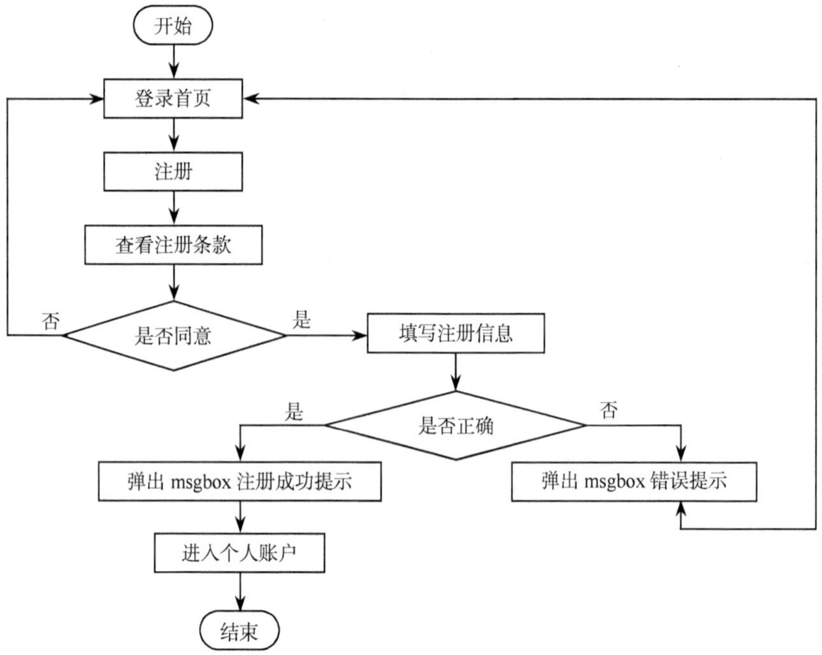

图 3-24　注册流程

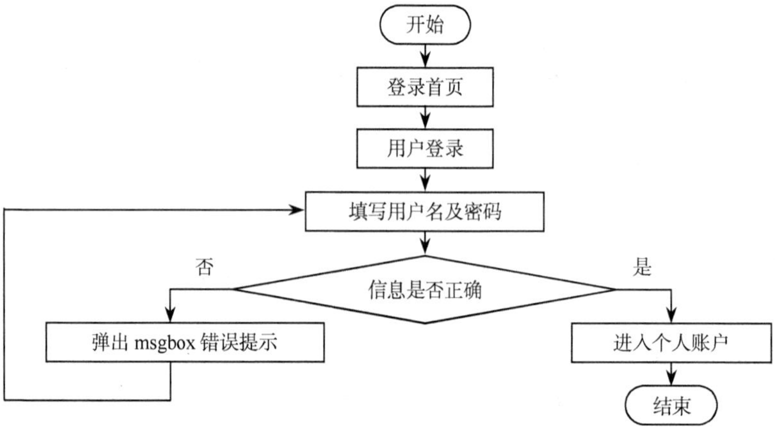

图 3-25　登录流程

6）使用帮助

主页上设置“帮助”超链接，介绍购买流程和常见问题，方便用户使用。

7）管理中心

管理员登录，对书店的图书、客户信息等进行添加或者修改。

8）购物车

用户登录后，进入选购商品状态，根据客户的需求，将指定的图书放入购物车，可以向购物车中添加或删除图书，确定要订购的图书后下订单，购买图书。购物车流程图如图 3-26 所示。

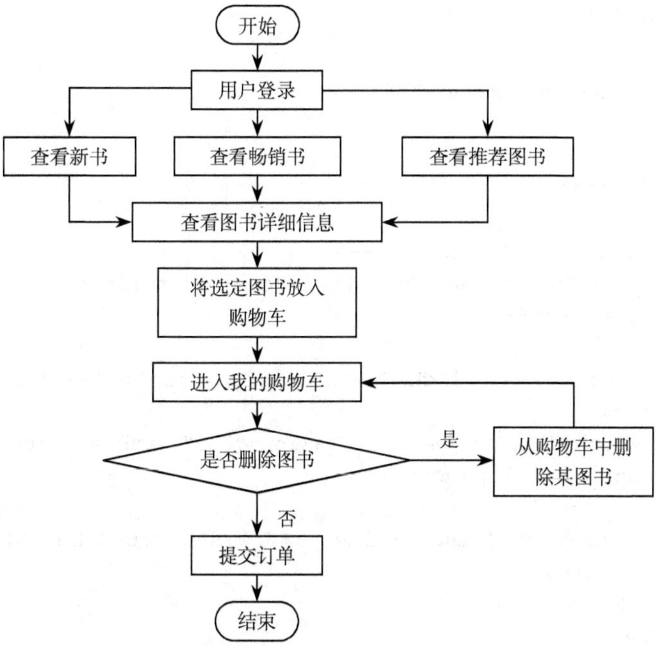

图 3-26　购物车流程

3.8.3　部分程序代码

1．打开数据库连接（inc/conn.asp）

前端与后台数据库连接，获取数据库中的书籍信息。程序如下：

```
<%
dim conn,connstr,db,rs
db="manage/db/db.mdb"
Set conn = Server.CreateObject("ADODB.Connection")
connstr="Provider=Microsoft.Jet.OLEDB.4.0;Data Source=" & Server.MapPath
(""&db&"")
conn.Open connstr%>
```

2．网站首页（index.asp）

数据库连接成功之后，跳转到网站首页，将数据库中的书籍信息显示在网站首页，如信息不全，则显示提示信息。程序如下，运行结果如图 3-27 所示。

```
<%@LANGUAGE="VBSCRIPT" CODEPAGE="936"%>
<!--#include file="manage/inc/config.asp"-->
<!--#include file="inc/conn.asp"-->
<%
dim i
set rs=server.CreateObject("adodb.recordset")%>
<html>
<head>
<meta http-equiv="Content-Type" content="text/html; charset=gb2312">
<title>网上书店</title>
<link href="style.css" rel="stylesheet" type="text/css">
<style type="text/css">
```

```
<!--
body {
    background-color: #CCCCCC;
}
-->
</style></head>
<body>
<!--#include file="head.htm"-->
<table width="780" border="0" align="center" cellpadding="0" cellspacing=
"0" bgcolor="#FFFFFF">
  <tr>
     <td width="219" align="left" valign="top"><!--#include file="left.
asp"--></td>
     <td width="561"align="left"valign="top"><table width="100%"border="0"
cellspacing="0" cellpadding="0">
          <tr>
          <img src="images/line.gif" width="568" height="9">
            </td>
       </tr>
       <tr>
            <td  align="left"  valign="top"><img  src="images/xssj.gif"
width="221" height="28"></td>
       </tr>
       <tr>
            <td align="center"valign="top"><table width="568"border="0"
cellpadding="0" cellspacing="0">
<%rs.open "select top 6 id,detail,discount,vipprice,author,desc, price1,
price2,name,pic from product order by adddate desc",conn,1,1
       if rs.eof and rs.bof then
         response.write "   对不起，暂时还没有商品！"
       end if
       i=0
       do while not rs.eof%>
         <tr>
         <td width="17%"  height="130"  align="center"  valign= "middle"
class="shadow"><ahref="vpro.asp?id=<%=trim(rs("id"))%>"target="_blank">
<img  src="<%=trim(rs("pic"))%>"  width="85"  height="125"  border="0">
</a></td>
         <td width="33%"  align="left"  valign="top"><table width="100%"
border="0" cellspacing="1" cellpadding="0">
         <tr>
         <td colspan="2"><img src="images/w.gif" width="18" height="18">
<span class="booktitle"><%=strvalue(trim(rs ("name")),24)%></span></td>
         </tr>
         <tr>
            <td  height="40"  colspan="2"  class=  "bookinfo"><%=trim(rs
("desc"))%><br>
            <br></td>
            </tr>
            <tr>
```

```
            <td>定价:<span class="price1"><%=rs ("price1") %></span>元
</td>
            <td>作者:<%=rs("author") %></td>
            </tr>
            <tr>
            <td> 优 惠 价 :<span class="price2"><%=rs ("price2") %>
</tr>
            <tr>
            <td colspan="2" align="center"><a href= "icar.asp?id=<%=rs
("id")%>&action=add" target="pcart"><img src="images/ car.gif"
width="23" height="20" border="0">购物车</a> </td>
            </tr>
            </table></td>
            <%rs.movenext
            if rs.eof then
                response.write "<td width='17%'></td><td></td>"
            else %>
                <td width="17%" height="130" align="center" valign=
"middle" class="shadow"><a href="vpro.asp?id=<%=trim(rs("id"))%>" target=
"_blank"><img src="<%=trim(rs("pic"))%>" width="85" height="125" border=
"0"></a></td>
                <td width="33%" align="left" valign="top"><table
width="100%" border="0" cellspacing="1" cellpadding="0">
                <tr>
                <td colspan="2"><img src="images/w.gif" width="18"
height="18"><span class="booktitle"><%=strvalue(trim(rs ("name")),24)%>
</span></td>                    </tr>
                <tr>
                <td height="40" colspan="2" class= "bookinfo"><%=trim(rs
("desc"))%><br>
                <br></td> </tr>
                <tr>
                <td>定价:<span class="price1"><%=rs ("price1") %></span>
元</td>
                <td>作者:<%=rs("author") %></td>
                </tr>
                <tr>
                <td>优惠价:<span class="price2"><%=rs ("price2") %></span>
元</td>
                <td>VIP 价 :<span class="viprice"><%=rs ("vipprice")
%></span>元</td>
                </tr>
                <tr>
                <td colspan="2" align="center"><a href= "icar.asp?id=<%=
rs("id")%>&action=add" target="pcart"><img src="images/ car.gif"
width="23" height="20" border="0">购物车</a> </td>
                </tr>
                </table></td>
                <%            end if          %>
                </tr>
```

```
                <tr>
                <td   colspan="4"   align="center"><img   src="images/
line.gif" width="568" height="9"></td>
                </tr>
                <% i=i+1
                if i>=3 then exit do
                if not rs.eof then  rs.movenext
                loop
                rs.close%>
                <tr align="right">
                <td    colspan="4"><table    width="100"    border="0"
cellspacing="0" cellpadding="2">
                <tr>
                <td  align="left"><a  href="new.asp"><img  src="images/
more_2.gif" width="42" height="15" border="0"></a></td>
                <td width="10"> </td>
                </tr>
                </table></td>            </tr>
                <tr>
                <td   colspan="4"   align="center"><img   src="images/
line.gif" width="568" height="9"></td>            </tr>
                </table></td>       </tr>
                <tr>
                <td align="left" valign="top"><img src="images/tzts.gif"
width="221" height="27"></td>
                </tr>

                <tr>
                <td colspan="2" align="center"><a href="icar. asp?id=<%=
rs("id")%>&action=add"   target="pcart"><img   src="images/car.   gif"
width="23" height="20" border="0">购物车</a> </td>
                </tr>
                </table></td>
                <%  rs.movenext
                if rs.eof then
                response.write "<td width='17%'></td><td></td>"
                else         %>
                <td  width="17%"  height="130"  align="center"  valign=
"middle"   class="shadow"><a   href="vpro.asp?id=<%=trim(rs("id"))%>"
target="_blank"><img src="<%=trim(rs("pic"))%>" width="85" height="125"
border="0"></a></td>
                    <td  width="33%"  align="left"  valign="top"><table
width="100%"  border="0" cellspacing="1" cellpadding="0">

                            <tr>
                    <td colspan="4" align="center"><img src="images/line.
gif" width="568" height="9"></td>
                    </tr>
                    <% i=i+1
                    if i>=3 then exit do
```

```
                if not rs.eof then   rs.movenext
            loop
            rs.close
            set rs=nothing%>
            <tr align="right">
            <td    colspan="4"><table   width="100"   border="0"
cellspacing="0" cellpadding="2">
            <tr>
            <td     align="left"><a     href="commend.asp"><img
src="images/more_2.gif" width="42" height="15" border="0"></a></td>
            <td width="10"> </td>
            </tr>
            </table></td>       </tr>
            <tr>
            <td colspan="4" align="center"><img src="images/line. gif"
width="568" height="9"></td>
            </tr>
         </table></td>
        </tr>
    </table></td>
  </tr>
</table>
<!--#include file="foot.htm"-->
</body>
</html>
</html>
```

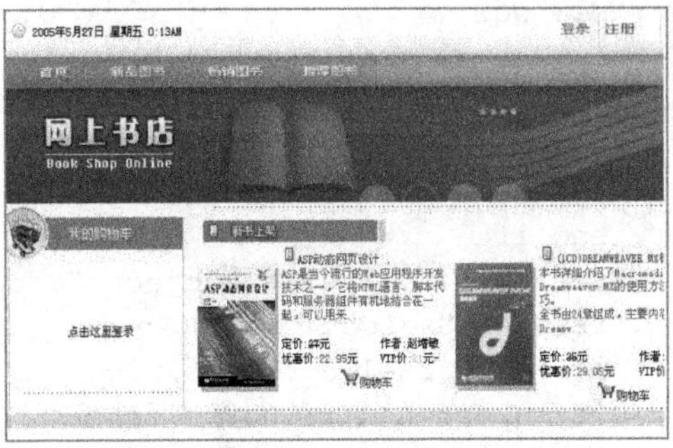

图 3-27　登录首页

3. 查看新书（new.asp）

用户单击“查看新书”超链接，进入新书页面，显示新到书籍的相关信息。若无新书到货，则显示提示信息。程序如下，运行结果如图 3-28 所示。

```
<%@LANGUAGE="VBSCRIPT" CODEPAGE="936"%>
<!--#include file="manage/inc/config.asp"-->
<!--#include file="inc/conn.asp"-->
<html>
<head>
<meta http-equiv="Content-Type" content="text/html; charset=gb2312">
<title>网上书店</title>
<link href="style.css" rel="stylesheet" type="text/css">
<style type="text/css">
<!--
body {
    background-color: #CCCCCC;
}
-->
</style></head>
<body>
<!--#include file="head.htm"-->
<table width="780" border="0" align="center" cellpadding="0" cellspacing=
"0" bgcolor="#FFFFFF">
  <tr>
```

```
    <td width="219" align="left" valign="top"><!--#include file="left.
asp"--></td>
    <td width="561" align="left" valign="top"> <table width="100%"
border="0" cellspacing="0" cellpadding="0">
          <tr>
            <td align="left" valign="top"><br> <img src= "images/xssj.
gif" width="221" height="28"></td>
          </tr>
          <tr>
            <td align="center" valign="top"><table width="568" border=
"0" cellpadding="0" cellspacing="0">
<% Const MaxPerPage=5
dim totalPut
dim CurrentPage
dim TotalPages
dim j
dim sql
if Not isempty(request("page")) then
    currentPage=Cint(request("page"))
else
    currentPage=1
end if
set rs=server.CreateObject("adodb.recordset")
rs.open "select top 100 name,discount,mark,vipprice,id,author, adddate,
price2,price1,discount,pic from product order by adddate desc", conn,1,1
if rs.eof And rs.bof then
    call MsgBox("对不起，目前没有更新商品！","Back","None")
    response.End
else
    totalPut=rs.recordcount
if currentpage<1 then
    currentpage=1
end if
if (currentpage-1)*MaxPerPage>totalput then
    if (totalPut mod MaxPerPage)=0 then
        currentpage=totalPut\MaxPerPage
    else
        currentpage=totalPut\MaxPerPage + 1
    end if
end if
if currentPage=1 then
else
    if (currentPage-1)*MaxPerPage<totalPut then
        rs.move  (currentPage-1)*MaxPerPage
        dim bookmark
          bookmark=rs.bookmark
    else
        currentPage=1
    end if
    end if
```

```
end if
dim i
i=0
do while not rs.eof %>
    <tr>
    <td  width="17%"  height="130"  align="center"  valign=  "middle"
class="shadow"><a   href="vpro.asp?id=<%=trim(rs("id"))%>"   target="_
blank"><img   src="<%=trim(rs("pic"))%>"   width="85"   height="125"
border="0"></a></td>
    <td  height="130"  align="left"  valign="top"><table  width="100%"
border="0" cellspacing="2" cellpadding="0">
    <tr>
    <td colspan="2"><img src="images/w.gif" width="18" height="18"><span
class="booktitle"><%=trim(rs("name"))%></span></td>
    </tr>
    <tr class="bookinfo">
    <td   width="50%"   height="12"   class=   "bookinfo">  作     者  :
<%=trim(rs("author"))%></td>
    <td width="50%" class="bookinfo"> 出版社: <%=trim(rs("mark"))%></td>
    </tr>
    <tr class="bookinfo">
    <td width="50%">优惠价:  <%=trim(rs("price2"))%> </td>
    <td width="50%">日  期: <%=trim(rs("adddate"))%> </td>
    </tr>
    <tr class="bookinfo">
    <td>定  价: <%=trim(rs("price1"))%></td>
    <td>VIP 价格: <%=rs("vipprice")%></td>
    </tr>
    <tr class="bookinfo">
    <td>折  扣: <%=trim(rs("discount")*100)%></td>
    <td> </td>
    </tr>
    <tr class="bookinfo">
    <td width="50%"> </td>
    <td width="50%">  </td>
    </tr>
    <tr>
    <td colspan="2" align="center"><a href="icar. asp?id=<%=rs("id")%>
&action=add"  target="pcart"><img  src="images/car.  gif"  width="23"
height="20" border="0">购物车</a></td>   </tr>
    </table></td></tr>
    <tr>
    <td   colspan="2"   align="center"><img   src="images/   line.gif"
width="568" height="9"></td>   </tr>
<%i=i+1
    if i>=MaxPerPage then Exit Do
    rs.movenext
    loop
    rs.close
    set rs=nothing%>
```

```
<!--#include file="foot.htm"-->
</body>
</html>
```

4. 用户注册（reg.asp）

首次访问网站的用户需要进行个人信息注册，注册完成后方可访问网上书店。程序如下，运行界面如图 3-29 和图 3-30 所示。

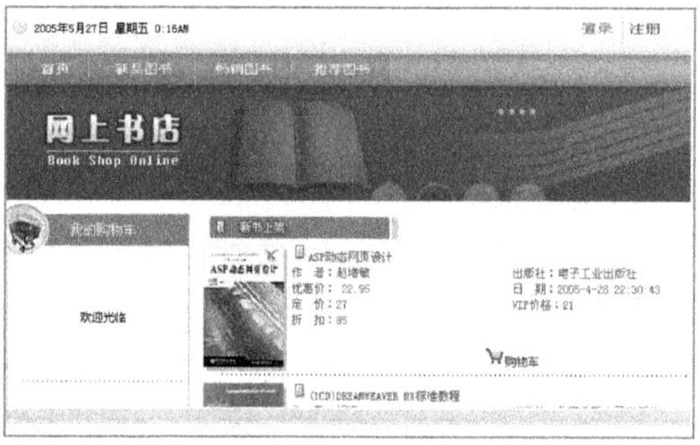

图 3-28　新品图书

```
<%@LANGUAGE="VBSCRIPT"
CODEPAGE="936"%>
<!--#include file="manage/inc/config.asp"-->
<!--#include file="inc/conn.asp"-->
<% if NOT isempty(request("RegSubmit")) then
   if session("regtimes")=1 then
        call MsgBox("对不起，您刚注册过用户！","Back","None")
        response.end
   end if
   set rs=server.CreateObject("adodb.recordset")
   rs.open"select username,useremail from[user]where username='"&tri m
(request("username"))&"' or useremail='"&trim(request("useremail"))&"'",
conn,1,1
   if not rs.eof and not rs.bof then
        call MsgBox("您输入的用户名或Email地址已存在,请返回重新输入!","Back",
"None")
   end if
   rs.close
   rs.open "select * from [user]",conn,1,3
   rs.addnew
   rs("username")=trim(request("username"))
   rs("password")=md5(trim(request("password")))
   rs("useremail")=trim(request("useremail"))
   rs("realname")=trim(request("realname"))
   rs("identify")=trim(request("identify"))
   rs("mobile")=trim(request("mobile"))
   rs("userqq")=trim(request("userqq"))
   rs("adddate")=now()
   rs("lastvst")=now()
   rs("loginnum")=0
   rs("postcode")=0
   rs("paymethord")=0
   rs("deliverymethord")=0
   rs.update
   rs.close
   set rs=nothing
   response.Cookies(cookieName)("username")=trim(request("username"))
   response.Cookies(cookieName).expires=date+1
   session("regtimes")=1
   session.Timeout=1
   call MsgBox("注册成功！请到用户管理中心填详细资料！", ,"muser.asp")
```

```
end if %>
<html>
<head>
<meta http-equiv="Content-Type" content="text/html; charset=gb2312">
<title>网上书店</title>
<link href="style.css" rel="stylesheet" type="text/css">
<style type="text/css">
<!--
.style2 {color: #000000}
-->
</style>
<style type="text/css">
<!--
body {
   background-color: #CCCCCC;
}
-->
</style></head>
<body>
<!--#include file="head.htm"-->
<table width="780" border="0"align="center"cellpadding="0"cellspacing="0"
bgcolor="#FFFFFF">
  <tr>
    <td align="left" valign="top"> <br> <br> <table cellpadding= "0"
cellspacing="0" border="0">
    <tr>
    <td width="18"><img src="images/w.gif"></td>
    <td style="color:#415373">用户注册</td>
    </tr>
    </table>    <br>    <br>    <FORM NAME="userinfo" METHOD= "post"
ACTION="" >
    <TABLE BORDER="0" ALIGN="center" CELLPADDING="2" CELLSPACING= "1" >
    <tr>
    <TD colspan="2" ALIGN="center"><FONT COLOR="#cb6f00">请填写用户信息
</FONT></TD>
    </tr>
    <TR>
    <TD align="right"><FONT COLOR="#cb6f00">*用户名: </FONT></TD>
    <TD><INPUT NAME="username" TYPE="text" ID="username2" >
    用户名长度不能小于 2。</TD>
    </TR>
    <TR>
    <TD><div    align="right"><FONT     COLOR="#cb6f00">*    密    码    :
</FONT></div></TD>
    <TD>
    <INPUT NAME="password" TYPE="password" ID="password">
    长度必须大于 6 个字符。</TD>
    </TR>
    <TR>
```

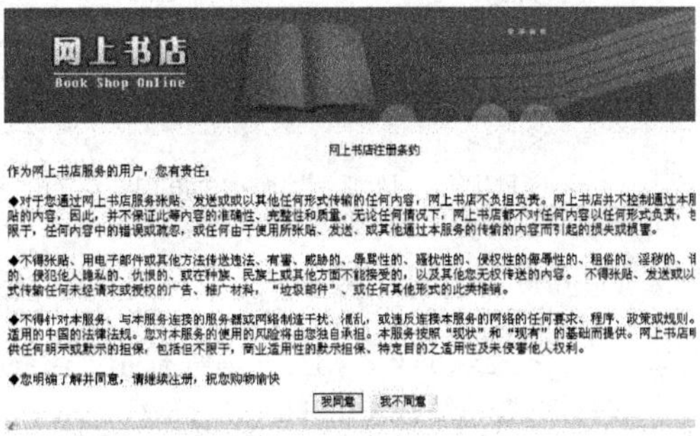

图 3-29　查看注册条约

```
    <TD><div  align="right"><FONT  COLOR="#cb6f00">* 确 认 密 码： </FONT>
</div></TD>
    <TD>
    <INPUT NAME="password1" TYPE="password" D="password1">
    </TD>
    </TR>
    <TR>
    <TD><div  align="right"><FONT  COLOR="#cb6f00">*E-Mail :    </FONT>
</div></TD>
    <TD>
    <INPUT NAME="useremail" TYPE="text" ID="useremail2">
     </TD>
    </TR>
    <TR>
    <TD><div   align="right"><FONT   COLOR="#cb6f00"> 真  实  姓  名  :
</FONT></div></TD>
    <TD>
    <INPUT NAME="realname" TYPE="text" ID="realname2">
    收货人姓名。</TD>
    </TR>
    <TR>
    <TD><div  align="right"><FONT  COLOR="#cb6f00"> 身  份  证  号  码  :
</FONT></div></TD>
    <TD colspan="2" align="center">
    <INPUT  TYPE="submit" ONCLICK="return check();" NAME="RegSubmit"
STYLE="height:20;  font:9pt;  BORDER-BOTTOM:  #cccccc  1px  groove;
BORDER-RIGHT: #cccccc 1px groove; BACKGROUND-COLOR: #eeeeee" VALUE="提
交" >
    <input  type="reset"  name="Submit5"  STYLE="height:20;  font:9pt;
BORDER-BOTTOM: #cccccc 1px groove; BORDER-RIGHT: #cccccc 1px groove;
BACKGROUND-COLOR: #eeeeee" value="清除">
    <script language="JavaScript">
<!--
function check()
{
   if(checkspace(document.userinfo.username.value)) {
     document.userinfo.username.focus();
     alert("用户名不能为空，请重新输入！");
   return false;
}
if(checkspace(document.userinfo.username.value)  ||  document.userinfo.
username.value.length < 2) {
   document.userinfo.username.focus();
   alert("用户名长度不能小于2，请重新输入！");
   return false;
}
if(checkspace(document.userinfo.identify.value)  ||  document.userinfo.
identify.value.length < 15) {
   document.userinfo.identify.focus();
   alert("身份证号码长度不能小于15位，请重新输入！");
```

```
    return false;
}
if(checkspace(document.userinfo.password.value)   ||   document.userinfo.
password.value.length < 6) {
    document.userinfo.password.focus();
    alert("密码长度不能小于 6，请重新输入！");
    return false;
}
if(document.userinfo.password.value   !=   document.userinfo.password1.
value) {
    document.userinfo.password.focus();
    document.userinfo.password.value = '';
    document.userinfo.password1.value = '';
    alert("两次输入的密码不同，请重新输入！");
    return false;
}

function checkspace(checkstr) {
  var str = '';
  for(i = 0; i < checkstr.length; i++) {
  str = str + ' ';
  }
  return (str == checkstr);
}
  </script>
<br><br><br></TD></TR>
  </TABLE>
  </FORM></td>
</tr>
</table>
<!--#include file="foot.htm"-->
</body>
</html>
```

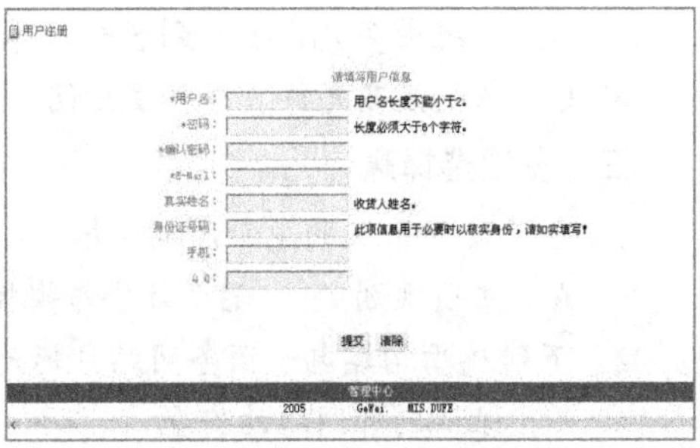

图 3-30　填写注册信息

习　题

一、填空题

1. 电子商务网站的软件平台包括：操作系统、________和________。
2. ADO 组件中，负责完成连接数据库的对象是：________对象。
3. 电子商务网站的安全性问题包括________、软件安全和________。
4. 网上在线支付面临的安全问题有________、________和________。
5. 请列举目前主流的三种 Web 服务答案________、________、________。

二、单项选择题

1. 在下面选项中，不是电子商务网站基本功能的是（　　）。
   A. 商品展示　　B. 购物车　　C. 交易处理　　D. 电子支付
2. B2C 电子商务网站属于（　　）分类。
   A. 网站功能模式　B. 商务模式　　C. 服务模式　　D. 经营模式

3. 下面的软件中，属于 Web 服务器软件的是（　　）。

A. IIS 和 Oracle　　B. Apache 和 SQL Server 2005

C. Oracle 和 DB2　　D. IIS 和 Apache

4. 数据库软件系统属于电子商务网站体系结构的（　　）。

A. 表示层　　B. 应用层　　C. 数据层　　D. 核心层

5. 下面提到的技术不属于动态网页开发技术的是（　　）。

A. ASP　　B. JSP　　C. DHTML　　D. PHP

6. 如果建立独立的电子商务网站，下面选项中必不可少的是（　　）。

A. 租用专线　　B. 域名注册　　C. 购买专用服务器　　D. 申请网站空间

7. 交易业务服务处于电子商务网站体系结构的（　　）部分。

A. 数据服务　　B. 安全服务　　C. 支付服务　　D. 应用服务

8. 在电子商务系统的建设过程中，下列（　　）工作不是在系统设计阶段完成的。

A. 网络环境设计　　B. 数据结构设计

C. 经营策略设计　　D. Web 服务器选型

9. 某数据库管理系统产品 5 用户标准版的报价为 1 万元，这里的 5 用户一般是指（　　）。

A. 系统最多允许安装到 5 台计算机上　　B. 系统中最多允许建立 5 个用户

C. 系统最多允许 5 个并发访问　　D. 系统最多允许 5 个用户同时登录

三、多项选择题

1. 电子商务系统的生命周期包括（　　）。

A. 立项规划　　B. 效率与规模　　C. 开发与运行　　D. 分析与设计

2. 下列属于构建电子商务网站目标是（　　）。

A. 保证内部网络的安全　　B. 实现网上的商务交易

C. 提供在线信息咨询和技术支持　　D. 宣传与推广

3. 下面属于电子商务网站的管理的是（　　）。

A. 文件管理　　B. 开发管理　　C. 内容管理　　D. 安全管理

四、简答题

1. 电子商务网站的分类有哪些，每一类中又有哪些？
2. 电子商务网站的硬件平台一般包含哪些内容？
3. 电子商务网站的功能是什么？
4. 电子商务网站的体系结构是什么？

五、操作题

1. 使用 ASP 技术，尝试进行连接数据库的操作。
2. 实现一个网站用户登录过程，包括必要的安全验证措施。
3. 完成一个小型的、功能简单的商务网站开发。

第 4 章

密码技术在电子商务中的应用

电子商务逐步进入人们的生活中，人们越来越关注电子商务的安全性，信息加密技术对于保障电子商务的安全起着至关重要的作用。

通过本节可获取电子商务中所需要的信息加密知识。

要明确“信息加密技术”在电子商务安全中要实现的目标，我们要做什么？要掌握有效的加密方法，我们应该怎么做？具备一个安全的环境在电子商务中是十分关键的。

实现目标的知识点

- 密码学基础知识
- 分组和公钥加密算法
- 加密技术在电子商务安全中的应用

4.1 信息加密技术概述

由于明文数据在传输过程中可能遭到攻击者窃听或篡改，电子商务通常采取加密技术保证其安全性。密码技术是一门既古老又年轻的学科，作为保护信息的手段，它最早应用在军事和外交领域，随着科技的发展而逐渐进入人们的生活中。

4.1.1 密码学的起源与发展

密码的使用可以追溯到几千年前，希腊斯巴达出现原始的密码器，用一条带子缠绕在一根木棍上，沿木棍纵轴方向写好明文，解下来的带子上就只有杂乱无章的密文字母。解密者只需找到相同直径的木棍，再把带子缠上去，沿木棍纵轴方向即可读出有意义的明文。这是最早的换位密码术。公元前 1 世纪，著名的恺撒（Caesar）密码被用于高卢战争中，这是一种简单易行的单字母替代密码。之后逐步发展为密本、多表代替及加乱等各种密码体制。

随着工业革命的兴起，密码技术也进入了机器时代、电子时代。与人手操作相比电子密码机使用了更优秀复杂的加密手段，同时也拥有更高的加密解密效率。其中最具有代表性的就是 ENIGMA。ENIGMA 是德国在 1919 年发明的一种加密电子器，它被证明是有史以来最可靠的加密系统之一。二战期间它开始被德军大量用于铁路、企业当中，令德军保密通信技术处于领先地位。在这个时期虽然加密设备有了很大进步，但是密码学的理论却没有多大改变，加密的主要手段仍是替代和换位。

计算机的出现使密码进行高度复杂的运算成为可能。借助电子计算机的发展，人们可以实现更复杂的密码系统。与古典密码和机械密码对 26 个字母进行操作不同，计算机密码的一个显著特征是对二进制串进行操作。计算机密码对密码分析有更强的抵抗力，只有少数情况下唯密文攻击才会生效。

密码学的大发展时期是 20 世纪 70 年代，美国国家标准局于 1977 年公布了由 IBM 公司研制的一种加密算法，批准把它作为非机要部门使用的数据加密标准（Data Encryption Standard，DES）。自从公布以来，它一直广泛用于国际上商用保密通信和计算机通信。但由于密钥长度过短，单纯 DES 加密已经很少用于实际中，更多是采用增加密钥长度和多重 DES 加密的办法。

1997 年美国宣布公开征集高级加密标准（Advanced Encryption Standard，AES），以取代 DES。经过三轮筛选，第一轮从应征的 21 个算法中选出 15 个算法作为 AES 候选算法，第二轮从第一轮筛选出的 15 个算法中再选出 5 个候选算法，第三轮从第二轮选出的 5 个算法中最终选出由比利时密码学家 Joan Daemen 和 Vincent Rijmen 提出的 Rijndael 作为 AES。2001 年 11 月美国政府正式颁布 AES 作为美国国家标准，2002 年许多国际标准化组织都已经采用 AES 作为国际标准。为了与国际标准相一致，我国也在某些商用领域采用 AES。

1976 年为了适应计算机网络通信和商业保密要求产生的公开密钥密码理论，密码学在真正意义上取得了重大突破。近代密码学改变了古典密码学单一的加密手法，融入了大量的数论、几何、代数等丰富知识，使密码学得到更蓬勃的发展。RSA 作为一种成功的公钥密码系统，与传统的对称密码系统（加密、解密使用相同的密钥）相比，最大的特点就是解决了大量密钥分配、传输的问题。在公钥密码系统中，每个通信者拥有一个密钥对，可用其中一个来加密，用另一个来解密，公开其中之一（公钥）而另一半只有自己知道（私钥）。当需要向某人发送信息时，只需要用他的公开密钥对消息进行加密，接收者再用自己的私钥解密即可。而由于公钥密码的特性，这种密码系统也可以用于数字签名。与对称密码一样，公钥密码也容易受到攻击，解决方法是增加密钥长度，但密钥长度的增长会使得加密、解密速度变慢，所以公钥密码主要应用于密钥管理和数字签名中。

近代密码学的另一个分支是序列密码，这种密码体制采用与明文长度相同的密钥，利用模加（异或）的方法来掩盖明文的内容。这种加密方法虽然简单，但在使用一次性密钥的情况下，可获得极高的安全性，由于密钥不重复使用，给破译带来了极大的困难。但这种方法也有其缺点，由于密钥只使用一次，不适合对大量数据进行加密，尤其是流媒体数据，而且大量密钥的分发、传送也是一个问题。这种方法安全性的关键是要保证密钥序列的随机性，然而"真"随机数是不容易通过固定算法产生的，而使用"伪"随机数则存在着一定的风险。

近年来提出的"量子密码"采用了量子状态来传递信息。"海森堡测不准原理"是量子力学的基本原理，它表明，在同一时刻以相同的精度测定量子的位置与动量是不可能的，只能精确测定两者之一。"单量子不可复制定理"是"海森堡测不准原理"的推论，它表明，在不知道量子状态的情况下复制单个量子是不可能的，因为要复制单个量子就只能先作测量，而测量必然改变量子的状态，所以说不可能。这样使用量子状态作为"一次性便签"可以达到无条件保密。因为如果量子在传输中被测量，其状态就会改变，从而在传输中监听者会因此而暴露。虽然量子密码拥有优秀的安全特性，但目前仍处于研究阶段。

当今世界各主要国家的政府都十分重视密码工作，其中一些国家设立庞大机构，拨出巨额经费，集中数以万计的专家和科技人员，投人大量的高速电子计算机和其他先进设备进行工作。与此同时，各民间企业和学术界也对密码学日益重视，不少数学家、计算机学家和其他有关学科的专家也投身于密码学的研究行列，更加快了密码学的发展。密码学已经成为结合物理、量子力学、电子学、语言学等多个专业的综合科学，在信息安全中起着十分重要的作用。

4.1.2　密码学的基本概念

密码学是研究密码编码和密码破译技术的科学。研究密码变化的规律，应用于编制密码以保守通信秘密的，称为密码编码；应用于破译密码以获取通信情报的，称为密码破译，总称密码学。

密码是通信双方按约定的规则进行信息特殊变换的一种重要保密手段。依照这些法则，变明文为密文，称为加密变换；变密文为明文，称为解密变换。密码在早期仅对文字或数码进行加、解密变换，随着通信技术的发展，对语音、图像、数据等都可实施加、解密变换。

密码学是在编码与破译的斗争实践中逐步发展起来的，并随着先进科学技术的应用，已成为一门综合性的尖端技术科学。它与语言学、数学、电子学、声学、信息论、计算机科学等有着广泛而密切的联系。它的现实研究成果，各国政府现用的密码编码及破译手段都具有高度的机密性。

1. 密码系统组成

一个密码系统由明文空间、密文空间、密钥空间、加密算法和解密算法组成，如图 4-1 所示。

（1）明文空间 M。需要保密的消息称为明文，全体明文的集合称为明文空间。明文可能是文本、图片或语音等，明文一般用 m 来表示。

（2）密文空间 C。密文是经过加密后的明文，全体可能出现的密文集合称为密文空间，密文一般用 c 表示。

（3）密钥空间 K。全体密钥的集合，其中每个密钥 k 均由加密密钥 k_e 和解密密钥 k_d 组成，即 $k=(k_e,k_d)$，在某些情况下 $k_e=k_d$。

（4）加密算法 E。加密算法描述对明文进行加密时所使用的规则，$C=E(K_e,m)$。

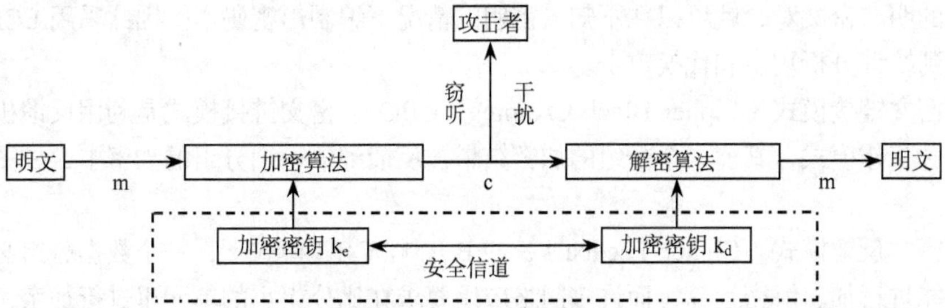

图 4-1　密码系统模型

（5）解密算法 D。解密算法描述对密文进行解密时所使用的规则，$M=D(K_d,m)$。

2. 常用攻击方法

在对密码算法的分析当中，一个重要的准则是 Kerckhoffs 原理：加密方案的安全性必须仅仅依赖于密钥 K_e 的保密性，而不依赖于算法的保密性。常用的密码攻击可以分为以下几类：

（1）唯密文攻击：分析者仅能得到一份密文的副本。

（2）已知明文攻击：分析者不仅有一份密文的副本还有其对应的明文。例如，假设 Alice 和 Bob 通信总是以“你好”开头进行通信，那么攻击者 Eve 就获得了一小部分密文及其对应的明文，对于大多数较弱的密码体制，这些信息足够用来破译密码。

（3）选择明文攻击：分析者临时获取到了加密的机器，她不能打开它去知道密钥，但可以加密大量挑选出的明文，然后利用其产生的密文来推测密钥。

（4）选择密文攻击：分析者临时获得了解密的机器，利用它得到几串符号，并尽可能利用结果推测出密钥。

上述四种攻击类型的强度是按顺序递增的，唯密文攻击是其中最弱的一种攻击，选择密文攻击则是最强一种攻击。若一个密码系统能够抵抗选择密文攻击，那么它就能够抵抗其余 3 种攻击。

4.1.3 密码算法分类

根据对密码系统中各部分处理方式的不同，可从不同角度对现代密码算法进行分类。

1. 分组密码与流密码

根据加密时是否对明文进行分组可将密码算法分为分组密码和流密码。分组密码将明文分为多组明文块，每块含有多个字符，逐一对每组进行加密，并且每组的加密密钥相同；而流密码则是将明文消息按字符或位逐个进行加密，流密码又称序列密码。

1）分组密码

分组密码将明文 m 划分为固定长度的明文块 $m_1,m_2,\cdots,m_n$，对每一块都用相同的密钥 k 进行加密，即 $c=(c_1,c_2,\cdots,c_n)$，其中 $c_i=E(m_i,k)$, $i=1,2,\cdots,n$。

在实际使用时，针对不同的性能要求和运行环境，分组密码可以采用不同的工作模式。

（1）电码本模式（Electronic Codebook Book，ECB）。电码本模式是使用分组密码的最简单的做法，每个明文组独立地使用同一密钥加密成一个密文组，即 $c = E_K(m_1) \| E_K(m_2) \| \ldots \| E_K(m_n)$。由于各组的加密是独立的，因此可以并行进行。同时，采用 ECB 模式，相同的明文总会被加密成相同的密文，这样很容易暴露明文数据的格式和统计特征。如果密码分析者有很多消息的明、密文对，就可以在不知道密钥的情况下编制出密码本。因此采用 ECB 模式，很容易受到统计分析攻击和代换攻击。

（2）密文链接模式（Cipher Block Chaining，CBC）。密文链接模式是利用反馈机制进行加密的一种工作模式，其前一个分组的加密结果被反馈到下一个分组的加密中，如图 4-2 所示。

（3）密文反馈模式（Cipher Feedback，CFB）。在 CBC 模式下，一个数据分组必须在接收完后才能进行加、解密运算，而许多网络应用要求在比分组小的单元里进行加密，比如电报、电传等，消息是按比特或字符处理的，这时可以采用密文反馈模式进行处理，如图 4-3 所示。

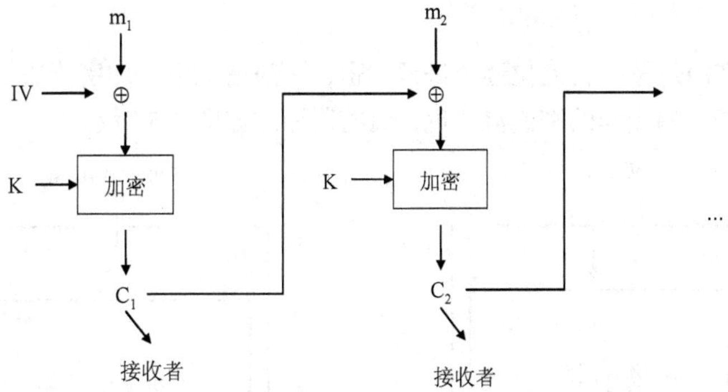

图 4-2　CBC 模式

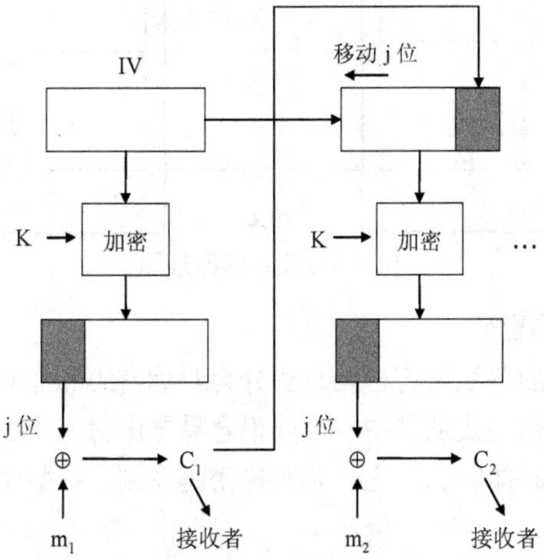

图 4-3　CFB 模式

（4）输出反馈模式（Output Feedback，OFB）。输出反馈模式与密文反馈模式类似，不同的是它将加密器输出的最左边 j 位直接反馈到队列最右端的位置，同时这 j 位密钥与输入的 j 位明文异或，生成密文。这是为了克服 CBC、CFB 模式的错误扩散缺陷而提出来的，如图 4-4 所示。

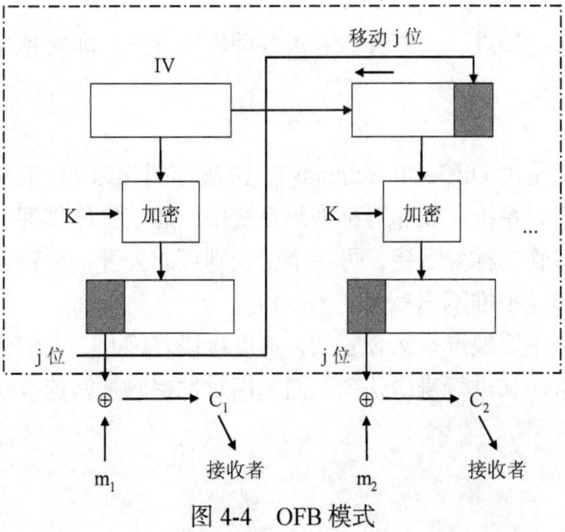

图 4-4　OFB 模式

2）流密码

流密码将明文消息按字符或位逐个进行加密，一般情况下，加密算法都采用异或运算，解密时采用同步产生的相同的密钥流实现，流密码原理如图 4-5 所示。

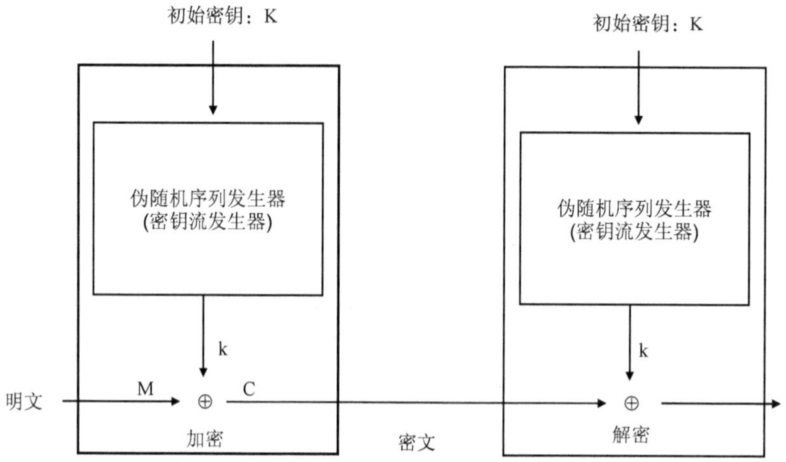

图 4-5　流密码原理图

2．对称密码与非对称密码

根据加密与解密密钥的关系可将密码算法分为对称密码和非对称密码。如果一个密码体制的加密密钥与解密密钥相同或从其中一个能很容易导出另一个，则称为对称密码体制，又称私钥密码体制或单钥密码体制；反之，非对称密码体制，一般又称公钥密码体制或双钥密码体制。

1）对称密码

一般来说，分组密码与流密码都属于对称密码。对称密码中，加密密钥与解密密钥相同或从其中一个能很容易导出另一个，因此系统的安全性主要取决于密钥的安全性。在实际应用中，需要事先在收发双方之间建立一条安全的秘密信道来传递密钥，这条安全信道将花费很大代价。而且由于在对称密码体制中，密钥的数量往往很大，使得密钥管理也成了影响系统安全的重要因素。

由于对称密码的这些缺点，人们开始寻求各种解决办法，非对称密码就是解决这些问题的一种途径。

2）非对称密码

非对称密码的思想是由 Diffie 和 Hellman 在 1976 年提出来的，在他们思想的影响下，人们提出了许多非对称密码系统。在非对称密码系统中，通信主体都拥有一对密钥，其中一个保密，由本人产生并保管，称为私钥，另一个密钥则可以公开。公钥可以由私钥计算得到，但如果仅知道公钥，却几乎推不出私钥。

非对称密码的一个主要缺点是运算复杂，速度缓慢。因此，人们经常采用混合的加密方法，用公钥密码传递密钥和进行身份认证，而利用对称密码加密速度快的优点，对要传递消息进行加密。

4.2 古典密码

密码技术的历史源远流长，本节将介绍在计算机发明以前常使用的一些经典密码体制。尽管从现在来看，特别是用计算机来处理的话，这些密码体制相当简单而且容易破译，如今人们已不再使用，但是它们关于密码学的重要思想给了后人很多启示。

首先，针对这些简单的密码体制，我们有如下约定：

（1）明文用小写字母表示，密文则用大写字母表示；

（2）英文字母 a ~ z 对应数字 0 ~ 25。

4.2.1 代替密码

1．移位密码

早期密码体制创始人之一恺撒（Caesar），假设他要发送如下明文信息：

meet me after the toga party

但他并不想让对手知道消息的具体内容，于是他将每一个字母向后移三位，这样 a 变成 D，b 变成 E，c 变成 F，依此类推，字母表中最后的字母也循环移动 3 位，即 x 变成 A，y 变成 B，z 变成 C。这样，密文就成为：

PHHW PH DIWHU WKH WRJD SDUWB

解密的过程就是将字母移回三位即可。

现在给出移位密码的一般形式。字母表用整数 0 ~ 25 来标识，密钥是一个整数 k，取值是 0≤k≤25，加密过程如下：

$$c=m+k \pmod{26}$$

解密过程就是：

$$m=c-k \pmod{26}$$

其中：（mod 26）的操作是，除以 26 取其余数。

2．仿射密码

在仿射密码（Affine Cipher）中，密钥为 0 ~ 25 之间的数字对(a,b)。a 与 26 的最大公约数必须为 1，即 gcd(a,26)=1。也就是说，能整除 a 和 26 的数只有 1。例如，a 不能等于 4，因为 2 可以整除 a 和 26。但是，a 可以等于 7，因为只有 1 可以整除 7 和 26。现在，假设 m 为明文字母在字母表中对应的数字，而 c 为密文字母在字母表中对应的数字，则这两个数字之间的关系可以用如下等式表示：

$$c=(am+b) \pmod{26}$$

$$m=a^{-1}(c-b) \pmod{26}$$

其中：a^{-1} 为 a 在代数结构 Z_{26} 中的逆元。若明文为：me，选取密钥为(3,5)。由于 gcd(3,26)=1，因此可以选取 3 作为 a。字母 m 对应的数字为 12，字母 e 对应的数字为 4，利用仿射密码加密，有：

(3*12+5) mod 26=41 mod 26=15，即明文字母 m 对应的密文为字母 P。

(3*4+5) mod 26=17 mod 26=17，即明文字母 e 对应的密文为字母 R。

因此，对于这个密钥，明文 me 变成了密文 PR。

3．维吉尼亚密码

Vigenere 密码是一种多表代替密码，Vigenere 密码将密钥写在明文的上面，并不断重复书写，这样每个明文字母都与密钥的一个字母相联系。例如，若密钥为“hold”，而明文为“this is the plaintext”，那么，密钥-明文的关系如下所示：

H	O	L	D	H	O	L	D	H	O	L	D	H	O	L	D	H	O
T	H	I	S	I	S	T	H	E	P	L	A	I	N	T	E	X	T

每个明文字母与密钥的一个字母配对。例如，第一个明文字母“t”与关键词的字母“h”配对。而明文倒数第四个字母“t”与密钥的字母“l”配对。利用表 4-1 所示的 Vigenere 表，这些字母对就可用来确定明文字符的加密结果。用密钥字母确定表的行，而明文字母确定表的列，表中行列交叉处的字母就是用来替代明文字母的密文字母。例如，上面示例的第一对是“ht”。在 Vigenere 表中查找“t”列和“h”行，找到结果密文字母“a”。重复这个过程直到所有的明文字母完成加密，可以生成以下密文：

密钥	H	O	L	D	H	O	L	D	H	O	L	D	H	O	L	D	H	O
明文	T	H	I	S	I	S	T	H	E	P	L	A	I	N	T	E	X	T
密文	A	V	T	V	P	G	E	K	L	D	W	D	P	B	E	H	D	H

注意，密文“D”出现了两次，一次是替代明文“o”，另一次是替代明文“h”。这体现了多表代替密码的基本性质，即同一个密文字母可以用来表示多个明文字母。

要解密 Vigenere 密码，需颠倒该查找过程。利用写在明文上面的密钥和密钥-密文对，在 Vigenere 表中确定相应的明文。要实现这些，找到由密钥确定的行，扫描该行，直到找到密文字母，该密文字母所在列的第一个字母就是明文字母。

表 4-1 Vigenere 表

	a	b	c	d	e	f	g	h	i	j	k	l	m	n	o	p	q	r	s	t	u	v	w	x	y	z
A	A	B	C	D	E	F	G	H	I	J	K	L	M	N	O	P	Q	R	S	T	U	V	W	X	Y	Z
B	B	C	D	E	F	G	H	I	J	K	L	M	N	O	P	Q	R	S	T	U	V	W	X	Y	Z	A
C	C	D	E	F	G	H	I	J	K	L	M	N	O	P	Q	R	S	T	U	V	W	X	Y	Z	A	B
D	D	E	F	G	H	I	J	K	L	M	N	O	P	Q	R	S	T	U	V	W	X	Y	Z	A	B	C
E	E	F	G	H	I	J	K	L	M	N	O	P	Q	R	S	T	U	V	W	X	Y	Z	A	B	C	D
F	F	G	H	I	J	K	L	M	N	O	P	Q	R	S	T	U	V	W	X	Y	Z	A	B	C	D	E
G	G	H	I	J	K	L	M	N	O	P	Q	R	S	T	U	V	W	X	Y	Z	A	B	C	D	E	F
H	H	I	J	K	L	M	N	O	P	Q	R	S	T	U	V	W	X	Y	Z	A	B	C	D	E	F	G
I	I	J	K	L	M	N	O	P	Q	R	S	T	U	V	W	X	Y	Z	A	B	C	D	E	F	G	H
J	J	K	L	M	N	O	P	Q	R	S	T	U	V	W	X	Y	Z	A	B	C	D	E	F	G	H	I
K	K	L	M	N	O	P	Q	R	S	T	U	V	W	X	Y	Z	A	B	C	D	E	F	G	H	I	J
L	L	M	N	O	P	Q	R	S	T	U	V	W	X	Y	Z	A	B	C	D	E	F	G	H	I	J	K
M	M	N	O	P	Q	R	S	T	U	V	W	X	Y	Z	A	B	C	D	E	F	G	H	I	J	K	L

续表

N	N	O	P	Q	R	S	T	U	V	W	X	Y	Z	A	B	C	D	E	F	G	H	I	J	K	L	M
O	O	P	Q	R	S	T	U	V	W	X	Y	Z	A	B	C	D	E	F	G	H	I	J	K	L	M	N
P	P	Q	R	S	T	U	V	W	X	Y	Z	A	B	C	D	E	F	G	H	I	J	K	L	M	N	O
Q	Q	R	S	T	U	V	W	X	Y	Z	A	B	C	D	E	F	G	H	I	J	K	L	M	N	O	P
R	R	S	T	U	V	W	X	Y	Z	A	B	C	D	E	F	G	H	I	J	K	L	M	N	O	P	Q
S	S	T	U	V	W	X	Y	Z	A	B	C	D	E	F	G	H	I	J	K	L	M	N	O	P	Q	R
T	T	U	V	W	X	Y	Z	A	B	C	D	E	F	G	H	I	J	K	L	M	N	O	P	Q	R	S
U	U	V	W	X	Y	Z	A	B	C	D	E	F	G	H	I	J	K	L	M	N	O	P	Q	R	S	T
V	V	W	X	Y	Z	A	B	C	D	E	F	G	H	I	J	K	L	M	N	O	P	Q	R	S	T	U
W	W	X	Y	Z	A	B	C	D	E	F	G	H	I	J	K	L	M	N	O	P	Q	R	S	T	U	V
X	X	Y	Z	A	B	C	D	E	F	G	H	I	J	K	L	M	N	O	P	Q	R	S	T	U	V	W
Y	Y	Z	A	B	C	D	E	F	G	H	I	J	K	L	M	N	O	P	Q	R	S	T	U	V	W	X
Z	Z	A	B	C	D	E	F	G	H	I	J	K	L	M	N	O	P	Q	R	S	T	U	V	W	X	Y

4.2.2　置换密码

置换密码（Permutation Cipher）又称换位密码（Transposition Cipher），其思想是明文字母保持不变，但其排列顺序被打乱了，使得有意义的明文变成了无意义的字母组合。下面介绍几种置换密码。

1. rail-fence 密码

在 rail-fence 密码中，明文是按 Z 字形的方式填写在矩形的对角线上，而按行读取生成密文。例如，如果矩形的高为 3，长为 11，那么明文“it is an apple”在该矩形中的填写如表 4-2 所示。而按行读取生成的密文就是“IAPTSNPLIAE”。

表 4-2　rail-fence 密码

i				a				p		
	t		s		n		p		l	
		i				a				e

2. 三角密码

在三角密码中，将明文写成一个三角形填在一个固定大小的矩形中，然后按列读取字母生成密文。如表 4-3 所示，将“You must do that now”填写在一个 7×4 的矩形中。按行读取生成的密文是“TUHOSAYUTTMDNOOW”。

表 4-3　三角密码

			y			
		o	u	m		
	u	s	t	d	o	
t	h	a	t	n	o	w

4.3 分组密码

在人类历史上，消息的传递主要靠人工来完成。随着信息化和数字化社会的发展，人们对信息安全和保密的重要性认识不断提高。今天，计算机改变了一切，网络银行、电子购物、电子邮件等正在悄悄地融入普通百姓的日常生活中，人们自然要关注其安全性如何。现代密码学是一门迅速发展的应用科学。随着因特网的迅速普及，人们依靠它传送大量的信息，但是这些信息在网络上的传输都是公开的。因此，对于关系到个人利益的信息必须经过加密之后才可以在网上传送，这将离不开现代密码技术。

4.3.1 数据加密标准（DES）

为了适应社会对计算机数据安全保密越来越高的需求，美国国家标准局（NBS）于1973年5月和1974年8月两次发布通告，向社会公开征集一种用于政府机构和商业部门对敏感数据进行安全保护的加密算法。许多公司都提交了自己的加密算法，经过测评，最后选中了IBM公司提交的Lucifer算法。1975年3月，NBS向社会公布了此算法，以求得公众的评论。1976年11月DES被美国政府采用，随后被美国国家标准局和美国国家标准协会(American National Standard Institute，ANSI）承认。1977年1月15日，美国政府颁布了数据加密标准（Data Encryption Standard，DES）。最初预期DES作为一个标准只能使用10~15年，然而事实证明DES要长寿得多。

DES算法是最为广泛的一种分组密码算法，它对推动密码理论的发展和应用起到了重要作用。虽然DES出现后又产生了许多常规加密算法，但DES仍然是此类算法中最受推崇的一个。详细的学习和研究DES算法可以了解常规加密算法的原理，对于掌握分组密码的基本理论、设计思想和实际应用都有重要参考价值。

DES算法以64位的分组数据进行加解密，数据加密和解密使用相同的算法结构，只是密钥的使用顺序不同。密钥通常为64位，但每个第8位都用作奇偶校验，实际密钥长度为56位。DES算法的保密性取决于密钥，但只有极少数的密钥被认为是弱密钥，所以在实际应用中可以很容易避免。DES加密算法如图4-6所示。

DES算法的基本流程如下：首先，64位输入明文通过初始置换IP，将其分成左、右各为32位的两部分，然后进行16轮完全相同的运算。经过16轮运算后，左、右半部分合并在一起经过一个末置换（初始置换的逆置换），于是整个算法结束。DES算法的结构是一种典型的分组密码结构。

1．初始置换

DES的初始置换IP如图4-7所示，其目的是将64位的明文顺序打乱，得到一个乱序的64位明文。

DES的逆置换IP^{-1}是初始置换IP的逆运算，其目的是将16轮迭代后的数据打乱重排，得到64位的密文输出，如图4-8所示。

2．f函数

f函数是DES的核心部分，一个分组密码算法的安全性能，主要由其f函数的性能决定，其中最关键的是其非线性部件——S盒。首先对R_{i-1}进行扩展置换E，32位数据经过选择、排列后，产生一个48位的结果。该结果与子密钥K_i模2相加，然后送入8个代替函数（又称 S 盒）选择、代替，每个 S 盒有 6 位输入，产生 4 位的输出，8 个 S 盒的输出合并，最后得到一个 32 位的数据组。该数据组再经过 P 盒置换，将各位打乱、重排，得到的结果就是 f 函数的输出。图 4-9 所示描述了一轮 DES 的运算过程。

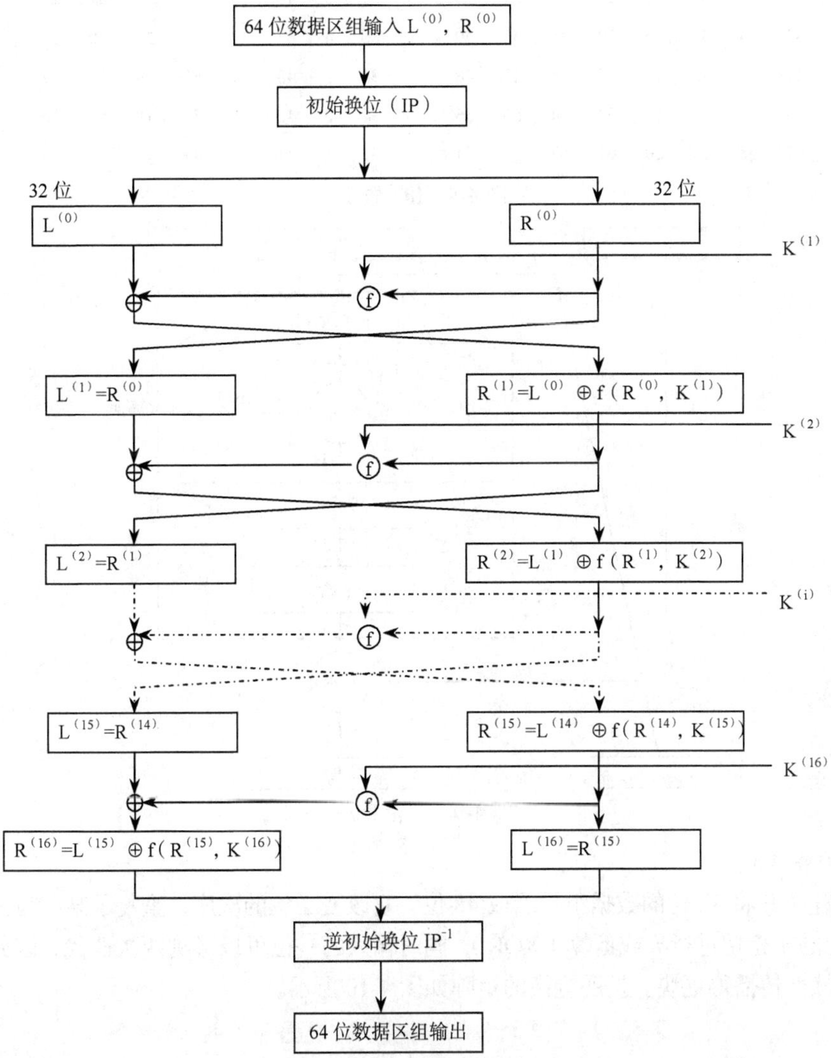

图 4-6　DES 算法

1	2	3	4	5	6	7	8		58	50	42	34	26	18	10	2
9	10	11	12	13	14	15	16		60	52	44	36	28	20	12	4
17	18	19	20	21	22	23	24		62	54	46	38	30	22	14	6
25	26	27	28	29	30	31	32	⇒	64	56	48	40	32	24	16	8
33	34	35	36	37	38	39	40		57	49	41	33	25	17	9	1
41	42	43	44	45	46	47	48		59	51	43	35	27	19	11	3
49	50	51	52	53	54	55	56		61	53	45	37	29	21	13	5
57	58	59	60	61	62	63	64		63	55	47	39	31	23	15	7

图 4-7　IP 置换

1	2	3	4	5	6	7	8		40	8	48	16	56	24	64	32
9	10	11	12	13	14	15	16		39	7	47	15	55	23	63	31
17	18	19	20	21	22	23	24		38	6	46	14	54	22	62	30
25	26	27	28	29	30	31	32	⇒	37	5	45	13	53	21	61	29
33	34	35	36	37	38	39	40		36	4	44	12	52	20	60	28
41	42	43	44	45	46	47	48		35	3	43	11	51	19	59	27
49	50	51	52	53	54	55	56		34	2	42	10	50	18	58	26
57	58	59	60	61	62	63	64		33	1	41	9	49	17	57	25

图 4-8　IP^{-1} 置换

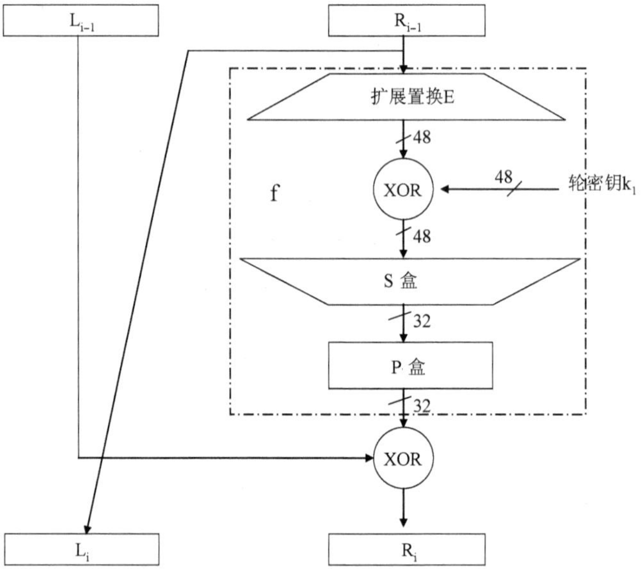

图 4-9　一轮 DES

1）扩展置换

扩展置换 E 将 32 位的数据组扩展成 48 位，它改变了位的次序，重复了某些位。这样便于与 48 位的子密钥进行异或运算（XOR），同时输入的一位可以影响两次迭代，因此输出对输入的依赖性传播得更快。扩展置换的矩阵如图 4-10 所示。

1	2	3	4		32	1	2	3	4	5
5	6	7	8		4	5	6	7	8	9
9	10	11	12		8	9	10	11	12	13
13	14	15	16	⇒	12	13	14	15	16	17
17	18	19	20		16	17	18	19	20	21
1	22	23	24		20	21	22	23	24	25
25	26	27	28		24	25	26	27	28	29
29	30	31	32		28	29	30	31	32	1

图 4-10　扩展置换

2）S 盒代替

扩展后得到的 48 位数组与子密钥异或后，其结果被分成 8 个 6 位的分组，分别送入 8

个 S 盒。每个 S 盒是一个代替函数，有 6 个输入，4 个输出，分别用一个选择矩阵定义了输入与输出的规则，每个矩阵有 4 行 16 列，每一行都是 0 ~ 15 这 16 个数字，但每行数字的排列都不相同，8 个 S 盒也彼此不相同。S 盒如图 4-11 所示。

		0	1	2	3	4	5	6	7	8	9	10	11	12	13	14	15
S1	0	14	4	13	1	2	15	11	8	3	10	6	12	5	9	0	7
	1	0	15	7	4	14	2	13	1	10	6	12	11	9	5	3	8
	2	4	1	14	8	13	6	2	11	15	12	9	7	3	10	5	0
	3	15	12	8	2	4	9	1	7	5	11	3	14	10	0	6	13
S2	0	15	1	8	14	6	11	3	4	9	7	2	13	12	0	5	10
	1	3	13	4	7	15	2	8	14	12	0	1	10	6	9	11	5
	2	0	14	7	11	10	4	13	1	5	8	12	6	9	3	2	15
	3	13	8	10	1	3	15	4	2	11	6	7	12	0	5	14	9
S3	0	10	0	9	14	6	3	15	5	1	13	12	7	11	4	2	8
	1	13	7	0	9	3	4	6	10	2	8	5	14	12	11	15	1
	2	13	6	4	9	8	15	3	0	11	1	2	12	5	10	14	7
	3	1	10	13	0	6	9	8	7	4	15	14	3	11	5	2	12
S4	0	7	13	14	3	0	6	9	10	1	2	8	5	11	12	4	15
	1	13	8	11	5	6	15	0	3	4	7	2	12	1	10	14	9
	2	10	6	9	0	12	11	7	13	15	1	3	14	5	2	8	4
	3	3	15	0	6	10	1	13	8	9	4	5	11	12	7	2	14
	0	2	12	4	1	7	10	11	6	8	5	3	15	13	0	14	9
S5	1	14	11	2	12	4	7	13	1	5	0	15	10	3	9	8	6
	2	4	2	1	11	10	13	7	8	15	9	12	5	6	3	0	14
	3	11	8	12	7	1	14	2	13	6	15	0	8	10	4	5	3
S6	0	12	1	10	15	9	2	6	8	0	13	3	4	14	7	5	11
	1	10	15	4	2	7	12	9	5	6	1	13	14	0	11	3	8
	2	9	14	15	5	2	8	12	3	7	0	4	10	1	13	11	6
	3	4	3	2	12	9	5	15	10	11	14	1	7	6	0	8	13
S7	0	4	11	2	14	15	0	8	13	3	12	9	7	5	10	6	1
	1	13	0	11	7	4	9	1	10	14	3	5	12	2	15	8	6
	2	1	4	11	13	12	3	7	14	10	15	6	8	0	5	9	2
	3	6	11	13	8	1	4	10	7	9	5	0	15	14	2	3	12
S8	0	13	2	8	4	6	15	11	1	10	9	3	14	5	0	12	7
	1	1	15	13	8	10	3	7	4	12	5	6	11	0	14	9	2
	2	7	11	4	1	9	12	14	2	0	6	10	13	15	3	5	8
	3	2	1	14	7	4	10	8	13	15	12	9	0	3	5	6	11

图 4-11　DES 的 S 盒

3）P 盒置换

对 S 盒的 32 位输出数据直接进行置换。P 盒转换的输出结果与上一轮的左半部分异或，然后左右两部分对换，开始下一轮迭代。P 盒置换如表 4-4 所示。

表 4-4　P 盒置换

16	7	20	21	29	12	28	17
1	15	23	26	5	18	31	10
2	8	24	14	32	27	3	9
19	13	30	6	22	11	4	25

3．产生子密钥

DES 每一轮子密钥是由原始密钥经过置换选择 PC1、循环左移、置换选择 PC2 等变换后得到的，每一轮产生的子密钥为 48 位，如图 4-12 所示。

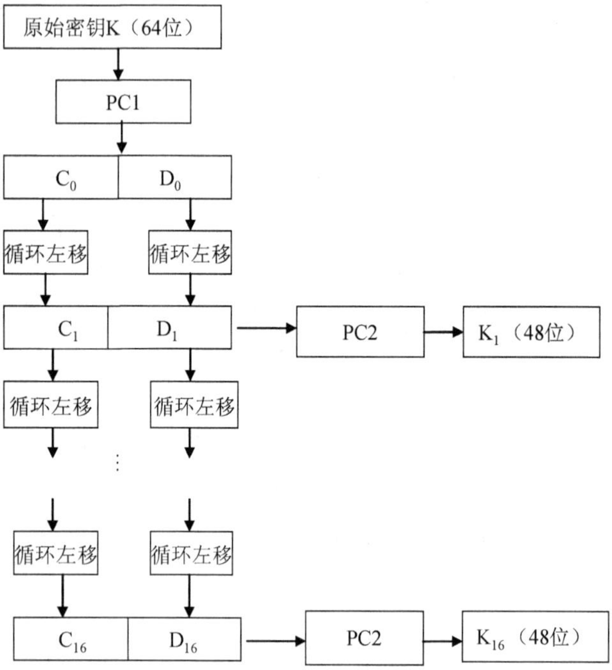

图 4-12　DES 子密钥生成算法

1）置换选择 PC1

初始密钥 64 位分为 8 个字节，每个字节第 8 位为奇偶校验位，有效密钥为 56 位。PC1 去掉 8 位奇偶校验位，剩下 56 位打乱重排后，前 28 位为 C_0，后 28 位为 D_0，PC1 如图 4-13 所示。

C_0						
57	49	41	33	25	17	9
1	58	50	42	34	26	18
10	2	59	51	43	35	27
19	11	3	60	52	44	36

D_0						
63	55	47	39	31	23	15
7	62	54	46	38	30	22
14	6	61	53	45	37	29
21	13	5	28	20	12	4

图 4-13　置换选择 PC1

2）循环左移

置换选择 PC1 后，需要进行循环左移，循环左移 1 或 2 位，取决于 i 的值。产生每个子密钥所需的循环左移位数如表 4-5 所示。

表 4-5　循环左移位数表

迭代次数	1	2	3	4	5	6	7	8	9	10	11	12	13	14	15	16
循环左移位数	1	1	2	2	2	2	2	2	1	2	2	2	2	2	2	1

3）置换选择 PC2

置换选择 PC2 从 C_i 和 D_i（56 位）中选择出 48 位的子密钥 K_i。其中规定：子密钥 K_i 中的各位依次是子密钥 C_i 和 D_i 中的 14，17，…，29，32 位。置换选择 PC2 如表 4-6 所示。

表 4-6　置换选择 PC2

14	17	11	24	1	5
3	28	15	6	21	10
23	19	12	4	26	8
16	7	27	20	13	2
41	52	31	37	47	55
30	40	51	45	33	48
44	49	39	56	34	53
46	42	50	36	29	32

虽然 DES 的描述很长，但它能以硬件或软件的方式非常有效的实现，主要的算术运算是比特串的异或，各种置换操作都可以通过硬布线或查表完成。

4.3.2　高级加密标准（AES）

随着计算机速度的不断提高，DES 由于其密钥长度过短，越来越不能满足人们的安全需求。1997 年，美国国家标准技术研究所（NIST）开始征集新的加密标准 AES（Advanced Encryption Standard），用以取代 DES。1997 年 9 月 12 日，美国联邦登记处公布了正式征集 AES 候选算法的通告。对 AES 的基本要求是：比三重 DES 快、至少与三重 DES 一样安全、数据分组长度为 128 比特、密钥长度为 128/192/256 比特。1998 年 8 月 12 日，在首届 AES 候选会议（first AES candidate conference）上公布了 AES 的 15 个候选算法，任由全世界各机构和个人攻击和评论。1999 年 3 月，在第 2 届 AES 候选会议（second AES candidate conference）上经过对全球各密码机构和个人对候选算法分析结果的讨论，从 15 个候选算法中选出了 5 个。分别是 RC6、Rijndael、SERPENT、Twofish 和 MARS。2000 年 4 月 13 日至 14 日，召开了第 3 届 AES 候选会议（third AES candidate conference），继续对最后 5 个候选算法进行讨论。2000 年 10 月 2 日，NIST 宣布 Rijndael 作为新的 AES。经过 3 年多的讨论，Rijndael 终于脱颖而出。Rijndael 算法由比利时密码学家 Joan Daemen 和 Vincent Rijmen 设计，算法是由两个设计者的名字命名的。

AES 的明文分组长度固定为 128 比特，密钥长度则可以是 128、192 或 256 比特。AES 加密过程是在一个 4×4 的字节矩阵上进行的，这个矩阵又称“状态（state）”，其初值就是一个明文分组。加密时，各轮 AES 加密循环（除最后一轮外）均包含 4 个步骤：

（1）字节代替（SubBytes）：通过非线性的替换函数，把每个字节替换成对应的字节。

（2）行移位（ShiftRows）：将矩阵中的每个行进行循环移位。

（3）列混合（MixColumns）：使用线性变换混合每列的四个字节。

（4）异或轮密钥（AddRoundKey）：矩阵中的每个字节都与该轮的轮密钥（round key）做 XOR 运算，每个轮密钥由密钥生成方案产生。

AES 算法结构如图 4-14 所示。

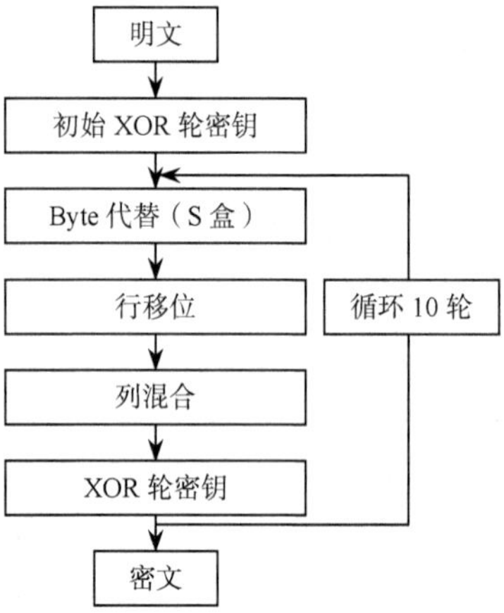

图 4-14　AES 算法结构

1．字节代替

字节代替的主要功能是通过 S 盒完成一个字节到另外一个字节的映射，映射是在 Galois 域 $GF(2^8) = Z_2[x]/(x^8+x^4+x^3+x+1)$上进行的，其具体值如表 4-7 所示。

表 4-7　AES 的 S 盒

		y															
		0	1	2	3	4	5	6	7	8	9	A	B	C	D	E	F
	0	63	7C	77	7B	F2	6B	6F	C5	30	01	67	2B	FE	D7	AB	76
	1	CA	82	C9	7D	FA	59	47	F0	AD	D4	A2	AF	9C	A4	72	C0
	2	B7	FD	93	26	36	3F	F7	CC	34	A5	E5	F1	71	D8	31	15
	3	04	C7	23	C3	Q8	96	05	9A	07	12	80	E2	EB	27	B2	75
	4	09	83	2C	1A	1B	6E	5A	A0	52	3B	D6	B3	29	E3	2F	84
	5	53	D1	00	ED	20	FC	B1	5B	6A	CB	BE	39	4A	4C	58	CF
	6	D0	EF	AA	FB	43	4D	33	85	45	F9	02	7F	50	3C	9F	A8
x	7	51	A3	40	8F	92	9D	38	F5	BC	B6	DA	21	10	FF	F3	D2
	8	CD	0C	13	EC	5F	97	44	17	C4	A7	7E	3D	64	5D	19	73
	9	60	81	4F	DC	22	2A	90	88	46	EE	B8	14	DE	5E	0B	DB
	A	E0	32	3A	0A	49	06	24	5C	C2	D3	AC	62	91	95	E4	79
	B	E7	C8	37	6D	8D	D5	4E	A9	6C	56	F4	EA	65	7A	AE	08
	C	BA	78	25	2E	1C	A6	B4	C6	E8	DD	74	1F	4B	BD	8B	8A
	D	70	3E	B5	66	48	03	F6	0E	61	35	57	B9	86	C1	1D	9E
	E	E1	F8	98	11	69	D9	8E	94	9B	1E	87	E9	CE	55	28	DF
	F	8C	A1	89	0D	BF	E6	42	68	41	99	2D	0F	B0	54	BB	16

2．行移位

字节代替之后，矩阵进行行移位操作，四行分别循环左移 0、1、2 和 3 个位置，如图 4-15 所示。

$b_{0,0}$	$b_{0,1}$	$b_{0,2}$	$b_{0,3}$		$b_{0,0}$	$b_{0,1}$	$b_{0,2}$	$b_{0,3}$
$b_{1,0}$	$b_{1,1}$	$b_{1,2}$	$b_{1,3}$		$b_{1,1}$	$b_{1,2}$	$b_{1,3}$	$b_{1,0}$
$b_{2,0}$	$b_{2,1}$	$b_{2,2}$	$b_{2,3}$	→	$b_{2,2}$	$b_{2,3}$	$b_{2,0}$	$b_{2,1}$
$b_{3,0}$	$b_{3,1}$	$b_{3,2}$	$b_{3,3}$		$b_{3,3}$	$b_{3,0}$	$b_{3,1}$	$b_{3,2}$

图 4-15　AES 算法的行移位

3．列混合

列混合是利用 $GF(2^8)$域上算术特性的一个操作，将行移位之后的矩阵左乘下述矩阵：

$$\begin{bmatrix} 02 & 03 & 01 & 01 \\ 01 & 02 & 03 & 01 \\ 01 & 01 & 02 & 03 \\ 03 & 01 & 01 & 02 \end{bmatrix}$$

得到列混合之后的矩阵。

4．异或轮密钥

加密过程中，每轮输入与轮密钥异或一次；因此，解密时再异或该轮的密钥即可恢复输入。

4.3.3　国际数据加密算法（IDEA）

IDEA 算法是由旅居瑞士中国学者来学嘉和著名密码专家 J.Massey 于 1990 年提出的。IDEA 算法也是一种分组加密算法，它设计了多轮加密，每轮加密都使用一个子密钥，其软件实现和硬件实现同样快速。在电子邮件保密系统 PGP 中，IDEA 算法被采用。

在 IDEA 算法中，其 64 比特数据分组被分成 4 个 16 比特子块：X_1、X_2、X_3、X_4。这 4 个子块成为算法的第一轮输入，总共有 8 轮。在每一轮中，这 4 个子块进行异或、相加或相乘运算，且与 6 个 16 比特子密钥异或、相加或相乘。最后在输出变换中 4 个子块与 4 个子密钥进行运算。其一轮的结构如图 4-16 所示。

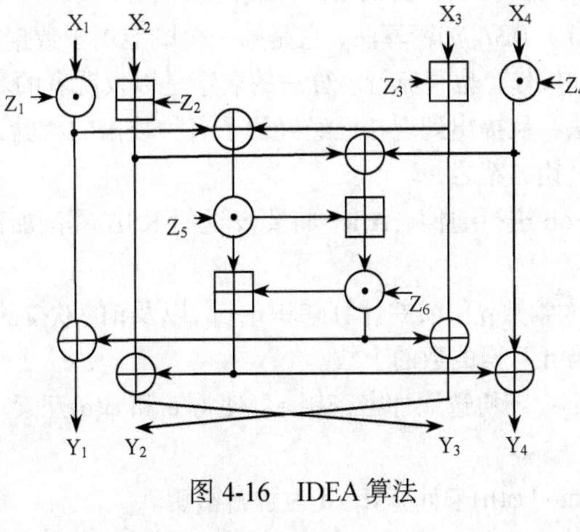

图 4-16　IDEA 算法

IDEA 算法加密的具体过程如下：

（1）X_1 和第一个子密钥相乘。

（2）X_2 和第二个子密钥相加。

（3）X_3 和第三个子密钥相加。

（4）X_4 和第四个子密钥相乘。

（5）将第（1）步和第（3）步的结果相异或。

（6）将第（2）步和第（4）步的结果相异或。

（7）将第（5）步的结果与第五个子密钥相乘。

（8）将第（6）步和第（7）步的结果相加。

（9）将第（8）步的结果与第六个子密钥相乘。

（10）将第（7）步和第（9）步的结果相加。

（11）将第（1）步和第（9）步的结果相异或。

（12）将第（3）步和第（9）步的结果相异或。

（13）将第（2）步和第（10）步的结果相异或。

（14）将第（4）步和第（10）步的结果相异或。

每一轮的输出是第（11）、（12）、（13）和（14）步的结果形成的 4 个子块。将中间两个块交换（最后一轮除外）后，即为下一轮的输入。经过 8 轮运算之后，得到最终的输出变换：

（1）X_1 和第一个子密钥相乘。

（2）X_2 和第二个子密钥相加。

（3）X_3 和第三个子密钥相加。

（4）X_4 和第四个子密钥相乘。

最后，这 4 个子块重新连接到一起产生密文。

4.4 公 钥 密 码

4.4.1 RSA 加密算法

1976 年 Diffie 和 Hellman 提出了公钥密码体制的思想后，1978 年 Ron Rivest、Adi Shamir 和 Leonard Adleman 提出了 RSA 加密算法，它是第一个既能用于数据加密，也能用于数字签名的算法，它易于理解和操作，也很流行。算法的名字是以发明者的名字命名的。RSA 是被研究得最广泛的公钥算法，从提出到现在已经经历了各种攻击的考验，逐渐为人们接受，普遍认为是目前最优秀的公钥方案之一。

假设 Alice 想要和 Bob 进行通信，Alice 将要发送用 RSA 算法加密的消息给 Bob，那么他们将进行如下过程：

（1）Bob 选择保密的大素数 p 和 q，并计算乘积 $n=pq$，以及 n 的欧拉函数值 $\varphi(n)=(p-1)(q-1)$，其中 $\varphi(n)$ 是不超过 n 并与 n 互素的数的个数。

（2）Bob 从 $[0,\varphi(n)-1]$ 中随机选取加密密钥 e，使得 e 和 $\varphi(n)$ 互素，即 e 和 $\varphi(n)$ 的最大公因子 $\gcd(e,\varphi(n))=1$。

（3）Bob 通过 $ed\equiv 1 \bmod \varphi(n)$ 来计算 d，d 为解密密钥。

（4）Bob 将(n,e)公开，将(p,q,d)保密；

（5）Alice 将明文 m 加密为 $c = m^e \bmod n$，并将 c 发送给 Bob。

（6）Bob 通过计算 $m = c^d \bmod n$ 进行解密得到明文 m。

我们举一个 RSA 加密算法的例子：

（1）Bob 选择素数 p=885320963、q=238855417，

计算 n=pq=211463707796206571，

φ(n)=(p−1)(q−1)=211463706672030192。

（2）Bob 选择 e=9007，其中 gcd(9007, φ(n))=1。

（3）Bob 通过 ed ≡1mod φ(n)计算出 d=116402471153538991。

（4）Bob 的公钥为(n,e)，私钥为(p,q,d)。

（5）Alice 加密明文消息 m=30120 为：

$c=30120^{9007} \bmod n$=113535859035722866。

（6）Bob 解密密文 c 得到：

$m=113535859035722866^{116402471153538991} \bmod n$=30120。

RSA 的安全性依赖于大数分解，但是否等同于大数分解一直未能得到理论上的证明，因为没有证明破解 RSA 就一定需要作大数分解。假设存在一种无须分解大数的算法，那它肯定可以修改成为大数分解算法。目前，RSA 的一些变种算法已被证明等价于大数分解。不管怎样，分解 n 是最显然的攻击方法。现在，人们已能分解 140 多个十进制位的大素数。因此，模数 n 必须选大一些，因具体适用情况而定。

4.4.2　ElGamal 加密算法

ElGamal 加密算法是 1985 年提出的公钥密码体制，其安全性依赖于计算有限域上离散对数这一难题。在加密过程中，生成的密文长度是明文的两倍，且每次加密后都会在密文中生成一个随机数 K。

ElGamal 算法的密钥生成过程如下：

（1）产生一个大的随机素数 p。

（2）选择 Z_p 的一个生成元 g。

（3）选择一个随机数 a, 0≤a≤p−1。

（4）计算 $\beta= g^a \bmod p$。

（5）公钥是(p, g, β)，私钥是 a。

ElGamal 算法的加密过程如下：

（6）选择随机数 k, 0≤k≤p−1。

（7）$e_K(m, k)=(c_1,c_2)$。

（8）$c_1= g^k \pmod p$; $c_2=m\cdot(\beta)^k \pmod p$。

ElGamal 算法的解密过程如下：

（9）收到密文(c_1,c_2)。

（10）计算 $m=c_2\cdot(c_1a)^{-1} \pmod p$，$c_2\cdot(c_1a)^{-1}= m\cdot g^{ak}\cdot g^{-ka} = m \pmod p$。

ElGamal 算法的一个加密实例如下：

（1）Bob 选择 p=97 和一个生成元 g=5。

（2）Bob 选择 a=58 并且计算 $\beta = g^a = 5^{58} = 44 \bmod 97$。
（3）Bob 公布(97,5,44)，私钥是 a = 58。
（4）Alice 想要加密消息 m=3 给 Bob。
（5）Alice 选择一个随机数 k=36 并且计算：
$c_1 = 5^{36} = 50 \bmod 97$；
$c_2 = 3 \cdot 44^{36} = 3 \cdot 75 \bmod 97 = 31 \bmod 97$。
（6）Alice 发送{50,31}给 Bob。
（7）Bob 计算 $I = 50^{58} = 75 \bmod 97$，$I^{-1} = 22 \bmod 97$。
（8）Bob 计算 $m = c_2 \cdot (c_1^a)^{-1} = 31 \cdot 22 = 3 \bmod 97$。

4.4.3 椭圆曲线加密算法

椭圆加密算法（ECC）是一种公钥加密体制，最初由 Koblitz 和 Miller 两人于 1985 年提出，其数学基础是基于椭圆曲线群上离散对数的计算困难性。

椭圆曲线密码体制来源于对椭圆曲线的研究，椭圆曲线指的是由方程：$y^2=x^3+ax+b$ 所确定的平面曲线。其中系数 a 和 b 定义在某个域上，可以是有理数域、实数域、复数域，还可以是有限域，椭圆曲线密码体制中用到的椭圆曲线都是定义在有限域上的。椭圆曲线上所有的点外加一个称为无穷远点的特殊点构成的集合连同一个定义的加法运算构成一个 Abel 群。在等式：$mP=P+P+\cdots+P=Q$ 中，已知数 m 和点 P 求点 Q 比较容易，反之已知点 Q 和点 P 求 m 却是相当困难的，这个问题称为椭圆曲线群上的离散对数问题。椭圆曲线密码体制正是利用这个困难问题设计而来。

椭圆加密算法的密钥生成过程如下：
（1）选取一个椭圆曲线 E (mod p)，p 是大素数。
（2）选择 E 上的点 G，使得 $n \times G = O$。
（3）选择一个整数 a（< n）。
（4）计算 $P_A = a \times G$。
（5）公钥是(p, G, P_A)，私钥是 a。
加密明文 Pm 的过程如下：
（6）选择随机整数 k。
（7）$e_K(P_m, k)=\{C_1, C_2\}$，$C_1=kG$，$C_2=P_m+kP_A$。
解密密文的过程如下：
（8）$P_m=C_2-aC_1$。
椭圆加密算法的一个具体实例如下：
（1）Z_{23} 上的椭圆曲线：$y^2 = x^3 + x + 1$。
（2）取 G = (6, 4), a=3，计算 $P_A = 3 \times G = (7, 12)$。
（3）Bob 的公钥$(23, G, P_A)$，私钥是 a=3。
（4）明文 $P_m=(5, 4)$，Alice 选择随机数 k=2。
（5）则加密 P_m 为：$C_1=kG=(13,7)$，$C_2=P_m+kP_A=(5,4)+2(7,12)=(5,19)$；
所以密文为：$C_m=(C_1,C_2)=((13,7),(5,19))$。
（6）Bob 收到密文后，解密如下：$P_m= C_2-a\,C_1=(5,19)-3(13,7)=(5,4)$。

4.5　加密技术在电子商务安全中的应用

在电子商务活动中，为保证商务、交易及支付活动的真实可靠，需要有一种机制来验证活动中各方的真实身份。目前已经有一套完整的技术解决方案可以应用。

4.5.1　数字签名技术

数字签名（Digital Signature）是附加在数据单元上的一些数据，或是对数据单元所作的密码变换。这种数据或变换允许数据单元的接收者用以确认数据单元的来源和数据单元的完整性并保护数据，防止被人（如接收者）进行伪造。它是对电子形式的消息进行签名的一种方法，一个签名消息能在一个通信网络中传输。基于公钥密码体制和私钥密码体制都可以获得数字签名，目前主要是基于公钥密码体制的数字签名。包括普通数字签名和特殊数字签名。普通数字签名算法有 RSA、ElGamal、Fiat-Shamir、Guillou-Quisquarter、Schnorr、Ong-Schnorr-Shamir 数字签名算法、Des/DSA、椭圆曲线数字签名算法和有限自动机数字签名算法等。特殊数字签名有盲签名、代理签名、群签名、不可否认签名、公平盲签名、门限签名、具有消息恢复功能的签名等，它与具体应用环境密切相关。显然，数字签名的应用涉及法律问题，美国联邦政府基于有限域上的离散对数问题制定了自己的数字签名标准（DSS）。

数字签名技术是不对称加密算法的典型应用。公开密钥可以保存在系统目录内、未加密的电子邮件信息中、电话黄页（商业电话）上或公告牌里，网上的任何用户都可获得公开密钥。而私有密钥是用户专用的，由用户本身持有。数字签名的应用过程是，数据源发送方使用自己的私钥对数据校验或其他与数据内容有关的变量进行加密处理，完成对数据的合法“签名”，数据接收方则利用对方的公钥来解读收到的“数字签名”，并将解读结果用于对数据完整性的检验，以确认签名的合法性。数字签名技术是在网络系统虚拟环境中确认身份的重要技术，可以代替现实过程中的“亲笔签字”，在技术和法律上有保证。在公钥与私钥管理方面，数字签名应用与加密邮件 PGP 技术正好相反。在数字签名应用中，发送者的公钥可以很方便地得到，但他的私钥则需要严格保密。数字签名主要的功能是：保证信息传输的完整性、发送者的身份认证、防止交易中抵赖发生。

数字签名技术是将摘要信息用发送者的私钥加密，与原文一起传送给接收者。接收者只有用发送者的公钥才能解密被加密的摘要信息，然后用 HASH 函数对收到的原文产生一个摘要信息，与解密的摘要信息对比。如果相同，则说明收到的信息是完整的，在传输过程中没有被修改，否则说明信息被修改过。采用数字签名，能确认以下两点：第一，信息是由签名者发送的；第二，信息自签发后到收到为止未曾作过任何修改。这样数字签名就可用来防止电子信息因易被修改而有人作伪，或冒用别人名义发送信息。或发出（收到）信件后又加以否认等情况发生。

具有数字签名功能的个人安全邮件证书是用户证书的一种，是指单位用户收发电子邮件时采用证书机制保证安全所必须具备的证书。个人安全电子邮件证书是符合 x.509 标准的数字安全证书，结合数字证书和 S/MIME 技术对普通电子邮件做加密和数字签名处理，确保电子邮件内容的安全性、机密性、发件人身份确认性和不可抵赖性。具有数字签名功能的个人安全邮件证书中包含证书持有人的电子邮件地址、证书持有人的公钥、颁发者以及颁发者对该证书的签名。个人安全邮件证书功能的实现决定于用户使用的邮件系统是否支持相应功能。目前，MS Outlook、Outlook Express、Foxmail 均支持相应功能。使用个人安全邮件证书可以收发加密和数字签名的邮件，保证电子邮件传输中的机密性、完整性和不可否认性，确保电子邮件通信各方身份的真实性。

4.5.2　数字摘要技术

数字签名一般来说，是用来处理短消息的，而相对于较长的消息则显得有些吃力。当然，可以将长的消息分成若干小段，然后再分别签名。不过，这样做非常麻烦，而且会带来数据完整性的问题。比较合理的做法是在数字签名前对消息先进行数字摘要。

数字摘要是将任意长度的消息变成固定长度的短消息，它类似于一个自变量是消息的函数，也就是 Hash 函数。该函数的输出就是散列值。这种转换是一种压缩映射，也就是，散列值的空间通常远小于输入的空间，不同的输入可能会散列成相同的输出，而不可能从散列值来唯一确定输入值。Hash 主要用于信息安全领域中的加密算法，它把一些不同长度的信息转化成杂乱的固定位数的编码里，称为 Hash 值。

一个安全的 Hash 函数应该至少满足以下几个条件；① 输入长度是任意的；② 输出长度是固定的，根据目前的计算技术应至少取 128 位长，以便抵抗生日攻击；③ 对每个给定的输入，计算输出即 Hash 值是很容易的；④ 给定杂凑函数的描述，找到两个不同的输入消息杂凑到同一个值是计算上不可行的，或给定 Hash 函数的描述和一个随机选择的消息，找到另一个与该消息不同的消息使得它们得到同一个值是计算上不可行的。Hash 函数主要用于完整性校验和提高数字签名的有效性，目前有很多方案。这些算法都是伪随机函数，任何 Hash 函数值都是等可能的。输出不以可辨别的方式依赖于输入，在任何输入串中单个比特的变化，将会导致输出比特串中大约一半的比特发生变化。

MD5 和 SHA1 可以说是目前应用最广泛的 Hash 算法，MD5 把明文消息映射成 128 位的 Hash 值，SHA1 把明文消息映射成 160 位的 Hash 值。一个 Hash 函数的好坏是由发生碰撞的概率决定的。如果攻击者能够轻易地构造出两个消息具有相同的 Hash 值，那么这样的 Hash 函数是很危险的。

使用数字摘要的过程是发送端把原信息用 Hash 函数加密成摘要，然后把数字摘要和原信息一起发送到接收端，接收端也用 Hash 函数把原消息加密为摘要，看两个摘要是否相同，若相同，则表明信息完整，否则不完整。

4.5.3　身份认证技术

身份认证技术是在计算机网络中为确认操作者身份而采用的方法。计算机网络世界中的一切信息，包括用户的身份信息都是用一组特定的数据来表示的，计算机只能识别用户的数字身份，对用户的授权也是针对用户数字身份的授权。身份认证技术的目的是保证以数字身份进行操作的操作者就是这个数字身份的合法拥有者，也就是说保证操作者的物理身份与数字身份相对应。作为网络安全通信的第一道关口，身份认证有着举足轻重的作用。

常见的身份认证方法包括以下几种：

1）静态密码

静态密码是最简单也是最常用的身份认证方法。每个用户的密码是由这个用户自己设定的，只有他自己才知道，因此只要能够正确输入密码，计算机就认为他就是这个用户。由于密码是静态的数据，并且在验证过程中需要在计算机内存中和网络中传输，而每次验证过程使用的验证信息都是相同的，很容易被驻留在计算机内存中的木马程序或网络中的监听设备截获。

2）动态口令

动态口令技术是一种让用户的密码按照时间或使用次数不断动态变化，每个密码只使用一次的技术。动态口令技术采用一次一密的方法，有效地保证了用户身份的安全性。但是如果客户端硬件与服务器端程序的时间或次数不能保持良好的同步，就可能发生合法用户无法登录的问题。动态口令技术广泛应用在 VPN、网上银行、电子政务、电子商务等领域。

3）短信密码

短信密码以手机短信形式请求包含 6 位随机数的动态密码，身份认证系统以短信形式发送随机的 6 位密码到客户的手机上。客户在登录或者交易认证时输入此动态密码，从而确保系统身份认证的安全性。

4）USB Key 认证

基于 USB Key 的身份认证方式采用软硬件相结合一次一密的强双因子认证模式，很好地解决了安全性与易用性之间的矛盾。USB Key 是一种 USB 接口的硬件设备，它内置单片机或智能卡芯片，可以存储用户的密钥或数字证书，利用 USB Key 内置的密码学算法实现对用户身份的认证。目前主要运用在电子政务、网上银行。

5）IC 卡认证

IC 卡是一种内置集成电路的卡片，卡片中存有与用户身份相关的数据，IC 卡由专门的厂商通过专门的设备生产，可以认为是不可复制的硬件。IC 卡由合法用户随身携带，登录时必须将 IC 卡插入专用的读卡器读取其中的信息，以验证用户的身份。

6）生物识别技术

生物识别技术是指采用每个人独一无二的生物特征来验证用户身份的技术。常见的有指纹识别、虹膜识别等。从理论上说，生物特征认证是最可靠的身份认证方式，因为它直接使用人的物理特征来表示每个人的数字身份，不同的人具有相同生物特征的可能性可以忽略不计，因此几乎不可能被仿冒。生物特征认证基于生物特征识别技术，受到现在的生物特征识别技术成熟度的影响，采用生物特征认证还具有较大的局限性。

7）数字签名

数字签名技术是用于身份认证的最典型的方法。数字签名有两种功效：一是能确定消息确实是由发送方签名并发出来的，因为别人假冒不了发送方的签名。二是数字签名能确定消息完整性。因为数字签名的特点是它代表了文件的特征，文件如果发生改变，数字签名的值也将发生变化。

4.5.4　数字水印技术

1. 数字水印技术的分类

随着通信的迅猛发展，信息技术已遍布世界的每个角落，信息安全问题变得十分突出，网络通信信息安全显得尤为重要。数字水印（Digital Watermark）是将与多媒体内容相关或不相关的一些标示信息直接嵌入多媒体内容当中，但不影响原内容的使用价值，且不容易被人的知觉系统觉察或注意到。数字水印技术具有不同的分类方法：

1）按水印的特性划分

按水印的特性可以将数字水印分为鲁棒数字水印和易损数字水印两类。鲁棒数字水印主要用于在数字作品中标识著作权信息，利用这种水印技术在多媒体内容的数据中嵌入创建者、所有者的标示信息，或者嵌入购买者的标示。用于版权保护的数字水印要求有很强的鲁棒性和安全性，除了要求在一般图像处理中生存外，还需能抵抗一些恶意攻击。与鲁棒水印的要求相反，易损数字水印主要用于完整性保护，这种水印同样是在内容数据中嵌入不可见的信息。当内容发生改变时，这些水印信息会发生相应的改变，从而可以鉴定原始数据是否被篡改。易损水印应对一般图像处理有较强的免疫能力，同时又要求有较强的敏感性，人们根据易损水印的状态就可以判断数据是否被篡改过。

2）按水印所附载的媒体划分

按水印所附载的媒体可以将数字水印划分为图像水印、音频水印、视频水印、文本水印以及用于三维网格模型的网格水印等。随着数字技术的发展，会有更多种类的数字媒体出现，同时也会产生相应的水印技术。

3）按水印隐藏的位置划分

按数字水印的隐藏位置可以将其划分为时（空）域数字水印、频域数字水印、时/频域数字水印和时间/尺度域数字水印。时（空）域数字水印是直接在信号空间上叠加水印信息，而频域数字水印、时/频域数字水印和时间/尺度域数字水印则分别是在 DCT 变换域、时/频变换域和小波变换域上隐藏水印。

2．数字水印的典型算法

随着数字水印技术的发展，各种水印算法层出不穷，水印的隐藏位置也不再局限于上述几种。应该说，只要构成一种信号变换，就有可能在其变换空间上隐藏水印。近年来，数字水印技术研究取得了很大的进步，下面对一些典型的算法进行了分析，除特别指明外，这些算法主要针对图像数据（某些算法也适合视频和音频数据）。

1）空域算法

该类算法中典型的水印算法是将信息嵌入到随机选择的图像点中最不重要的像素位上，这可保证嵌入的水印是不可见的。但是由于使用了图像不重要的像素位，算法的鲁棒性差，水印信息很容易被滤波、图像量化、几何变形的操作破坏。另外一个常用方法是利用像素的统计特征将信息嵌入像素的亮度值中。

2）Patchwork 算法

随机选择 N 对像素点(a_i,b_i)，然后将每个 a_i 点的亮度值加 1，每个 b_i 点的亮度值减 1，这样整个图像的平均亮度保持不变。适当地调整参数，Patchwork 方法对 JPEG 压缩、FIR 滤波以及图像裁剪有一定的抵抗力，但该方法嵌入的信息量有限。为了嵌入更多的水印信息，可以将图像分块，然后对每一个图像块进行嵌入操作。

3）变换域算法

该类算法中，大部分水印算法采用了扩展频谱通信技术。可以将数字图像的空间域数据通过离散傅里叶变换（DFT）或离散小波变换（DWT）转化为相应的频域系数；根据待隐藏的信息类型，对其进行适当编码或变形；根据隐藏信息量的大小和其相应的安全目标，选择某些类型的频域系数序列；确定某种规则或算法，用待隐藏的信息的相应数据去修改前面选定的频域系数序列；最后将数字图像的频域系数经相应的反变换转化为空间域数据。该类算法的隐藏和提取信息操作复杂，隐藏信息量不能很大，但抗攻击能力强，适合于数字作品版权保护的数字水印技术中。

4）压缩域算法

压缩域算法基于 JPEG、MPEG 标准的压缩域数字水印系统，不仅节省了大量的完全解码和重新编码过程，而且在数字电视广播及 VoD（Video on Demand）中有很大的实用价值。相应地，水印检测与提取也可直接在压缩域数据中进行。

4.5.5　数字时间戳技术

对于成功的电子商务应用，要求参与交易各方不能否认其行为。这其中需要在经过数字签名的交易上打上一个可信赖的时间戳，从而解决一系列的实际和法律问题。由于用户桌面时间很容易改变，由该时间产生的时间戳不可信赖，因此需要一个权威第三方来提供可信赖的且不可抵赖的时间戳服务。

在各种政务和商务文件中，时间是十分重要的信息。在书面合同中，文件签署的日期和签名一样均是十分重要的防止文件被伪造和篡改的关键性内容。在电子文件中，同样需对文件的日期和时间信息采取安全措施，而数字时间戳服务（Digital Time-stamp Service，DTS）就能提供电子文件发表时间的安全保护。数字时间戳服务是网上安全服务项目，由专门的机构提供。时间戳（Time-stamp）是一个经加密后形成的凭证文档，它包括三个部分：

① 需加时间戳的文件的摘要（Digest）。

② DTS 收到文件的日期和时间。

③ DTS 的数字签名。

时间戳产生的过程为：用户首先将需要加时间戳的文件用 HASH 编码加密形成摘要，然后将该摘要发送到 DTS，DTS 在加入了收到文件摘要的日期和时间信息后再对该文件加密（数字签名），然后送回用户。由 Bellcore 创造的 DTS 采用如下过程：加密时将摘要信息归并到二叉树的数据结构；再将二叉树的根值发表在报纸上，这样更有效地为文件发表时间提供了佐证。注意，书面签署文件的时间是由签署人自己写上的，而数字时间戳则不然，它是由认证单位 DTS 添加的，以 DTS 收到文件的时间为依据。因此，时间戳也可作为科学家的科学发明文献的时间认证。

4.5.6　数字信封技术

数字信封是公钥密码体制在实际中的一个应用，是用加密技术来保证只有规定的特定收信人才能阅读通信的内容。

在数字信封中，信息发送方采用对称密钥来加密信息内容，然后将此对称密钥用接收方的公开密钥来加密（这部分称数字信封）之后，将它和加密后的信息一起发送给接收方，接收方先用相应的私有密钥打开数字信封，得到对称密钥，然后使用对称密钥解开加密信息。这种技术的安全性相当高。数字信封主要包括数字信封打包和数字信封拆解，数字信封打包是使用对方的公钥将加密密钥进行加密的过程，只有对方的私钥才能将加密后的数据（通信密钥）还原；数字信封拆解是使用私钥将加密过的数据解密的过程。

数字信封的功能类似于普通信封，普通信封在法律的约束下保证只有收信人才能阅读信的内容；数字信封则采用密码技术保证只有规定的接收人才能阅读信息的内容。数字信封中采用了对称密码体制和公钥密码体制。信息发送者首先利用随机产生的对称密码加密信息，再利用接收方的公钥加密对称密码，被公钥加密后的对称密码称为数字信封。在传递信息时，信息接收方若要解密信息，必须先用自己的私钥解密数字信封，得到对称密码，才能利用对称密码解密所得到的信息。这样就保证了数据传输的真实性和完整性。

在一些重要的电子商务交易中密钥必须经常更换，为了解决每次更换密钥的问题，结合对称加密技术和公开密钥技术的优点，它克服了对称密钥加密中秘密密钥分发困难和公开密钥加密中加密时间长的问题，使用两个层次的加密来获得公开密钥技术的灵活性和秘密密钥技术的高效性。信息发送方使用密码对信息进行加密，从而保证只有规定的收信人才能阅读信的内容。采用数字信封技术后，即使加密文件被他人非法截获，因为截获者无法得到发送方的通信密钥，故不可能对文件进行解密。

数字信封的详细过程如下：

（1）发方 A 将原文信息进行哈希运算，得到一个哈希值，即数字摘要 MD。

（2）发方 A 用自己的私钥 PVA，采用非对称算法，对数字摘要 MD 进行加密，即得数字签名 DS。

（3）发方 A 用对称算法的对称密钥 SK 对原文信息、数字签名 SD 及发方 A 证书的公钥 PBA 采用对称算法加密，得加密信息 E。

（4）发方用收方 B 的公钥 PBB，采用非对称算法对对称密钥 SK 加密，形成数字信封 DE，就好像将对称密钥 SK 装到了一个用收方公钥加密的信封里。

（5）发方 A 将加密信息 E 和数字信封 DE 一起发送给收方 B。

（6）收方 B 接收到数字信封 DE 后，用自己的私钥 PVB 解密数字信封，取出对称密钥 SK。

（7）收方 B 用对称密钥 SK 通过对称算法解密加密信息 E，还原出原文信息、数字签名 SD 及发方 A 证书的公钥 PBA。

（8）收方 B 验证数字签名，先用发方 A 的公钥解密数字签名得到数字摘要 MD。

（9）收方 B 同时将原文信息用同样的哈希运算，求得一个新的数字摘要 MD’。

（10）将两个数字摘要 MD 和 MD’进行比较，验证原文是否被修改。如果二者相等，说明数据没有被篡改，是保密传输的，签名是真实的；否则拒绝该签名。

4.6 非密码的安全技术

4.6.1 基于生物特征的鉴别技术

在电子商务应用日益广泛的今天，从某种角度看，身份认证技术可能比信息加密本身更加重要。目前的应用主要是以“用户 ID+口令+数字证书”进行用户身份认证。从根本上说这种身份认证不能解决访问者的物理身份和电子身份的一致性问题，即无法确认通过身份认证的访问者即获授权者。启发于人的身体特征具有不可复制的特点，人们开始把目光转向了生物识别技术。人的指纹、虹膜、视网膜等都具有唯一性和稳定性的特征。

生物特征识别技术是通过计算机与光学、声学传感器和生物统计学原理等高科技手段结合，利用人体固有的生理特性进行个人身份的鉴定。其核心在于如何获取这些生物特征，并将其转换为数字信息，存储于计算机中，利用可靠的匹配算法来完成验证与识别个人身份的过程。生物识别系统的原理如图 4-17 所示。

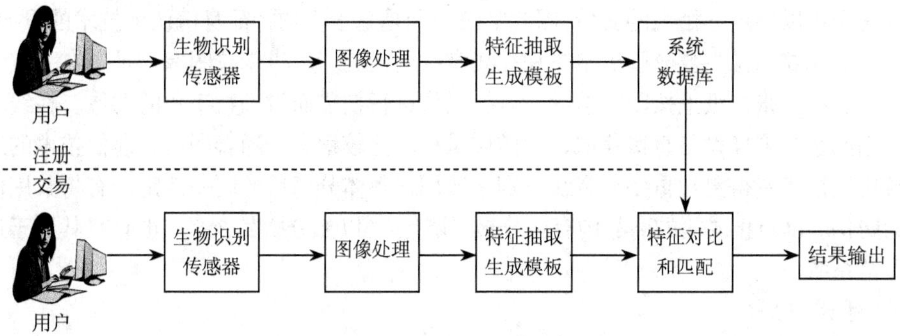

图 4-17　生物识别系统的原理

1）指纹识别

指纹识别技术是通过取像设备读取指纹图像，然后用计算机识别软件分析指纹的全局特征和指纹的局部特征，特征点如嵴、谷、终点、分叉点和分歧点等，从指纹中抽取特征值，可以非常可靠地通过指纹来确认一个人的身份。

指纹识别原理和过程如下：首先，通过指纹读取设备读取到人体指纹图像，并对原始图像进行初步处理，使之更清晰。然后，指纹辨识算法建立指纹的数字表示——特征数据。特征文件存储从指纹上找到被称为细节点的数据点，也就是那些指纹纹路的分叉点或末梢点。这些数据称为模板（至今仍然没有一种模板的标准，也没有一种标准的抽象算法，各厂商自行其是）。最后，通过计算机把两个指纹的模板进行比较，计算出它们的相似程度，得到两个指纹的匹配结果。

2）虹膜和视网膜识别

虹膜是一种在眼睛中瞳孔内的织物状各色环状物，每个虹膜都包含一个独一无二的基于像冠、水晶体、细丝、斑点、结构、凹点、射线、皱纹和条纹等特征的结构。世界上两个指纹相同的几率为 $1/10^9$，而两个虹膜图像相同的几率是 $1/10^{11}$，虹膜在人的一生中均保持稳定不变。因此，利用虹膜来识别身份能够成为独一无二的标识，其可靠性超过了指纹识别。在 20 世纪 30 年代，通过研究就得出了人类眼球后部血管分布唯一性的理论，进一步的研究表明，即使是孪生子，这种血管分布也是具有唯一性的，视网膜的结构形式在人的一生当中都相当稳定。所以，同虹膜识别技术一样，视网膜扫描可能是最可靠、最值得信赖的生物特征识别技术。

3）面部识别

面部识别技术通过对面部特征和它们之间的关系进行识别，用于扑捉面部图像的两项技术为标准视频和热成像技术。标准视频技术通过视频摄像头摄取面部的图像；热成像技术通过分析由面部的毛细血管的血液产生的热线来产生面部图像，与视频摄像头不同，热成像技术并不需要较好的光源，即使在黑暗情况下也可以使用。面部识别技术的优点是：非接触性的。缺点是：要比较高级的摄像头才可有效高速地扑捉面部图像；使用者面部的位置与周围的光环境都可能影响系统的精确性，而且面部识别也是最容易被欺骗的。另外，对于人体面部的头发、饰物以及其他变化需要通过人工智能技术补偿；对于采集图像的设备会比其他技术昂贵得多。这些因素限制了面部识别技术的广泛应用。

4）掌纹识别

掌纹与指纹一样也具有稳定性和唯一性，利用掌纹的线特征、点特征、纹理特征、几何特征等完全可以确定一个人的身份，因此掌纹识别是基于生物特征身份认证技术的重要内容。目前采用的掌纹图像主要分脱机掌纹和在线掌纹两大类。脱机掌纹图像，是指在手掌上涂上油墨，然后在一张白纸上按印，然后通过扫描仪进行扫描而得到数字化的图像。在线掌纹则是用专用的掌纹采样设备直接获取，图像质量相对比较稳定。随着网络、通信技术的发展，在线身份认证将变得更加重要。掌纹识别一般用作整体分离后的同一认定。有将其用作批量商品的防伪，以防止成箱的商品内有部分被“调包”，以部分赝品充真。也有将其用于通道口安全防范系统。

5）手形识别

手形指的是手的外部轮廓所构成的几何图形。手形识别技术中，可利用的手形几何信息包括手指不同部位的宽度、手掌宽度和厚度、手指的长度等。经过生物学家大量实验证明，人的手形在一段时期具有稳定性，且两个不同人手形是不同的，即手形作为人的生物特征具有唯一性，手形作为生物特征也具有稳定性，且手形也比较容易采集，故可以利用手形对人的身份进行识别和认证。手形识别是速度最快的一种生物特征识别技术，它对设备的要求较低，图像处理简单，且可接受程度较高。由于手形特征不像指纹和掌纹特征那样具有高度的唯一性，因此，手形特征只用于认证，满足中/低级的安全要求。

6）红外温谱图

人的身体各个部位都在向外散发热量，而这种散发热量的模式就是一种每个人都不同的生物特征。通过红外设备可以获得反映身体各个部位的发热强度的图像，这种图像称为温谱图。拍摄温谱图的方法和拍摄普通照片的方法类似，因此，可以用人体的各个部位进行鉴别，比如可对面部或手背静脉结构进行鉴别来区分不同的身份。

温谱图的数据采集方式决定了利用温谱图的方法可以用于隐蔽的身份鉴定。除了用来进行身份鉴别外，温谱图的另一个应用是吸毒检测，因为人体服用某种毒品后，其温谱图会显示特定的结构。温谱图的方法具有可接受性，因为数据的获取是非接触式的，具有非侵犯性。但是，人体的温谱值受外界环境影响很大，对于每个人来说不是完全固定的。目前，已经有温谱图身份鉴别的产品，但是由于红外测温设备的昂贵价格，使得该技术不能得到广泛应用。

7）人耳识别

人耳识别技术是20世纪90年代末开始兴起的一种生物特征识别技术。人耳具有独特的生理特征和观测角度的优势，使人耳识别技术具有相当的理论研究价值和实际应用前景。一套完整的人耳自动识别系统一般包括以下几个过程：人耳图像采集、图像预处理、人耳图像的边缘检测与分割、特征提取、人耳图像识别。目前的人耳识别技术是在特定的人耳图像库上实现的，一般通过摄像机或数码照相机采集一定数量的人耳图像，建立人耳图像库，动态的人耳图像检测与获取尚未实现。

4.6.2 基于量子密码的密钥传输技术

量子密码学的理论基础是量子力学，不同于以往理论基础是数学的密码学。如果用量子密码学传递数据，则此数据将不会被任意撷取或被插入另一段具有恶意的数据，数据流将可以安全地被编码及译码。而编码及译码的工具就是随机序列，也可称其为密钥。当前，量子密码研究的核心内容是如何利用量子技术在量子信道上安全可靠地分配密钥。

与传统密码学不同，量子密码学利用物理学原理保护信息。通常把以量子为信息载体，经由量子信道传送，在合法用户之间建立共享密钥的方法称为量子密钥分配，其安全性由“海森堡测不准原理”及“单量子不可复制定理”保证。

“海森堡测不准原理”是量子力学的基本原理，说明了观察者无法同时准确地测量待测物的位置与动量。“单量子不可复制定理”是海森堡测不准原理的推论，它指在不知道量子状态的情况下复制单个量子是不可能的，因为要复制单个量子就只能先进行测量，而测量必然改变量子的状态。

因为量子密码学的密钥具有不可复制性，因此是绝对安全的。如果不幸被黑客撷取，则因为测量过程中会改变量子状态，黑客盗得的是毫无意义的资料。

量子密码术用当前的物理学知识来开发不能被破获的密码系统，即如果不了解发送者和接收者的信息，该系统就完全安全。

理论上，量子密码术工作在以下模式（这个观点是由 Bennett 和 Brassard 于 1984 年开发的传统模式，其他的模式也存在）：

假设两个人想安全地交换信息，命名为 Alice 和 Bob。Alice 通过发送给 Bob 一个键来初始化信息，这个键可能就是加密数据信息的模式。是一个随意的位序列，用某种类型模式发送，可以认为两个不同的初始值表示一个特定的二进制位（0 或 1）。

暂且认为这个键值是在一个方向上传输的光子流，每个光子微粒表示一个单个的数据位（0 或 1）。除了直线运行外，所有光子也以某种方式进行振动。这些振动沿任意轴在 360° 的空间进行着，为简单起见（至少在量子密码术中可简化问题），把这些振动分为 4 组特定的状态，即上、下，左、右，左上、右下和右上、左下，振动角度就沿着光子的两极。现在为这个综合体加入一个偏光器，偏光器是一种简单的过滤器，它允许处于某种振动状态的原子毫无改变地通过，令其他原子改变震动状态后通过（它也能彻底阻塞光子通过，但这里忽略这一属性）。Alice 有一个偏光器允许处于这四种状态的光子通过，实际上，她可以选择沿直线（上、下，左、右）或对角线（左上、右下，右上、左下）进行过滤。

Alice 在直线和对角线之间转换她的振动模式来过滤随意传输的单个光子。这样，就用两种振动模式中的一种表示一个单独的位，1 或 0。当接收到光子时，Bob 必须用直线或对角线的偏光镜来测量每个光子位。他可能选择正确的偏光角度，也可能出错。由于 Alice 选择偏光器时非常随意，那么当选择错误的偏光器后光子会如何反应呢？

“海森堡测不准原理”指出，不能确定每个单独的光子会怎样，因为测量它的行为时会改变它的属性（如果想测量一个系统的两个属性，测量一个的同时排除了对另外一个量化的权利）。然而，可以估计这一组发生了什么。当 Bob 用直线测光器测量左上/右下和右上/左下（对角）光子时，这些光子在通过偏光器时状态会改变，一半转变为上下振动方式，另一半转变为左右方式。但不能确定一个单独的光子会转变为哪种状态（当然，在真正应用中，一些光子会被阻塞，这与这一理论关系不大）。

Bob 测量光子时可能正确也可能错误，可见，Alice 和 Bob 创建了不安全的通信信道，其他人员也可能监听。接下来 Alice 告诉 Bob 她用哪个偏光器发送的光子位，而不是她如何两极化的光子。她可能说 8597 号光子（理论上）发送时采用直线模式，但她不会说发送时是否用上、下或左、右。Bob 这对确定了他是否用正确的偏光器接收了每一个光子。然后 Alice 和 Bob 就抛弃他利用错误的偏光器测量的所有的光子。他们所拥有的，是原来传输长度一半的 0 和 1 的序列。但这就形成了 one-time pad（OTP）理论的基础，即一旦被正确实施，就被认为是完全随意和安全的密码系统。

现在，假设有一个监听者——Eve，尝试着窃听信息，他有一个与 Bob 相同的偏光器，需要选择对光子进行直线或对角线过滤。然而，他面临着与 Bob 同样的问题，有一半的可能性他会选择错误的偏光器。Bob 的优势在于他可以向 Alice 确认所用偏光器的类型。而 Eve 没有办法，有一半的可能性她选择了错误的检测器，错误地解释了光子信息来形成最后的键，致使其无用。

而且，在量子密码术中还有另一个固有的安全级别，就是入侵检测。Alice 和 Bob 将知道 Eve 是否在监听他们。Eve 在光子线路上的事实将非常容易被发现，原因如下：假设 Alice 采用右上/左下的方式传输编号为 349 的光子给 Bob，但这时，Eve 用了直线偏光器，仅能准确测定上下或左右型的光子。如果 Bob 用了线型偏光器，那么无所谓，因为他会从最后的键值中抛弃这个光子。但如果 Bob 用了对角型偏光器，问题就产生了，他可能进行正确的测量，根据“海森堡测不准原理”，也可能进行错误的测量。Eve 用错误的偏光器改变了光子的状态，即使 Bob 用正确的偏光器也可能出错。

一旦发现了 Eve 的行为，他们一定采取上面的措施，获得一个由 0 和 1 组成的唯一的键序列，除非已经被窃取了，才会产生矛盾。这时他们会进一步采取行动来检查键值的有效性。如果在不安全的信道上比较二进制数字的最后键值是很愚蠢的做法，也是没必要的。

假设最后的键值包含 4 000 位二进制数字，Alice 和 Bob 需要做的就是从这些数字当中随机选出一个子集，200 位吧，根据两种状态（数字序列号 2，34，65，911 等）和数字状态（0 或 1）进行比较，如果全部匹配，就可以认为 Eve 没有监听。如果她在监听，那么不被发现的几率是万亿分之一，也就是不可能不被发现。Alice 和 Bob 发现有人监听后将不再用这个键值，他们将在 Eve 不可到达的安全信道上重新开始键值交换，当然上述比较活动可以在不安全的信道上进行。如果 Alice 和 Bob 推断出他们的键值是安全的，因为他们用 200 位进行了测试，这 200 位将被从最后的键值中抛弃，4 000 位变成 3 800 位。

从 Bennett 办公桌上的临时设计一直发展至今，量子密码术已经有了长足的进展。现在美国国家安全局和联邦储备银行已经能够向两家小公司购买量子密码系统，而且未来还会有更多的产品。这个加密的新方法融合了量子力学与信息理论，成为量子信息技术的第一个主要商品。将来这个领域诞生的最终技术可能是量子计算机，它将具有超强的解码能力，而避免密码被破解的唯一办法可能就是量子密码术。

4.7 加密实例分析

PGP（Pretty Good Privacy）是一个邮件加密软件。可以用它对邮件进行加密以防止非授权者阅读，它还能对邮件加上数字签名，从而使收信人可以确信邮件是你发来的。它让你可以安全地和你从未见过的人通信，事先并不需要任何保密渠道传递密钥。它采用 RSA 和 IDEA

加密的杂合算法、用于数字签名的邮件摘要算法、加密前压缩等，还有一个良好的人机工程设计。它的功能强大、速度快。而且它是开源的。

PGP 具有下列功能：

（1）在任何软件中进行加密/签名以及解密/校验。通过 PGP 选项和电子邮件插件，可以在任何软件中使用 PGP 的功能。

（2）创建以及管理密钥。使用 PGP keys 创建、查看和维护自己的 PGP 密钥对；以及把任何人的公钥加入自己的公钥库中。

（3）创建自解密压缩文档（Self-Decrypting Archives，SDA）。可以建立一个自动解密的可执行文件。任何人不需要事先安装 PGP，只要得知该文件的加密密码，就可以把这个文件解密。这个功能尤其在需要把文件发送给没有安装 PGP 的人时特别好用。并且，此功能还能对内嵌其中的文件进行压缩，压缩率与 ZIP 相似。

（4）创建 PGP disk 加密文件。该功能可以创建一个.pgd 文件，此文件用 PGP disk 功能加载后，将以新分区的形式出现，可以在此分区内放入需要保密的任何文件，其使用私钥和密码两者共用的方式保存加密数据。

（5）永久的粉碎销毁文件、文件夹，并释放磁盘空间。可以使用 PGP 粉碎工具永久地删除那些敏感的文件和文件夹，而不会遗留任何数据片段在硬盘上。也可以使用 PGP 自由空间粉碎器清除已经被删除的文件实际占用的硬盘空间。这两个工具均可确保所删除的数据永远不可能被别有用心的人恢复。

PGP 邮件加密的过程如图 4-18 所示。

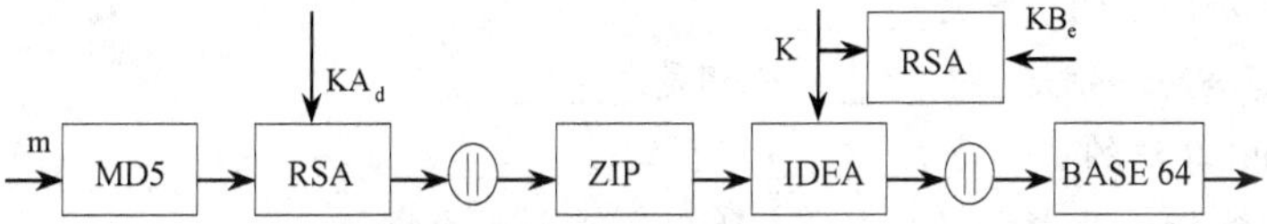

图 4-18　PGP 邮件加密过程

PGP 邮件加密过程的详细描述如下：

（1）邮件数据 m 经 MD5 进行散列处理，形成数据摘要。

（2）用发送者的 RSA 私钥 KA_d 对摘要进行数字签名，确保真实性。

（3）将邮件数据与数字签名拼接：数据在前，签名在后。

（4）用 ZIP 对拼接后的数据进行压缩，以便于存储和传输。

（5）用 IDEA 对压缩后的数据进行加密，加密密钥为 K，确保保密。

（6）用接收者的 RSA 公钥 KB_e 加密 IDEA 的密钥 K。

（7）将经 RSA 加密的 IDEA 密钥与 IDEA 加密的数据拼接：数据在前，密钥在后。

（8）将加密数据进行 BASE 64 变化，变化为 ASCII 码。

现在，越来越多的企业开始建置加密系统，以保护敏感的企业机密，为了解决各种加密问题，保护邮件、硬盘、文档等，建置了不同的平台，导致管理上的困难，且浪费企业预算。服务器/网关级产品如 PGP Universal Server（PGP 通用服务器）通过集中操控的安全策略，来保护机密数据，避免财务损失，避免衍生法律问题，避免因机密外泄而商业信誉受损。PGP 通用服务器提供邮件、文档、硬盘、网络共享文件夹的加密保护，并有以下特色：

- 密钥管理：创建、分配和存放加密密钥而保持只有组织允许的授权人员访问加密的数据。

- 策略执行：传送集中操控的策略配置且移除不一致的或不正确的策略配置。
- 报告和记录：提供可见的加密保护当前状态，以帮助和满足管理员和审查员的要求。
- 扩展架构：通过消除管理系统多余的各部分未来的加密软件购置费用，减少时间和成本。
- 密钥的集中管理：自动生成密钥、导入/导出公钥或密钥对。
- 完全自主的策略定制：通过加密网页操控全公司的策略，拥有完全的自主权，最终用户完全不需要参与策略的制定过程。
- 完善的报告及记录功能：自动发送报告数据给系统管理者，每封邮件的进出皆有详细的记录文件可供查询。

习　题

一、填空题

1. 多表代替密码的一个代表是________。
2. 移位密码加密的通式是________。
3. 仿射密码加密的通式是________。
4. DES 算法的分组长度是________。
5. AES 算法的分组长度是________。
6. RSA 密码的私钥是________，公钥是________。
7. ElGamal 算法的公钥是________，私钥是________。
8. 椭圆曲线指的是由方程________所确定的平面曲线。
9. 数字签名技术是________加密算法的典型应用。
10. Hash 算法是指________。

二、单项选择题

1. 常用的密码攻击中，最弱的一种是（　　）。
   A. 唯密文攻击　　B. 已知明文攻击　　C. 选择明文攻击　　D. 选择密文攻击
2. 加密密钥与解密密钥相同的密码算法是（　　）。
   A. 分组密码　　B. 流密码　　C. 对称密码　　D. 公钥密码
3. 下列算法中，不是古典密码的是（　　）。
   A. 置换密码　　B. 仿射密码　　C. 维吉尼亚密码　　D. DES 算法
4. 下列加密算法中，为非对称密码算法的是（　　）。
   A. DES 密码　　B. AES 密码　　C. 椭圆曲线密码　　D. 古典密码
5. 流密码属于（　　）。
   A. 分组密码　　B. 对称密码　　C. 古典密码　　D. 公钥密码
6. 第一个公钥密码算法是（　　）。
   A. ElGamal 加密算法　　B. RSA 算法
   C. IDEA 算法　　D. 椭圆曲线密码

7. RSA 算法的安全性依赖于（　　）。
   A. 大数分解问题　　B. 离散对数问题
   C. 合数模下平方根问题　　D. 背包问题
8. ElGamal 加密算法的安全性依赖于（　　）。
   A. 背包问题　　B. 离散对数问题
   C. 大数分解问题　　D. 合数模下平方根问题
9. 数字签名是（　　）的典型应用。
   A. 分组密码　　B. 流密码　　C. 对称密码　　D. 公钥密码
10. 下列属于数字摘要算法的是（　　）。
   A. 仿射加密算法　B. DES 算法　　C. MD5 算法　　D. 公钥密码算法

三、多项选择题

1. 密码系统包括（　　）。
   A. 明文空间　　B. 密文空间　　C. 密钥空间　　D. 加密解密算法
2. 根据加密与解密密钥的关系可将密码算法分为（　　）。
   A. 分组密码　　B. 流密码　　C. 对称密码　　D. 公钥密码
3. 分组密码的工作模式包括（　　）。
   A. 电码本模式　　B. 密文链接模式　　C. 密文反馈模式　　D. 输出反馈模式
4. 常用的密码攻击可以分为（　　）。
   A. 唯密文攻击　　B. 已知明文攻击　　C. 选择明文攻击　　D. 选择密文攻击
5. 古典密码包括（　　）。
   A. 移位密码　　B. 仿射密码　　C. 维吉尼亚密码　　D. AES 算法
6. 古典代替密码包括（　　）。
   A. 单表代替密码　B. 多表代替密码　　C. 多名代替密码　　D. 置换密码
7. 对称密码包括（　　）。
   A. DES 密码　　B. AES 密码　　C. 背包密码　　D. Rabin 密码
8. 下列加密算法是分组密码的有（　　）。
   A. AES 算法　　B. RSA 算法　　C. IDEA 算法　　D. 椭圆曲线密码
9. 下列加密算法是公钥密码的有（　　）。
   A. ElGamal 加密算法　　B. RSA 算法
   C. IDEA 算法　　D. 椭圆曲线密码
10. 加密技术可以应用的领域是（　　）。
   A. 数字签名　　B. 身份认证　　C. 数字水印　　D. 时间戳技术

四、简答题

1. 什么是密码学？
2. 一个密码系统由哪几部分组成？
3. 常用的对密码系统的攻击包括哪几种方法？
4. 密码体制包括哪几类？
5. 分组密码主要有哪几种工作模式？

6. 使用仿射密码 $3x+9 \pmod{26}$ 加密明文 computer，并求出其解密函数。

7. 若明文消息为 individual character，密钥为 host，用 Vigenere 密码加密后得到的密文是什么？

8. 设 π 为集合{1,2,⋯,8}上的置换：

x	1	2	3	4	5	6	7	8
$\pi(x)$	4	1	6	2	7	3	8	5

求出逆置换 π^{-1}

9. 简述 DES 算法的流程。

10. 简述 AES 算法的流程。

11. 简述 IDEA 算法的流程。

12. 简述 RSA 算法的流程。

13. RSA 算法中 n=11413，e=7467，密文是 5859，利用分解 11413=101×113，求明文。

14. 简述 ElGamal 加密算法流程。

15. 简述椭圆曲线加密算法流程。

16. 对于椭圆曲线 $y^2=x^3-2 \bmod 7$，计算(5,2)+(5,2)。

17. 简述数字签名、数字摘要、数字信封、数字时间戳的含义。

五、操作题

1. 上机实现 DES 加密算法。
2. 上机实现 AES 加密算法。
3. 上机实现 RSA 加密算法。
4. 上机实现椭圆曲线加密算法。

第 5 章 网络安全知识与安全组网技术

网络安全即通过采用各种技术和管理措施保护计算机网络系统中的硬件、软件及其数据不因偶然或恶意原因而遭到破坏、更改和泄露，保障系统可以连续可靠地正常运行，网络服务不中断。

通过本章的学习，理解并掌握网络协议的安全性，掌握常用的网络安全技术——防火墙技术和入侵检测技术及各种常见网络攻击技术原理，并能对各种常见的网络攻击给出防御措施。

通过本章的学习可获得组建安全网络系统的核心知识和能力。

实现目标的知识点

- 网络通信威胁与网络协议的安全性
- 安全组网技术
- 防火墙技术
- 入侵检测技术
- 网络常见的攻防技术

5.1 网络安全问题概述

随着计算机网络的不断发展，Internet 技术引导信息科技进入了新的时代。与此同时网络通信的安全问题也日益突出而且越来越复杂，已威胁到国家的政治、经济、军事、文化、意识形态等领域。同时，网络通信安全问题也是人们能否保护个人隐私的关键。因此，认识信息时代网络通信的脆弱性、潜在威胁，保障信息的安全传输十分重要。

5.1.1 网络通信的威胁

计算机网络内在的特性、协议设计的特点以及安全标准的制定使得计算机网络上的通信面临着威胁。一方面，资源共享是计算机网络的重要特点。但也正是因为“共享”，让攻击者钻了空子，使得网络信息及网络设备的安全受到了种种不同程度的威胁。另一方面，从网络协议设计来看，现今使用最广泛的网络协议——TCP/IP 协议，是在资源管理及网络技术均不成熟的情况下设计的。它的主要设计目标是互连、互通、共享，而不是安全。在当今信息科技时代、电子商务炙手可热之时，其安全问题已经成为一种阻碍。再者是缺乏系统的安全标准。众所周知，IETF（Internet Engineering Task Force，因特网工程任务组）负责开发和发布因特网使用标准。随着因特网商业味道越来越浓，各个制造商为了各自的经济利益均采用自己的标准，而不是遵循 IETF 的标准化进程，这使得 IETF 的地位变得越来越模糊不清。如安全超文本传输协议（Secure Hypertext Transfer Protocol，S-HTTP）、安全套接层（Secure Sockets Layer，SSL）等安全通信协议标准之争，可见一斑。

威胁定义为对缺陷（Vulnerability）的潜在利用。网络通信所面临的威胁来自很多方面，总的来说计算机网络上的通信面临以下 4 种威胁。

（1）截获（Interception）：攻击者从网络上窃听他人的通信内容，如图 5-1 所示。

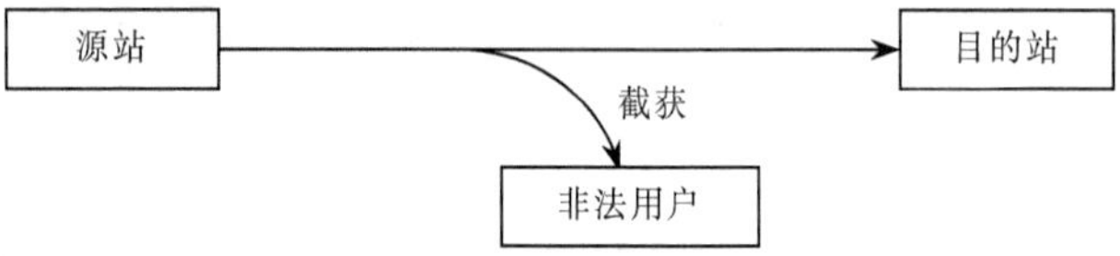

图 5-1　截获

（2）中断（Interruption）：攻击者有意中断他人在网络上的通信，如图 5-2 所示。

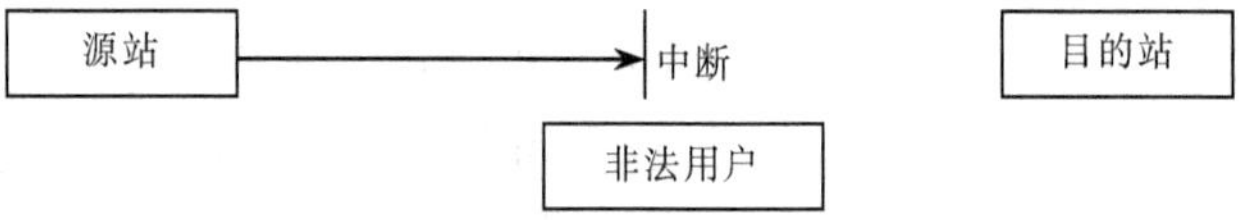

图 5-2　中断

（3）篡改（Modification）：攻击者故意篡改网络上传送的报文，如图 5-3 所示。

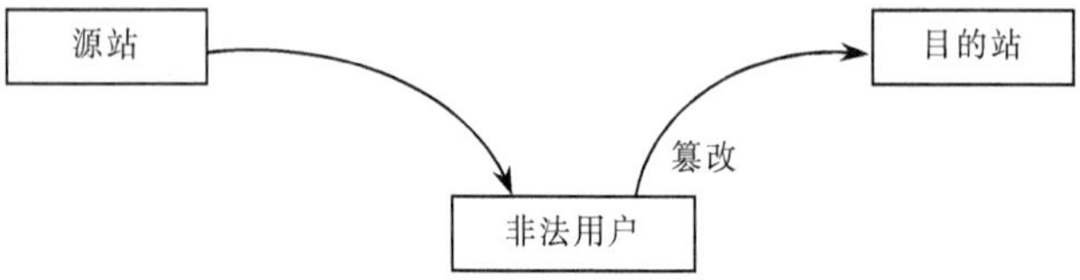

图 5-3　篡改

（4）伪造（Fabrication）：攻击者伪造信息在网络上传送，如图 5-4 所示。

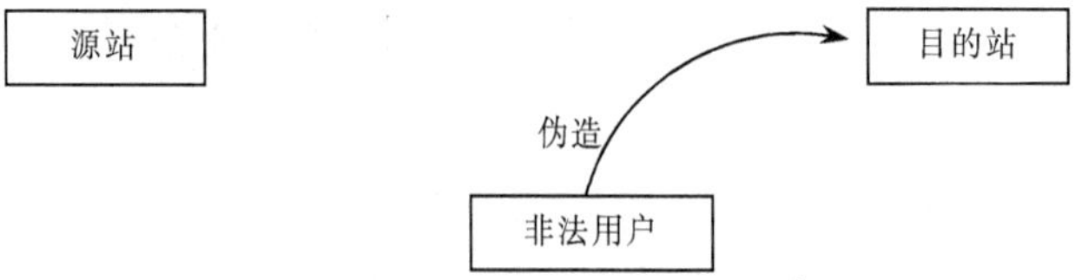

图 5-4　伪造

这 4 种威胁又可以划分为两大类攻击，即被动攻击（Passive Attack）和主动攻击（Active Attack）。其中，截获信息的攻击被称为被动攻击，中断、篡改和伪造信息的攻击称为主动攻击。

在被动攻击中，攻击者的目的只是获取信息而不干扰信息流，这就意味着攻击者不会篡改信息或危害系统。系统可以不中断其正常运行。然而，信息的暴露会危害信息的发送者或接收者。网络 Sniffer 侦听攻击、流量分析即属于此类攻击。对付被动攻击可采用各种数据加密技术。主动攻击可能改变信息或危害系统。主动攻击通常易于探测但却难于防范，因为攻击者可以通过多种方法发起攻击。对付主动攻击，需将加密技术与适当的鉴别技术相结合。

5.1.2　TCP/IP 协议族的安全性

Internet 网络体系结构以 TCP/IP 为核心。TCP/IP 体系结构共有 4 个层次，如图 5-5 所示。

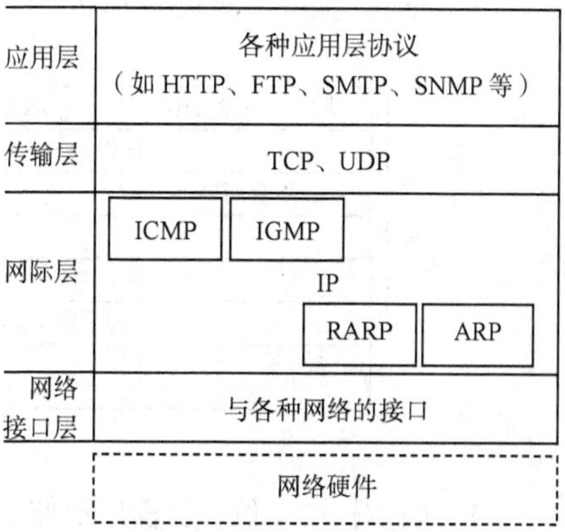

图 5-5　TCP/IP 体系结构

网际层是整个 TCP/IP 协议栈的核心，其主要的协议是无连接的网际协议（IP），有 IPv4 和 IPv6 两个主要版本。与 IPv4 配合使用的有 4 个协议，即 Internet 控制报文协议（ICMP）（有时称此协议为 ICMPv4，以便与 ICMPv6 相区别）、Internet 组管理协议（IGMP）、地址解析协议（ARP）和逆向地址解析协议（RARP）。与 IPv6 配合使用的是 ICMPv6，它综合了 ICMPv4、IGMP 和 ARP 的功能。由于目前互联网上的网际协议仍以 IPv4 为主，也就是通常所称的 IP。因此，如果不作特殊说明，提到 IP 时，指的就是 IPv4。

从整体设计上讲，一般认为因特网的以下几个特性易被攻击者利用。

（1）分组交换。互联网是基于分组交换的，这使得它比电信网（采用电路交换）更容易受到攻击，主要表现在：所有用户共享资源，给予一个用户的服务会受到其他用户的影响；攻击数据包在被判断为是否恶意之前都会被转发给受害者；路由分散决策，流量无序等。

（2）认证与可追踪性。互联网没有认证机制，任何一个终端接入即可访问全网（而电信网则不是，有 UNI、NNI 接口之分），这导致一个严重的问题就是 IP 欺骗——攻击者可以伪造数据包中任何区域的内容，然后发送数据包到 Internet 中。通常情况下，路由器不具备数据追踪功能，因此很难去验证一个数据包是否来自其所声称的地方。通过 IP 欺骗隐藏来源，攻击者就可以发起攻击而无须为由此造成的损失负责。

（3）“尽力而为”的服务策略。互联网采取的是“尽力而为”策略，即只要是交给网络的数据，不管是正常用户发送的正常数据还是攻击发送的攻击数据，网络都会尽可能地将其送到目的地。它把网络资源的分配和公平性完全寄托在终端的自律上。现在看来，这显然是不现实的。

（4）匿名与隐私。网络上的身份是虚拟的，普通用户无法知道对方的真实身份，也无法拒绝来路不明的信息。

（5）对全球网络基础设施的依赖。全球网络基础设施不提供可靠性、安全性保证，这使得攻击者可以放大其攻击效力。首先，一些不恰当的协议设计导致一些（尤其是畸形的）数据包比其他数据包耗费更多的资源。如 TCP 的连接请求 SYN 包比其他的 TCP 包占用更多的目标资源。其次，Internet 是一个大集体，其中有很多不安全的系统会严重威胁整个网络的安全。

除了上面讨论的互联网的整体不足之外，从安全性的角度来看，TCP/IP 体系中的很多协议也存在可能被攻击者利用的缺陷。下面简单介绍 TCP/IP 协议族中的几个主要协议及其安全缺陷。

1．IP 及其安全缺陷

IP 协议是 TCP/IP 协议族中最为核心的协议，是网络层上的主要协议。IP 协议是无连接的、不可靠的。

1）IP 数据报的格式

IP 数据报的格式如图 5-6 所示。一个 IP 数据报由首部和数据两部分组成。

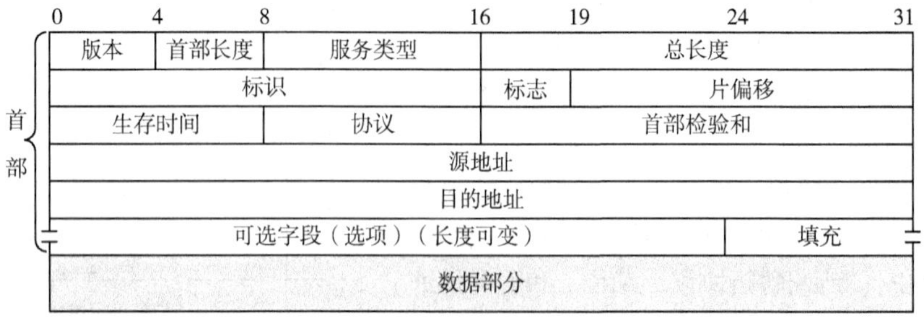

图 5-6　IP 数据报格式

（1）版本：占 4 位，目前广泛使用的 IP 协议的版本号是 4，即 IPv4。

（2）首部长度：指首部以 4 字节为单位的长度，占 4 位，因此 IP 首部最长为 60 字节。最常用的首部长度是 20 字节。

（3）服务类型：占 8 位，用来获得更好的服务。

（4）总长度：指整个 IP 数据报的长度。单位为字节，占 16 位。因此数据报的最大长度是 65535 字节（即 64 KB）。当数据报长度超过网络所容许的 MTU 而进行分片时，总长度字段是指分片后每片的首部长度与数据长度之和。其中标识、标志和片偏移字段用于分片控制。

（5）标识：占 16 位，唯一地标识主机发送的每一份数据报。当数据报长度超过网络的 MTU 而必须分片时，这个标识字段的值就被复制到所有的数据报片的标识字段中。

（6）标志：占 3 位，用于记录该数据报是否分片及若分片了是否是最后一片。

（7）片偏移：较长的分组在分片后，某片在原分组中的相对位置，以 8 字节为偏移单位。

（8）生存时间：记为 TTL（Time To Live），即数据报在网络中可通过的路由器的最大值。TTL 的初始值由源主机设置，经过一个路由器就减 1，当该字段的值为 0 时，数据报就被丢弃。

（9）协议：占 8 位，指出此数据报携带的数据使用何种协议。

（10）首部检验和：用于检验数据报的首部，不包括数据部分。若首部出错，则将数据报丢弃。

（11）源地址和目的地址：指明数据报发送的源 IP 地址和目的 IP 地址。

（12）可选字段：选项字段中提供了若干选项参数，用来支持排错、测量及安全等措施，内容很丰富。此字段的长度可变，从 1 字节到 40 字节不等，取决于所选择的项目。

2）IP 缺陷

IP 是无状态、无认证的协议，其自身有很多特性容易被攻击者利用。IP 协议的主要缺陷是缺乏有效的安全认证和保密机制，其中最主要的因素就是 IP 地址问题。TCP/IP 协议用 IP 地址来作为网络节点的唯一标识，许多 TCP/IP 服务，包括 Berkeley 的 r 命令、NFS、X Window 等都是基于 IP 地址来对用户认证和授权的。当前 TCP/IP 网络的安全机制主要是基于 IP 地址的包过滤和认证技术，它们的正确有效性依赖于 IP 包的源 IP 地址的真实性。然而 IP 地址存在许多问题，协议的最大缺点就是缺乏对 IP 地址的保护，缺乏对源 IP 地址真实性的认证机制与保密机制，这也是引起整个 TCP/IP 协议不安全的根本所在。

（1）IP 协议没有认证机制。由于 IP 没有来源认证，因此 IP 包中的所有字段几乎都可以伪造。例如，IP 中没有相应的控制以防止数据包被篡改，攻击者可以伪造首部校验和字段，或重新计算校验和以使网络节点不会丢弃数据包。由于 IP 本身对 IP 数据包是否来自真正的源地址不提供任何保障，因此攻击者可以进行 IP 源地址假冒。

许多需要重写 IP 首部的攻击都要用到 IP 欺骗，主要的攻击包括：拒绝服务攻击、中间人攻击、源路由攻击、客户端攻击和服务器端攻击等。

（2）数据报分片。由于底层协议 MTU 值的限制，IP 数据报可能需要分片，到达目的地后再重组。这一机制可能被攻击者利用。例如，用于攻击那些不能正确处理数据报分片异常（如分片重叠）的主机；通过在首片中不包含传输层信息来绕过防火墙等安全防护策略，产生大量分片使得防火墙耗费大量资源实现重组，或者发送不完整的分片报文迫使防火墙长时间等待集合中的其他分片。

（3）寻址与协议选项。数据报的寻址信息以及协议选项的信息泄露了部分网络拓扑信息。记录路由或时间戳的协议选项可能被攻击者用于网络侦察。

（4）访问控制与带宽控制。IP 没有访问控制机制，使得攻击者可以查看上层协议（如 TCP、UDP 等）的内容；攻击者还可以利用 IP 没有带宽控制的缺陷，进行数据包风暴攻击来消耗带宽、系统资源，从而导致拒绝服务攻击。

3）IPv6

IPv6 是下一版本的互联网协议，即 IPNG（IP Next Generation），提出 IPv6 的最初原因是随着互联网的迅速发展，IPv4 定义的有限地址空间将被耗尽，地址空间的不足必将影响互联网的进一步发展。为了扩大地址空间，通过 IPv6 重新定义地址空间，将地址从 IPv4 的 32 位增大到 128 位，几乎可以不受限制地提供地址。

IPv4 协议报文头结构冗余，影响转发效率；同时缺乏对端到端安全、QOS（Quality of Service，服务质量）、移动互联网安全的有效支持。IPv6 协议重点针对上述几个方面进行了改进，采用了更加精简有效的报文头结构。IPv6 数据包由一个 IPv6 报头、多个扩展报头和一个上层协议数据单元组成。IPv6 报头是必选报文头部，长度固定为 40 字节，包含该报文的基本信息。扩展报头是可选报头，可能存在 0 个、1 个或多个，IPv6 协议通过扩展首部实现各种丰富的功能。IPv6 报头中的下一个报头字段，指向第一个扩展报头。每个扩展报头中，都包含下一个报头字段，它指向下一个扩展报头。最后一个扩展报头指示出上层协议数据单元中的上层协议的报头，上层协议可以是 TCP 协议、UDP 协议或 ICMPv6 协议等。上层协议数据是该 IPv6 报文携带的上层数据，可能是 ICMPv6 报文、TCP 报文、UDP 报文或其他可能的报文。中间转发设备不需要处理所有扩展首部，提高数据包处理速度，并且通过扩展选项实现强制 IPSec 安全加密传输和对移动互联网安全的支持。IPv6 报头的格式如图 5-7 所示。

（1）IPv6 报头的格式说明如下：

① 版本：规定了 IP 协议的版本，值为 6。占 4 位。

② 历史性的 8 位流通类别字段已被替换为两个字段：6 位区分服务码点（Differentiated Services Code Point，DSCP）和 2 位显示拥塞通知（Explicit Congestion Notification，ECN）。

③ 流标签：对于一个给定的流，其流标签一经源头选定就不再改变，中间路由器不能像对待 DSCP 和 ECN 字段那样重新设置本字段。流指的是从某个特定源头到某个特定目的

地的一个分组序列。

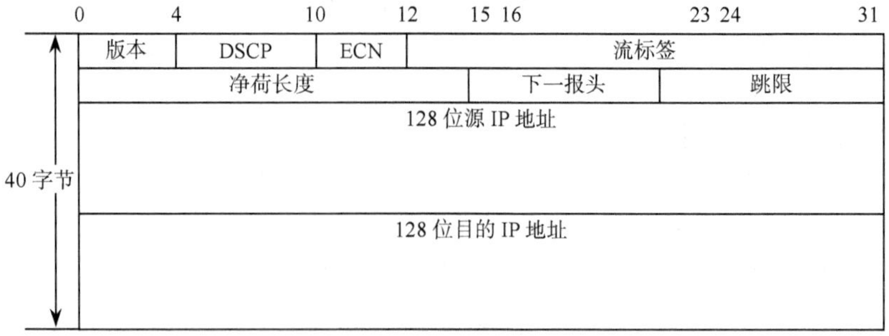

图 5-7　IPv6 报头格式

④ 净荷长度：净荷长度是 40 字节 IPv6 首部之后所有内容的字节长度（可能出现的扩展首部也计算在内）。

⑤ 下一报头：占 8 位，下一报头字段表示第一个扩展报头（如果存在）的类型，或者上层 PDU 中的协议。

⑥ 跳限：占 8 位，类似于 IPv4 的 TTL 字段。一个 IPv6 分组的跳限字段值由转发它的每个路由器递减，如果某个路由器把该值减为 0，它就丢弃该分组。

⑦ 源 IPv6 地址和目的 IPv6 地址：128 位的 IPv6 地址。

（2）IPv6 首部的主要变化点。比起 IPv4，IPv6 的首部简化了许多。首部越简单，路由器处理起来越快。其首部变换主要有以下几点：

① IPv6 没有首部长度，因为 IPv6 报头没有选项字段。固定为 40 字节的 IPv6 报头之后可以跟任意种类和数目的扩展报头，它们都有各自的长度字段。

② IPv6 报头没有用于分片的字段，因为 IPv6 另有一个独立的分片报头用于该目的。因为分片属于异常情况，而异常情况不应该减慢正常处理。

③ IPv6 报头没有其自身的校验和字段。因为所有上层协议（TCP、UDP、ICMPv6）数据单元都有各自的校验和字段，其校验范围包括上层协议首部、上层协议数据及 IPv6 报头的如下字段：IPv6 源地址、IPv6 目的地址、净荷长度和下一个报头。IPv6 省去校验和字段，转发 IPv6 分组的路由器不必在修改跳限字段值之后重新计算报头校验和，从而加快路由器转发的速度。

表 5-1 列出了“下一报头”字段值所对应的扩展报头类型。

表 5-1　“下一报头”字段值所对应的扩展报头

下一报头值	对应的扩展报头类型
0	Hop-by-Hop 选项扩展报头
43	路由扩展报头（Routing Header）
44	分片扩展报头（Fragment Header ）
50	封装安全有效载荷扩展报头（Encapsulation Security Payload Header）
51	认证扩展报头（Authentication Header）
59	无下一报头（Null）
60	目的选项扩展报头（Destination Options Header）

（3）IPv6 协议的安全性改进主要有如下几个方面：

① 可溯源：在 IPv4 网络中，由于地址空间的不足，普遍部署 NAT。NAT 的存在隐藏了用户的真实 IP，导致事前基于过滤类的预防机制和事后追踪溯源变得尤为困难。IPv6 地址资源丰富，不需要部署 NAT，安全设备可以通过简单的过滤策略对节点进行安全控制，进一步提高网络安全性。

② 防网络扫描：黑客攻击的第一步通常是对目标主机及网络进行扫描并搜集数据；病毒和蠕虫在感染了一台主机之后，也会对其他主机进行随机扫描查找有漏洞的主机并传染给该主机。在 IPv4 网络中，这种扫描和传播速度非常迅速。但在 IPv6 中，由于其巨大的地址空间变得不适用了。

③ IPv6 集成了 IPSec：IPv4 协议设计时为考虑效率并没有考虑安全机制，IPSec 是独立于 TCP/IP 协议族之外的。因此目前互联网上的大部分数据流都没有加密和验证，攻击者很容易对报文进行窃取和修改。另外，在 IPv4 网络中，NAT 和 IPSec 二者的冲突也给 IPSec 的部署带来复杂度。IPv6 协议中集成了 IPSec，实现了端到端的安全，中间转发设备只需要对带有 IPSec 扩展报头的报文进行普通转发，大大减轻了转发压力。

④ 防止碎片攻击：IPv6 认为 MTU 小于 1280 字节的数据包是非法的，处理时会丢弃 MTU 值小于 1280 字节的数据包，除非它是最后一个包。这有助于防止碎片攻击。

（4）针对 IPv6 协议的攻击。虽然 IPv6 协议从设计之初就增加了安全方面的考虑，但是任何协议都不可能是完美的，网络中同样存在针对 IPv6 协议的攻击。

① 由于 IPv6 网络传输的本质没有发生变化，IPv6 同样会面临一些现有 IPv4 网络下的攻击，如地址欺骗攻击等。

② 虽然 IPSec 能够防止多种攻击，但无法抵御 Sniffer、DoS 攻击、洪水（Flood）攻击和应用层攻击。IPSec 作为一个网络层协议，只能负责其下层的网络安全，不能对其上层如（Web、E-mail 及 FTP 等）应用的安全负责。

③ 扩展头攻击。当前协议对 IPv6 扩展头数量没有做出限制，同一类型的扩展头也可出现多次。攻击者可以通过构造包含异常数量扩展头的报文对防火墙进行拒绝服务攻击，防火墙在解析报文时耗费大量资源，从而影响转发性能。

④ IPv6 强制使用 IPSec，使得防火墙过滤变得困难。

2．ICMP 及其安全缺陷

ICMP 协议主要用于在 IP 主机、路由器之间传递控制消息。控制消息包括网络是否畅通、主机是否可达、路由是否可用等网络本身的消息。这些控制消息虽然并不传输用户数据，但对于用户数据的传递起着重要的作用。ICMP 报文格式如图 5-8 所示。

<table>
<tr><td>0</td><td>8</td><td>16　　　　　　　　31</td></tr>
<tr><td>类型</td><td>代码</td><td>校验和</td></tr>
<tr><td colspan="3">这 4 字节取决于 ICMP 报文的类型</td></tr>
<tr><td colspan="3">ICMP 数据字段（长度取决于类型）</td></tr>
</table>

图 5-8　ICMP 报文格式

ICMP 报文有两种，即 ICMP 差错报告报文和 ICMP 询问报文。ICMP 报文的前 4 字节是统一的格式，共有三个字段，即类型、代码和校验和。接着的 4 字节与 ICMP 的类型有关。

再后面是数据字段，其长度和格式取决于 ICMP 的类型。校验和字段检验整个 ICMP 报文。

ICMP 的特点决定了它非常容易被攻击者利用。例如：

（1）利用“目的站不可达”报文对攻击目标发起拒绝服务攻击。

（2）利用“改变路由”报文破坏路由表，导致网络瘫痪。

（3）木马利用 ICMP 报文进行隐蔽通信。

（4）利用“回送请求或回答”报文进行网络扫描或拒绝服务攻击。

3．UDP 及其安全缺陷

UDP 数据报格式如图 5-9 所示，由首部和数据字段组成。

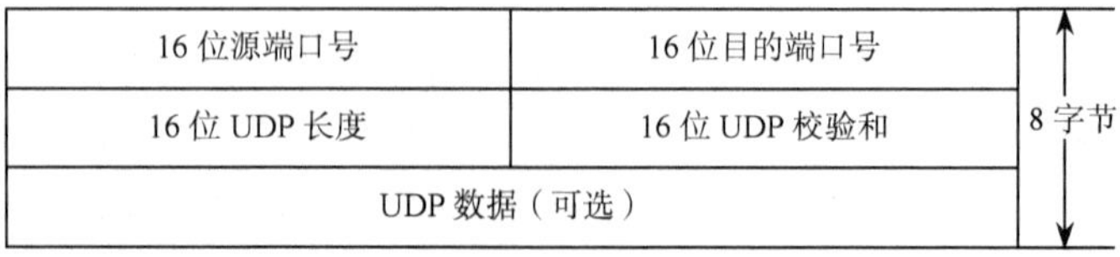

图 5-9　UDP 数据报格式

UDP 首部各个字段的含义如下：

（1）源、目的端口号：每个 UDP 数据报文都包含源端口号和目的端口号，用于寻找发送端和接收端的应用进程。

（2）UDP 长度：UDP 长度指 UDP 首部和 UDP 数据的字节总长度，该字段的最小值是 8，即数据部分为 0。

（3）UDP 校验和：UDP 校验和是一个端到端的校验和。它由发送端计算，然后由接收端验证，其目的是发现 UDP 首部和数据在发送端到接收端之间发生的任何改动。校验和的覆盖范围包括 UDP 首部、UDP 伪首部和 UDP 数据。UDP 的校验和是可选的，如 UDP 中校验和字段为 0，表示不进行校验和计算。

UDP 易被利用进行风暴型拒绝服务攻击。

4．TCP 及其安全缺陷

TCP 是 TCP/IP 体系中面向连接的运输层协议，它提供全双工和可靠交付的服务。为了提供可靠的服务，TCP 有确认、重传、流量控制、拥塞控制等机制。

1）TCP 报文段格式

图 5-10 所示为 TCP 报文段格式。

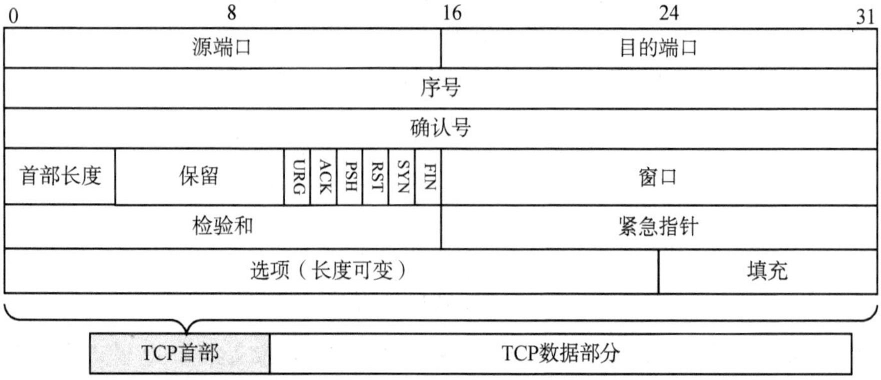

图 5-10　TCP 报文段

TCP 报文段的格式说明如下：

（1）源、目的端口号：各占 2 字节，端口号可以使用 0 ~ 65 535 之间的任何数字。

（2）序号：占 4 字节。用来标识从 TCP 源端向 TCP 目标端发送的数据字节流，它表示在此报文段中的第一个数据字节。

（3）确认号：占 4 字节。它包含期望收到对方下一个报文段数据的第一个字节的序号。

（4）首部长度：占 4 位。首部长度的单位是 32bit 字。由于 4bit 能够表示的最大十进制数字是 15，因此首部长度的最大值是 60 字节，这是 TCP 首部的最大长度。

（5）保留：占 6 位。保留为今后使用，目前应设置为 0。

（6）标志位字段（U、A、P、R、S、F）：占 6 位。各位的含义如下：

① 紧急比特 URG：为 1 时有效，表明紧急指针有效。

② 确认比特 ACK：为 1 时确认序号字段有效。

③ 推送比特 PSH：为 1 时有效，PUSH 操作的标志。

④ 复位比特 RST：为 1 时有效，要求异常终止通信连接的标志。

⑤ 同步比特 SYN：发起一个连接，在连接建立时用来同步序号。

⑥ 终止比特 FIN：释放一个连接。本地数据发送完毕，终止连接的标志。

（7）窗口：占 2 字节。用来进行流量控制。单位为字节数，是本机期望一次接收的字节数。

（8）校验和：占 2 字节。对整个 TCP 报文段进行校验和计算，并由目标端进行验证。

（9）选项：长度可变。TCP 只规定了一种选项，即最大报文段长度（Maximum Segment Size，MSS）。

2）TCP 安全缺陷

由于大量重要的应用程序都以 TCP 作为它们的传输层协议，因此 TCP 协议的安全性问题会给网络带来严重后果。

（1）由于一台主机或服务器所允许建立的 TCP 连接数是有限的。因此，攻击者常常用 TCP 全连接或半连接来对目标发起拒绝服务攻击，如 SYN Flood 攻击、TCP 连接耗尽型攻击等。

（2）序号预测。TCP 报文段的初始序号（ISN）在 TCP 连接建立时产生，攻击者向目标主机发送连接请求可得到上次的序号，再通过多次测量来回传输路径得到进攻主机到目标主机间数据包传送的往返时延（RTT）。已知上次连接的序号和 RTT，就能预测下次连接的序号。若攻击者预测到序号就能伪造有害数据包并使目标主机接受。

（3）网络扫描。攻击者可以利用 TCP 连接请求来进行端口扫描，从而获得目标主机上的网络服务状态，进一步发起有针对性的攻击。

5. ARP 及其安全缺陷

ARP 用于将计算机的网络地址转化为物理地址。每台主机均有一个 ARP 高速缓存，保存主机知道的所有 IP 地址和 MAC 地址的对应关系。ARP 对收到的 ARP 响应不作任何验证就更新其 ARP 缓存，即允许未经请求的 ARP 广播或单播对缓存中的 IP-MAC 对应表项进行删除、添加或修改。这一严重的安全缺陷经常被攻击者用来进行各种网络攻击，例如：

（1）网络嗅探。攻击者可以伪造 ARP 响应，从本地或远程发送到本局域网中，修改 ARP 缓存，从而重定向 IP 数据流到攻击者主机，达到窃听、假冒或拒绝服务（如 IP 地址冲突、网络数据包定向到非目的主机）的目的。

（2）阻止目标数据包通过网关。局域网一般通过网关与外网连接，所有与外网计算机有通信关系的计算机上的 ARP 缓存中都存在网关 IP 地址和 MAC 地址的映射记录。如果该记录被攻击者用假冒的 ARP 响应更改，那么该计算机向外发送的数据包就会发送到错误的网关 MAC 地址上，导致该计算机不能与外网通信。

5.1.3　有线网络协议与安全性

有线网络，即其设备互连是通过双绞线、同轴电缆及光纤等物理电缆实现的。有线网络协议主要有由 ISP 使用的几种有线网络协议，用于提供网络之间的高速连接，还包括用于提供小型网络，即局域网的连接的有线网络协议。由 ISP 使用的网络协议是根据传输速度、节点之间的距离和环境变化的，这样的网络称为广域网。本书中不探讨广域网及其协议。

1）以太网协议

以太网协议一直作为局域网主导协议及最常用的互连协议使用到今天。以太网有几种不同速率和介质形式，是 IEEE 802 标准的一部分。IEEE 802.3 是有线以太网，IEEE 802.11 是无线以太网。无线以太网将在 5.1.4 节讨论。表 5-2 列出了常用的有线以太网类型。

表 5-2　常用以太网类型

名　　称	速　　率	有线类型	设备间最大距离
10 Base2	10 Mbit/s	同轴电缆	185 m
10 BaseF	10 Mbit/s	光纤	500 m
10 BaseT	10 Mbit/s	双绞线	100 m
100 BaseT	100 Mbit/s	双绞线	100 m
100 BaseFX	100 Mbit/s	光纤	1 000 m
1 000 BaseX	100 Mbit/s	光纤或同轴电缆	取决于电缆类型

以太网以载波侦听多路访问/冲突检测（CSMA/CD）进行媒体访问控制，其目的是避免冲突。网络中的各个节点都能独立地决定数据帧的发送与接收。每个节点在发送数据帧之前，首先要进行载波监听，只有当媒体空闲时，才允许发送数据帧。如果两个以上的节点同时监听到媒体空闲并都发送数据帧，就会产生冲突。每个节点随时检测冲突是否发生，如果发生，立即停止发送数据。然后每个节点随机延迟一段时间后，再重新使用媒体，重发未完成的数据帧。

以太网的帧格式如图 5-11 所示。

目标地址	源地址	类型	数据	帧序检查

图 5-11　以太网的帧格式

以太网的帧格式说明如下：

（1）目标地址和源地址：分别占 6 字节，指示发送目标地址和发送方的硬件地址。

（2）类型：占 1 字节，用于识别低层协议应该处理的数据包。

（3）数据：数据段包含的是数据，这个字段的长度限制在 1500 字节之内。以太网有一个最小的数据长度，46 字节长，用于冲突检测。

（4）帧序检查：用于证实帧在传输期间没被破坏，采用循环冗余校验 CRC。

2）基于验证的攻击

基于验证的攻击着眼于源地址和目标地址。目标地址验证接收数据帧的物理控制器。如果攻击者使一台设备相信目标地址就是攻击者的以太网地址，那么攻击者就可以读到所有的数据帧。因为目标硬件地址是通过地址解析协议（ARP）得到的，因此这类攻击为 ARP 欺骗攻击。

对源地址基于验证的攻击是发送带不同源地址的数据包，试图填满以太网交换机地址表，或让交换机相信是另一台设备发来的数据包。一些交换机，当地址表填满的时候，或者交换机两个端口有同样的源地址的时候，默认递交所有流量。当攻击者使用交换机上的另一端口的设备源地址时，有些交换机只是把流量传递给两个端口，这样攻击者能嗅探到流量；或者交换机修改地址表，流量会被传输到源地址出现的最后一个端口。

3）基于协议的攻击

有线以太网协议简单，且由硬件实现，因此它没有任何基于协议的漏洞。

4）基于流量的攻击

以太网上最常见的基于流量的攻击是流量嗅探。发起这类攻击很容易，因为大多数以太网控制器可以设置为混杂模式，这样就能够读取与硬件无关的所有流量。防止流量嗅探的方法之一是采用交换式网络环境。另一种方法是采用虚拟局域网，该方法将流量隔离在虚拟网络，让你只能看到你的虚拟网上的流量。这是一个在有线和无线局域网上常用的对策。使用加密技术也可以减少嗅探。有线以太网的加密很少见，常见的是在高层或无线以太网上加密。

基于流量的第二大类攻击是用大量的流量造成网络崩溃。这可以造成发送到网络上的真实流量减少，在某些情况下，实际流量可以降到零。通过广播地址可以造成大流量。当广播发生时，以太网硬件地址内的每一台机器都会收到数据包，且不得不处理它。如果一个攻击者产生足够多的广播包，那么网络上的设备速度将降低，整体真实流量会降低。

5.1.4　无线网络协议与安全性

无线网络，其设备互连是通过控制自由发送或接收的方式实现的。最常用的发送方法是无线电波，其他方法有微波或光波。无线网络协议由于其低实现成本和设备的广泛可携带性而越来越普遍。近年来迅猛发展的移动电子商务就是通过无线上网来进行网络交易。无线网络按照覆盖地域范围划分为无线广域网（WWAN）、无线城域网（WMAN）、无线局域网（WLAN）和无线个人网（WPAN）。WWAN 采用的技术分为蜂窝技术和卫星技术两种。蜂窝技术的移动通信可以“代（G）”来划分，如 2G 标准有 GSM 和 CDMS；2.5G 标准有 GPRS、WAP、HSCSD、EDGE 等；3G 标准有 WCDMA、CDMA 2000、TD-SCDMA；4G 标准有 LTE、LTE-Advanced、WiMax、HSPA+、WiewlwssMAN-Advanced。WMAN 采用的标准有 IEEE 802.16（解决“最后一英里”带宽接入问题）、IEEE 802.16d、IEEE 802.16e、IEEE 802.20。工业贸易联盟组织 WiMAX 是广义的 IEEE 802.16 标准系列的别称。WLAN 采用的标准有 IEEE 802.11、802.11b/a/g/i/e/f/h。Wi-Fi 是致力于推进 IEEE 802.11 标准的联盟，一般特指 802.11b。WPAN 采用的技术有蓝牙、HomeRF、IrDA、UWB。

未来的电子商务将是“随时随地的电子商务”，从长远看，移动电子商务市场具有超越传统电子商务规模的潜力。移动电子商务面临的巨大障碍是赢得客户的信任，一个安全漏洞可能导致所有的努力功亏一篑。无线网络的特点是通信信道共享、时延较大、连接的可靠性较低、超出覆盖区域时会拒绝接入。就本质而言，无线网所增加的安全问题主要是由于其采用了电磁波作为载体来传输数据信号，而其他方面的问题与有线网络相同。本节先讨论无线局域网协议及安全问题，再关注移动电子商务的无线网平台安全协议问题。

1．无线以太网协议及安全性

表 5-3 给出了无线以太网的常用名称和数据速率。无线网络信号会受到一些物体（如墙壁）的影响。信号会以一个合适的角度穿过物体到源，当角度偏离 90° 时信号会因物体而发生反射。

表 5-3 常见无线以太网协议

名　称	频　率	数据速率	设备间的最大距离
802.11a	5 GHz	54 Mbit/s	30 m
802.11b	2.4 GHz	11 Mbit/s	30 m
802.11g	2.4 GHz	11 ~ 54 Mbit/s	30 m
802.11n	2.4 GHz	200-500 Mbit/s	50 m

信号强度的变化会引起安全问题。要屏蔽一个建筑物，需要花费大量的资金，因而在这上面大量投入的不多见。有些方向上的天线可以减少某些方向的信号强度，但它们常常很难界定。在无线网络中，网络嗅探是最大的安全漏洞。

无线以太网是基于有线以太网协议的，两者的主要区别是无线以太网协议不能检测冲突，无线以太网包需要发回一个应答数据包以响应已发送的数据包。

无线以太网协议需要有一台设备负责网络，这台设备即为访问接入点（Access Point，AP），它主要有两个功能：一是产生无线网络，并管理对网络的访问；二是提供对有线网络的访问。另外，还有一种自由方式，这种方式不需要主设备，产生网络的设备可以是任意一台。这里我们不探讨自由方式的无线以太网。一个设备成为无线网络的一部分有几个步骤。第一步是发现设备能到达的无线访问接入点。可以通过传输网络识别到访问接入点的信号，称为服务装置识别（Service Set Identity，SSID）；也可以通过事先知道的 SSID 发现。第二步是接入网络，告诉访问接入点，说明你想成为网络的一部分。第三步是使用以太网协议在设备和访问接入点之间发送流量。无线设备使用载波侦听多路访问/冲突避免（CSMA/CA）协议和访问接入点通信。

当以太无线设备准备和访问接入点联系时，它可以发送一个探测包，访问接入点会对探测包做出回应。探测回应包会反馈同样的信号作为信号指示，信号指示和探测的使用过程就建立了现有设备访问接入点表，这个过程就是发现步骤。然后开始接入，这时无线设备收到无线访问接入点信号，并发送联系请求包给选择好的访问接入点。访问接入点以联系响应包来回应联系请求包。

无线以太网的帧格式比有线以太网的帧格式复杂，图 5-12 所示为无线以太网的帧格式。

2	2	6	6	6	2	6	0 ~ 2312	4 字节
帧控制	延展性/ID	地址 1	地址 2	地址 3	序号控制	地址 4	数据	FCS

图 5-12　无线以太网帧格式

无线以太网帧格式说明如下：

① 帧控制：2 字节的值，用于识别帧的类型和其他帧的规定信息。

② 延展性/ID：2 字节的值，用于管理访问控制协议。

③ 地址 1：6 字节的值，用于识别要传输的数据包的目标地址，由硬件控制器用于决定帧是否要读，如果它和控制器的地址不匹配，帧的余下部分就会被丢弃。

④ 地址 2：6 字节的传输设备的地址。

⑤ 地址 3：6 字节的值，在访问接入点作为延伸网络的一部分，且访问接入点作为流量中继时使用。

⑥ 地址 4：6 字节的值，在访问接入点作为延伸网络的一部分，且访问接入点作为流量中继时使用。

⑦ 序号控制：2 字节的值，用于应答处理。

⑧ 数据：承载数据的数据域，数据域的长度限制在 2312 字节。无线以太网没有最小数据长度限制。

⑨ 帧序校验（Frame Check Sequence，FCS）：用于检测传输期间帧是否被破坏，它使用的方法是循环冗余校验码。注意，以太网协议是不处理帧的重传的。当一个帧标志为一个坏的 FCS 时，帧就被丢弃了，且接收硬件控制器不会通知上一协议层。

无线以太网协议的漏洞比有线以太网协议的漏洞要多。不像有线以太网，对介质的直接访问很困难，无线以太网允许有天线或接近传输设备的任何人访问数据包，这样对无线以太网的攻击比对有线以太网的攻击更常见。

1）基于协议的攻击

当访问接入点广播了它的 SSID 时，具有无线访问控制器的任何计算机都会收到信号，这样设计是为了帮助设备找到访问接入点并与之连接。在探测目标时，为了发现访问接入点并匹配它们的位置，这本身并不是真正的攻击。当有人使用这个信息去连接访问接入点，如果没有被验证，他就是一个攻击者。减少探测的常见方法是采用加密手段或网络访问控制器（Network Access Control，NAC）。当采用加密手段时，SSID 广播信息将包含访问接入点需要加密的信息。这时，探测者还可以看到那个接入点，但接入点被标志为已加密。如果探测者想使用已经加密的访问接入点，这时攻击就转换为基于验证的攻击。

广播 SSID 时，SSID 的命名也是一个重要的问题。我们可以看到一些人用自己的名字、公司名称和家庭地址等。这类信息可以方便攻击着识别为可能的攻击目标。

另外，可以对 CSMA/CA 协议发起攻击，由于设备处于被攻击状态，因而会导致对网络的拒绝访问。例如，一个攻击者可以发送大量信号使得一个设备不能接收应答信号，这就是阻塞。阻塞的无线信号可以使设备不能对网络连续访问。

2）基于验证的攻击

有两方面的无线网络验证：设备验证和访问接入点配置验证。设备验证指某台无线设备验证访问接入点（即访问接入点验证）以便知道它正连接的是否为一个有效的访问接入点。访问接入点也会验证这个想连接到网络的无线设备（即无线设备验证）。在某些情况下，还可能会验证这台无线设备的用户。访问接入点配置验证是指一个攻击者企图访问指定的访问接入点的配置菜单，试探能否修改访问接入点的安全特性。

在访问接入点验证中，有两种类型的攻击很相似，但它们的目的不同。第一种是一个有效的网络用户安装了一台无线访问接入点，但不告知单位，这称为恶意访问接入点。第二种是攻击者安装了一台访问接入点，并伪装成有效访问接入点，这称为非法访问接入点。

如图 5-13 所示，恶意访问接入点可能为一个攻击者提供对内部网络的访问渠道，还可以允许用户绕过内部安全网络，例如网络访问控制，降低了整个网络的安全性。减少恶意访问接入点的一种方法是，按照用于有线网络的停止授权的方法，例如 NAC 或其他上层安全协议方法。这种方法可以阻止访问接入点访问有线网络，至少可以防止未授权的用户访问有线网络。另一种方法是通过寻找无线信号扫描恶意访问接入点。还可以寻找 SSID 广播信息，也可以嗅探流量和寻找访问接入点与无线设备之间的数据包。这种方法要求监控所有的无线流量，尤其是处于具有无线网络的单位的办公室中，这是很难做到的。

非法访问点如图 5-14 所示。攻击者安装了一台非法的访问接入点装置，伪装成公司的一台合法的访问接入点。

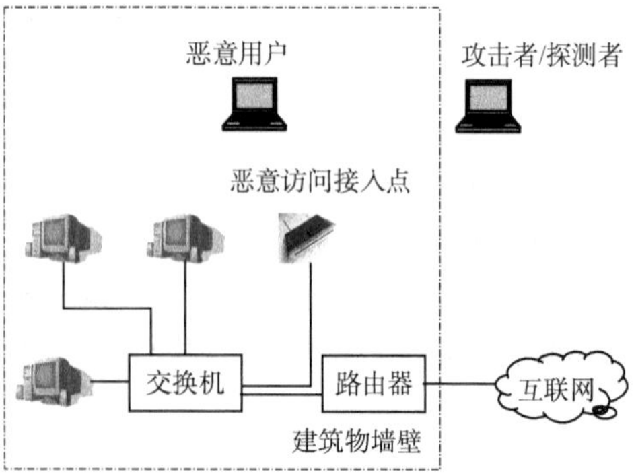

图 5-13　恶意访问接入点

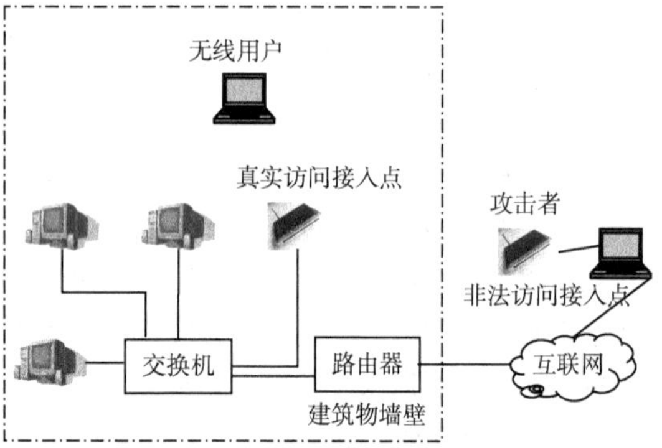

图 5-14　非法访问接入点

访问接入点配置验证中，攻击者取得了对访问接入点的控制软件的访问权。控制软件由密码保护。如果一个攻击者取得了对访问接入点的控制软件的访问权，则他就可以修改加密密钥。首先读取密钥，然后禁用密钥，最后加入另外的密钥，然后就可以对访问接入点进行恶意攻击了。为了减少这类攻击，用户应该修改访问接入点的默认密码，使得攻击者不能访问无线网络的配置菜单。应该指出的是，有一些 Web 网站，可以提供大多数网络设备的默认密码清单。

3）基于流量的攻击

大多数基于流量的攻击是无线网络流量嗅探。我们知道，无线信号是不能被控制的。有时在标准规定的最大距离之外，还是能捕捉到信号。无线以太网的网络控制器可以被配置成忽略目标地址（混杂模式），因此可以捕捉所有的流量。为了减少这类攻击，无线以太网标准增加了加密机制，让攻击者无法对无线以太网的数据包中的数据进行破解。无线网络使用的加密方式主要包括 WEP 加密、WPA 加密和 WPA2 加密 3 种。这些加密协议对无线设备和访问接入点之间的流量进行加密，但不提供端对端加密。可以使用高层协议提供端对端加密。

WEP（Wired Equivalent Privacy）可以提供简单的加密和认证。WEP 使用同步流密码算法 RC4。WEP 并不是一个很强的协议，密码分析专家已经找到了 WEP 的好几个弱点，因此在 2003 年推出了 Wi-Fi Protected Access（WPA），又在 2004 年推出了完整的 IEEE 802.11i 标准（又称 WPA2）。尽管有一些弱点，WEP 今天仍然在使用。

2. IEEE 802.11b 安全协议

IEEE 802.11b 协议的带宽最高可达 11Mbit/s，可独立组建无线局域网。IEEE 802.11b 采用载波侦听的方式来控制网络中信息的传送，引进了冲入避免技术，从而避免了网络中冲突的发生，可大幅度提高网络效率，特别适用于小型办公环境和家庭网络。IEEE 802.11b 协议中包含了一些基本的安全措施，主要包括：无线局域网设备的 MAC 地址访问控制、服务区域认证 ESSID 和 WEP 加密等技术。

1）物理地址过滤 MAC

物理地址过滤属于硬件认证，而不是用户认证。要求 AP 中的 MAC 地址列表必须随时更新，可扩展性差。并且 MAC 地址在理论上可以伪造，因此这也是较低级别的授权。

2）扩展服务集标识 ESSID

为了限制非法接入，在每个无线访问点 AP 内都会设置一个服务区域认证 ESSID，只有当 AP 和无线终端的 ESSID（Extended Service Set ID）相匹配时，AP 才接受无线终端的访问并提供网络服务；如果不符就拒绝服务。利用 ESSID 可以很好地进行用户群体分组，避免任意漫游带来的安全问题。

3）有线等效加密 WEP

WEP 协议的主要用途包括：提供认证功能；防止未授权用户访问网络；对数据加密，防止数据被攻击者窃听、篡改或伪造等。WEP 认证简单，易于伪造，安全强度低。

3．IEEE 802.11i 安全协议

IEEE 802.11i 是新一代安全标准，针对 WEP 加密机制的各种缺陷做了多方面的改进，增强了无线局域网的数据加密和认证性能。

IEEE 802.11i 规定使用 802.1x 认证和密钥管理方式。在数据加密方面，定义了 TKIP、CCMP 和 WRAP 三种加密机制。TKIP 采用 RC4 作为核心加密算法；CCMP 机制基于 AES 加密算法和 CCM 认证方式。WPA 是 IEEE 802.11i 的一个子集，其核心是 802.1x 和 TKIP。

802.1x 认证过程如下：

（1）无线终端向 AP 发出请求，试图与 AP 进行通信。

（2）AP 将加密的数据发送给验证服务器进行用户身份认证。

（3）验证服务器确认用户身份后，AP 允许该用户接入。

（4）建立网络连接后授权用户通过 AP 访问网络资源。

IEEE 802.11i 的一个缺陷是其对用户接入方面缺乏可控性和管理性，造成的信息失窃、非法入侵等安全问题已屡见不鲜。

4．WAP 协议

WAP（Wireless Application Protocol，无线应用协议）是一项借助无线手持设备，如掌上计算机、手机、智能电话等，获取信息并在手持设备的小型屏幕上进行浏览的安全标准。当用户拥有一部支持 WAP 的手机时，他就可以通过无线网与银行系统建立连接。

WAP 本质上是无线领域的 TCP/IP 协议，其协议栈如图 5-15 所示。为了实现从无线域连接到互联网，需要 WAP 代理或网关进行 WAP 协议和因特网协议之间的转换。WAP 1.1 支持无线传输安全协议（Wireless Transport Layer Security，WTLS）。WTLS 和 Internet 的 SSL 类似，具有许多重要的加密功能。移动设备和服务器之间存在两个安全问题：一是从移动设备到网关；二是从网关到服务器。WTLS 是保证前者的安全通信，SSL 是保证后者的安全通信。如果移动设备使用了不具备加密功能的 SIM 卡，即使在 URL 中申请使用 SSL 接口，在从移动设备到网关的过程中 URL 的申请仍然是显式的，不安全的，窃听者可以通过截获空间散发

的无线电波窃取用户的口令和密码。

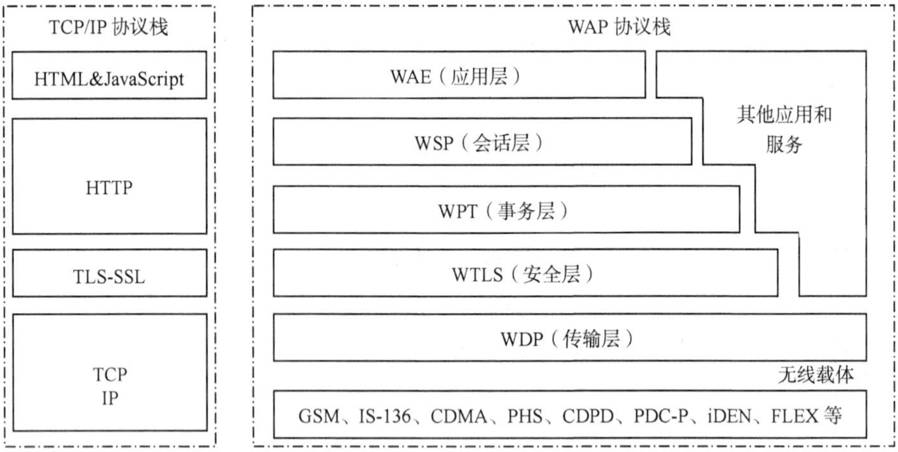

图 5-15　WAP 协议栈

5.1.5　混合组网结构

针对网络存在的各种安全隐患，要组建一个安全的网络，一个完整的解决方案应从多方面入手。首先，应对网络安全现状做出正确判断，较为准确地估计特定网络用户的风险。其次，建立相应的控制风险机制，并把这些机制融为一体形成防护体系，最大限度地提高系统的可用性，并把网络带来的风险减低到可接受程度。一个可行的安全网络应能充分满足应用需求、具有较高的性价比，最大限度地保护用户的投资和网络安全。可以通过以下措施保证网络的安全性：

（1）通过安装防火墙，防止来自系统外部的攻击。

（2）若为企业组网，可通过虚拟局域网技术（VLAN）将不同的部门尽量划入不同的网段，以方便安全管理。

（3）对关键部门的数据实施物理隔离，从根本上杜绝数据被非法篡改。

（4）建立严格的管理机制，限定用户的操作权限，防止来自内部人员的非法访问。

1．案例描述

下面介绍一个具体的安全组网实例。X 企业的管理信息网是一个通过 WAN 连接的多级网络，在网络每一级的结点上具有一个局域网，运行着业务系统、办公自动化等不同的应用系统和对外服务等应用。整个网络如图 5-16 所示。

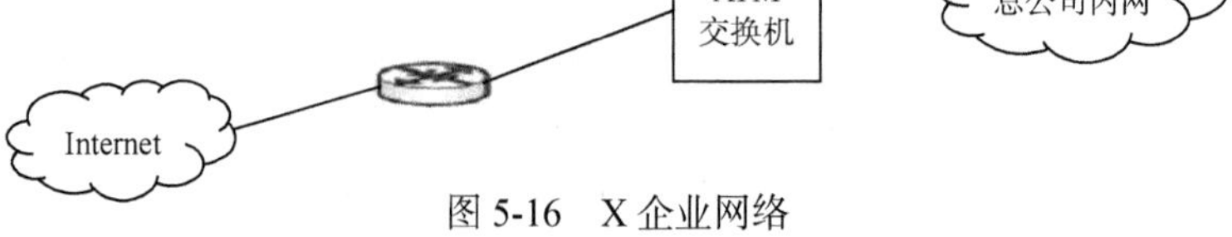

图 5-16　X 企业网络

（1）X 企业网络由如下 3 部分组成：

① 内部网络：总公司办公楼内局域网。主干是 FORE ESX-3000 交换机，边缘是以太网

的星形网络。FORE ESX-3000 交换机融合 Fore 公司 ATM 技术和以太网技术，具有较强的优化网络性能和扩展能力。

② 连接分公司的广域网：采用 Cisco 7000 路由器与总公司的 ATM 交换机相连，为帧中继网。

③ 连接 Internet 的局域网：由 Web Server、DNS Server、Proxy Server 等组成。通过该网络为总公司内部提供 Web 和 E-mail 服务，并提供 Internet 上的 Web 服务。

（2）目前 X 企业采取的安全措施主要有：

① 利用操作系统、应用系统等本身的安全性，对用户进行权限控制。

② 在连接分公司的广域网接口处，通过路由器的 IP 包过滤及访问控制列表 ACL 功能进行安全控制。

③ 在 Internet 的接口处，通过路由器的 IP 包过滤及访问控制列表 ACL 功能进行安全控制。

我们可以看出处于中心节点的 ATM 交换机和相关连接广域网和 Internet 的路由器直接承担对外部用户的访问控制工作，且内部网络直接与外部网络（分公司及 Internet）相连，对整个网络安全构成了巨大的威胁，主要有：内部网络和外部网络之间的连接为直接连接，外部用户容易访问内部的网络服务器，这样，内部系统较容易遭到攻击；来自病毒的破坏；黑客的恶意攻击。

2．安全需求分析

通过上面的分析，对于 X 企业的网络情况，现做出安全需求如下：

（1）对于来自外部网络的访问，除了有特定的身份认证外，只能到达指定的访问处，不能访问内部资源。

（2）网络内部用户对外的访问必须经过授权。授权和代理由防火墙完成。

（3）对于外部网络，内部网络的核心交换机是不可见的。

（4）入侵检测，对于试图破坏业务系统的恶意行为能够及时发现、记录和跟踪。

（5）病毒检测、消除。

3．安全方案设计

针对安全需求，具体采用安全措施的 × 企业网络结构如图 5-17 所示。

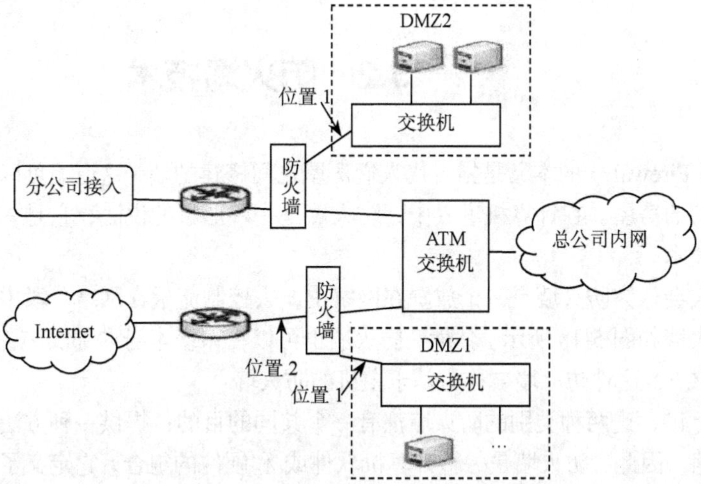

图 5-17　采取安全措施的 X 企业网络

（1）对于 Internet 连接处采用 Gauntlet 防火墙将内部网和外部网隔开，不允许内外网络直接连接。将对 Internet 提供信息服务的 Server，独立成一个网段放到非军事区 DMZ1，Internet 上的用户只能访问 DMZ1 里的 Server，并且所有访问都必须经过防火墙代理。具体体现在：

① DMZ1 中的服务器主要用于对 Internet 用户提供服务，如 FTP、HTTP 等，其服务全部由防火墙代理。外网的用户向防火墙提出服务请求，通过防火墙过滤、识别和身份验证，确定为合法请求，由防火墙向 DMZ1 中的服务器提出请求。DMZ1 中的目标服务器接受防火墙的请求并对其做出响应，防火墙再将该响应传递给外部的请求用户。

② 内部网络用户对 Internet 的访问由防火墙作为代理，防火墙在中间也起到过滤、识别和身份验证的作用。

③ 采用 Gauntlet 防火墙的 GVPN 技术对内部外出的员工建立一条可信赖的连接，直接访问内部网络资源。

（2）对于各分公司连接处，各分公司连接到总公司的 Cisco 7000 主干路由器上。为了确保总公司内部网的安全性，在主干路由器和中心交换机之间设置 Gauntlet 防火墙，建立 DMZ2，将对分公司提供服务的 Server 放在 DMZ2 中，其访问控制与 Internet 处相同。由于连接各个分公司的网络是基于公网的，所以存在很大的安全隐患，Gauntlet 防火墙与各分公司的防火墙形成 GVPN，建立 Intranet。

（3）多层病毒防护体系：具体在企业内的每个台式机上安装反病毒软件，在 DMZ1 和 DMZ2 的服务器上安装反病毒软件，提供全面的基于服务器的病毒保护。

（4）入侵检测：在 DMZ1 和 DMZ2 中设置的服务器提供对外的信息服务，其中存放了大量的重要数据，是黑客攻击的主要目标。因此在这两个非军事区的服务器上要安装基于主机的入侵检测系统。在位置 1 部署网络入侵检测系统，以便发现从外部发起的、渗透网络边界防御的攻击，同时发现攻击目标可能是 DMZ 中的 Server 的攻击行为。在位置 2 部署网络入侵检测系统，从而发现从 Internet 发起的攻击。另外，在网络的一些关键路径上部署网络入侵检测系统，如一些重要的子网。这样便形成了防火墙与入侵检测系统协同工作的主动防御体系。当防火墙没有阻挡住入侵者，可通过入侵检测系统检测到，并立即通知防火墙，防火墙记录下来防止以后再发生这种入侵。

5.2 防火墙技术

防火墙（Firewall）的本义是指古代人们房屋之间修建的墙，这道墙可以防止火灾发生的时候蔓延到别的房屋。在计算机世界中，防火墙是一种形象的说法，它是一种得到广泛使用的网络安全技术。

大多数人会认为防火墙是一个放置在网络中，去控制流量在网络分段中穿越的设备。基于网络的防火墙如图 5-18 所示。然而，防火墙也可以在系统本身内部实施，如微软的因特网连接防火墙 ICF，这种防火墙被称为基于主机的防火墙。

从本质上讲，这两种类别的防火墙都有一个共同的目的：提供一种方法去强制执行接入访问控制策略。因此，防火墙是一种计算机软件或/和硬件的组合，它定义了接入访问控制策略以保护内部网络或计算机系统免受非法用户的侵入。防火墙技术是建立在现代通信网络技术和信息安全技术基础上的应用性安全技术，但必须指出的是防火墙并不能防止站点内部发生的问题。

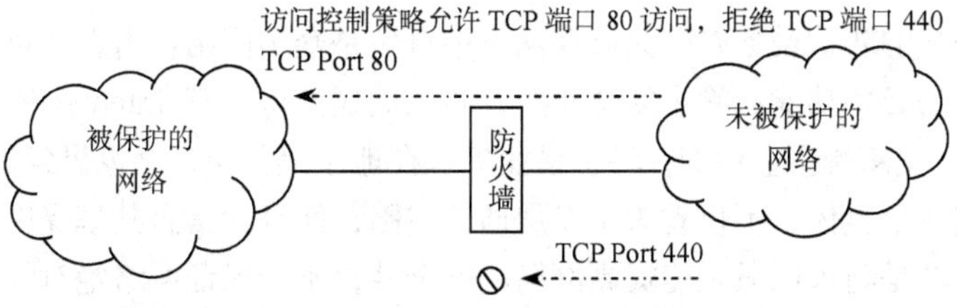

图 5-18　一个网络防火墙执行接入访问控制

防火墙必须具有以下特性：所有信息都必须经过它；只有经过授权的访问通过它；本身能抗攻击。

5.2.1　防火墙基本功能

防火墙可通过监测、限制、更改跨越防火墙的数据流，尽可能地对外部屏蔽网络内部的信息、结构和运行情况，以此来实现网络的安全保护。归纳起来防火墙具有如下一些功能。

1. 防火墙是网络安全的屏障

防火墙允许网络管理员定义一个中心控制点来防止非法用户进入内部网络，从而能极大地提高一个内部网络的安全性，并通过过滤不安全的服务而降低风险，抗击来自各种线路的攻击。例如，防火墙可以禁止某些易受攻击的服务（如 NFS 等）进入或离开内部网络，这样可以防止这些服务被外部攻击者利用，但在内部网中仍然可以使用这些局域网环境下比较有用的服务。防火墙同时可以保护网络免受基于路由的攻击，如 IP 选项中的源路由攻击和 ICMP 重定向中的重定向路径。

2. 防火墙可以强化网络安全策略

防火墙能强化安全管理，网络安全性在防火墙系统上得到加固，而不是分布在内部网络的所有主机上。通过以防火墙为中心的安全方案配置，能将所有安全软件（如口令、加密、身份认证、审计等）配置在防火墙上。与将安全方案分散到各个主机上相比，防火墙的集中安全管理更经济。

3. 对网络存取和访问进行监控审计

对一个内部网络已经连接到互联网上的机构来说，检测到何时会受到攻击十分重要。如果所有的访问都经过防火墙，那么防火墙就能记录下这些访问并做出日志记录，当发生可疑动作时，防火墙能进行适当报警，并提供网络是否受到监测和攻击的详细信息。防火墙同时也能提供网络使用情况的统计数据，查出潜在的带宽瓶颈的位置，并能根据机构的核算模式提供部门级的计费。

4. 防止内部信息外泄

对于一些内部网络节点来说，保密性非常重要。因为一个内部网络中不引人注意的细节可能包含了有关安全的线索而引起外部攻击者的兴趣，甚至因此而暴露了内部网络的某些安全漏洞。使用防火墙可以阻塞那些透露内部细节的服务，如 Finger、DNS 等服务。

5. 向客户发布信息

防火墙作为部署 Web 服务器和 FTP 服务器的地点非常理想，还可以对防火墙进行配置，允许互联网访问上述服务，而禁止外部对受保护的内部网络上其他系统的访问。

6. 防火墙的抗攻击能力

作为一种安全的防护设备，防火墙在网络中自然是众多网络攻击者的目标，因而抗攻击能力也是防火墙的必备功能。除了安全作用，防火墙还支持具有 Internet 服务特性的企业内部网络技术体系 VPN。通过 VPN，将企事业单位在地域上分布在全世界各地的 LAN 或专用子网有机地连成一个整体，不仅省去了专用通信线路，而且为信息共享提供了技术保障。

最后要说明的是防火墙只是能提高网络的安全性，不能保证网络绝对的安全。事实上，仍然存在一些防火墙不能防范的安全威胁，如防火墙无法防范不经过防火墙的攻击。例如，在一个被保护的网络上有一个没有限制的拨出存在，内部网络上的用户就可以直接通过 SLIP 或 PPP 连接进入 Internet，从而形成与 Internet 的直接连接。另外，防火墙很难防范来自于网络内部的攻击以及病毒的威胁。

5.2.2 防火墙常见体系结构

安全的网络拓扑设计对阻止网络攻击有很大作用，更重要的是能够使网络安全设备的安全特性得到有效的发挥。防火墙在网络中的放置方式称为防火墙的体系结构。只有正确合理地配置防火墙在整个网络中的拓扑位置，才能完全发挥其作用。一般来说，防火墙可以分为三种体系结构，分别是双宿主主机体系结构、主机屏蔽体系结构和子网屏蔽体系结构。在具体介绍这几种体系结构之前先来看以下几个概念。

（1）非军事区（DMZ）：为了配置和管理的方便，通常将内网中需要向外提供服务的服务器设置在单独的网段，这个网段称为非军事区（DMZ）。非军事区位于内网之外，使用与内网不同的网络号连接到防火墙，并对外提供服务。

（2）堡垒主机：即经过加固、安装了防火墙软件、但没有 IP 转发功能的计算机。该主机对外提供一些必要的服务，也可以被内部用户访问。堡垒主机一般位于非军事区。具体来说，堡垒主机的配置有以下几种类型：

① 单宿主堡垒主机：具有一块网卡的堡垒主机作为防火墙，通常用于应用级网关防火墙。

② 双宿主堡垒主机：具有两块网卡的堡垒主机作为防火墙，两块网卡分别与内网和外网相连。内网和外网之间不能直接通信，两网之间的数据流被双宿主堡垒主机完全切断。

③ 内部堡垒主机：堡垒主机与内网通信，转发从外网获得的信息。

④ 外部堡垒主机：通过开放有限的端口来为互联网提供有限的公共服务，不向内部网转发任何请求，而是自己处理请求。

（3）屏蔽路由器（Screening Router）：在路由器上安装包过滤软件，实现包过滤功能，由此可以实现一部分防火墙的功能，因此，有人把屏蔽路由器称为防火墙的一种。在内网和外网之间放置，用于执行包过滤功能。该路由器作为内外连接的唯一通道，所有经过的数据包都必须检查。

1. 双宿主主机（Dual Homed）体系结构

将一台装有两块网卡的堡垒主机，即双宿主堡垒主机作为防火墙，两块网卡分别与内部网和外部网相连。双宿主堡垒主机上运行着防火墙软件（通常是代理服务器），可以转发应用程序、提供服务等。双宿主堡垒主机把一个内部网络从一个不可信的外部网络中分离出来。

从一个外部网络来的 IP 数据报不能无条件地传递给内部网络。与双宿主堡垒主机相连的内外网络均可以与双宿主堡垒主机通信，但内外网络之间不可直接通信。双宿主主机的防火墙结构如图 5-19 所示。

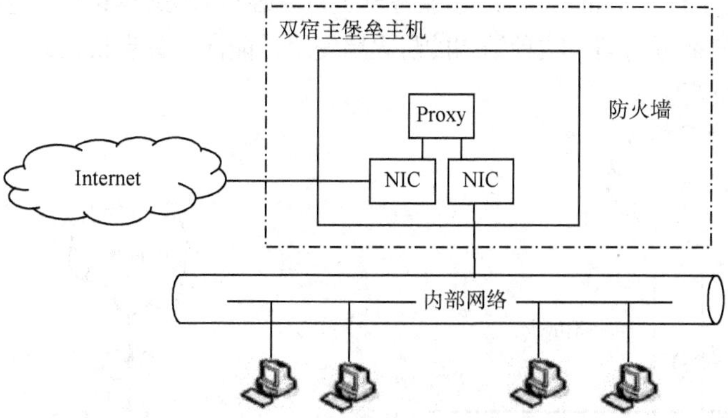

图 5-19　双宿主主机体系结构

双宿主堡垒主机通过代理服务的方式提供安全控制服务。建立双宿主堡垒主机防火墙的关键是要禁止路由功能，网络之间通信的唯一途径是通过应用层的代理软件。一旦入侵者侵入双宿主主机并使该主机具有路由功能，那么双宿主主机防火墙的应用层功能就会被旁路，内部受保护的网络就会完全暴露在危险之中，任何网上用户均可以随便访问有保护的内部网络。这种体系结构的优点是堡垒主机的系统软件可用于维护系统日志、硬件拷贝日志或远程管理日志，便于以后的安全审计。

2. 主机屏蔽（Screened Host）体系结构

一般来说，主机屏蔽体系结构防火墙比双宿主主机防火墙更加安全。主机屏蔽防火墙体系结构在堡垒主机的前面增加了屏蔽路由器，即堡垒主机并不直接与 Internet 相连。所以入侵者在破坏内部网络的安全性之前，必须首先渗透两种不同的安全系统。

实际上，常常把屏蔽路由器作为从 Internet 到受保护网络的第一道防线。根据安全策略，屏蔽路由器可以过滤掉不允许的数据包。

主机屏蔽结构防火墙又分为单宿主堡垒主机和双宿主堡垒主机两种类型。单宿主堡垒主机结构由一个屏蔽路由器连接外部网络，同时一个堡垒主机安装在内部网络上。堡垒主机只有一个网卡，与内部网络连接，如图 5-20 所示。通常在路由器上设立过滤规则，并使这个单宿主堡垒主机成为从 Internet 唯一可以访问的主机，确保了内部网络不受未被授权的外部用户的攻击。而 Intranet 内部的客户机，可以受控制地通过屏蔽路由器和堡垒主机访问 Internet.

双宿堡垒主机型与单宿堡垒主机型的区别是，堡垒主机有两块网卡，一块连接内部网络，一块连接包过滤路由器，如图 5-21 所示。双宿主堡垒主机在应用层提供代理服务，因此它实现了网络层安全（包过滤）和应用层安全（代理服务），与单宿型相比更加安全。

3. 屏蔽子网体系结构

屏蔽子网结构是在外网和内网之间建立一个被隔离的子网，即非军事区（DMZ）网络，用两个屏蔽路由器将 DMZ 网络分别与外网和内网分开。两个屏蔽路由器放在 DMZ 网络的两端，在 DMZ 网络中构成一个“缓冲地带”，如图 5-22 所示，两个路由器一个控制内网数据流，另一个控制外网数据流，内网和外网均可访问 DMZ 网络，但禁止它们穿过 DMZ 网络通信。可根据需要在 DMZ 网络中安装堡垒主机，为内部网络和外部网络的互相访问提供代理服务，但是来自两网络的访问都必须通过两个屏蔽路由器的检查。对于向 Internet 公开的服务器，如 WWW、FTP、Mail 等 Internet 服务器也可安装在 DMZ 网络内，这样无论是外部用户，还是内部用户都可访问。这种结构的防火墙安全性能高，具有很强的抗攻击能力，但需要的设备多，造价高。

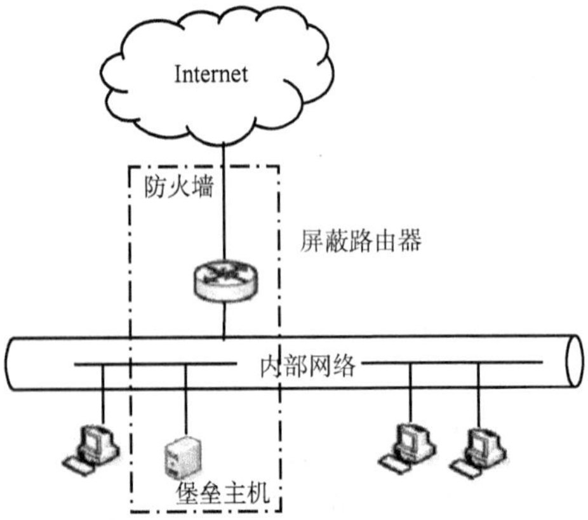

图 5-20　主机屏蔽结构（单宿主堡垒主机）

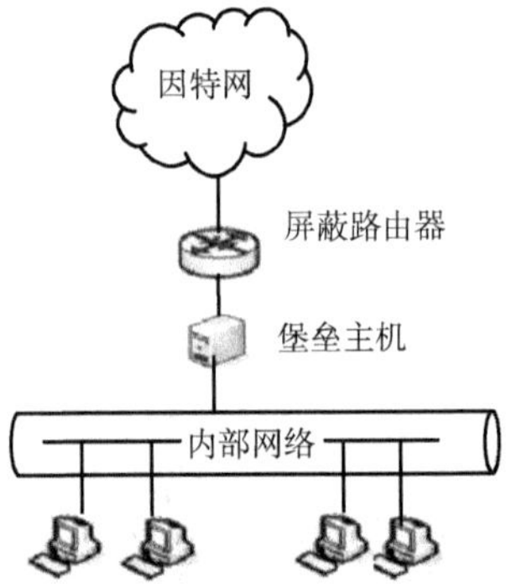

图 5-21　主机屏蔽结构（双宿主堡垒主机）

对于进来的信息，外面的屏蔽路由器用于防范通常的外部攻击（如源地址欺骗和源路由攻击），并管理外部网络到 DMZ 网络的访问。它只允许外部系统访问堡垒主机（还可能有信息服务器）。里面的屏蔽路由器提供第二层防御，只接受源于堡垒主机的数据包，负责的是管理 DMZ 网络到内部网络的访问。对于去往外部网络的数据包，里面的路由器管理内部网络到 DMZ 网络的访问。它允许内部系统只访问堡垒主机（还可能有信息服务器）。外面的路由器上的过滤规则要求只接受来自堡垒主机的去往外部网络的数据。

对于屏蔽子网结构的防火墙，入侵者必须突破 3 个不同的设备才能侵袭内部网络：外部路由器、堡垒主机、内部路由器。由于外部路由器只能向外部网络通告 DMZ 网络的存在，这样网络管理员就可以保证内部网络是“不可见”的，并且只有在 DMZ 网络上选定的系统才对外部网络开放。由于内部路由器只向内部网络通告 DMZ 网络的存在，内部网络上的系统不能直接通往外部网络，这样就保证了内部网络上的用户必须通过驻留在堡垒主机上的代理服务才能访问外部网络。

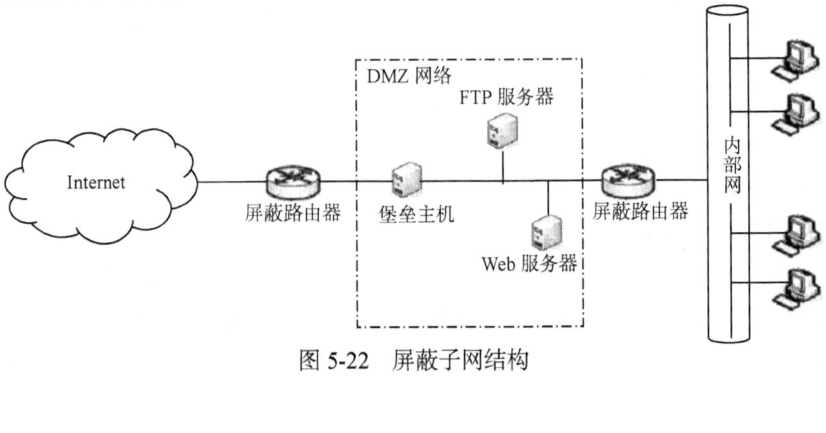

图 5-22　屏蔽子网结构

5.2.3　防火墙技术分类

防火墙技术可根据防范的方式和侧重点的不同而分为很多种类型，但总体来讲可分为包过滤、应用层网关、状态检测等几大类型，下面分别介绍。

1．包过滤（Packet Filtering）技术

包过滤防火墙如图 5-23 所示。包是网络上信息流动的基本单位，它由数据负载和协议头两部分组成。包过滤作为最早、最简单的防火墙技术是基于可以提供给 IP 转发过程的包的协议头进行过滤的。协议头信息中包括 IP 源地址、IP 目标地址、内装协议（如 TCP、UDP、ICMP 等）、TCP/UDP 目标端口、ICMP 消息类型等。数据包过滤可以控制站点与站点、站点与网络、网络与网络之间的相互访问，但不能控制传输的数据的内容，因为内容是应用层数据，不是包过滤系统所能辨认的。

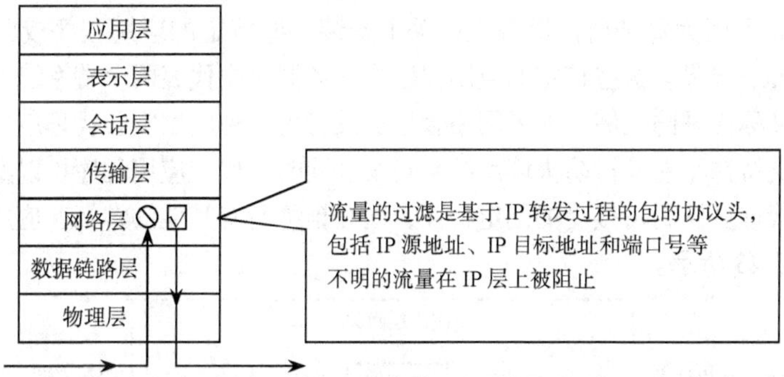

图 5-23　包过滤防火墙

包过滤防火墙对接收的每个数据包进行审查以便确定其是否与某一条包过滤规则匹配来做允许或拒绝的决定。不管是否符合过滤规则，防火墙一般要记录数据包的情况。不符合规则的包要报警或通知管理员。对于丢弃的数据包，防火墙可以给发送方一个消息，也可以不发，这取决于包过滤策略。如果返回一个消息，攻击者可能会根据拒绝包的类型猜测包过滤规则的大致情况。所以是否发一个返回消息给发送者要慎重。

包过滤技术的优点是简单实用、实现成本低、在应用环境比较简单的情况下能够以较小的成本在一定程度上保证系统的安全。

包过滤防火墙的缺点也很明显。首先，包过滤技术是一种完全基于网络层的安全技术，只能根据数据包的来源、目标和端口等网络信息进行判断，无法识别基于应用层的恶意侵入，如电子邮件中附带的病毒。并且数据包的源地址、目的地址以及 IP 的端口号都在数据包的头部，很有可能被窃听或假冒。其次在许多过滤器中，过滤规则的数目是有限制的，且随着规则数目的增加，性能会受到很大影响。再次对安全管理人员素质要求高，建立安全规则时，必须对协议本身及其在不同应用程序中的作用有较深入的理解。

2．应用层网关技术

应用层网关的安全性要高于包过滤型产品，但这是以牺牲应用层的透明性为代价的。应用层网关是在网络应用层上建立协议过滤和转发功能，如图 5-24 所示，它能够检查进出的数据包，通过网关复制传递数据，防止在受信任服务器和客户机与不受信任的主机之间直接建立联系。它针对特定的网络应用服务协议使用指定的数据过滤逻辑，并在过滤的同时，对数据包进行必要的分析、登记和统计，形成报告。

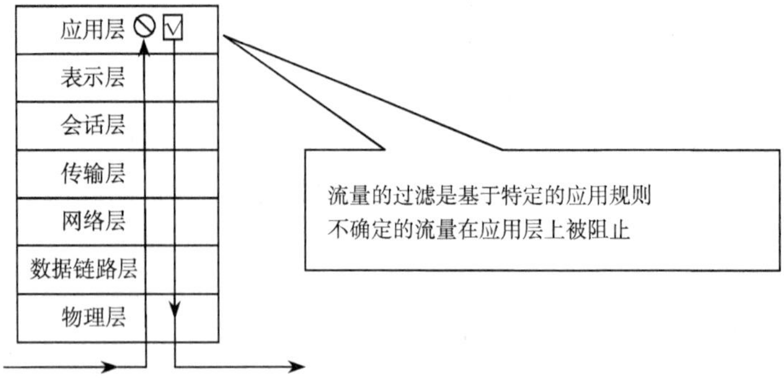

图 5-24　应用层网关防火墙

应用层网关采用为每种所需服务在网关上安装一些特定的应用程序或服务器程序的方式来管理 Internet 服务。这些特定的应用程序或服务器程序代表两个端系统的应用服务，因此应用层网关又称代理防火墙。如果网络管理员没有为某种应用安装代理应用程序，那么该项服务就不能支持并不能通过防火墙系统来转发。同时，代理应用程序可以配置成只支持应用程序的网络管理员认为可接受的制定特征，同时拒绝所有其他的特征。应用层网关防火墙工作原理如图 5-25 所示。

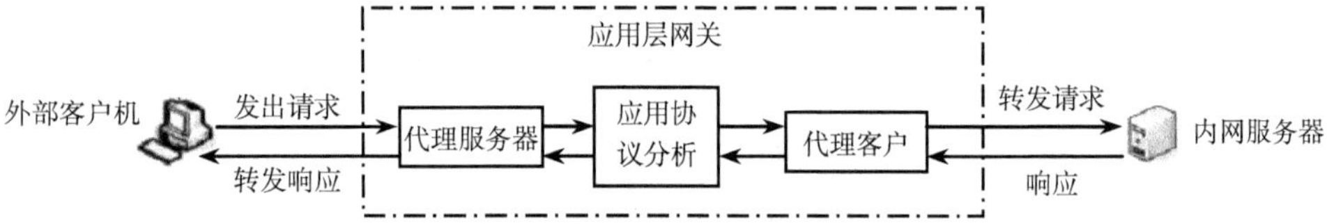

图 5-25　应用层网关防火墙工作原理

应用层网关能够让网络管理员对服务进行全面控制。其缺点是对用户来说是不透明的，且会深入检查应用报文从而增加延迟；不能防止 SYN 攻击和 Ping 攻击。

3．电路层网关技术

电路层网关又称回路层代理，其工作原理与组成结构与应用层网关相似，但它并不针对专门的应用协议，它用来监控受信任的客户或服务器与不受信任的主机间的 TCP 握手信息，这样来决定该会话是否合法。一旦网关认为会话是合法的，就为双方建立连接，并维护一张合法会话连接表，当会话信息与表中的条目匹配时，才允许数据通过，会话结束后表中的条目就被删除。连接的发起方不直接与响应方建立连接，而是与电路层网关交互，由它再与响应方建立连接。这样电路层网关将建立两个 TCP 连接，一个是在电路层网关和内部主机上的一个 TCP 用户之间，另一个是在电路层网关和外部主机上的一个 TCP 用户之间。电路层网关和应用层网关不同的是，对于所有网络服务都通过共同的代理，所以这种回路层代理又称为“公共代理”。

电路层网关的优点是能够提供网络地址转换（NAT）功能，在使用内部网络地址机制时为网络管理员实现安全提供了很大的灵活性。缺点是要求终端用户通过身份认证；不能很好地区分包的真实意图，容易受到诸如 IP 欺骗等攻击。

4．状态检测技术

Internet 上传输的数据都必须遵循 TCP/IP 协议，根据 TCP 协议，每个可靠连接的建立需要经过“三次握手”，我们最常用到的 Web 浏览、文件下载、收发邮件等都要经过这三个阶段。这反映出数据包并不是独立的，而是前后之间有着密切的状态联系，基于这种状态变化，引出了状态检测技术。

状态检测技术既具备包过滤的速度和灵活，也有应用层网关的安全特点。传统的包过滤防火墙只是通过检测 IP 包头的相关信息来决定数据流的通过还是拒绝，而状态检测技术采用的是一种基于连接的状态检测机制，将属于同一连接的所有包作为一个整体数据流看待，构成连接状态表，通过规则表与状态表的共同配合，对表中的各个连接状态因素加以识别。这里动态连接状态表中的记录可以是以前的通信信息，也可以是其他相关应用程序的信息，因此，与传统包过滤防火墙的静态过滤规则表相比，它具有更好的灵活性和安全性。

与传统的包过滤防火墙相比，状态检测防火墙具有识别带欺骗性源 IP 地址包的能力，检查的层面能够从网络层至应用层，并且具有详细记录通过的每个包的信息的能力。其缺点是记录、测试和分析工作都可能会造成网络连接的某种迟滞。当然，如果硬件速度比较快，可以有效地缓解这个问题。

5.2.4　防火墙应用

本小节以一实际防火墙产品为实例，介绍典型的防火墙特性、安全措施和典型应用配置方案，使读者对防火墙的实际应用能有一个更深入的认识和理解。

最近几年，国内许多公司纷纷推出国产防火墙产品，其中比较知名的有天融信的网络卫士防火墙、东软的 NetEye 防火墙、联想网御防火墙等。下面对网络卫士防火墙 4000 系统的使用做一简单介绍。

1．网络卫士防火墙 4000 组成

网络卫士防火墙 4000 由一套专用硬件设备（Firewall）、认证客户端软件和防火墙集中管理软件组成。网络卫士防火墙（硬件）是一个基于安全的操作系统平台的高级通信保护控制系统。

2．网络卫士 4000 典型应用拓扑图

防火墙在网络环境中的逻辑位置依据安全要素来确定，物理位置根据网络的实际情况确定。实例中网络划分为三个区域：内网、外网和 SSN。管理员位于内网。SSN 中有三台服务器，一台是 HTTP 服务器（IP 地址：192.168.47.99），一台是 FTP 服务器（IP 地址：192.168.47.100），一台是邮件服务器（IP 地址：192.168.47.98）。Eth1 属于外网区域，IP 为 202.102.92.31；Eth2 属于 SSN 区域，IP 为 192.168.47.97；Eth0 属于内网区域，IP 为 192.168.41.25。

现要求：内网的机器可以任意访问外网，也可访问 SSN 中的邮件服务器、HTTP 服务器和 FTP 服务器；外网和 SSN 中的机器不能访问内网；允许外网的机器访问 SSN 中的 HTTP 服务器。应用拓扑如图 5-26 所示。

3．典型应用配置

图 5-26 中的防火墙工作于路由模式。具体配置如下：

（1）配置防火墙接口地址，分别为 Eth0、Eth1 和 Eth2 接口 IP 地址。

（2）内网管理员通过浏览器登录防火墙，设置区域对象绑定属性，设置权限。设置内网绑定属性为 Eth0，权限为禁止；外网绑定属性为 Eth2，权限为允许；SSN 绑定属性为 Eth2，权限为禁止。

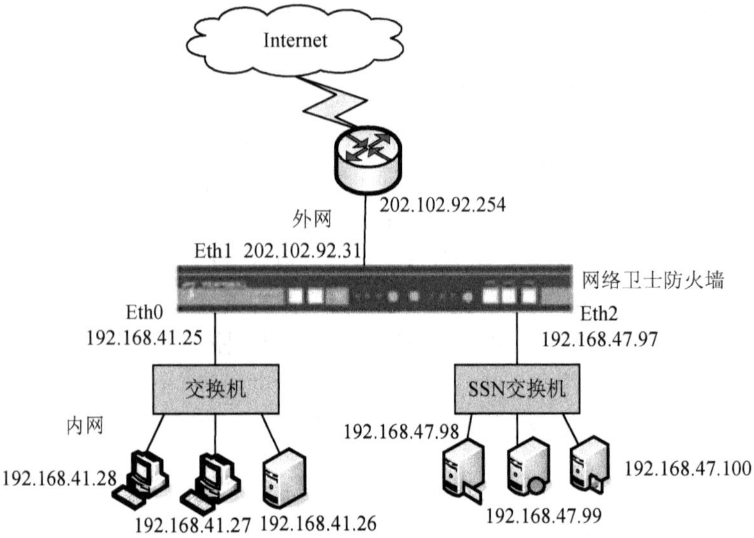

图 5-26　典型应用拓扑图

（3）定义地址对象，设置 HTTP 服务器、FTP 服务器、邮件服务器、虚拟 HTTP 服务器的 IP 地址，主机名分别为 HTTP_SERVER，FTP_SERVER，MAIL_SERVER，V_SERVER。

（4）定义访问规则，如表 5-4 所示。

（5）定义地址转换规则，如表 5-5 所示。

（6）定义缺省路由：为内网用户访问 Internet 添加缺省路由，目的地址设为 0.0.0.0，网关地址设为 202.102.92.254。

表 5-4　访问规则

允许内网用户访问 HTTP 服务器	源区域：内网；目的区域：SSN；目的地址：HTTP_SERVER；服务：HTTP；控制：允许
允许内网用户访问邮件服务器	源区域：内网；目的区域：SSN；目的地址：MAIL_SERVER；服务：POP3、SMTP；控制：允许
允许内网用户访问 FTP 服务器	源区域：内网；目的区域：SSN；目的地址：FTP_SERVER；服务：FTP；控制：允许
允许外网用户访问 HTTP 服务器	源区域：外网；目的区域：SSN；目的地址：HTTP_SERVER；服务：HTTP；控制：允许

表 5-5　地址转换规则

内网用户通过源地址转换访问外网	源区域：内网；目的区域：ANY；服务：全部服务；转换控制：源地址转换；转换地址对象：Eth1
外网用户通过目的地址转换访问 HTTP 服务器	源区域：外网；目的区域：SSN；目的地址：V_SERVER；服务：HTTP；转换控制：目的地址转换；转换地址对象：HTTP_SERVER

5.3　网络常见的攻防技术

在十几年前，网络攻击还仅限于破解口令和利用操作系统已知漏洞等有限的几种方法。然而目前网络攻击技术已经随着计算机和网络技术的发展逐步成为一门完整的科学，它囊括了信息收集、拒绝服务、口令破译、非法获取及提升权限、网络窃听、利用操作系统、网络协议以及应用软件的漏洞进行攻击等各项技术。本节从具体的原理和技术分析出发，介绍目前流行于互联网的几种攻击方法，同时也给出了相应的防范措施和安全建议。

5.3.1　口令破译

口令破译是攻防技术中的一个永恒主题，是黑客非法获取他人口令的行为，它用一些软件或方法解开已经得到的但被加密的口令。现代计算机安全体系结构中，大多数系统的安全性都以某种形式依赖于口令的安全性。一旦口令被破译，用户就没有安全可言。

从某种程度上说，口令的安全问题不仅仅是技术上的问题，更主要的是人的安全意识问题。在 Internet 上，由于系统口令设置不科学，从而使系统被入侵的事件数不胜数。

1. 口令破译方法

口令破译的方法通常有 3 种：口令跟踪、穷举法和字典法。口令跟踪即软件脱壳，它的原理是在需要口令认证的软件验证口令时开启汇编软件，跟踪找到口令存放地址，然后将此地址的内容反汇编从而得到口令。

穷举法又称暴力破解法或强力破解法，它是基于这样的原理：口令都是由有限的字符排列组合而成的，且口令的位数也是有限的，因此理论上任何口令都可以穷举出来。穷举法通过对所有可能的口令组合进行猜测，最终找到口令。基于穷举法进行口令猜测的软件称为口令破译器，它不像口令跟踪技术那样进行真正的解密，而是通过用知道的加密算法加密各种字符组合，直到发现一个经过加密后的字符组合和要解密的数据相同，就认为这个字符组合是要找到的口令，其工作原理如图 5-27 所示。

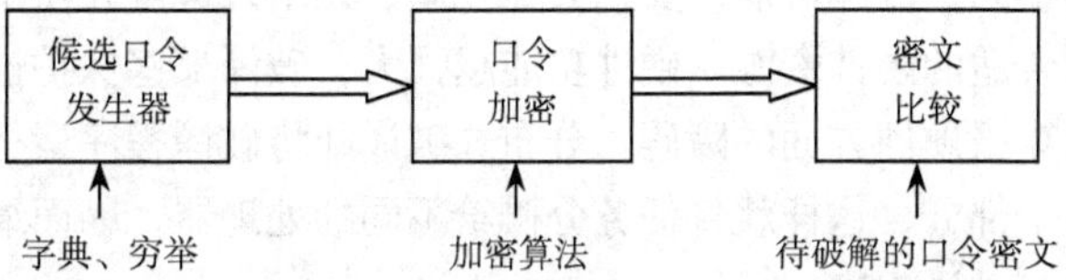

图 5-27　口令破译器工作原理

字典法是将字典文件作为口令猜测的来源交由验证程序进行验证。它依据这样的原理：在实际使用中，人们选择口令往往有一定的规律，穷举猜测的时候没有必要将所有的字符组合都试验一遍。基于这个原理，产生了字典法。字典文件就是一个文件，里面存的内容多为单词及姓名、生日、电话号码、邮编等。当黑客进行口令破译时，运行口令破译器，口令破译器从字典文件读入候选口令，之后对候选口令用已知的加密算法加密，将加密后的密文和要破解的密文比较，如果相同就认为当前口令发生器中的单词就是要找的加密口令。如果两者不一致，则口令发生器再产生下一个口令。需要说明的是，大多数破译程序自带的字典能力都十分有限，我们应该找到更好的字典文件，或者创建自己的字典文件。

目前用来破译口令的程序通常采用自动试探的方法（即穷举法和字典法）。由于现在软件的开发趋于面向对象，程序代码量大，反汇编的难度增大，同时，更重要的是很多加密算法是不可逆的，这样通过反汇编来跟踪口令的口令跟踪技术就很难实现了。

2. 选择安全的口令

从理论的角度讲，任何口令都是不安全的。因为如果给破译者无限的时间去破译，他可以用穷举法把口令破译出来。但是从实际角度讲，很少有攻击者有足够的耐心和时间去破译一个口令，因此可以选择一个安全的口令提高一个系统的安全性。

口令存在安全隐患一般都不是技术上的原因，因为几乎所有的系统对口令的安全机制都是足够安全的，不安全的口令是由于人类的惰性引起的，黑客对口令的攻击也是利用人的心理弱点。大部分喜欢用个人资料、常用英文单词等作为口令，有些甚至把用户名和口令设置成一样，这些口令毫无安全性可言。选择一个安全的口令对于建立在口令安全基础上的系统的安全十分重要。

那么，怎样设置口令才是安全的呢？首先，至少应有8位。较短的口令易于被破解。根据澳大利亚国家计算机应急小组的分析，6个字符的口令在现在的计算能力下两个半小时能够破解出来，而7个字符口令的破解大概需要一周的时间。其次，没有任何规律且由字母、数字和特殊符号交叉组合而成。除此之外还要设置口令过期时间和口令历史。口令过期设置让管理员能够强制用户更换其口令以增加安全性。口令历史可以防止用户使用以前使用过的口令。

另外，通过定期运行口令破译程序检查网络中口令的安全性可以大大提高网络的安全性。实际上，现今许多ISP和网站都采用一些工具（这些工具可以自动实施口令策略）来检查用户初次选择的口令。

3. 口令破译程序

要进行口令破译，需要有如下条件：足够的硬件、一个口令破译程序（如John the Ripper、Crack、L0phtCrack等）、一个口令文件（/etc/shadow、Windows中的SAM文件等）。

口令破译程序不仅仅是黑客入侵的工具，它也可以帮助系统管理员找到网络中的弱口令。系统管理员应该定期运行口令破译程序检查口令。破译口令会占用很多CPU和内存。根据采用的破译算法的不同，破译可能需要几天、几周、几个月甚至几年不等。如果想要高效地破译口令，就需要合适的硬件资源。硬件功能越强大，破译那些保护性强的口令的速度越快。分布式破译可以克服硬件方面的障碍。分布式破译即将破译程序运行在多个处理器上，可将口令文件分成多个部分，这样就将任务分摊给不同的处理器，因而缩短整体破译时间。

下面介绍一些口令破译程序。

1）UNIX的口令破译

在UNIX操作系统中，所有用户登录所使用的ID和口令集中保存在两个文件中，passwd文件和shadow文件。登录ID以明文方式存放，口令以加密的形式存储。加密过程采用Crypt(3)，这是一个基于DES的加密程序。如果正确设置UNIX口令，其安全性还是相当可靠的，主要的问题仍是人们使用弱口令。需要注意的是，UNIX是一个多用户的系统，设置弱口令会给其他用户带来安全隐患。

John the Ripper是一个开源软件，是当今适用范围最广的一种口令破译程序，它可以在Windows和大多数流行的UNIX平台上运行。John可以对口令文件实施真正的暴力破解，这种方法极其消耗资源，只有在当今处理器运算能力大大提高的情况下才成为可能。John的优势即在于其适用范围广，我们用它可以在一台主机上进行跨平台的口令破译。

John the Ripper 以 4 种模式运行：

（1）字典模式：破解模式中最简单的一种，只需指定一个字典文档及一个或一些密码文档，可以使用规则化的方式来让这些规则自动地套用在每个读入的单词中。

（2）简单模式：简单模式是最快的模式，因为它只对较少的字符组合进行匹配。主要利用用户名、昵称和已经猜测的口令等个人信息，使用较多的规则进行解密匹配。

（3）穷举模式：这是最笨但是最强的方法。对于其他模式无法猜测出来的口令，穷举模式在理论上都可以解出来，但可能花费无法让人忍受的时间而仍然无法完成任务。该方式列举出所有的字符组合进行猜测解密匹配。对字符和组合的优先权设置能适当地提高效率。

（4）外部扩展模式：这是对其他模式的扩展。用 C 语言编写扩展模式函数，程序在启动时编译该代码并运行。

2）Windows 的口令破译

Windows 口令散列存储在安全账户管理数据库（Security Accounts Manager）中，其文件为 Windows 目录下的\system32\config\SAM。在 Windows 运行过程中这个文件被锁定，该文件的一个备份保存在 Windows 目录下的\repair 目录中。

L0phtcrack 又称 LC5，是一个用于破解 Windows 口令的图形用户界面工具。L0phtcrack 可以完成以下几种任务：破译本地计算机的口令；破译远程计算机的口令；通过嗅探网络破译口令。L0phtcrack 能够进行字典破译、暴力破译和混合破译（字典破译和暴力破译结合在一起）。下面用 L0phtcrack 阐述一个实际的例子。

（1）取得加密口令，即从哪得到加密口令文件，此处选择从本地计算机导入，如图 5-28 所示。

（2）选择破译方法，此处选择复杂口令破译，如图 5-29 所示。

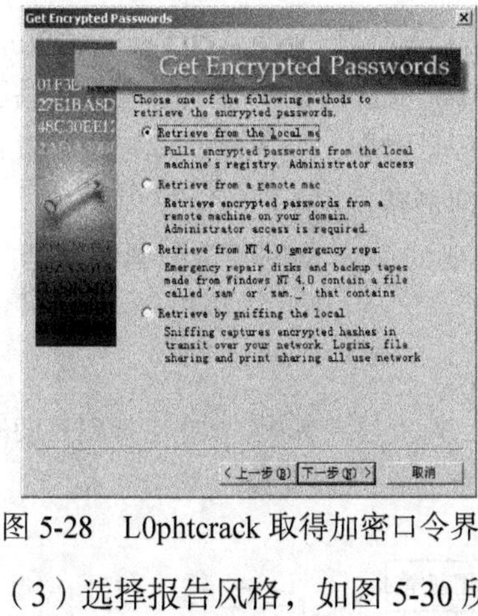

图 5-28　L0phtcrack 取得加密口令界面

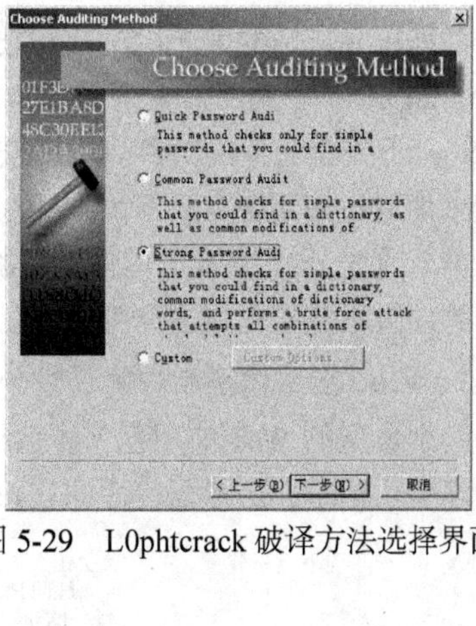

图 5-29　L0phtcrack 破译方法选择界面

（3）选择报告风格，如图 5-30 所示。

（4）执行口令破译。图 5-31 是破译后的界面。

3）其他口令类型破译

许多人认为应用程序级的口令保护机制是安全的，然而实际上大多数应用程序级的口令保护机制对入侵者是没有什么作用的。任何人都可以使用一款价值很低的破译软件在几秒内破译口令。下面介绍一些应用程序的口令破译。

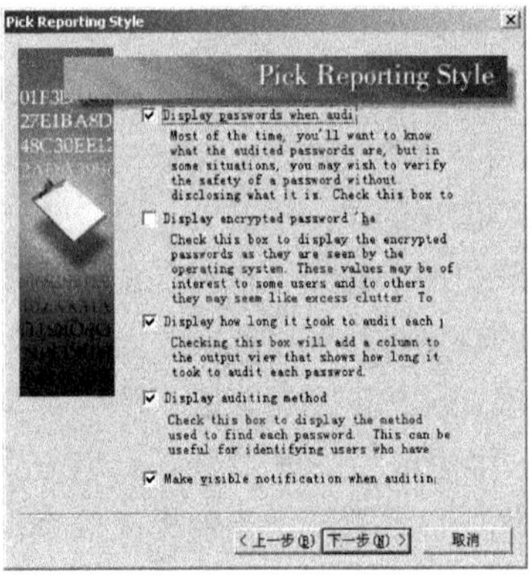

图 5-30　L0phtcrack 报告风格设置界面

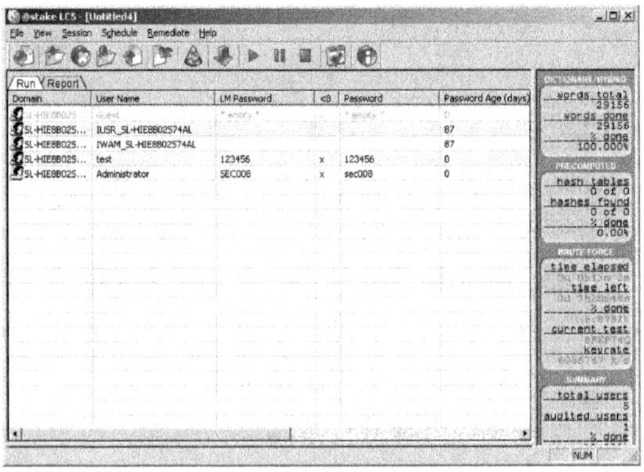

图 5-31　L0phtcrack 口令破译结果

（1）破译 Cisco IOS 口令：Cisco 以加密的方式在标准 IOS 配置文件中保存用户登录名和口令。如果没有保护这些配置文件，通过解密脚本程序就可以得到明文的口令。有许多脚本程序可以破译 Cisco 加密口令。Boson GetPass 就是其中之一，GetPass 能够将路由器加密后生成的口令密文还原为原始口令，如图 5-32 所示。

（2）Mark Miller 的 PGPCrack：PGP（Pretty Good Privacy）使用公钥对电子邮件和数据进行加密。PGPCrack 用 C 语言编写，在其发布的版本中包含了源代码和一个口令文件，可以运行在 DOS 和 UNIX 环境下。

（3）其他一些商业应用软件口令破译程序：许多公司提供商业应用软件口令破译工具，其中两个比较著名的公司是 PWD Service 公司和 Password Crackers 公司。这些公司对许多应用软件提供了口令破译程序。

图 5-32　GetPass

5.3.2　Web 网站攻击技术

根据国际权威的发布网站攻防技术、攻防事件的机构 OWASP（Open Web Security Project）统计，2013 年十大网站安全漏洞包括：注入漏洞；失效的身份认证和会话管理；跨站脚本（XSS）；不安全的直接对象引用；安全配置错误；敏感信息泄露；功能级访问控制缺失；跨站请求伪造；使用含有已知漏洞的组件；未验证的重定向和转发。

本节首先分析 Web 应用体系的脆弱性，然后介绍主要的 Web 网站安全漏洞 SQL 注入漏洞和跨站脚本攻击的攻击原理。

1. Web 应用体系结构脆弱性分析

一个典型的 Web 应用程序体系结构如图 5-33 所示。Web 客户端程序通过 HTTP 向服务器程序发出请求，服务器程序向客户程序返回客户所要求的万维网文档。

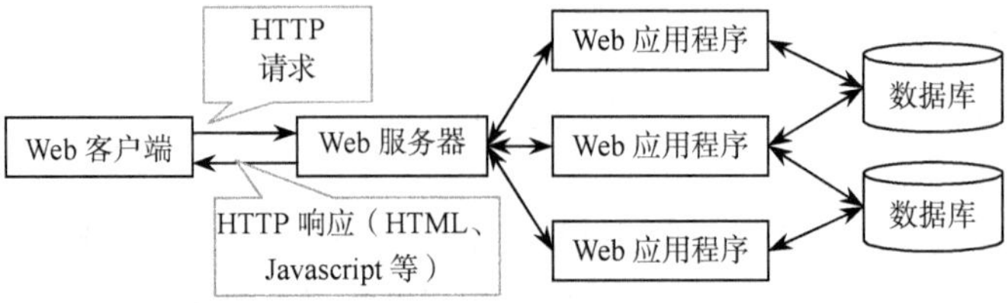

图 5-33　一个典型的 Web 应用程序体系结构

1）Web 客户端的脆弱性

Web 客户端即浏览器，负责将网站返回的页面展现给用户，并将用户输入的数据传输给服务器。浏览器的安全性直接影响到客户端主机的安全。利用浏览器漏洞渗透目标主机已成为主流的攻击方式。目前广为使用的 IE 浏览器出现过大量的安全漏洞，是攻击者首选的目标。

2）Web 服务器的脆弱性

Web 服务器运行 Web 应用程序，其安全直接影响到服务器主机和 Web 应用程序的安全。流行的 IIS 服务器、Apache 服务器、Tomcat 服务器都出现过一些严重的安全漏洞。攻击者通过这些漏洞，不仅可以对目标主机发起拒绝服务攻击，严重的还能获得目标系统的权限、数据库访问权限，从而窃取大量有用信息。

3）Web 应用程序的脆弱性

Web 应用程序是用户编写的网络应用程序，可能存在安全漏洞。网站攻击事件中有很大一部分是由于 Web 应用程序的安全漏洞引起的。Web 应用程序的编写语言种类多、灵活性高，一般程序员不易深入理解及正确利用，导致了安全漏洞。例如，常见的 SQL 注入攻击就是利用 Web 应用程序检查不严，从而获取 Web 应用数据库中的内容。

4）HTTP 的脆弱性

HTTP 是一种简单的、无状态的应用层协议。无状态使得 HTTP 简单高效，但 HTTP 的无状态性也会被攻击者利用。攻击者不需要计划多个阶段的攻击来模拟一个会话保持机制，一个简单的 HTTP 请求就能攻击 Web 服务器或应用程序。此外，由于 HTTP 是基于 ASCII 码的协议，因此不需要弄清楚复杂的二进制编码机制，攻击者就可以了解 HTTP 中传输的所有明文信息。绝大多数 HTTP 运行在 80 端口，这一点也可以被攻击者利用。因为许多防火墙或其他安全设备被配置成允许 80 端口的内容通过，攻击者可以利用这一点渗透到内网中。

为克服 HTTP 的缺陷，许多 Web 应用程序将 HTTP 报文放在安全套接字层（Security Socket Layer，SSL）的协议之上。SSL 可以实现加密，使得简单地进行 HTTP 明文窃听已经变得不可能。除了加密传输内容外，SSL 对于 Web 应用程序的整体安全性并没有更多的提高。SSL 提出后，还出现了专门针对 SSL 的攻击方法，如 SSL 重定向攻击。

5）Cookie 的脆弱性

Cookie 是为了克服 HTTP 无状态的缺点，用来保存客户与服务器之间的一些状态信息，主要是用于辨别用户身份、进行会话跟踪而储存在用户本地终端上的一些数据。Cookie 一般由服务器端生成，发送给客户端浏览器，浏览器将其保存在某个目录下的文本文件内，下次请求同一网站时就发送该 Cookie 给服务器。Cookie 的典型应用如判定注册用户是否已经登录网站、购物车等。

由于 Cookie 中包含了一些敏感信息，如用户名、计算机名、使用的浏览器和曾经访问的网站等，攻击者可以利用它进行窃密和欺骗攻击。

6）数据库的安全脆弱性

大多数 Web 应用程序使用数据库来保存数据。由于数据库中保存了大量的应用数据，因此它常常成为攻击者的目标。最常见的网站数据库攻击手段就是 SQL 注入攻击。

2. SQL 注入攻击

SQL 注入（SQL Injection）攻击属于数据库安全攻击手段之一，通过精心构造的字符串达到非法访问数据库内容或在数据库执行命令的目的。由于 SQL 注入攻击易学易用，致使网上各种 SQL 注入攻击事件层出不穷，严重危害了网站的安全。

1）SQL 注入攻击过程

大多数情况下，SQL 注入攻击发生在 Web 应用程序使用用户提供的输入内容来拼接 SQL 语句访问数据库时。下面通过一个具体的例子来说明 SQL 注入攻击的过程。

用作实验的靶网如图 5-34 所示。

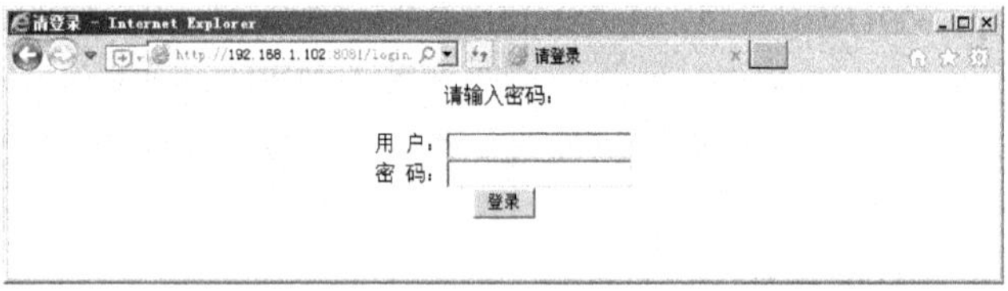

图 5-34　SQL 注入攻击靶网

此网站登录页面存在 SQL 注入漏洞，可在登录的用户名 admin 后加一单引号，如图 5-35 所示，或在 URL 地址栏直接输入 http://192.168.1.102:81/login.asp?name=admin'&pass= admin。结果如图 5-36 所示，证明没有对单引号过滤，存在 SQL 注入漏洞。

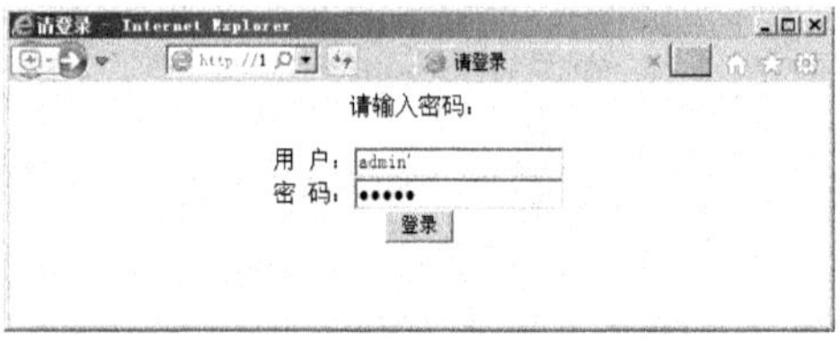

图 5-35　在用户名后加单引号

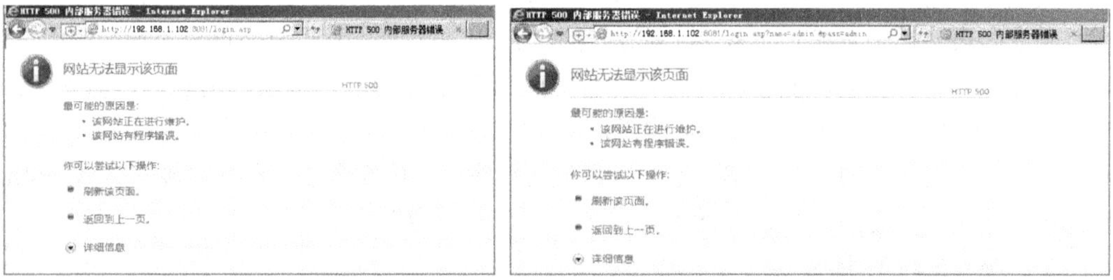

（a）登录名后加单引号返回结果　　（b）地址栏加单引号返回结果

图 5-36　用 SQL 注入漏洞测试返回结果

当用户没有正确的密码时，可以通过构造 http://192.168.1.102:81/login.asp?name=admin&pass=xxr' or '1=1 成功登录系统，如图 5-37 所示。

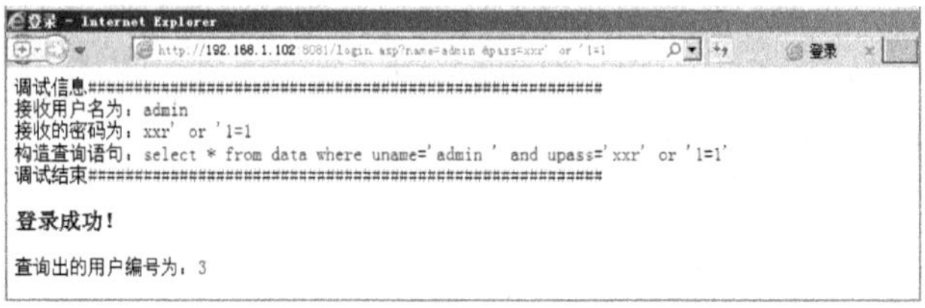

图 5-37　通过 SQL 注入成功登录系统

其登录页面的部分代码如下：

```
username=Request("name")
userpass=Request("pass")
```

```
…
sqlstr="select * from data where uname='" & username & "' and upass='" & userpass & "'"
rs.open sqlstr,conn,1
if rs.recordcount>0 then
  response.write("<h3>登录成功！</h3>")
  …
else
  response.write("<h3>登录失败！</h3>")
  …
end if
```

当用户输入 http://192.168.1.102:81/login.asp?name=admin &pass=xxr' or '1=1 时，其所构造的 SQL 语句为 select * from data where uname='admin ' and upass='xxr' or '1=1'。因此可以看出无论密码输入什么，其条件永远为真。这时恶意的用户便可轻易进入系统。

2）SQL 注入漏洞探测方法

一般来说，只要是带参数的动态网页，并且此网页访问了数据库，那么就可能存在 SQL 注入漏洞。如果程序员的安全意识不强，没有过滤输入的一些特殊字符串，则会发生 SQL 注入漏洞。

下面以 http://xxx.xxx.xxx/yyy.asp?id=zz 为例进行分析。

（1）整型参数时的 SQL 注入漏洞探测。当输入参数 zz 为整型时，通常 yyy.asp 中的 SQL 语句如下：

```
select * from 表名 where 字段=zz
```

可以用以下步骤测试 SQL 注入漏洞是否存在。如果以下 3 种情况全部满足，则 xxx.asp 中一定存在 SQL 注入漏洞。

① 在 URL 链接中附加一个单引号，即 http://xxx.xxx.xxx/yyy.asp?id=zz'，此时 xxx.asp 中的 SQL 语句变成如下形式：

```
select * from 表名 where 字段=zz'
```

测试结果为 xxx.asp 运行异常。

② 在 URL 链接中附加字符串“and 1=1”，即 http://xxx.xxx.xxx/yyy.asp?id=zz and 1=1，测试结果为 xxx.asp 运行正常，且与 http://xxx.xxx.xxx/yyy.asp?id=zz 运行结果相同。

③ 在 URL 链接中附加字符串“and 1=2”，即 http://xxx.xxx.xxx/yyy.asp?id=zz and 1=2，测试结果为 xxx.asp 运行异常。

（2）字符串型参数时的 SQL 注入漏洞探测。当输入的参数 zz 为字符串时，通常 yyy.asp 中的 SQL 语句如下：

```
select * from 表名 where 字段='zz'
```

可以用以下步骤测试 SQL 注入漏洞是否存在。如果以下 3 种情况全部满足，则 xxx.asp 中一定存在 SQL 注入漏洞。

① 在 URL 链接中附加一个单引号，即 http://xxx.xxx.xxx/yyy.asp?id=zz'，此时 xxx.asp 中的 SQL 语句变成如下形式：

```
select * from 表名 where 字段='zz''
```

测试结果为 xxx.asp 运行异常。

② 在 URL 链接中附加字符串“'and '1'='1”，即 http://xxx.xxx.xxx/yyy.asp?id='zz'

and '1='1', 测试结果为 xxx.asp 运行正常，且与 http://xxx.xxx.xxx/yyy.asp?id=zz 运行结果相同。

③ 在 URL 连接中附加字符串"'and '1'='2"，即 http://xxx.xxx.xxx/yyy.asp?id='zz' and '1='2', 测试结果为 xxx.asp 运行异常。

（3）特殊情况的处理。有时程序员会在程序中过滤掉单引号等敏感字符，以防止 SQL 注入。如果程序员对单引号进行了严格的控制，则字符型参数的 SQL 注入攻击将不能成功。对于其他情况，可以用以下几种方法试一试：

① UNICODE 法。在 IIS 中，以 UNICODE 字符集实现国际化，用户完全可以在 IE 中将输入的字符串变成 UNICODE 字符串进行输入，如空格=%20。

② ASCII 码法。可以把输入的部分或全部字符用 ASCII 码代替。

3）SQL 注入漏洞的防范

由于 SQL 注入攻击的 Web 应用程序运行在应用层，因而对于绝大多数防火墙来说，这种攻击是"合法"的（Web 应用防火墙例外）。问题的解决只能依赖完善编程。因此，在编写 Web 应用程序时，应遵循以下原则，以减少 SQL 注入漏洞。

（1）过滤单引号。在 SQL 注入攻击前的漏洞探测时，攻击者需要在提交的参数中包含"'""and"等特殊字符；在实施 SQL 注入时，需要提交";""--""select""union""update""add"等字符构造相应的 SQL 注入语句。

因此，防范 SQL 注入攻击最有效的方法是对用户的输入进行检查，确保用户输入数据的安全性。在具体检查用户输入或提交的变量时，根据参数的类型，可对单引号、双引号、分号、逗号、冒号、连接号等进行转换或过滤，这样就可以防止很多 SQL 注入攻击。

例如，大部分的 SQL 注入语句都少不了单引号，尤其是字符型注入语句中。因此一种简单有效的方法就是单引号过滤。过滤的方法可以是将单引号转换成两个单引号，此举将导致用户提交的数据在进行 SQL 语句查询时出现语法错误；也可以将单引号转换成空格，对用户输入数据进行严格限制。

大多数的数据库 API 都允许用户指定所提供参数的确切类型（如字符串、整数、日期等），这样可以保证这些参数都能被正确编码，以免被黑客利用。

（2）禁止将敏感性数据以明文存放在数据库中，这样即使数据库被 SQL 注入攻击，也会减少泄密的风险。

（3）遵循最小特权原则。只给访问数据库的 Web 应用所需的最低权限。例如，如果 Web 应用不需要访问某些表，那么应确认它没有访问这些表的权限；如果 Web 应用只需要读权限，则应禁止它对此表的插入、更新、删除等权限。

3. 跨站脚本攻击

跨站脚本攻击（Cross Site Scripting，XSS）指攻击者利用 Web 程序对用户输入过滤不足的缺陷，把恶意代码（包括 HTML 代码和客户端脚本）注入用户浏览器显示的页面上执行，从而进行窃取用户敏感信息，伪造用户身份等恶意行为的一种攻击。近年来，XSS 发展非常迅速，是黑客实施网站攻击的主要手段。任何网站，只要有允许用户提交数据的地方，就有可能成为跨站脚本攻击的目标。一般认为，XSS 攻击主要用于以下目的：

（1）盗取各类用户账号，如计算机登录账号、用户网银账号、各类管理员账号。

（2）控制企业数据，包括读取、篡改、添加、删除企业敏感数据的能力。

（3）盗窃企业重要的具有商业价值的资料。

（4）非法转账。

（5）强制发送电子邮件。

（6）网站挂马。

（7）控制受害计算机向其他网站发起攻击。

进行 XSS 攻击需要两个前提条件：第一，Web 程序必须接受用户的输入，这显然是必要条件，输入不仅包括 URL 中的参数和表单字段，还包括 HTTP 头部和 Cookie 值；第二，Web 程序必须重新显示用户输入的内容，只有用户浏览器将 Web 程序提供的数据解释为 HTML 标记时，攻击才会发生。这两个前提条件与缓冲区溢出攻击有相似之处，因此有人认为跨站脚本攻击是新型的“缓冲区溢出攻击”，而 JavaScript 就是新型的“ShellCode”。

XSS 主要有 3 种形式：本地脚本漏洞攻击、反射式跨站脚本攻击（Reflected Cross site Scripting）和储存式跨站脚本攻击（Persisted Cross site Scripting）。

1）本地脚本漏洞攻击

本地脚本漏洞攻击利用的是页面中客户端脚本中自身存在的安全漏洞，其攻击过程如下：

（1）Alice 给 Bob 发送一个恶意构造的 URL。

（2）Bob 点击并查看了这个 URL。

（3）恶意页面中的 JavaScript 打开一个具有漏洞的 HTML 页面，并将其安装在 Bob 计算机上。

（4）具有漏洞的 HTML 页面包含了在 Bob 计算机本地域执行的 JavaScript。

（5）Alice 的恶意脚本可以在 Bob 的计算机上执行 Bob 所持有的权限下的命令。

2）反射式跨站脚本攻击

反射式跨站脚本攻击又称非持久性跨站脚本攻击，是一种常见的跨站脚本攻击类型。与本地脚本漏洞不同的是，Web 客户端使用 Server 端脚本生成页面为用户提供数据时，如果未经验证的用户数据被包含在页面中而未经 HTML 实体编码，客户端代码便能够注入到动态页面中。在这种攻击模式下，Web 程序不会存储恶意脚本，它会将未经验证的数据通过请求发送给客户端，攻击者就可以构造恶意的 URL 连接或表单来诱骗用户访问，最终达到利用受害者身份执行恶意代码的目的。反射式跨站脚本攻击的过程如下：

（1）Alice 经常浏览 Bob 建立的网站，在 Bob 的网站上，Alice 使用用户名和密码进行登录，并存储敏感信息（如银行账户信息）。

（2）Clarly 发现 Bob 的网站包含反射性的 XSS 漏洞。

（3）Clarly 编写一个利用漏洞的 URL，并将其冒充为来自 Bob 的邮件发送给 Alice。

（4）Alice 在登录 Bob 的网站后，浏览 Charly 提供的 URL。

（5）嵌入到 URL 的恶意脚本在 Alice 的浏览器中执行，就像它直接来自 Bob 的服务器一样。此脚本盗窃敏感信息（如授权、信用卡、账号信息等），然后在 Alice 完全不知情的情况下将这些信息发送到 Charly 的 Web 站点。

3）储存式跨站脚本攻击

储存式跨站脚本攻击又称持久性跨站脚本攻击，是一种十分危险的跨站脚本。如果 Web 程序允许存储用户数据，并且存储的输入数据没有经过正确的过滤，就有可能发生这类攻击。在这种攻击模式下，攻击者并不需要利用一个恶意链接，只要用户访问了储存式跨站脚本网页，那么恶意数据就将显示为网站的一部分并以受害者身份执行。储存式跨站脚本攻击的过程如下：

（1）Bob 拥有一个 Web 站点，该站点允许用户发布信息和浏览已发布的信息。

（2）Charly 注意到 Bob 的站点具有储存式跨站脚本漏洞。

（3）Charly 发布一个热点信息，吸引其他用户纷纷阅读。

（4）Bob 或者是任何其他人（如 Alice）浏览该信息时，其会话 Cookie 或者其他信息将被 Charly 盗走。

为了进一步加深对 XSS 的理解，下面以某网站的存储式跨站脚本攻击为例，分析其产生的原因及利用效果。

浏览该网站的留言板模型，进入签写留言功能，在“内容”处填写“<script>alert("XSS")</script>”，其他输入任意，如图 5-38 所示。

提交留言后，恶意脚本就被存储到数据库中。系统默认要求必须管理员审核留言板内容。只要单击恶意留言就会触发一次 XSS 攻击，如图 5-39 所示。这里只是简单地弹出一个警告框。

图 5-38　攻击者输入 XSS 攻击脚本

图 5-39　攻击效果

下面分析 XSS 发生的原因。该漏洞主要是由 message_write.asp 和 admin/check.asp 文件引起的。message_write.asp 引起问题的部分代码如下：

```
…
usercontent=Replace(Request.Form("usercontent"),"'"," ");'得到内容，过滤单引号
…
set rs=Server.CreateObject("ADODB.RecordSet");
sql="select * from Feedback where online='1' order by Postdate desc"
rs.open sql,conn,1,3
rs.Addnew
…
rs("usercontent")=usercontent '将过滤的内容插入数据库
…
rs.Update
rs.close
set rs=nothing
…
```

admin/check.asp 引起问题的代码如下：

```
…
set rs=Server.CreateObject("ADODB.Recordset")
sql="select * from Feedback where del=false order by top desc,PostDate desc"
rs.cursorlocation=3
…
rs.open sql,conn,1,1
…
<td><%=rs("userconnect")%> </td>
```

```
...
rs.close
set rs=nothing
...
```

message_write.asp 文件中只是简单地过滤了内容中的单引号，然后就把输入内容保存到了数据库中。管理员审核 check.asp 模块时，读出内容后直接向用户显示，这样只要简单构造一个恶意的内容就可以触发一次 XSS。

4）跨站脚本攻击的防范

各种网站的跨站脚本安全漏洞都是由于未对用户输入的数据进行严格控制，导致恶意用户可以写入 script 语句，而这些 script 语句又被嵌入到网站程序中，从而得到执行。因此，防范跨站脚本攻击常用的方法是：在将 HTML 返回给 Web 浏览器之前，对用户输入的所有内容进行过滤控制或进行编码。例如，HTML 编码使用其他一些没有特定 HTML 意义的字符来代替那些标记字符，如把“<”转换为“<”，把“>”转换为“>”，这样可以保证安全的存储和显示括号。

一些 Web 程序允许用户输入特定的 HTML 标记，例如黑体、斜线、下画线和图片等。这种情况下，需要使用正则表达式验证数据的合法性。验证应当在服务器端进行，因为浏览器端的检查很容易绕过。HTML 语言有很强的灵活性，同一种功能可能有许多不同的表现形式，因此验证数据通常使用白名单检查。

5.3.3　网络扫描技术

不管黑客攻击的手段如何千变万化，攻击的第一步仍然是收集目标计算机的信息，而网络扫描技术是获取攻击目标信息的一种重要技术，能够为攻击者提供大量攻击所需的信息。对攻击目标的信息掌握的越全面、具体，越能合理、有效地根据目标的实际情况确定攻击策略和攻击方法，攻击成功的概率也越高。

网络扫描技术，即对特定目标进行各种试探性通信，以获取目标主机信息的行为。网络扫描的手段和方法多样，一般来说，攻击者通过网络扫描达到以下目的：

（1）判断目标主机的工作状态，即判断目标主机是否联网并处于开机状态。这种以判断目的主机工作状态为目的的网络扫描称为主机发现。

（2）判断目标主机端口的工作状态，即端口处于监听还是关闭状态。端口处于监听状态意味着主机开放了相应的网络服务。以判断端口工作状态为目的的扫描称为端口扫描。

（3）判断目标主机的操作系统类型。攻击者攻击时所采用的方法与目标主机的操作系统紧密联系。以判断目标主机操作系统类型的网络扫描称为操作系统检测。

（4）判断目标主机可能存在的漏洞。向目标主机发送精心设计的探测数据包，根据目标主机的响应，判断目标主机存在的安全漏洞。这种以判断目标主机安全漏洞为目的的扫描称为漏洞扫描。

（5）判断某个应用程序或某个特定服务的版本号。

1. 主机发现

主机发现是进行网络攻击的前提。如果一个 IP 地址没有对应于互联网的工作主机，不管采用何种攻击方法对其进行攻击都是白费功夫。根据所采用的网络协议的不同，主机发现技术可以划分为两类，一类是基于 ICMP 协议的主机发现；一类是基于 IP 协议的主机发现。

1）基于 ICMP 协议的主机发现

如 5.1.3 节所述，ICMP 协议是 TCP/IP 体系结构中的一类重要协议。利用 ICMP 进行主机发现的最简单的方法是使用“ping”命令。“ping”命令的作用是检查一台主机网络的连接情况，其实质是发送 ICMP 回送请求，根据是否收到对方主机的回答来判断。

除了回送请求外，ICMP 中其他类型的查询报文也可以用于主机发现。例如，向某个 IP 地址发送地址掩码请求，如果对方给予了回答，则可以断定该 IP 地址对应于网络中的一台存活主机。

向目标 IP 地址发送以“ping”命令为代表的 ICMP 查询报文是进行主机发现的一种简单易行的方法，但这种方法有一个严重缺陷。向某个 IP 地址发送请求后如果得到回答，可以推断 IP 地址对应的主机在网络中存活，但是如果发送请求后没有接收到回答，则不能简单地推断没有与该 IP 地址对应的存活主机。原因在于大部分防火墙会对 ICMP 查询报文进行过滤，查询报文无法到达目标主机。因此，没有接收到与 ICMP 查询报文对应的回答，无法确定是防火墙对 ICMP 查询报文进行了过滤，还是网络中没有与 IP 地址对应的存活主机。

2）基于 IP 协议的主机发现

基于 IP 进行主机发现往往可以避免防火墙的影响，此类主机发现技术向目标 IP 地址发送精心设计的 IP 数据包，诱使与目标 IP 地址对应的存活主机反馈 ICMP 差错报告报文，暴露自己的存活状态。

在这类主机发现技术中，一种较为常用的方法是发送首部异常的 IP 数据包。TCP/IP 体系结构中，IP 数据包首部的大部分字段的格式和内容都有严格要求。如果将一些值随意填入数据包的首部，则接收数据包的主机在对数据包进行检查时往往会报错，将会向 IP 数据包的源主机返回“参数有问题”的 ICMP 差错报告报文。如图 5-40 所示，攻击者构造出首部异常的 IP 数据包发送给目标主机，目标主机将以 ICMP 差错报告报文进行反馈。如果攻击者收到被扫描 IP 地址反馈的差错报告报文，即可推断相应的主机在网络中存活；反之，则可以断定网络中没有与目标 IP 地址对应的存活主机。

图 5-40　利用首部异常的 IP 数据包进行主机发现

另外一种比较常用的基于 IP 的主机发现方法是有意造成分片时间超时。分片是 IP 数据包在网络传输中的一种重要机制。目的主机在处理数据包分片时，如果在规定时间内有部分分片没有到达目的主机，目的主机由于缺少分片无法完成 IP 数据包重组，目的主机将向源主机发送“分片重组超时”的 ICMP 报文。例如，攻击者可以有意将一个 IP 数据包划分为 3 片，将第 1 片和第 2 片发往待扫描的 IP 地址，保留第 3 片不发送，如果被探测的 IP 地址返回“分片重组超时”的 ICMP 报文，则可以断定相应的主机在网络中存活。

可以看出，基于 IP 进行主机发现的实质是针对被扫描 IP 地址有意制造通信错误，并通过是否接收到被扫描 IP 地址反馈的 ICMP 差错报告报文来推断相应主机的工作状态。通常而言，防火墙不会对此类 ICMP 差错报告报文进行过滤，否则被保护的主机在通信中将丧失 ICMP 差错报告的功能，这可能影响寻呼机的正常网络通信。因此，基于 IP 的主机发现技术得到的判定结果往往是非常准确的。

2．端口扫描

端口扫描（Port Scanning）是向目标系统的 TCP 协议或 UDP 协议端口发送探测数据包，

并记录目标系统的响应。通过分析响应来判断服务端口是打开还是关闭，就可以得知端口提供的服务或信息。这里要注意的是端口扫描仅能对收到的响应数据进行分析，以得到目标系统的某些内在的弱点，而不会提供进入目标系统的详细步骤。下面是一个简单的 Windows 端口扫描程序，它是一个典型的 TCP Connect 扫描，功能很简单，没有对返回的数据进行分析。它连接目标系统端口，如果端口处于侦听状态，则返回成功，否则这个端口是不能用的，即没有提供服务。

```
#include <string.h>
#include <winsock.h>
#include <windows.h>
#include <iostream.h>
#pragma comment (lib,"ws2_32.lib")
int main (int argc, char *argv[])
{   int iportFrom,iportTo;
    int testsocket;
    int iopenedport = 0;
    struct sockaddr_in target_addr;
    WSADATA wsaData;
    WORD wVersionRequested=MAKEWORD(1,1);
    if (argc <= 3)
    {  cout << "使用格式: "<< "主机 IP 地址 开始端口号 结束端口号\n" << endl;
       exit(1);
    }
    if (atoi (argv[2]) > atoi (argv[3]))
    {   cout << "错误! 开始端口号必须小于结束端口号" << endl;
       exit(1);
    }
    else
    {
       if (WSAStartup (wVersionRequested , &wsaData) )
       {
          cout << "连接 socket 库失败，请检查版本号是否为 1.1\n" << endl;
          exit(1);
       }
       iportFrom=atoi (argv[2]);
       iportTo=atoi (argv[3]);
       for (int i=iportFrom; i <= iportTo; i++)
       {
          if((testsocket=socket(AF_INET,SOCK_STREAM,0))==INVALID_SOCKET)
          {
              cout << "Socket 建立失败! " << endl;
              exit(0);
        }
          target_addr.sin_family = AF_INET;
          target_addr.sin_port = htons(i);
          target_addr.sin_addr.s_addr = inet_addr (argv[1]);
          cout << "正在扫描端口: " << i << endl;
          if (connect (testsocket, (struct sockaddr *) &target_addr,
sizeof(struct sockaddr)) == SOCKET_ERROR)
             cout << "端口" << i << "关闭! " << endl;
```

```
            else
            {
                iopenedport++;
                cout << "端口" << i << "开放......" << endl;
            }
        }
        cout << "目标主机" << argv[1] << "从" << iportFrom << "--" << iportTo
<< "共有" << iopenedport << "个端口开放" << endl;
        closesocket (testsocket);
        WSACleanup();
    }
    return 0;
}
```

程序运行结果如图 5-41 所示。

图 5-41　端口扫描程序运行结果

这个简单的扫描器并不是真正意义上的端口扫描器，因为它给出的信息太少了，而且会在目标机上留下大量的记录。

端口扫描行为的一个重要特征就是在短时期内有很多来自相同的信源地址，传向不同的目的地端口的包。对于攻击者来说，使自己很难被发现是十分重要的。为了隐藏攻击，攻击者可以慢慢扫描，有很长时间间隔的端口扫描很难被识别。另外，隐藏源地址的方法也可以采用来隐藏攻击，它通过发送大量的欺骗性的端口扫描数据包，其中只有一个是从真正的源地址来的。这样即使被察觉记录下来，也不会知道真正的源地址。

目前进行端口扫描主要采用端口扫描软件，又称端口扫描器。编写扫描器程序要具备 TCP/IP 协议程序、C、Perl 和 SHELL 语言的知识，以及 Socket 编程的知识。

1）端口扫描技术

目前主要的端口扫描技术有以下几种：

（1）TCP Connect Scan（TCP 连接扫描）。这是最基本、最简单的一种扫描技术，又称 TCP 全连接扫描。它利用 TCP 协议的三次握手过程，直接连接到目标端口并完成一个完整的 3 次握手过程（SYN、SYN/ACK 和 ACK），与目标计算机建立标准的 TCP 连接。上面所举的扫描程序用的就是这种方法。这种方法的缺点是很容易被目标主机记录。

（2）TCP SYN Scan（TCP 同步序列号扫描）。这种扫描又称“半开式扫描”（Half Open Scan）或“间接扫描”，它不进行完整的 TCP 连接，即在和目标主机的端口建立连接的时候，只完成前两次握手。即扫描主机自动向目标计算机的指定端口发送连接建立请求数据报，然后开始等待对方的应答：

① 如果目标主机的回应 TCP 报文中设置了 SYN 位和 ACK 位，则说明该端口是活动的，之后扫描主机传送一个 RST 给目标主机拒绝建立 TCP 连接，从而导致三次握手过程失败。

② 如果目标计算机的回应是 RST 连接复位数据报，则表示该端口是关闭的，这种情况下，扫描主机不用做任何回应。

由于扫描过程中，全连接尚未建立，所以大大降低了被目标计算机记录的可能性，并且加快了扫描的速度。

（3）TCP FIN Scan（TCP 结束标志扫描）。此种扫描的思想是，向 TCP 端口发送一个设置了 FIN 位的连接终止数据报，关闭的端口会回应一个设置了 RST 的连接复位数据报；而开放的端口则会对这种可疑的数据报不加理睬，将它丢弃。因此可以根据是否收到 RST 数据报来判断对方的端口是否开放。

这种扫描方式比前两种都要隐秘，不容易被发现。但这种方式对一些系统是无效的，最典型的就是 Windows 操作系统，当它收到这样的数据报时，无论端口是否开放都会回应一个 RST 连接复位数据报。另外，使用这种方式探测目标主机端口是否开放必须等待超时，增加了探测时间，而且容易得出错误的结论。

（4）IP Scan（IP 协议扫描）。这种方法是其他扫描方式的一种变形，不是直接发送 TCP 协议扫描数据包，而是在发送扫描数据包时人为地将数据包分成许多 IP 分片，从而包过滤器就很难探测到。但需要注意的是，有些程序不能正确处理 IP 分片，分片扫描可能会造成目标系统崩溃。

（5）TCP Xmas Tree Scan。这种方法向目标端口发送一个含有 FIN（结束）、URG（紧急）和 PUSH（弹出）标志的分组。根据 RFC 793，对于所有关闭的端口，目标系统应该返回 RST 标志。根据这一原理就可以判断哪些端口是开放的。

（6）TCP Null Scan。这种方法向目标端口发送一个不包含任何标志的分组。根据 RFC 793，对于所有关闭的端口，目标系统也应该返回 RST 标志。根据这一原理就可以判断哪些端口是开放的。

（7）UDP Scan（UDP 协议扫描）。与以上的方式不同的是，这种扫描使用 UDP 协议。这种方式向目标端口发送一个 UDP 分组。如果目标端口响应一个“ICMP port Unreachable”（ICMP 端口不可到达）消息，那么该端口是关闭的。相反，如果没有收到这个消息那可以推断该端口是打开的。由于 UDP 是无连接的不可靠协议，因此这种方式的准确性很大程度上取决于网络等多个因素。另外，当试图扫描一个大量应用分组过滤功能的设备时，UDP 扫描将是一个非常缓慢的过程。

2）常用扫描器介绍

前面介绍了端口扫描原理和技术，下面介绍一些目前主要的端口扫描器工具软件。

（1）X-Port。X-Port 以多线程方式扫描目标主机开放端口，扫描过程中根据 TCP/IP 堆栈特征被动识别操作系统类型，若没有匹配记录，尝试通过 NetBIOS 判断是否为 Windows 系列操作系统并尝试获取系统版本信息。X-Port 提供了两种端口扫描方式：TCP 连接扫描和 TCP SYN 扫描。其中“SYN 扫描”和“被动识别操作系统”功能实现均使用“Raw Socket”构造数据包，不需要安装额外驱动程序，但必须运行于 Windows 2000 操作系统上。

图 5-42 所示为使用 X-Port 扫描目标主机的结果。

（2）Advanced Port Scanner。Advanced Port Scanner 是图形界面端口扫描工具，扫描实例如图 5-43 所示。

图 5-42　X-Port 扫描结果

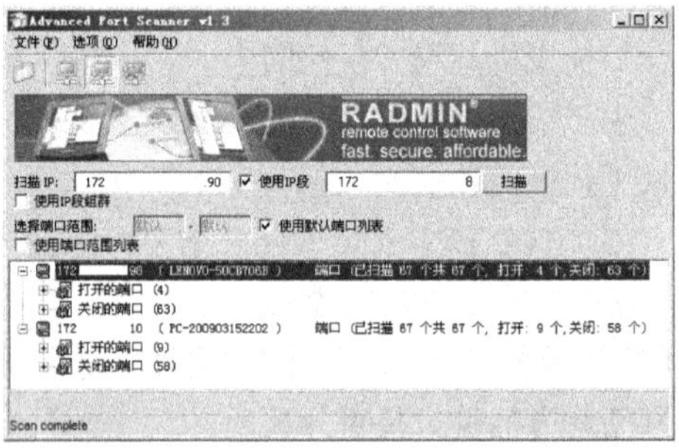

图 5-43　Advanced Port Scanner 扫描界面

（3）Nmap。Nmap 是一款针对大型网络的端口扫描工具。它支持 TCP Connect 扫描、TCP SYN（半开式）扫描、TCP FIN、Xmas、NULL 扫描、TCP ftp 代理（跳板）扫描、SYN/FIN IP 碎片扫描（穿越部分数据包过滤器）、TCP ACK 和窗口扫描、UDP 监听 ICMP 端口无法送达扫描、ICMP 扫描（狂 ping）、TCP ping 扫描、直接 RPC 扫描（无端口映射）、TCP/IP 指纹识别远程操作系统，以及相反身份认证扫描等。Namp 同时支持性能和可靠性统计，例如：动态延时计算，数据包超时和转发，并行端口扫描，通过并行 ping 侦测下层主机。直接在命令提示符下输入 Nmap 命令即可得到图 5-44 所示的功能和使用介绍。

（4）SuperScan。SuperScan 是一个集“端口扫描”“ping”“主机名解析”于一体的扫描器。其主要功能有：通过 ping 检验主机是否在线；IP 和域名相互转换；检验目标计算机提供的服务类别；扫描指定范围的主机端口；自定义要检验的端口，并可以保存为端口列表文件；自带一个木马端口列表 trojans.lst，通过这个列表可以检测目标计算机是否有木马；同时，也可以自己定义修改这个木马端口列表。

图 5-45 所示为 SuperScan 扫描结果界面。

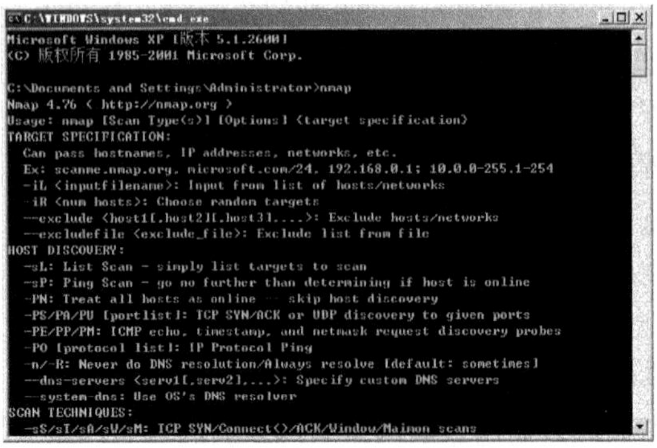

图 5-44　Namp 使用说明

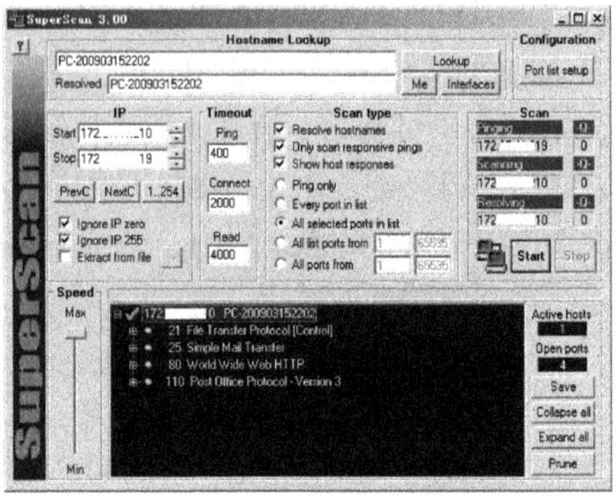

图 5-45　SuperScan 扫描结果界面

3. 操作系统检测

主机使用的操作系统不同，主机可能存在的漏洞也不同。例如，Windows 操作系统和 UINX 操作系统的漏洞信息完全不同。即使同属 Windows 家族的 Windows XP 系统和 Windows

7 系统存在的安全漏洞也有很大差异。操作系统检测的目的是确定目标主机所运行的操作系统，便于采取最有效的攻击方法和手段。

操作系统检测的方法主要有 3 类：一是通过获取旗标信息；二是利用端口信息；三是分析 TCP/IP 协议栈指纹。

1）获取旗标信息

旗标（Banner）指客户端提出连接请求时服务器端所返回的欢迎信息，如 FTP、SMTP、Telnet 等提供网络服务的程序通常都有旗标信息。服务程序的旗标虽然不会直接通告主机运行的操作系统，但可以通过旗标暴露出的服务程序信息进行操作系统的判断。

2）利用端口信息

端口扫描的结果在操作系统检测阶段也可以加以利用。不同的操作系统通常会有一些默认开放的服务，这些服务使用特定的端口进行网络监听。例如，Windows XP、Windows 2003 等系统默认开放了 TCP 135 端口、TCP 139 端口及 TCP 445 端口，Linux 系统通常不会使用这些端口。端口工作的差异能够为操作系统检测提供一定的依据。

3）分析 TCP/IP 协议栈指纹

上述两种操作系统检测方法简单明了，但是判断结果可能不准确。管理员可以随意修改网络服务的旗标信息。优秀的网络管理员通常都会将旗标中泄露系统信息的语句删除，甚至用一些虚假信息替代。而端口的使用也可以动态调整，管理员可以将默认开放的端口关闭，并为需要开放的服务指定监听端口，这些将使通过端口信息进行操作系统的判断难以实现。如果攻击者不加鉴别就对目标主机采取错误的攻击措施，攻击活动必然失败。

相对而言，对 TCP/IP 协议栈指纹进行分析是最为精确的一种检测操作系统的方法。所有操作系统在实现 TCP/IP 协议栈时都是以 RFC 文档为参考依据，但由于许多边界情况在 RFC 文档中没有明确规定，不同操作系统在具体实现时存在细节差异。可以利用这种系统实现上的差异向目标主机发送精心设计的探测数据包，根据得到的响应，来推断目标主机的操作系统。

（1）FIN 标志位探测。根据 RFC 793 规定，主机上开放的端口对到达的 FIN 标志位设置为 1 的 TCP 数据包通常不响应。但是 Windows、Cisco、HP-UX、MVS 及 IRIX 等操作系统会返回一个 RST 标志位设置为 1 的 TCP 数据包。

（2）TCP ISN 取样。ISN 是初始化序号，即 TCP 通信的任何一方在 TCP 连接建立时发出的第一个 TCP 报文的序号字段。这种操作系统检测方法需要收集目标操作系统的 ISN 信息，扫描时通常会向目标主机系统多次发送 TCP 连接请求，相应收集目标系统的连接响应并对其中的 ISN 信息进行分析。一些操作系统的 ISN 是随机增长的，如 Solaris、IRIX 和 FreeBSD 等；也有一些操作系统的 ISN 与时间有关，每经过一段时间 ISN 的值会有一个固定的增长；还有一些操作系统的 ISN 是完全随机变化的，如 Linux 2.0 以上的版本，OpenVMS 和新版的 AIX 等。

（3）TCP 初始化窗口大小。这种探测方法是对 TCP 连接建立时 TCP 包首部的窗口字段进行监视，因为许多操作系统的 TCP 初始化窗口的大小为常数。例如，Windows、FreeBSD 以及 OpenBSD 系统的初始化窗口值为 0x402E，AIX 系统的初始化窗口值为 0x3F25。

（4）ACK 确认号的值。操作系统接收到一些特别设计的 TCP 数据包时，响应数据包中 ACK 确认号的值会表现出一定规律。如果发送 FIN、PSH、URG 标志位都被设置为 1 的 TCP 数据包到关闭的端口，一些操作系统会将 ACK 确认号设置为所接收到的 TCP 数据包的 ISN 值，而 Windows 会将 ACK 确认号设置为 ISN 值加 1。

（5）TCP 选项。TCP 报文首部结构中的选项域是可选的，并不是所有操作系统都支持。向目标主机发送包含选项信息的数据包，目标主机如果支持这些选项，将会在应答包中也进行相应的设置。如 Nmap 扫描软件通常会在扫描数据包的同时设置多个选项，从而提高检测的准确性。

（6）ICMP 差错报告报文统计。一些操作系统对 ICMP 差错报告报文的发送频率进行了限制。例如，Linux 内核限制目的不可达报文每 4s 最多发送 80 个。相应的一种测试方法是向一些未开放的 UDP 端口发送大量报文，并统计目标主机返回的不可达报文的数量。

（7）ICMP 消息引用。在 ICMP 差错报告报文中，通常会引用一部分引起错误的源消息。对于一个端口不可达消息，大部分操作系统会返回 IP 请求的首部以及数据负荷的前 8B。但是 Solaris 系统返回数据负荷会略微多一些，而 Linux 系统返回的则更多。

4．漏洞扫描

漏洞是信息系统在硬件、软件、协议的具体实现和系统安全策略等方面存在的缺陷和不足。漏洞的存在使得攻击者有可能在未授权的情况下访问系统，甚至对系统进行破坏。无论任何类型的信息系统，都存在或多或少的漏洞。漏洞为攻击者进行攻击提供了可能。

漏洞扫描对计算机管理员和攻击者而言都有重要意义。计算机管理员希望能够通过漏洞扫描及时发现计算机的安全漏洞，从而有针对性地进行安全加固。攻击者则希望利用扫描找到能够使自己获取目标系统访问权限甚至控制权限的安全漏洞。

根据扫描方法的不同，可以将漏洞扫描分为基于主机的漏洞扫描和基于网络的漏洞扫描。基于主机的漏洞扫描要求在被检查系统上安装特定的扫描程序，并且赋予程序管理员权限，以确保程序能够访问操作系统内核、系统配置文件以及系统中的各类应用程序。扫描程序依据特定的规则对系统进行分析以发现各类安全漏洞。这类扫描程序对于所发现的漏洞往往还会给出相应的补丁信息，便于用户及时安装补丁，加固系统。

计算机管理员拥有系统的最高权限，可以采用基于主机的漏洞扫描方式对系统进行最细致全面的检查。攻击者在攻击成功前在目标系统上不具备足够权限，难以采用基于主机的漏洞扫描方式。基于网络的漏洞扫描是攻击者主要采用的漏洞扫描方式。

基于网络的漏洞扫描要求扫描主机与被扫描的目标系统通过网络相连，两台主机之间能够进行正常的网络通信。在扫描的过程中主要综合两方面的信息掌握目标系统的漏洞情况。首先，利用端口扫描的结果。端口扫描和操作系统检测，可以掌握目标系统上运行的操作系统及开放的网络端口。将所获得的这些信息与事先建立的漏洞库匹配，查看是否存在匹配的漏洞。如果在漏洞库中找到了匹配的漏洞，则进一步依据漏洞的具体信息向目标系统发送探测数据包，并根据对方的返回结果，准确判断目标系统是否的确存在相应的漏洞。在这个过程中，必须考虑到网络服务使用的监听端口可以随意指定。例如，可以使用 7000 端口作为 Web 服务器的监听端口。因此，漏洞扫描程序必须对端口上所运行的服务做出正确判断，否则难以准确、高效地发现漏洞。一些设计完善的漏洞扫描程序在获得开放的端口信息后，会首先对端口进行探测，确定端口所对应的网络服务，并以此为基础进行漏洞扫描。其次，模拟简单的攻击活动，对目标系统进行攻击性测试。例如，大部分漏洞扫描程序都有弱口令测试功能。在弱口令测试过程中，扫描程序会使用内置的口令破解程序对操作系统的用户口令及各种应用服务的口令尝试破解，如果口令比较简单或者口令包含在破解程序使用的字典中，即能被迅速破解。

基于网络的漏洞扫描程序通常由扫描控制台、漏洞库和扫描引擎等几部分组成。漏洞库是扫描程序的核心。扫描程序将以漏洞库中的漏洞信息为基础，采用规则匹配的方法判断目标系统是否存在安全漏洞。漏洞库中的漏洞信息是否全面直接决定了扫描程序检测漏洞的能力。漏洞库必须经常进行更新，以保证扫描软件能够发现最新的安全漏洞。

具体的漏洞判别方法通常与涉及的应用紧密联系。例如，要判别“HTTP IIS sample”漏洞，可以向目标 IIS 服务器发出如下一些 HTTP 请求。

（1）GET/iissamples/exair/howitworks/codebrws.asp；

（2）GET/iissamples/sdk/asp/docs/codebrws.asp；

（3）GET/iissamples/ exair/howitworks/code.asp；

（4）GET/msadc/samples/selector/showcode.asp；

（5）GET/scripts/tools/newdsn.exe。

如果服务器返回“200 OK”的 HTTP 应答，则表明目标 IIS 服务器存在“HTTP IIS sample”漏洞。

向 IIS 服务器发送 HTTP 请求“GET/NULL.printer”，如果服务器返回信息为“500 13\r\nServer:Microsoft-IIS/5.0”，则表明目标系统存在“IIS5 NuLL.printer”漏洞。

这些漏洞判断信息必须不断扩充到漏洞库中，从而保证漏洞扫描程序能够最全面地发现目标系统的漏洞。

随着用户安全意识的增强，许多用户会在补丁程序发布后及时安装补丁。攻击者在发现漏洞后希望尽快搜寻存在漏洞的目标并攻击，从而保证漏洞利用的时效性。这时，攻击者会针对具体漏洞开发专用漏洞扫描器。这种漏洞扫描器只包含特定漏洞的监测信息，而不像一般的漏洞扫描器追求漏洞库信息的齐备。

5.3.4　网络侦听 Sniffer 攻击

网络侦听 Sniffer 攻击是一种威胁性极大的被动攻击。通过它可以监视网络的状态、数据流动情况以及网络上传输的信息。在向内网入侵渗透时，经常会用到嗅探手法，也就是利用嗅探器来截获网络上传输的口令。

下面就网络侦听 Sniffer 的工作原理、实现和工具给以介绍，最后给出预防措施。

1. 攻击原理

共享以太网数据传输通过广播传输媒体实现，即从理论上讲，同一个网段的所有网络接口都有访问在物理媒体上传输的所有数据的能力。在正常情况下，一个合法的网络接口只接收和自己的地址有关的帧。如果某个网络接口处于混杂（Promiscuous）模式，那么它就可以捕获网络上的所有数据帧。Sniffer 就是一种利用以太网的这种特性将网卡设置为混杂模式状态的工具，一旦网卡设置为这种模式，它就能接收传输在网络上的每一个数据包。

可见，Sniffer 工作在网络环境的底层，它会拦截所有的正在网络上传送的数据，并且通过相应的软件处理，可以实时分析这些数据的内容，进而分析所处的网络状态和整体布局。

2. 交换网络侦听攻击

主机连接到交换机上，这样的以太网环境称为交换以太网。交换机维护着一张表来保存每台计算机的 MAC 地址信息，并且把去往特定机器的数据包递送到该机器所连接的端口。这时数据包仅仅发送给目的计算机，而不是像共享以太网那样广播给网络上所有的机器。这种交换以太网环境产生了更好的网络性能，并且还有更多的好处——混杂模式的机器在这里不起作用。

对于被嗅探而言，交换以太网的确比共享以太网安全许多，但也非绝对免疫。下面的方法可以用来嗅探交换环境下的数据。

（1）ARP 欺骗：ARP 是无状态的，可以发送一个 ARP 应答包，即使并没有问询包，这个包也会被承认和接受。理想情况下，当你想嗅探某台机器发起的通信，就需要对网络上的网关进行 ARP 欺骗。这样那台机器的 ARP 缓存就会从网关得到一个错误的入口，从而使得该机器发出的经过网关的通信经过你的机器。另外一种情况是，把网关的 MAC 地址设置为广播 MAC 地址来毒害一台主机的 ARP 缓存。有许多不同效果的 ARP 欺骗可以使用。

（2）MAC 泛滥（MAC Flooding）：交换机之所以可以把数据包送到指定的端口，而不是广播发送，全依赖于交换机中的转换表，但是交换机这项工作的内存有限。MAC 泛滥利用这种限制，用虚假的 MAC 地址对交换机进行轰炸，从而使地址表溢出。这样交换机就开始了类似集线器的工作方式，向网络上所有的机器广播数据包。一旦这样，嗅探就变得很简单了。可以利用 macof（macof 是嗅探器 dsniff 组件的一项功能）进行 MAC 泛滥攻击。

（3）伪造 MAC 地址：伪造 MAC 地址也是一个常用的方法，它是通过向交换机发送伪造过的数据包，更改交换机的转换表，从而达到嗅探的目的。

（4）ICMPRouterAdvertisements：这主要是由 ICMP 路由发现协议 IRDP 的缺陷引起的，在 Windows 95/98/2000 及 Sun OS、Solars 2.6 等系统中，都使用了 IRDP 协议。IRDP 协议的主要内容是告诉人们谁是路由器。

3．Sniffer 工具

Sniffer 种类繁多，如何选择要根据个人使用经验和入侵的要求。这里介绍几个常用的 Sniffer 工具，并简要阐述在什么情况下适用。

（1）Microsoft's Net Monitor：这个工具运行在 Windows 平台上。它能够对 MAC 地址（或主机名）进行网络统计和会话信息监视。只需简单地单击某个会话即可获得 tcpdump 标准的输出。

（2）Sniffer 命令行方式的嗅探工具：其嗅探到的数据经过多重过滤，很容易得到想要的数据。可捕获局域网内 FTP/SMTP/POP3/HTTP 协议密码。图 5-46 所示为是使用 x-sniffer 对 TCP 协议的一个密码嗅探任务的返回信息，不难看出，这是一个 FTP 登录密码。

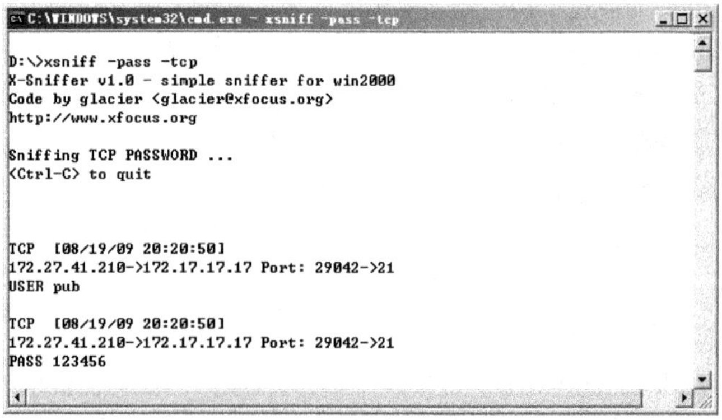

图 5-46　x-sniffer 嗅探

对于使用 Sniffer 的新手来说，这个工具还是相当值得推荐的，其数据量小，数据结果单一，不需要任何分析就可以得到想要的结果。

（3）EffeTech HTTP Sniffer：这个工具是针对 HTTP 协议进行嗅探的 Sniffer 工具。它可以捕捉局域网内的含有 HTTP 协议的 IP 数据包，并对其进行分析，找出符合过滤器的那些 HTTP 通信内容。通过它，可以看到网络中的其他人都浏览了哪些网页，这些网页的内容是什么，如图 5-47 所示。

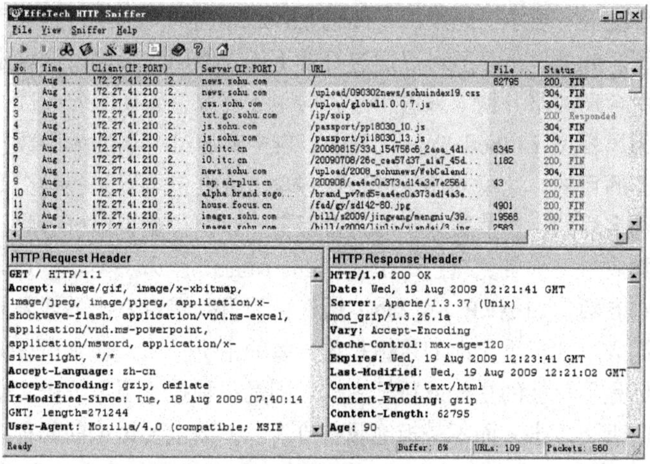

图 5-47　EffeTech HTTP Sniffer 嗅探

（4）Ethereal：Ethereal 是一种开放源代码的许可软件，允许用户向其中添加改进方案。Ethereal 适用于当前所有较为流行的计算机系统，包括 UNIX、Linux 和 Windows。Ethereal 对数据的抓取很全面，不过在辅助方面就比较粗糙，例如流量分析。

（5）SnifferPro：SnifferPro 是 NAI 的一款 Sniffer 软件，在众多的 Sinffer 软件中，SnifferPro 可以说得上是首屈一指了。因为 SnifferPro 中自带了许多网络数据流分析工具，所以还受到了许多网管的喜爱。SnifferPro 在协议的过滤和流量分析的一些小细节上做得很出色，但对于一些比较琐碎的数据进行分析时，Ethereal 要好一些。

总之，对于想从大量的已获数据中分析和获得一些小的或比较零散的信息时，推荐使用 Ethereal；而对于大型网络的流量分析和观察，则使用 SnifferPro。

4. 网络侦听攻击的防范

（1）加密：目前有许多软件包可用于加密连接，从而使入侵者即使捕获到数据，但无法将数据解密而失去窃听的意义。

（2）入侵检测：使用诸如 Tripwire 之类的工具，生成文件系统的 MD5 “数据指纹”，及时发现被修改的系统文件。

（3）使用 antisniffer 软件。

5.3.5　拒绝服务 DoS 攻击

DoS 是 Denial of Service 的简称，即拒绝服务。任何对服务的干涉并且使得其可用性降低或者失去可用性均称为拒绝服务。例如，一个计算机系统崩溃或其带宽耗尽或其硬盘被填满，导致其不能提供正常的服务，就是拒绝服务。造成 DoS 的攻击行为被称为 DoS 攻击，即造成拒绝服务的攻击，具体来说即攻击者通过某种手段，有意地造成计算机或网络不能正常运转从而不能向合法用户提供所需要的服务或者使得服务质量降低。

1. DoS 攻击概述

DoS 攻击大致可分为 3 类：一类是由于协议漏洞导致的，又称杀手包或剧毒包（Killer Packet）型攻击。它主要是利用协议本身或者其软件实现中的漏洞，通过一些非正常的（畸形的）数据包使得目标受害者系统在处理时出现异常，导致目标系统崩溃。这类攻击对攻击者的运算能力或带宽没有要求，例如，一个通过 Modem 连接的低档 PC 就可以攻破一个具有高带宽的大型系统。此类攻击一般可以通过打补丁或者使用防火墙过滤特定的畸形数据包来解决。一类是利用合理的服务请求来占用过多的服务资源，致使服务超载，无法响应其他请求。这种攻击称为风暴型（Flood Type）攻击。攻击者通过大量的无用数据包占用过多的资源以达到拒绝服务的目的。这里要注意的是这些攻击数据包可以是各种类型的，数据包中的数据也可以是多种多样的，这些数据包与正常服务的数据包是难以区分的。由于常常会占用大量的带宽，这类攻击又称带宽攻击（Bandwidth Attack）。另一类是重定向型攻击，它通过修改网络中的一些参数，如 ARP 表、DNS 缓存，使得受害者发出的或发向受害者的数据包被重定向到别的地方。如果重定向的目标是攻击者的主机，则是通常所说的“中间人攻击”；如果重定向的目标是不存在的主机或目标主机，则是一种拒绝服务攻击。也有文献将重定向型攻击归为网络监听类攻击，而不是拒绝服务攻击。下面主要讨论前两种攻击。

风暴型 DoS 攻击是最为主要的、发生最多的一种拒绝服务攻击类型。风暴型 DoS 攻击并不依靠畸形数据包，而是依靠数据包的总量来达到攻击的目的，它需要向目标发送大量的数据包，而单个攻击者的力量是有限的，因此，如果集聚多个攻击者的力量，同时向一个受害者发动攻击，则效果会更明显，这就是分布式拒绝服务（DDoS，Distributed Denial of Service）攻击。

2. 分布式拒绝服务攻击

分布式拒绝服务攻击指攻击的发出点是分布在不同地方的，处于不同位置的多个攻击者同时向一个或数个目标发起攻击，或者一个或多个攻击者控制了位于不同位置的多台机器并利用这些机器对受害者同时实施攻击。

一般而言，除了规模以外，DDoS 攻击与 DoS 攻击没有本质上的区别，广义上讲，DDoS 攻击也是 DoS 攻击，只是把多个攻击主机发起的协同 DoS 攻击称为 DDoS 攻击。狭义上讲，DoS 是传统的拒绝服务攻击，指的是单一攻击者针对单一受害者的攻击。而 DDoS 攻击则是相对较新型的拒绝服务攻击，指多个攻击者向一个受害者发起攻击，具有攻击来源的分散性和攻击力度的汇聚性（攻击力度比单一的 DoS 攻击大很多）。这里要注意的是，DDoS 攻击一般用于一些需要靠规模才能奏效的 DoS 攻击，即风暴型攻击。对于剧毒包型攻击虽然也可以采用分布式，但没有什么意义，因为这种攻击一个主机便可轻松完成，不需要多个主机协同进行。

一个完善的 DDoS 攻击体系由攻击者、主控端、代理端和被攻击者 4 部分组成，如图 5-48 所示。攻击者操纵整个攻击过程，向主控端发送攻击命令。主控端和代理端是攻击者非法入侵并控制（有全部或部分的控制权）的一些主机。主控端主机分别控制着大量的代理端主机，它们负责向受害者发送攻击数据包。代理端是实际攻击的执行者，主控端并不参与实际攻击。

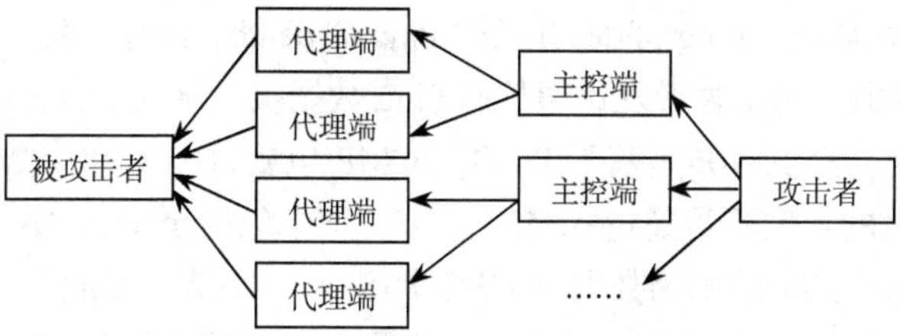

图 5-48　典型的 DDoS 攻击示意图

一般来说，DDoS 攻击的典型过程可以分为 3 个阶段，即信息收集、占领傀儡计算机和攻击实施。

获取目标信息又称踩点（Footprint）。为了使得攻击奏效，攻击者需要了解受害者许多信息，如被攻击目标主机数目、配置、性能、操作系统、地址情况以及目标网络的带宽等。因此，在攻击发生前，攻击者需要先对目标进行侦察，如利用扫描工具对目标进行扫描。

在 DDoS 攻击中，傀儡机（又称僵尸 Zombies 或 Bot、Slave、Drone）有两个作用，一是攻击者为了掩蔽自己不被发现，二是为了达到需要的攻击力度。单靠一台或数台机器对一个大型系统的攻击是不够的，因此攻击者需要大量的傀儡机器用于增强攻击的力量。这些傀儡计算机一般具有三个特点，即链路状态良好、性能好、安全管理水平差。并且，攻击者还需要向傀儡机发送命令的控制台（即主控端），因此攻击者还需利用某些被其攻破的机器或者其拥有访问权限的机器作为控制台。

在前面的准备工作完成之后就开始实施攻击了，实施攻击相对比较简单，攻击者只需通过控制台向傀儡机发出指令，令其向指定的受害者大量发送特定的攻击数据包即可。

DDoS 攻击实施起来有一定的难度，要求攻击者必须具备入侵他人计算机的能力，但是一些傻瓜式的黑客程序的出现（这些程序可在几秒内完成入侵和攻击程序的安装），使得发动 DDoS 攻击变成一件轻而易举的事情。目前主要的攻击工具有 JOLT、WIN-NUKE、Trinoo、TFN、Targa3、Naphta、Trash、fawx 等。

3．典型的拒绝服务攻击

1）剧毒包型 DoS 攻击

典型的剧毒包型 DoS 攻击有循环攻击和 Ping of death 攻击等，下面分别进行简单介绍。

（1）循环攻击。循环攻击又称死锁（Deadlock）或振荡攻击（Oscillate Attack）。其原理是当两个都会产生输出的端口之间建立连接以后，第一个端口的输出成为第二个端口的输入，导致第二个端口产生输出，同时第二个端口的输出又成为第一个端口的输入，如此，在两个端口间将会有大量的数据包产生，导致拒绝服务，如 Echo Chargen 攻击。运行 Chargen 服务的 UDP 端口会对收到的数据包回应一个字符串。运行 Echo 服务的 UDP 端口会对收到的数据包回应该包的数据内容。这两种服务可被攻击者利用来进行循环攻击。例如，攻击者可以冒充 B 向 A 的 UDP Echo 端口发送来自 UDP Chargen 端口的 UDP 包，这时便会在 A 的 UDP Echo 端口和 B 的 UDP Chargen 端口之间不停地产生 UDP 包，从而使 A、B 两系统因处理彼此收发的数据包而占用大量系统资源并阻塞 A、B 两系统之间的带宽。当 A、B 为同一个系统时因其两个 UDP 端口间不停地发送数据包而降低系统性能导致对本机上其他应用服务的拒绝。对于这种拒绝服务攻击，可以通过过滤特定的包，关闭不需要的服务，如 UDP Chargen、UDP Echo、Time、Daytime 使其失效。

（2）Ping of death 攻击。Ping of death 又称 Ping O' death，译作“死亡之 Ping”。这种攻击利用协议实现时的漏洞，向受害者发送超长的 Ping 数据报，导致受害者系统异常。Ping 是基于 ICMP 协议实现的。而 ICMP 是基于 IP 的，ICMP 包要封装到 IP 数据报中。根据 TCP/IP 规范要求，IP 数据报的长度不得超过 65 535 字节，其中包括至少 20 字节的报头和 0 字节或更多字节的选项信息，其余的则为数据。ICMP 的头为 8 字节，因此，一个 ICMP 包的数据不能超过 65 535−20−8=65 507 字节。另外，当数据报长度超过网络所容许的 MTU 时，就必须将过长的数据报进行分片后才能在网上传送。这样超大的数据报一旦出现，在进行分片重组时数据报中的额外数据就会被写入其他正常内存从而导致缓冲区溢出攻击。因此如果攻击者发送数据超过 65 507 的 Ping 包到一个有此漏洞的主机时，在重组超过 65 536 的 IP 数据报时，受害者系统出现异常，可能导致系统崩溃、死机、重启等。事实上，对于有的系统，攻击者只需向其发送载荷数据超过 4 000 字节的 Ping 包就可以达到目的，而不必使数据超过 65 507。

现在常用的操作系统已经改正了某些错误，不允许轻易发送超大数据包。如图 5-49 所示，在 Windows XP 下直接用 ping 命令发送大数据的结果（Windows 2000 类似），我们可以看出在 Windows 2000 和 Windows XP 中只允许发送数据载荷不超过 65 500 字节的 ping 消息。

图 5-49　命令行下直接以超长数据包 ping 主机

2）风暴型 DoS 攻击

风暴型拒绝服务攻击一般又分为两类：直接风暴型和反射型。直接风暴型拒绝服务攻击的特点是攻击者直接利用自己控制的主机向攻击目标发送大量的网络数据包。反射型拒绝服务攻击的特点是攻击者伪造攻击数据包，其源地址为被攻击主机的 IP 地址，目的地址为网络上某些高速网络服务器（如 Yahoo 服务器），通过该服务器（作为反射器）的响应实施对目标主机的拒绝服务攻击。风暴型拒绝服务攻击之所以能够成功，主要原因有以下几点：① TCP/IP 存在漏洞，可以被攻击者利用；② 网络提供 Best-Effort 服务，不区分数据流量是否为攻击流量；③ 互联网没有认证机制，从而容易进行 IP 欺骗；④ 互联网中的路由器不具备数据追踪功能，因而无法验证一个数据包是否来自其声称的地方；⑤ 网络带宽和系统资源是有限的，这是最根本的原因。

（1）直接风暴型拒绝服务攻击。包括 SYN 风暴攻击、Ping 风暴攻击、TCP 连接耗尽攻击、HTTP 风暴型攻击、UDP 风暴攻击等。

① SYN 风暴攻击（SYN Flood 攻击）。据统计，有 90%的拒绝服务攻击使用的是 TCP 协议，而 SYN Flood 攻击又是其中最常用的一种攻击。在 TCP 的连接建立过程中，服务器需要保持所有未完成的握手信息即半开连接（收到 SYN 并发送了 SYN-ACK，但第 3 次握手信息 ACK 未收到的状态）直到握手完成或超时以后丢弃该信息。由于半开连接的数量是有限的，例如，很多操作系统设置半开连接数的默认值为 1024，如果攻击者不停地向受害者发送连接请求，而又不按协议规定完成握手过程，则服务器的半开连接栈可能会用完，从而不再接受其他的连接请求。

② ping 风暴攻击。这种攻击是向受害者发送大量的 ICMP 回应请求（ICMP Echo Request，即 Ping）消息，使受害者系统忙于处理这些消息而降低性能，可能导致系统无法对其他的消息做出响应。

③ TCP 连接耗尽攻击。TCP 连接耗尽攻击向受害者主机发起连接请求，即发送 TCP SYN 数据包。与 SYN Flood 攻击不同的是，它通常会完成三次握手过程，即建立 TCP 连接。通过建立很多的 TCP 连接耗尽受害主机的连接资源，从而无法接受正常用户的连接请求，因此又称空连接攻击。与 SYN Flood 攻击还有一点不同的是，它不需要不停地向受害主机发起请求，只需要连接数量到达一定程度即可。而 SYN Flood 攻击必须不停地发送连接请求，一旦停下来受害主机即可恢复。

④ HTTP 风暴型攻击。HTTP 风暴型攻击的攻击原理是利用 HTTP 对网页进行的语义上合法的请求，不停地从受害主机处获取数据，占用连接的同时占用网络带宽。为了尽可能扩大攻击效果，这种攻击一般会不停地从受害者网站上下载大文件（如图像和视频文件），从而使一次请求占用系统更多的资源。而一般的连接耗尽型攻击只占用连接，不一定有太多的数据传输。这种攻击的缺点是一般要使用真实的 IP 地址（通常是被攻击者控制的傀儡主机的 IP 地址）。

⑤ UDP 风暴攻击（UDP Flood 攻击）。UDP 是无连接的协议，在传输数据之前不需要建立连接。当一个系统收到一个 UDP 包时，它会确定目标端口正在监听的应用程序，并把数据交给该应用程序处理，如果没有应用程序监听该端口，则回应一个 ICMP 包说明目标不可达。UDP 风暴通常的主要目的是占用网络带宽，达到阻塞网络的目的，因此通常 UDP 风暴攻击的数据包会比较长。UDP 风暴也用来攻击终端结点，如果处于网络终端结点的受害者收到的 UDP 包足够多，则受害者系统可能崩溃。

（2）反射型拒绝服务攻击。与直接风暴型拒绝服务攻击不同的是，反射型拒绝服务攻击在实施时并不直接向目标主机发送数据包，而是通过中间主机（反射器）间接地向目标主机发送大量数据包，以达到拒绝服务器攻击的目的。攻击者一般用一个假的源地址（被攻击的主机地址）向一台高速、高带宽的服务器发送 TCP SYN 数据包（也可以是 ICMP Echo Request、UDP 报文等），服务器收到这个包后，将向这个源地址回送一个 SYN-ACK 的响应包（或 TCP RST、ICM、UDP 包）。这样就变成了一台高性能、高带宽的服务器向目标主机发起 DoS 攻击。如果攻击者用多线程，相同的源地址不停地向多台高速高带宽服务器发送数据包，则目标主机将受到多台服务器的攻击。一些著名的互联网服务器经常被攻击者用作攻击的反射器。

反射器不仅有反射功能，还有放大功能。每收到一个数据包，反射器会向受害主机放大式地反射多个数据包或反射一个较大的数据包。反射型拒绝服务攻击的典型代表如 Smurf 攻击。

Smurf 攻击的名称源于最早使用此类攻击的程序名为 Smurf。攻击者假冒受害者的 IP 向网络上的某个或一些 IP 广播地址发送大量的 ICMP 回应请求（即 Ping）消息，由于多数网络主机会监听广播地址，因此当这些主机收到这些 ICMP 回应请求消息时，就会向请求包的源 IP 地址回应一条 ICMP 应答消息。这样，攻击者每发送一个数据包，受害者就会收到很多回应包，从而对受害者机器造成拒绝服务攻击。

3）僵尸网络

僵尸网络（Botnet）是僵尸主人（BotMaster）通过命令与控制信道控制具有协同性的恶

意计算机群。其中，被控制的计算机称为僵尸主机（Zombie，俗称“肉鸡”）；僵尸主人用来控制僵尸主机的计算机程序称为僵尸程序（Bot）。僵尸网络在控制者和被感染主机之间形成一对多控制的网络。这种一对多的控制关系，使得攻击者能够以极低的代价高效地控制大量资源为其服务，这也是僵尸网络攻击模式近年来深受黑客青睐的根本原因。在执行恶意行为的时候，僵尸网络充当了攻击平台的角色，是一种效能巨大的攻击武器。僵尸网络主要应用于网络侦察和攻击，即平时隐蔽获取被控主机的主机信息，战时发动大规模流量攻击（即风暴型拒绝服务攻击）。僵尸网络的一个主要威胁是作为攻击平台对指定的目标发起 DDos 攻击。

按照 Botnet 控制方式，主要有 IRC 僵尸网络和 P2P 僵尸网络。

（1）IRC 僵尸网络。IRC 僵尸网络是指控制和通信方式为利用 IRC 协议的僵尸网络，其控制者、命令与控制服务器（IRC 服务器）、受控主机（Bot）、被攻击对象的关系如图 5-50 所示。这类僵尸网络程序有：spybot、GT-Bot 和 SDbot，目前绝大多数僵尸网络属于这一类别。图 5-50 所示的僵尸网络健壮性差，存在单点失效问题，可通过摧毁单个 IRC 服务器来切断僵尸网络控制者与 Bot 的联系，使整个僵尸网络瘫痪。针对这一问题，Bot 的僵尸程序使用域名而非固定的 IP 地址连接 IRC 服务器。僵尸网络控制者使用动态域名服务将僵尸程序连接的域名映射到其控制的多台 IRC 服务器上，一旦正在工作的 IRC 服务器失效，僵尸网络的受控主机会连接到其他的 IRC 服务器，使整个僵尸网络继续运转，如图 5-51 所示。此外，出于安全考虑，某些大型僵尸网络采用分层管理，如图 5-52 所示，由多个 IRC 服务器控制各自不同的 Bot 群体，而所有的 IRC 服务器同时由僵尸网络控制者统一控制。

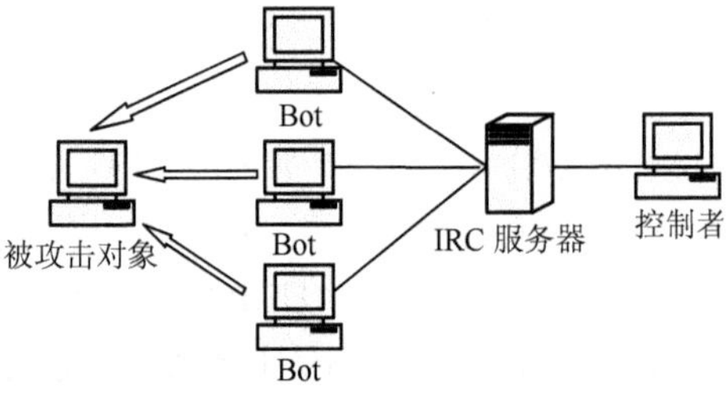

图 5-50　IRC 僵尸网络

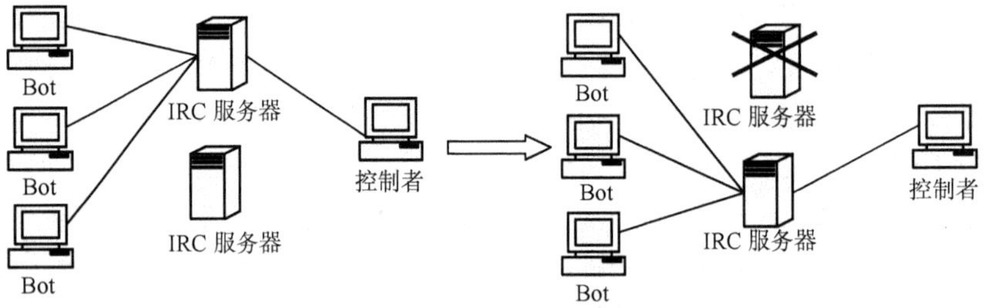

图 5-51　僵尸网络控制转换

IRC 服务器与僵尸网络（控制者）并不是一一对应关系，并且 IRC 服务器与僵尸网络（控制者）的对应关系可能随时间而发生变化。因此，很难使用数据分析方法获得僵尸网络控制者与 IRC 服务器的对应关系。IRC 僵尸网络中，IRC 服务器只是中间桥梁。要准确掌握僵尸网络，必须掌握控制者与 Bot 之间的对应关系。由于僵尸网络 IRC 服务器与 Bot 连接的复杂衍变特性，以及 IRC 服务器与控制者通信检测的困难，检测僵尸网路非常困难。

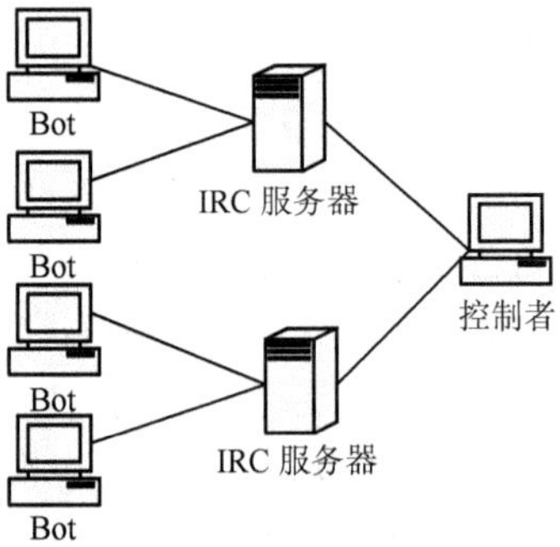

图 5-52　僵尸网络分层管理

IRC 僵尸网络结构简单，每个僵尸主机都与 IRC 服务器直接相连，因此 IRC 僵尸网络具有非常高的效率。但它同时也有致命的弱点：如果 IRC 服务器被关闭，则僵尸主人就完全失去了僵尸网络。蜜罐（Honeypot）和蜜网（Honeynet）技术就对该弱点加以利用。蜜网项目组和其他研究机构都用蜜网技术捕获了大量的 IRC 僵尸网络。

（2）P2P Botnet。这类 Botnet 中使用的 Bot 程序本身包含了 P2P 的客户端，可以连入已有的 P2P 服务器，因此利用公开的 P2P 协议可以方便地进行相互通信。一个典型的 P2P 僵尸网络结构如图 5-53 所示，网络中每台僵尸主机都与该僵尸网络中的某一台或某几台僵尸主机存在连接。如果有新的被感染的主机要加入僵尸网络，它在感染时就会得到该僵尸网络中的某台或某些僵尸主机的 IP 地址，然后建立连接。建立连接之后，它可以对所要连接的 IP 地址进行更新。这样，僵尸网络中的每台僵尸主机都可以同其他任何一台僵尸主机建立通信链路。僵尸主人也就可以通过普通的一台对等主机向整个僵尸网络发送命令和控制信息，以达到自己的目的。由于这种协议分布式地进行连接，就使得每个僵尸主机可以很方便地找到其他的僵尸主机并进行通信，而当有一些 Bot 被查杀时，并不会影响到 Botnet 的生存，所以这类的 Botnet 具有不存在单点失效但实现相对复杂的特点。Agobot 和 Phatbot 采用了 P2P 的方式。

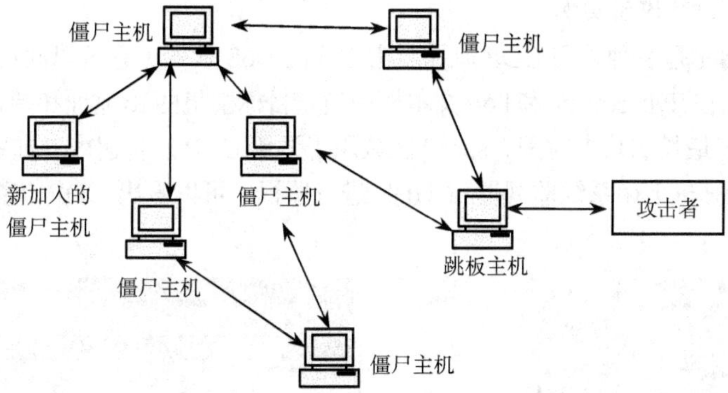

图 5-53　P2P 僵尸网络结构

基于 P2P 协议的各种公益应用为互联网资源共享提供了良好的媒介，也为僵尸网络提供了长期存在和快速传播的温床。由于构建复杂性的限制，实践应用中的 P2P 僵尸网络大都是基于公开的 P2P 协议。

由于传统的僵尸网络都是基于 IRC 的，因此对僵尸网络检测技术的研究在 2006 年前大都集中在这个领域，最具有代表性的是美国乔治亚技术研究院的 G.Gu 等人提出的一系列僵尸网络检测方法，包括 BotHunter、BotSniffer 和 BotMiner 等，在学术界引起了较强反响。SecureWorks 公司也能很及时地对新近出现的僵尸网络给出较详尽的分析报告。而在 2007 年 Storm 僵尸网络大规模爆发后，专门针对 P2P 僵尸网络的检测方法的研究也逐渐引起人们的关注。评价僵尸网络的主要指标包括：效力（Effectiveness，指僵尸网络发起 DDoS 攻击的能力）、效率（Efficiency，指控制命令传递到整个网络的时间度量）和鲁棒性（Robustness，指存活性和韧性）。除此之外，还有学者提出僵尸网络的隐蔽性，即无法通过覆盖网回溯攻击源的位置和相关信息。目前大多数僵尸网络的研究也都以这几个方面作为构建和检测僵尸网络的主要度量标准。

4. DDoS 攻击工具

常用的 DDoS 攻击工具很多，下面介绍几种常用的攻击工具。

（1）Trinoo 和 Wintrinoo：Trinoo 通常用于 UNIX 环境中，Wintrinoo 是 Trinoo 的 Windows 版本。它通常采用 UDP Flood 攻击方式向目标主机发送大量无用的 UDP 数据包，达到消耗网络和主机资源的目的。通常攻击者、主控端和代理端计算机相互间的通信一般采用 TCP 1524、TCP 27665、UDP 27444 和 UDP 31335 端口。

（2）TFN 和 TFN2K：TFN（Tribe Flood Network）是 UNIX 环境中一款经典的 DDoS 攻击工具，包括主控端程序和代理端程序，可以进行 SYN Flood、Smurf、ICMP Flood 等攻击。攻击者、主控端和代理端主机相互间的通信使用 ICMP Echo 和 ICMP Echo Reply 数据包。TFN2K 是 TFN 的一个改进版本，它在原有 TFN 功能基础上，增加了主控端和代理端的保密通信功能以及源地址伪装功能，并且可以随机指定相互间通信时采用的端口。

（3）Stacheldraht：它通常也用于 UNIX 环境，是由 TFN 派生出来并在功能上得到了大大增强。例如，增加了主控端和代理端的保密通信功能，并且可以自动升级守护程序。攻击者、主控端和代理端主机相互间的通信一般使用 TCP 16660、TCP 65000、ICMP Echo 和 ICMP Echo Reply 端口和数据包，当然，这些端口可以修改或者指定。

5. UDP Flood 攻击实例

UDP Flooder 是一种采用 UDP 风暴攻击方式的 DoS 软件，它可以向特定的 IP 地址和端口发送 UDP 包。在 IP/hostname 和 Port 文本框中指定目标主机的 IP 地址和端口号，Max duration 文本框用于设定最长的攻击时间，speed 区域用于设置 UDP 发包速度，如图 5-54 所示。

在被攻击计算机上用系统监视器对 UDP 进行监视，可以看出 UDP 包数量突然增加，如图 5-55 所示。

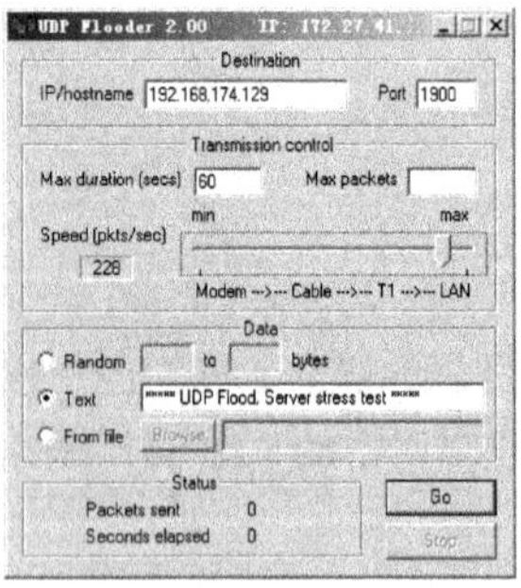

图 5-54 UDP Flooder 界面

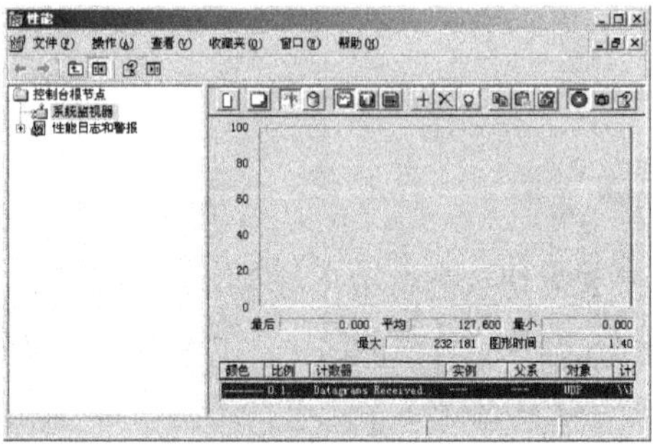

图 5-55 系统监视器对 UDP 的监测图

6. DDoS 攻击的解决办法

对付 DDoS 是一个系统工程，想仅仅依靠某种系统或产品防住 DDoS 是不现实的。完全杜绝 DDoS 目前是不可能的，但通过适当的措施抵御 90%的 DDoS 攻击是可以做到的，基于攻击和防御都有成本开销的缘故，若通过适当的办法增强了抵御 DDoS 的能力，也就意味着加大了攻击者的攻击成本，那么绝大多数攻击者将无法继续下去而放弃，也就相当于成功的抵御了 DDoS 攻击。具体来说有以下措施：

（1）及早发现系统存在的攻击漏洞，及时安装系统补丁程序。

（2）得到因特网服务供应商 ISP 的协助和合作。

（3）正在遭受攻击时，必须立刻采取应对策略，尽可能快地追踪攻击包，并且要及时联系 ISP 和有关应急组织，分析受影响的系统，确定涉及的其他节点，从而阻挡已知攻击节点的流量。

（4）对所有可能成为目标的主机都进行优化，禁止所有不必要的服务。

（5）增强操作系统的 TCP/IP 协议栈。

5.3.6　欺骗攻击

在网络上，计算机之间进行相互交流是建立在认证和信任的前提下。欺骗攻击就是通过伪造源于可信任地址的数据包以使一台机器相信和认证另一台机器的复杂技术。常见的欺骗攻击方式有：IP 欺骗、ARP 欺骗、DNS 欺骗等。

1. IP 欺骗

TCP/IP 网络上的每一个数据包都包含着源系统和目标系统的 IP 地址。IP 欺骗就是通过伪造其他系统的 IP 地址，使得攻击者能够获得未被授权访问的信息。IP 欺骗是利用了主机间的信任关系发动的。信任关系是两台机器间的一种无须验证的对话关系，不需要人的干预。

1）IP 欺骗原理

在 UNIX 操作系统主机中，存在着信任关系。假如在 UNIX 主机 A 和 B 上建立了这种信任关系，那么主机 A（或 B）都可以毫无阻碍地使用任何以 r*开头的远程调用命令，如 rlogin、rcall、rsh 等，而无须口令验证就可以登录到主机 B（或 A）上。这些命令将允许以地址为基础的验证，或者允许或者拒绝以 IP 地址为基础的存取服务。这里的信任关系是基于 IP 地址的。rlogin 是一个简单的客户端/服务器程序，它利用 TCP 传输。

既然主机 A 和 B 之间的信任关系是基于 IP 地址而建立起来的，那么加入能够冒充主机 B 的 IP，就可以使用 rlogin 登录到主机 A，而不需要任何密码验证。这就是 IP 欺骗的最根本理论依据。

但要注意，由于 TCP 是面向连接的协议，所以在双方正式传输数据之前，需要三次握手来建立连接。假如攻击者想冒充主机 B 对主机 A 进行攻击，就要先使用主机 B 的 IP 地址发送 SYN 标志给主机 A，但主机 A 收到后并不会把 SYN-ACK 发送给攻击者，而是发送到真正的主机 B 上。为了不让主机 B 察觉，必须阻止主机 B 向主机 A 报告错误，即使主机 B 失去工作能力。我们可以用拒绝服务攻击让主机 B 瘫痪。可这样还是远远不够的，最难的是要对主机 A 进行攻击，必须知道主机 A 使用的 ISN。TCP 使用的 ISN 是一个 32 位计数器，TCP 为每个连接选择一个初始序列号 ISN，为了防止因为延迟、重传等扰乱三次握手，ISN 不能随便选取，不同的系统有着不同的算法。理解 TCP 如何分配 ISN 及 ISN 随时间的变化规律，对于成功地进行 IP 欺骗攻击十分重要。

2）IP 欺骗攻击过程

IP 欺骗由若干步骤组成。假定目标主机已经选定且信任模式已被发现，并找到了一个被目标主机信任的主机。

黑客为了进行 IP 欺骗，需要进行以下工作：使得被信任的主机丧失工作能力，同时猜测出采样目标主机发出的 TCP 序列号。然后，伪装成被信任的主机，同时建立起与目标主机基于地址验证的应用连接。如果成功，黑客可以放置一个系统后门，以进行非授权操作。

当发现了被信任的主机，为了伪装成它，必须使其丧失工作能力，以确保真正被信任的主机不能接收到任何有效的网络数据，否则将会被揭穿。有许多方法可以做到这一点，如 SYN

Flood 攻击、Land 攻击等。

另外，非常重要的一点是，要对目标主机进行攻击，必须知道目标主机使用的数据包序列号，那么黑客是如何预测 TCP 序列号的呢？4.2 版本的 BSD 的 TCP/IP 协议的实现保持了一个全局的初始序列号，这个初始序列号的变化有一个简单的规律：无连接时每秒增加 128 000，有连接时每秒增加 64 000，每个连接在建立时都是取得当时的初始序列号值。它们先与被攻击主机的一个端口（SMTP 是一个很好的选择）建立起正常的连接。通常，这个过程被重复若干次，并将目标主机最后所发送的 ISN 存储起来。根据返回的序列号值可以推算服务器下一个可能的初始序列号值。另外，黑客还需要估计他的主机与被信任主机之间的 RTT 时间（往返时间），因为初始序列号是随时间变化的，这个 RTT 时间是通过多次统计平均求出的。当然，现在的序列号不像以前那样容易被猜出，初始序列号的出现增加了一些随机的情况，很难发现它的规律。

在估计出 ISN 大小后，立即开始进行攻击。当黑客的虚假 TCP 数据包进入目标主机时，根据估计的准确度不同，会发生不同的情况：

- 如果估计的序列号是准确的，进入的数据将被放置在接收缓冲器以供使用。
- 如果估计的序列号小于期待的数字，那么将被放弃。
- 如果估计的序列号大于期待的数字，并且在滑动窗口（前面讲的缓冲）之内，那么，该数据被认为是一个未来的数据，TCP 模块将等待其他缺少的数据。
- 如果估计的序列号大于期待的数字，并且不在滑动窗口（前面讲的缓冲）之内，那么，TCP 将会放弃该数据并返回一个期望获得的数据序列号。

攻击条件满足后即可开始攻击的过程，攻击者 Z 伪装成被信任主机的 IP 地址，此时，该主机处于停顿状态（前面讲的丧失工作能力），然后向目标主机的 513 端口（rlogin 的端口号）发送连接请求，即时刻 1。在时刻 2，目标主机对连接请求做出反应，发送 SYN-ACK 数据包给被信任主机。如果被信任主机处于正常工作状态，那么会认为是错误并立即向目标主机返回 RST 数据包，但此时它处于停顿状态，因此被信任主机会抛弃该 SYN-ACK 数据包。然后在时刻 3，攻击者向目标主机发送 ACK 数据包，该 ACK 使用前面估计的序列号加 1（因为是在确认）。如果攻击者估计正确的话，目标主机将会接收该 ACK。至此，将开始数据传输。一般地，攻击者将在系统中放置一个后门，以便侵入。

时刻 1 Z(B) ----SYN ---> A

时刻 2 B <---SYN-ACK--- A

时刻 3 Z(B) -----ACK---> A

IP 欺骗攻击的整个步骤如下：

（1）攻击者使被信任主机的网络功能暂时瘫痪，以免对攻击造成干扰。

（2）攻击者连接到目标主机的某个端口来猜测 ISN 基值和增加规律。

（3）攻击者发送带有 SYN 标志的数据段给目标主机请求建立连接，该数据段的源 IP 地址被伪装成被信任主机的 IP。

（4）攻击者等待目标主机发送 SYN-ACK 数据包给已经瘫痪的被信任主机。

（5）攻击者伪装成被信任的主机向目标主机发送 ACK，此时发送的数据段带有预测的目标机的 ISN+1。

（6）连接建立，发送命令请求。

3）IP 欺骗攻击实例

从上述内容可以看出 IP 欺骗是一种复合型网络攻击技术，主要技术包括 IP 地址伪造技术、TCP SYN 洪流攻击技术与 TCP 序列号猜测等技术。下面通过一个实例分析一个完整的攻击过程。

IP 欺骗的创始人凯文·米特尼克成功地使用 IP 欺骗技术攻破了 SanDiego 计算机中心。该攻击过程被一名叫 TsutomuShimomra 的工程师使用 tcpdump 全部记录了下来。

整个过程卷入三台主机：

- server：一台运行 Solaris 的 Sparc 工作站。
- x-terminal：一台运行 Solaris 的无盘工作站。
- target：攻击的主要目标。

toad.com 是他事先攻破的系统，用来做跳板。他在 toad.com 上运行了以下命令：

```
toad.com#finger Cl @target
toad.com#finger Cl @server
toad.com#finger Cl root@server
toad.com#finger Cl @x-terminal
toad.com#shownoumt Ce x-terminal
toad.com#rpcinfo Cp x-terminal
toad.com#finger Cl root@x-terminal
```

这些命令的作用是探测攻击目标之间潜在的信任关系，因为只有发现了信任关系才能进行 IP 欺骗。shownoumt 和 rpcinfo 的源端口探测说明了攻击者已经得到了 root 权（toad.com）。

大约在 6 分钟之后，tcpdump 检测到 TCP SYN 数据包从 130.92.6.7 猛烈地涌向 server 的 513（rlogin）端口，即使用 SYN Flood 拒绝服务攻击 server，以使它失去工作能力。这也就是前面提到的第一步。因为 513 端口是以 root 权限运行的，所以现在 server.login 可以被用来作为进行 IP 欺骗的伪造源了。攻击方 IP130.92.6.97 也是一个伪造的 IP，这样它才不会接收到 server 的回应包。tcpdump 记录如下：

```
14:18:22:516699 130.92.6.97.600 > server.login: S 1382726960:1382726960(0)
win 4096
14:18:22:566069130.92.6.97.600 > server.login: S 1382726961:1382726961(0)
win4096
14:18:22:744477 130.92.6.97.600 > server.login: S 1382726962:1382726962(0)
win 4096
14:18:22:830111   130.92.6.97.600   >   server.login:   S   1382726963:
1382726963(0) win 4096
14:18:22:886128 130.92.6.97.600 > server.login: S 1382726964:1382726964(0)
win 4096
14:18:22:943514 130.92.6.97.600 > server.login: S 1382726965:1382726965(0)
win 4096
14:18:23:002715  130.92.  6.97.600  >  server.login:  S  1382726966:
1382726966(0) win 4096
14:18:23:  103275  130.92.6.97.600  >  server.login:  S  1382726967:
1382726967(0) win 4096
14:18:23:162781 130.92.6.97.600 > server.login: S 1382726968:1382726968(0)
win 4096
14:18:23:225384   130.92.6.97.600   >   server.login:   S   1382726969:
1382726969(0) win 4096
```

```
14:18:23:282625 130.92.6.97.600 > server.login: S 1382726970:1382726960(0) win 4096
14:18:23:342657 130.92.6.97.600 > server.login: S 1382726971:1382726961(0) win 4096
14:18:23:403083 130.92. 6.97.600 > server.login: S 1382726972: 1382726962(0) win 4096
14:18:23: 903700 130.92.6.97.600 > server.login: S 1382726973: 1382726963(0) win 4096
14:18:24:003252 130.92.6.97.600 > server.login: S 1382726974:1382726964(0) win 4096
14:18:24:084827 130.92.6.97.600 > server.login: S 1382726975: 1382726965(0) win 4096
14:18:24:142774 130.92.6.97.600 > server.login: S 1382726976:1382726966(0) win 4096
14:18:24:203195 130.92.6.97.600 > server.login: S 1382726977:1382726967(0) win 4096
14:18:24:294773 130.92. 6.97.600 > server.login: S 1382726978: 1382726968(0) win 4096
14:18:24: 382841 130.92.6.97.600 > server.login: S 1382726979: 1382726969(0) win 4096
14:18:24:443309 130.92.6.97.600 > server.login: S 1382726980:1382726960(0) win 4096
14:18:24:643249 130.92.6.97.600 > server.login: S 1382726981: 1382726961(0) win 4096
14:18:24:906546 130.92.6.97.600 > server.login: S 1382726982:1382726962(0) win 4096
14:18:24:963786 130.92.6.97.600 > server.login: S 1382726983:1382726963(0) win 4096
14:18:25:022853 130.92. 6.97.600 > server.login: S 1382726984: 1382726964(0) win 4096
14:18: 25:153536 130.92.6.97.600 > server.login: S 1382726985: 1382726965(0) win 4096
14:18:25:400869 130.92.6.97.600 > server.login: S 1382726986: 1382726966(0) win 4096
14:18:25:483127 130.92.6.97.600 > server.login: S 1382726987:1382726967(0) win 4096
14:18:25:599582 130.92.6.97.600 > server.login: S 1382726988:1382726968(0) win 4096
14:18:25:653131 130.92.6.97.600 > server.login: S 1382726989:1382726969(0) win 4096
```

在连接序列被塞满之前，server 对前 8 个 SYN 请求做出了 SYN-ACK 回应，一旦没有 ACK 包回应它，server 将周期性地重发 SYN-ACK 包。

接下来看到20个从apollo.it.luc.edu发向x-terminal.shell的连接请求，其目的是预测 server 的 TCP 序列号生成器的行为。从每个连接的初始序号的增量可以看出 SYN 包不是通过系统的 TCP 执行产生的。因为 x-terminal 是黑客所要攻击的目标，因此对于每个连接，攻击者立刻 RST 包来断开，以使 x-terminal 的连接序列不至于被塞满。

下面是这个过程：

```
14:18:25.906002 apollo.it.luc.edu.1000> x-terminal.shell:S 1382726990: 1382726990(0) win 4096
```

```
14:18:26.094731 x-terminal.shell > appollo.it.luc.edu.1000:S 2021824000:
20218240000(0) ack 1382826991 win 4096
...
```

x-terminal 发出的每一个 SYN-ACK 包的初始序列号都比前一个增加了 128 000 字节。server.lgoin 的伪造 SYN 请求发往了 x-terminal.shell。x-terminal 信任 server，因此会响应来自 server 或者伪装成 server 的主机的所有请求。

之后 x-terminal 用 SYN-ACK 包回应了 server 的连接请求，这时因为 server 仍然处于瘫痪状态，所以它不会响应来自于 x-terminal 的包。因为攻击者能够预测出 x-terminal 的 TCP 序列号，所以他不用看到 SYN-ACK 包就可以发出回应的 ACK 包，如下：

```
14:18:36.245045 server.login > x-terminal.shell: S 1382727010(0) win 4096
14:18:36.755522 server.login >x-terminal.shell .ack 2024384001 win 4096
```

到目前为止，伪装成 server 的主机已经通过 IP 欺骗与 x-terminal.shell 建立了一次正常的 rsh 连接，这时一旦 x-terminal 做出任何应答，攻击者就可以维持连接并且发送出数据，下面是用 tcpdump 记录下来的他发送的数据：

```
14:18:37.265404 server.login > x-terminal.shell: P 0:2(2)ack 1 win 4096
14:18:37.775872 server.login > x-terminal.shell: P 2:7(5)ack 1 win 4096
14:18:37.287404 server.login > x-terminal.shell: P 7:32(25)ack 1 win 4096
```

这些数据对应的命令是 server#rsh x-terminal"echo ++ >>/.rhosts"，即在 x-terminal 上建立起使得任何主机都可以无须口令而进行访问的/.rhosts 文件。之后，攻击者断开了欺骗连接。到目前为止，IP 欺骗攻击已经完成了，凯文 · 米特尼克成功地获得了 x-terminal 上的一个 Shell。

4）IP 欺骗的预防

（1）抛弃基于地址的信任策略：即放弃以地址为基础的验证。不允许 r*类远程调用命令的使用；删除.rhosts 文件；清空/etc/hosts.equiv 文件。这将迫使所有用户使用其他远程通信手段，如 telnet、ssh、skey 等。

（2）进行包过滤：丢弃所有来自路由器外部端口的，使用内部源地址的数据包。

（3）使用加密方法：在通信时要求加密传输和验证。当有多种手段并存时，可能加密方法最为适用。

（4）使用随机化的初始序列号：黑客攻击得以成功实现的一个很重要的因素就是，序列号不是随机选择的或者随机增加的。Bellovin 描述了一种弥补 TCP 不足的方法，就是分割序列号空间。每个连接将有自己独立的序列号空间。序列号将仍然按照以前的方式增加，但是在这些序列号空间中没有明显的关系。

2. DNS 欺骗

DNS 欺骗即域名信息欺骗、是最常见的 DNS 安全问题。当一个 DNS 服务器使用了来自恶意 DNS 服务器的错误信息时，该 DNS 服务器就被欺骗了。DNS 欺骗会导致许多安全问题，如，将用户引导到错误的网站，发送一个电子邮件到一个未经授权的邮件服务器。

1）DNS 欺骗的常用方法

（1）缓存感染。攻击者会熟练地使用 DNS 请求，将数据放入一个没有设防的 DNS 服务器的缓存中。这些缓存信息会在客户进行 DNS 访问时返回给客户，从而将客户引导到入侵者所设置的运行木马的 Web 服务器或邮件服务器上。

（2）DNS 信息劫持。攻击者通过监听客户端和 DNS 服务器的对话及猜测服务器响应给客户端的 DNS 查询 ID。每个 DNS 报文包括一个相关联的 16 位 ID 号，服务器根据这个 ID 号获取请求源位置。攻击者在 DNS 服务器之前将虚假的响应返回给客户，从而欺骗客户段去访问恶意网站。

2）防范 DNS 欺骗攻击的措施

（1）关闭 DNS 服务器的递归功能。DNS 服务器利用缓存中的记录信息回答查询请求或是 DNS 服务器通过查询其他服务获得查询信息并将它发送给客户机，这两种查询为递归查询，这种查询方式容易导致 DNS 欺骗。

（2）不要依赖 DNS。直接用 IP 访问重要的服务，这样可以避开 DNS 欺骗攻击。

（3）使用入侵检测系统。要正确部署和配置，使用入侵检测系统可以检测出大部分形式的 ARP 缓存中毒攻击和 DNS 欺骗攻击。

（4）使用 DNSSEC（Domain Name System Security Extensions）。DNSSEC 是替代 DNS 的更好的选择。DNSSEC 是 DNS 安全扩展，是由 IETF 提供的一系列 DNS 安全认证机制。它提供了一种来源鉴定和数据完整性的扩展。

5.3.7 特洛伊木马

特洛伊木马（Trojan Horse）简称木马，其名称来源于希腊神话，它是一种恶意程序，是黑客的主要攻击手段之一，具有隐蔽性和非授权性等特点。木马一旦侵入用户的计算机，就悄悄地在宿主计算机上运行，在用户毫无察觉的情况下攻击者便获得了远程访问和控制系统的权限，进而在用户的计算机中修改文件、修改注册表、控制鼠标、监视/控制键盘或窃取用户信息。

1. 特洛伊木马的定义

特洛伊木马是一种基于远程控制的黑客工具，其与合法远程控制软件（如 PCAnywhere）的主要区别在于是否具有隐蔽性、是否具有非授权性。

病毒的最大特点是自我复制即传染性，而木马一般不进行自我复制，不具有普通病毒所具有的自我繁殖、主动感染传播等特点。但木马具有寄生性，如捆绑在合法程序中得到安装、启动木马的权限，DLL 木马甚至采用动态嵌入技术寄生在合法程序的进程中。总的来说木马具有如下特点：

（1）隐蔽性。这是区别木马和合法远程控制软件的关键。木马的设计者为了防止木马被发现，会采用多种手段隐藏木马，使木马能够在用户不易察觉的情况下，完成一些危害用户的操作。

（2）非授权性。一旦木马入侵主机系统，它将享有主机系统的大部分操作权限，包括修改文件、修改注册表、控制鼠标/键盘等，而这些权限并不是主机系统赋予它的，是窃取的。

（3）自动运行。木马随入侵的主机系统启动时即跟随启动。

（4）欺骗性。攻击者通常利用工具软件将木马绑定到某个合法软件上，诱使用户运行合法软件。只要用户运行该软件，木马就会在用户毫无察觉的情况下完成安装过程。有的木马甚至可以和图片文件绑定在一起，用户看图片的时候，木马就侵入了系统。

（5）体积小，执行时不会占用太多资源。

（6）自动恢复。现在很多木马的功能模块已不再由单一的文件组成，而是具有多重备份，可以互相恢复。

2. 特洛伊木马基本原理

一般情况下，木马都是 C/S（Client/Server，客户端/服务器）结构，如图 5-56 所示。客户端（控制端）运行在入侵者的操作系统上，是入侵者控制目标主机的平台。客户端一般由控制程序和配置程序组成。控制程序向服务器程序发指令，远程控制服务器程序。配置程序设置木马程序的端口号、触发条件、信息反馈方式、伪装方式等。服务器端运行木马程序，驻留在受害者的系统中，非法获取其操作权限，接收控制指令，并根据指令或配置发送数据给控制端。

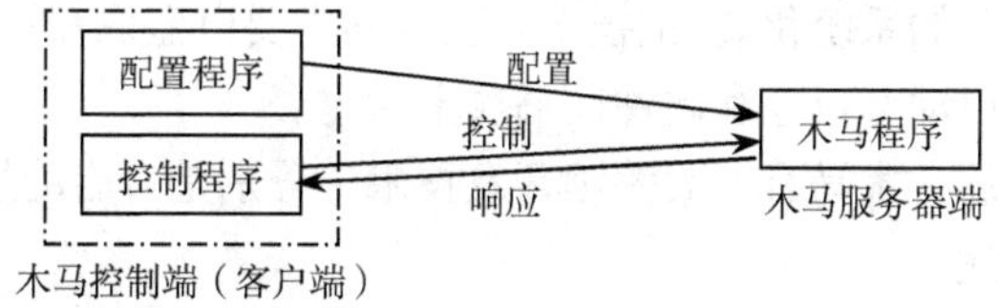

图 5-56　特洛伊木马的结构

实施木马入侵首先要植入木马，攻击者通常利用绑定工具将木马程序绑定到某个合法软件上，诱使用户运行合法软件。只要用户运行该软件，特洛伊木马的服务器就在用户毫无察觉的情况下完成了安装过程。由于木马的体积通常很小，大部分在几 KB 到几十 KB 之间，因此难以从体积上判断一个文件中是否捆绑了木马。此外，木马也可以通过各种脚本进行传播。比如，IE 浏览器在执行脚本时存在一些漏洞，入侵者可以利用这些漏洞进行木马的植入。

当目标主机执行了木马的服务器端程序后，入侵者便可以利用端口扫描工具或专用工具进行端口扫描，搜索木马服务器来发现中了木马的目标主机，也可以利用信息反馈发现目标主机，即中了木马的计算机主动通知攻击者。一旦获取到木马服务器的信息之后，即可建立木马服务器和客户端之间的联系通道。攻击者利用客户端程序向服务器端程序发送命令以控制用户的计算机来实现他的非法操作，如窃取用户信息、文件操作、修改注册表等。

3. 特洛伊木马开发技术

特洛伊木马是从 UNIX 平台上产生出来，在 Windows 操作系统上“发扬光大”的。早期的 UNIX 木马功能相对比较简单，往往是将一段程序嵌入到系统文件中，用跳转指令来执行一些木马的功能。后来随着 Windows 平台的普及，基于 Windows 的木马程序出现了，这些木马程序基于图形操作，用户界面的改善使得使用者不需要太多的专业知识就可以熟练地操作木马，从而导致木马入侵事件增多。木马的功能也在这一时期日趋完善，开发技术也不断发展，对系统的破坏程度也越大。木马技术发展至今，经历了六代：

第一代木马，只是进行简单的密码窃取、发送等，在隐藏技术和通信技术方面没有特别之处。其主要针对 UNIX 系统，而针对 Windows 系统的不多，只有 BO、Netspy 等少量木马，功能也非常简单。第一代 Windows 木马只是一个将自己伪装成特殊的程序或文件的软件，如本身伪装成一个用户登录窗口，当用户运行了木马伪装的登录窗口，输入用户名和密码后，木马将自动记录数据并转发给入侵者，入侵者借此来获得用户的重要信息，达到自己的目的。

第二代木马，在技术上有了很大的进步，技术和功能出现了质的变化。第二代木马可被看作现代木马的雏形，提供了几乎所有的远程控制操作。国外的典型代表有 BO 2000 和 Sub7，国内的典型代表是冰河，它以文件关联方式启动，通过电子邮件传送信息。

第三代木马，在信息传输方式上有了很大突破，出现了反弹端口、ICMP 等类型的木马，利用畸形报文传递数据，增加了查杀难度。典型代表如国内的灰鸽子。

第四代木马，在进程隐藏方面做了很大改进，采用了内核插入式的嵌入方式、利用远程插入线程技术、嵌入 DLL 线程或挂接 PSAPI 等实现木马程序的隐藏。典型代表如国内的广外男生。

第五代木马，主要为驱动级木马。驱动级木马多数使用大量的 Rootkit 技术来达到深度隐藏的效果，并深入到内核空间，并可针对杀毒软件和网络防火墙进行攻击。有些驱动级木马可驻留 BIOS，很难查杀。

第六代木马，随着身份认证 USBKey 和杀毒软件主动防御的兴起，黏虫技术类型和特殊反显技术类型木马逐渐开始系统化。黏虫技术类型木马主要以盗取和篡改用户敏感信息为主，特殊反显技术类型木马以动态口令和硬件证书攻击为主。

纵观木马技术的发展，木马有三大关键开发技术，分别是自启动技术、隐藏技术和秘密信道技术，下面分别叙述。

1）自启动技术

对于木马来说，自启动功能是必不可少的，这样可以保证木马不会因为用户的一次关机操作而彻底失去作用。一个典型的自启动例子就是把木马加入到用户经常执行的程序（例如 explorer.exe）中，用户执行该程序时，则木马自动启动。自启动方法很多，例如：

（1）加载程序到启动组。启动组不是十分隐蔽，很容易被发现。

（2）写程序启动路径到注册表的自启动项。

（3）修改文件关联。例如正常情况下，txt 扩展名的文件的打开方式为 Notepad.exe，木马将其打开方式修改为木马程序，这样当我们打开一个 txt 文件时就会启动木马程序。木马冰河采用的就是此方法。

（4）捆绑文件。将木马程序和某一应用程序捆绑在一起，当运行该程序时，木马会自动运行。如果绑定到系统文件，那么每次 Windows 启动都会启动木马。

2）隐藏技术

在受害者机器上运行的木马的服务器端为了避免被发现，要进行隐藏处理。隐藏方式有两种：真隐藏和伪隐藏。伪隐藏即程序的进程仍然存在，只不过不显示在进程列表中。真隐藏则是让程序彻底消失，不是以一个进程或服务的方式工作。

伪隐藏比较容易实现，一种方法是把木马服务器端注册为一个服务，系统就不认为它是一个进程，该进程就从进程列表中消失，在任务管理器中也看不到这个进程。但是这种方法只适用于 Windows 9x 的系统，对于 Windows NT、Windows 2000 等，通过服务管理器仍然可以看到注册过的服务。对于 Windows NT/2000 系统可以使用 API 拦截技术（又称进程欺骗技术）实现，即拦截能看到进程存在的 API。在 Windows 中多种方法能够看到进程的存在，如 PSAPI（Process Status API）、PDH（Performance Data Helper）、ToolHelper API。例如，可以建立一个后台的系统钩子，拦截 PSAPI 的 EnumProcessModules 等相关的函数来控制对进程和服务的遍历调用，当检测到 ID（PID）为木马程序的服务器进程时直接跳过，这样就实现了进程的隐藏。

真隐藏时，木马服务器程序运行之后就不具备一般进程和服务的表现。可采用动态链接库（Dynamic Link Library，DLL）文件技术实现。一般可采用特洛伊 DLL 技术和远程线程技术。特洛伊 DLL 技术即用特洛伊 DLL 文件替换常用的 DLL 文件，当调用为正常调用时转发给原 DLL，如果遇到特定的请求就处理。这种隐藏技术可采用数字签名技术阻止。远程线程技术指通过一个正在运行的进程中创建远程线程的方法进入该进程的内存地址空间。具体来说就是在一个进程中通过使用 CreateRemoteThread 函数创建远程线程，此时被创建的远程线程可以共享远程进程的地址空间，因此该远程线程就拥有了该远程进程的权限，我们便可以在远程线程中启动一个 DLL 木马。

3）秘密通信技术

木马的攻击目的主要是通过服务器端和客户端的数据通信实现的。攻击者为了不让用户察觉到它的通信，采用了各种秘密通信技术，下面分别介绍。

（1）端口隐藏技术：比较常见的是采用端口复用技术，即使用特殊手段在一个端口上同时绑定两个 TCP 或 UDP 连接。木马程序将自己的木马端口绑定于特定的服务端口之上，比如 HTTP 的 80 端口，使得其秘密通信对防火墙更具有迷惑性，从而降低秘密通信流量被发现的风险。

（2）反向连接技术：防火墙一般对于连入的连接会进行严格过滤，但是对于连出的连接却疏于防范，于是出现了反弹端口型木马。与一般的木马相反，反弹端口型木马的服务器端使用主动端口，而客户端使用被动端口。服务器端定时监测控制端，发现控制端上线立刻主动连接客户端打开的被动端口。为了更加隐蔽，客户端的被动端口一般开为 80，这样即使用户使用扫描软件检查自己的端口，也会由于认为是自己在浏览网页而漏掉木马。

（3）隐蔽通道技术：采用隐蔽通道技术进行通信的木马一般都是使用 ICMP 协议。由于不利用 TCP/UDP 协议，不会打开通信端口，所以不会被一些端口扫描软件和利用端口进行木马防范的软件检测到。基于 ICMP 隧道技术建立秘密通道，将所要携带的木马的控制命令和数据放在 ICMP 的选项数据字段内，客户端的请求和服务器端的响应包分别使用 ICMP 回显请求和回显应答报文。类似的做法还可以使用 IGMP、HTTP、DNS 等协议建立秘密信道。如将数据插入到 HTTP 协议报文的一些无用段内，然后利用建立 TCP 连接的三次握手规则进行秘密通信。

4. 木马攻击示例

下面以广外男生为例介绍木马的配置和攻击。广外男生是第四代木马的典型代表，是广东外语外贸大学的作品。广外男生是广外程序员网络（前广外女生网络小组）精心制作的一款远程控制软件，是一个专业级的远程控制及网络监控工具。广外男生不再支持传统的连接方式，它使用反弹端口的连接方式。广外男生界面如图 5-57 所示。下面分别介绍广外男生两种反弹端口连接方式的配置。

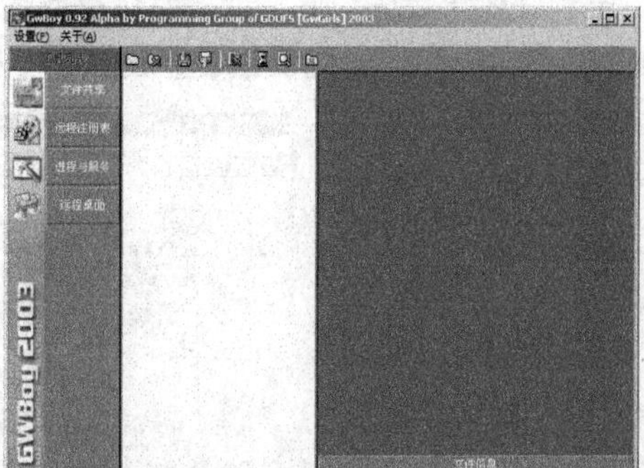

图 5-57　广外男生界面

1）配置实例一

此种连接方式如图 5-58 所示。这种方式要求服务端预先知道客户端 IP 地址和端口，因而在配置服务端程序时，需要入侵者预先指明客户端的 IP 和连接端口。这种方式只适用于客户端为固定 IP 地址的情况。

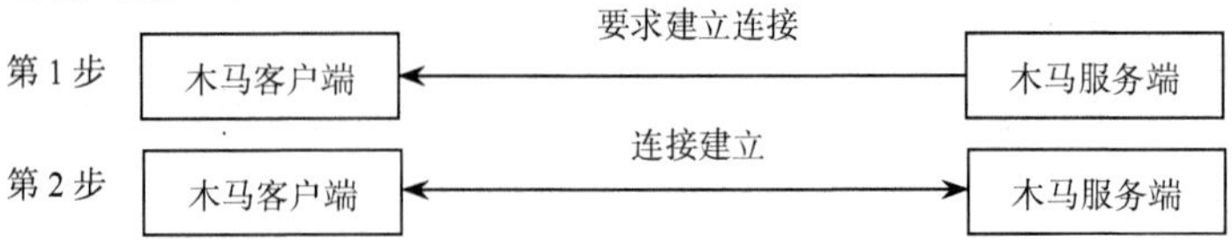

图 5-58　反弹端口连接方式一

配置该木马的思路为：客户端设置、服务端设置、种植木马、等待自动上线、远程控制主机。

步骤 1：客户端设置。打开广外男生客户端，选择菜单“设置”|“客户端设置”命令，弹出“广外男生客户端设置程序”对话框，如图 5-59 所示。

图 5-59 中的参数说明如下：

（1）客户端最大连接数：设定客户端能够连接的服务端主机数目，默认为 30 台。

（2）客户端使用端口：客户端等待服务端连接的端口，建议设为 80。80 为 WWW 服务的默认端口，将端口设为 80 比较容易穿透服务端防火墙建立连接。

然后单击“下一步”按钮进行连接类型的设置，本例使用客户端固定 IP 地址设置，因此选中“客户端处于静态 IP（固定 IP 地址）”单选按钮，如图 5-60 所示。

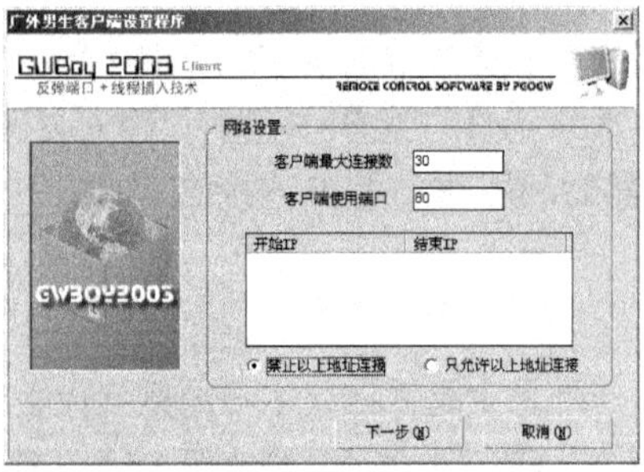

图 5-59　客户端设置界面

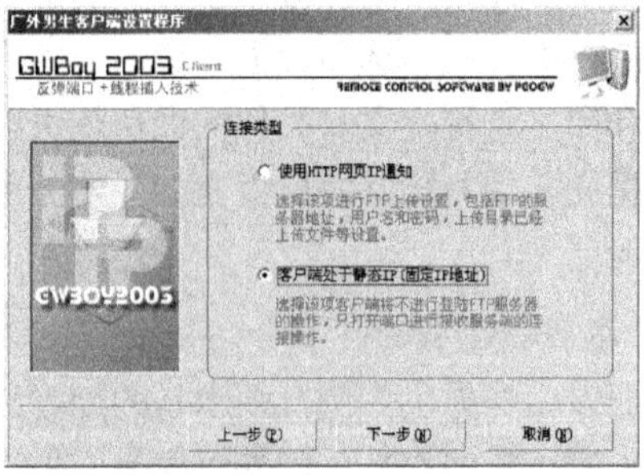

图 5-60　客户端连接类型设置界面

单击“下一步”按钮，再单击“完成”按钮结束设置。通过以上过程，客户端设置完毕，如图 5-61 所示。

步骤 2：服务端设置。设置好客户端后，下一步需要对服务端进行设置。首先选择菜单“设置”|“生成服务端”命令，弹出“广外男生服务端生成向导”对话框，如图 5-62 所示。

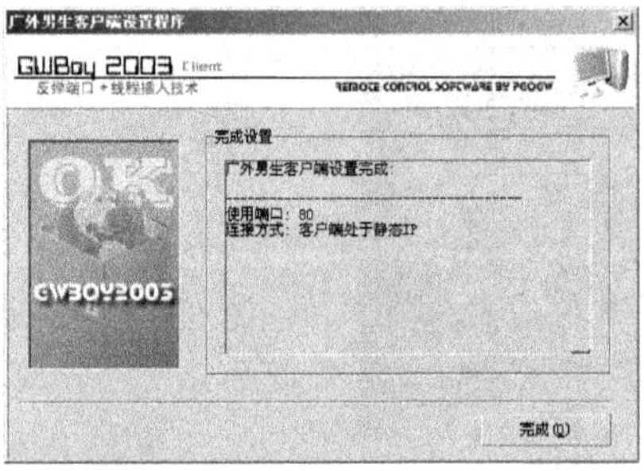

图 5-61　客户端完成设置界面

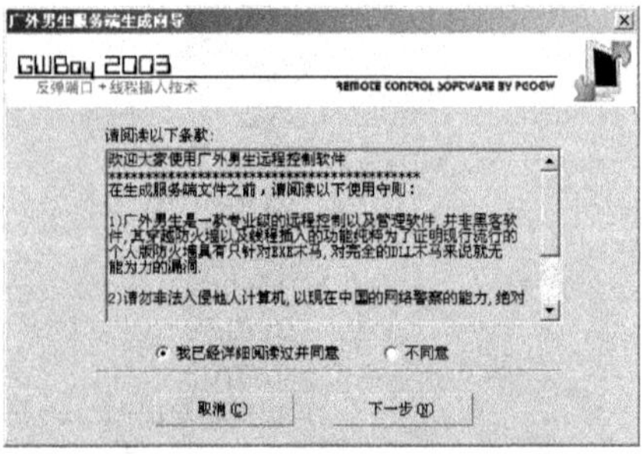

图 5-62　服务端生成向导界面

选中“我已经详细阅读过并同意”单选按钮后开始进行服务端程序的常规设置，如图 5-63 所示。常规设置项主要有：

（1）EXE 文件名：指安装木马后生成程序的名称。

（2）DLL 文件名：指安装木马后生成 DLL 文件的名称。

单击“下一步”按钮进行“网络设置”，如图 5-64 所示。由于本例使用客户端固定 IP 地址设置，因此选择“静态 IP”，并输入本地 IP 地址，以便让服务端主机连接到客户端。单击“下一步”按钮，输入目标文件后生成服务器端文件，如图 5-65 所示。最后，单击“完成”按钮生成服务端程序。

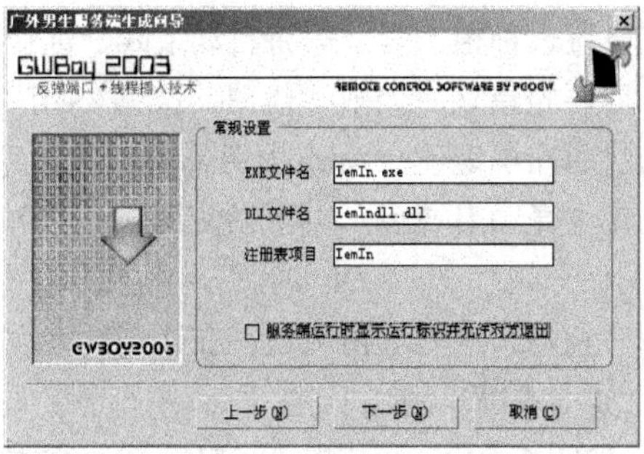

图 5-63　服务端常规设置界面

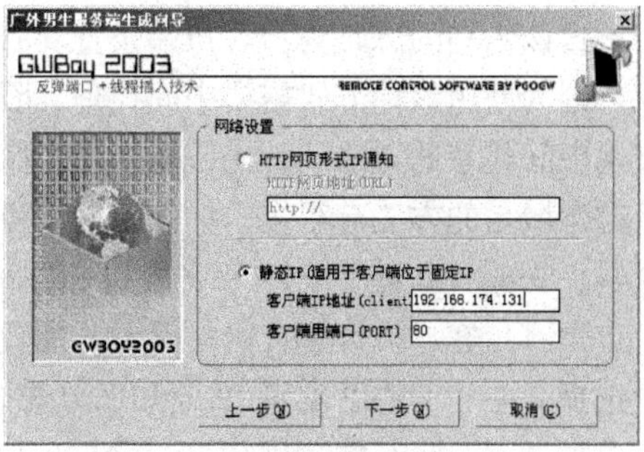

图 5-64　服务端网络设置界面

步骤 3：种植木马。当服务端程序配置成功后，下一步入侵者就要想方设法让受害者主机执行该木马服务端程序，即种植木马。

步骤 4：等待服务端自动上线。远程主机执行木马服务端后就按照图 5-58 过程建立连接，一旦连接建立，在客户端便可看到自动上线的主机，如图 5-66 所示。通过服务端的主机，还能直接访问这台主机所在的内网。

步骤 5：远程控制主机。

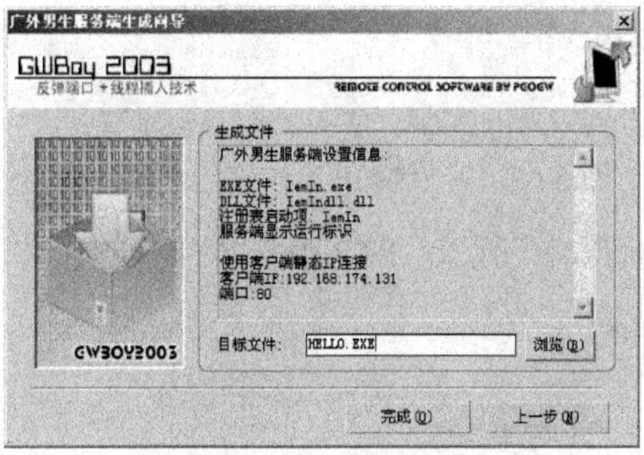

图 5-65　服务端生成文件界面

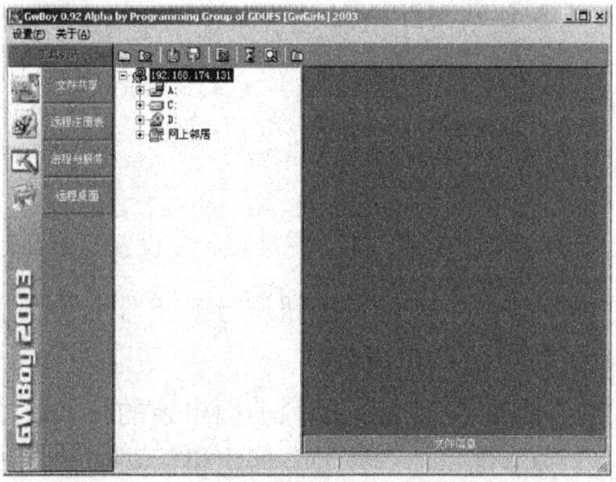

图 5-66　客户端看到自动上线服务端

2）配置实例二

此种连接方式如图 5-67 所示。这种方式引入了一个“中间代理”服务器，用来存放客户端 IP 地址和待连接的端口。当入侵者 IP 和端口号发生变化时，入侵者更新中间代理中存放的 IP 地址与端口号，以便让远程主机找到入侵者。因此，这种方式有效地解决了客户端为动态 IP 地址的连接限制，并且能够穿透一定设置的防火墙。

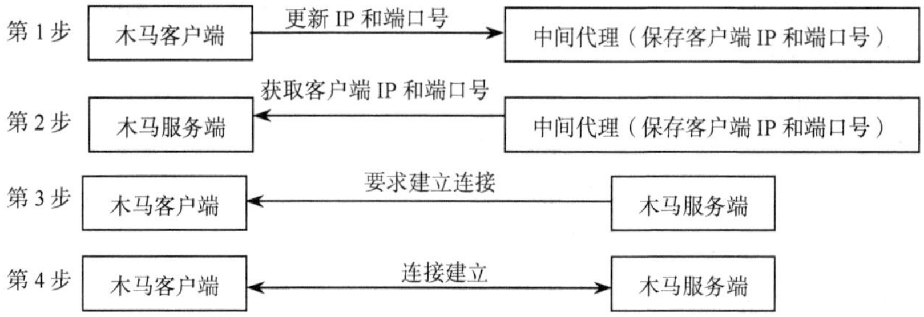

图 5-67　反弹端口连接方式二

配置该木马的思路为：客户端设置、服务端设置、种植木马、等待自动上线、远程控制主机。因为使用该种方式需要中间代理，因此，需要先建立一个中间代理。这里按照广外男生使用中间代理的方法：首先，申请动态域名，然后在本地建立 Web 服务器、FTP 服务器。申请动态域名的方法有很多，如申请网域科技的花生壳动态域名。也可以使用 IIS 建立 Web 服务器、Server_U 建立 FTP 服务器。

步骤 1：客户端设置。网络设置与配置实例一相同，这里不再叙述。在连接类型设置界面中选择“使用 HTTP 网页 IP 通知”单选按钮，如图 5-68 所示。

单击“下一步”按钮进行 IP 通知文件设置，如图 5-69 所示。在“客户端 IP”文本框中输入本地 IP，在“端口”文本框中输入刚才在“网络设置”中设定的端口。加密密码用来给目标文件加密，防止远程主机管理员看出客户端 IP、端口。目标文件即 IP 通知文件，用来存放上面设定的客户端 IP 和端口。

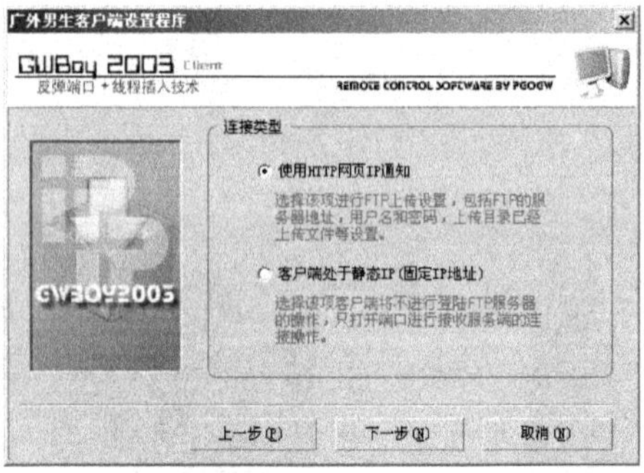

图 5-68　客户端连接类型设置

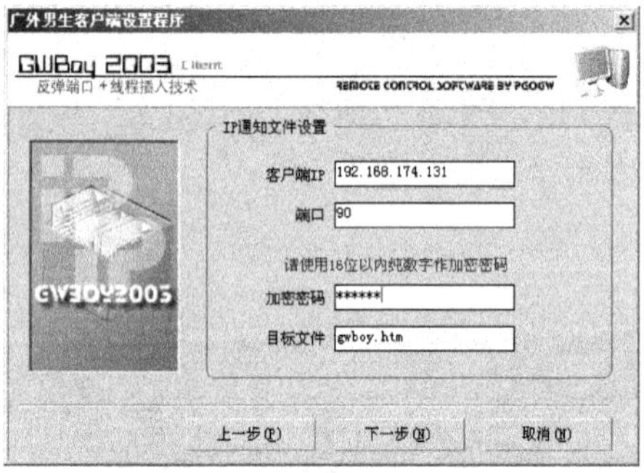

图 5-69　客户端 IP 通知文件设置

单击“下一步”按钮进行 FTP 服务器设置，如图 5-70 所示。FTP 服务器用于上传 IP 通知文件。设置项主要有：

（1）FTP 地址：输入前面申请的域名或填入本机 IP。

（2）端口：FTP 服务器提供服务的端口，默认为 21 号端口。

（3）用户名和密码：在 FTP 服务器中设定的用户名和密码，要求该用户有“写”权限。

（4）发布目录：指向 Web 服务器文件目录，使得远程主机通过中间 Web 站点访问到 IP 通知文件“gwboy.htm”。

如果以上设置全部正确，单击“下一步”按钮后，提示成功。

步骤 2：服务端设置。常规设置与配置实例一相同，这里不再叙述。在网络设置中选择“HTTP 网页形式 IP 通知”单选按钮，然后输入申请到的动态域名，如图 5-71 所示。

图 5-70 客户端 FTP 服务器设置

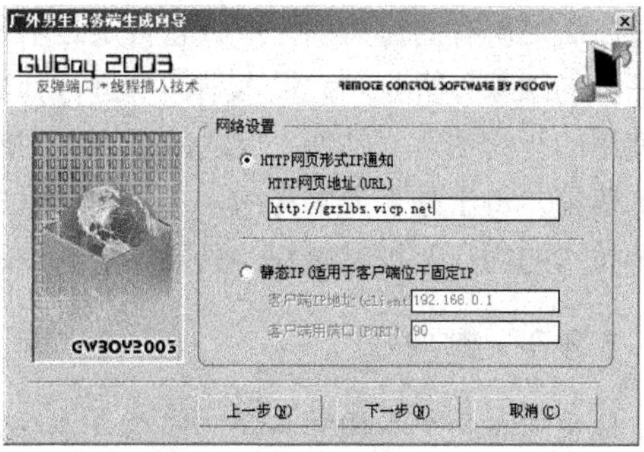

图 5-71 服务端生成文件

单击“下一步”按钮，在“目标文件”文本框中输入服务端程序的名称，完成服务端的配置，如图 5-72 所示。

步骤 3：种植木马。

步骤 4：等待远程主机自动上线。与实例一方法相同，打开广外男生客户端等待自动上线即可。

步骤 5：控制远程主机。

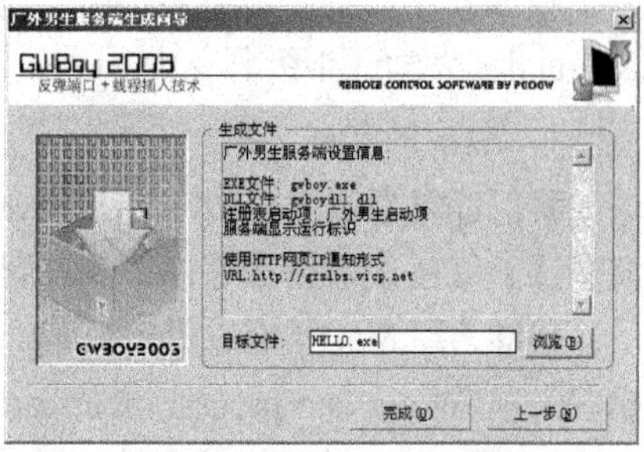

图 5-72 服务端网络设置

5. 反木马软件开发思路

目前，在反病毒技术领域中有特征码、虚拟机等技术。特征码技术是目前最成熟的技术，它通过捕获→分析→提取特征→入库→升级这样一个流程来处理病毒。这种技术具有滞后型，对新产生的还未捕获的病毒是没有效果的。对于木马即使是已知木马也可通过加壳或者变形等技术躲避该类策略，对于未知木马的检测则更没有效果了，因为木马具有隐藏性，因此对于新木马的样本的及时提取是做不到的。虚拟机技术是指构建一个软件形态的 CPU，即对目前所有的 CPU 指令进行识别，并建立起一个虚拟系统，在扫描过程中，可以将程序进行虚拟执行，控制程序的指令执行次数，这样就可以对整个文件进行更高层次的分析，根据病毒的一些共性比如是否感染文件来判断是否是一种新的病毒。由于病毒是寄生在正常程序中的一段代码，因此很容易虚拟，但是对于木马来说，它不但是独立的主体，还要调用系统函数，而系统函数还会调用更多的函数，这些导致了虚拟机无法识别木马。

木马虽然种类繁多，功能各不相同，但其都具有一些关键的行为特征。因此对于木马的识别应该从木马程序行为角度考虑，而不是从木马的文件结构上考虑。早期的反木马技术是通过对文件名、系统目录的一些操作行为来识别木马的。它基于这样的思想：系统目录不应该被其他程序使用，如果有程序将自身复制到该目录，则认为该程序是一个木马；文件名是根据功能来定义的，不存在同时将两个功能不同的程序命名为相同的文件名，如果有程序将自己命名为与一些系统文件名相同，则认为该程序是一个木马。虽然这两种假设都有反例，但确实符合大部分木马的行为特征，因此可以识别出相当数量的木马。后来又提出了 VCS 抓毒精灵技术，该技术的核心思想也是行为判断，但是判断的粒度比以前的方法细很多。根据木马的行为特征分析，将木马的行为进行分类，每个行为称为一个行为项，如修改注册表、连接网络、文件改动等都是行为项。单个行为项可能是程序的正常行为，但是将这些行为项综合起来就可得出是木马的结论，因为只有木马程序才会同时具备上述几个行为项。如果一个程序满足所有的行为项，那么它肯定是木马。在不同时满足的情况下判断是否为木马需要进一步的跟踪分析：对大量木马样本进行分析，从而对行为项赋值，赋值的原则是木马越经常使用的行为项赋值越高，反之越低。在判断时将具有的行为项的值相加，根据事先划分的值的范围，得出是否为木马的一个概率，用户根据该概率就可以方便地判断是否中了木马。这种技术的优点是扩展性好，只要不断调整经验值就能不断提高判断的准确率。

5.3.8 蠕虫

蠕虫原本是个生物学名词。1982 年 Xerox PARC 的 John F.Shoch 等人将其引入计算机领域，并给出了计算机蠕虫的两个基本特征："可以从一台计算机移动到另一台计算机"和"可以自我复制"。他们编写了蠕虫 Xerox，其目的是做分布式计算的模型试验。Xerox 蠕虫主要用于辅助科学研究，不存在恶意。世界上第一个破坏计算机的蠕虫是 1988 年美国康乃尔（Cornell）大学一年级研究生 Morris 编写的 Morris 蠕虫，从此开启了蠕虫新纪元。

1．蠕虫的定义

我们经常看到这样的字眼：Lover Letter 网络蠕虫病毒、Melissa 网络蠕虫宏病毒、冲击波病毒、红色代码病毒等，那么它们是蠕虫还是病毒?

1988 年，Morris 蠕虫爆发后，Engene H. Spafford 为了区别蠕虫和病毒，给出了蠕虫的原始定义："Worm is a program that can run by itself and can propagate a fully working version of itself to other."（计算机蠕虫是可以独立运行，并能把一个包含其自身所有功能的版本传播到另外的计算机上。）

1984 年，Fred Cohen 给出了计算机病毒的定义："A program that can 'infect' other programs by modifying them to include a possibly evolved copy of itself."（计算机病毒是一种可以感染其他程序的程序，感染的方式为在被感染程序中加入计算机病毒的一个副本，这个副本可能是在原病毒基础上演变过来的。）1988 年 Morris 蠕虫爆发后，Engene H. Spafford 为了区别蠕虫和病毒，将病毒的含义作了进一步的解释："Virus is a piece of code that adds itself to other programs, including operating system. It cannot run independently and it requires that its 'host' program be run to activate it. "（计算机病毒是一段代码，能把自身添加到其他程序中，包括操作系统上。它不能独立运行，需要由它的宿主程序运行来激活它。）

蠕虫和计算机病毒都具有传染性和复制功能，这两个主要特性的一致导致了许多人将二者难以区别开。尤其是近年来，越来越多的病毒采用了部分蠕虫技术，与此同时，蠕虫也采用了部分病毒的技术，更加剧了这种情况。但二者还是有区别的，计算机病毒和蠕虫的区别如表 5-6 所示。

表 5-6 计算机蠕虫和计算机病毒的区别

类　别	计算机病毒	计算机蠕虫
存在形式	寄生	独立个体
复制机制	插入到宿主程序中	自身的副本
传染机制	宿主程序运行	系统存在漏洞
传染目标	主要针对本地文件	主要针对网络上的其他计算机
触发传染	计算机使用者	程序自身

续表

类　别	计算机病毒	计算机蠕虫
影响重点	文件系统	网络性能、系统性能
计算机使用者所处角色	病毒传播的关键环节	无关
防治措施	从宿主程序中删除	为系统打补丁
对抗主体	计算机使用者、反病毒厂商	系统提供商、网络管理员

蠕虫与漏洞有着密切的关系，其最大特点就是利用各种漏洞进行自动传播。如在 2003 年 1 月 SQL 蠕虫王 Slammer 就是利用 SQL 溢出漏洞，它造成全球 13 台根域名服务器中的 8 台遭攻击而导致全球主干网瘫痪。蠕虫与计算机病毒有一个非常重要的区别，但在二者的原始定义中都没有体现，即计算机使用者在整个传染机制中所处的地位。计算机病毒主要攻击的是文件系统，在其传染过程中，计算机的使用者是传染的触发者，是传染的关键环节，使用者的计算机知识水平的高低常常决定了病毒所能造成的破坏程度。蠕虫主要利用计算机系统漏洞（Vulnerability）进行传染，它搜索网络中存在漏洞的计算机后主动进行攻击，在传染的过程中，与计算机使用者是否进行操作没有关系，与计算机使用者的知识水平无关。

通过蠕虫与病毒的分析对比，我们可以得出结论：Lover Letter 网络蠕虫病毒、Melissa 网络蠕虫宏病毒都是病毒不是蠕虫；冲击波病毒、红色代码病毒是蠕虫。

2．蠕虫的基本原理

蠕虫程序的工作流程可以分为漏洞扫描、攻击、复制三个阶段。蠕虫程序首先探测存在漏洞的主机。当程序向某个主机发送探测漏洞的信息并收到成功的反馈信息后，就得到一个可攻击（传播）的对象。ICMP Ping 包和 TCP SYN、FIN、RST 及 ACK 包均可用于探测。良好的扫描策略能够加速蠕虫传播，理想化的扫描策略能够使蠕虫在最短时间内找到互联网上全部可以感染的主机。按蠕虫对目标地址空间的选择方式进行分类，扫描策略包括：选择性随机扫描、顺序扫描、基于目标列表的扫描、基于路由的扫描、基于 DNS 扫描、分治扫描等。之后蠕虫取得该主机的权限（一般为管理员权限），获得一个 shell，对于 Windows 操作系统的主机来说就是 cmd.exe，得到这个 shell 后就拥有了对整个系统的控制权。最后蠕虫通过原主机和新主机之间的交互，将蠕虫程序复制到新主机并启动。复制过程有很多种方法，可以利用系统本身的程序实现，也可以利用蠕虫自带的程序实现。复制过程实际上就是一个文件传输的过程。

蠕虫的传播速度是指数级的。一旦一台计算机感染了蠕虫后，它就会按照一定的策略传播其自身。

3．"SQL Slammer"蠕虫分析

1）概述

"SQL Slammer"蠕虫大量占用网络带宽，最终导致网络瘫痪。该蠕虫本身非常小，仅仅是一段 376 字节的数据。该蠕虫是利用 Microsoft SQL Server 2000 Resolution 服务远程栈缓冲区溢出漏洞，通过向其解析端口 1434（SQL Server Resolution 服务）发送包含恶意代码的数据包进行攻击。

在实际的测试中发现，如果在同一网段中有一台机器中了 SQL Slammer 蠕虫王，该网段中的每一台机器每秒都可以收到近千个 UDP 数据包。该蠕虫对被感染机器本身并没有进行任何恶意破坏，它仅存在内存之中，不会向硬盘上写文件。因此对于感染的系统，重新启动后就可以清除该蠕虫，但是如果不及时打上补丁，仍然会重复感染。由于发送数据包占用了大量系统资源和网络带宽，形成了 UDP Flood，因此感染了该蠕虫的网络性能会急剧下降。一个百兆网络内只要有一两台机器感染该蠕虫就会导致整个网络访问阻塞。

2）具体分析

运行 Ethereal 软件抓包，当计算机感染了 SQL Slammer 蠕虫王后，网络出现了异常的 UDP 流量增多，且都是由同一 IP 地址 192.168.1.94 发出的，如图 5-73 所示。

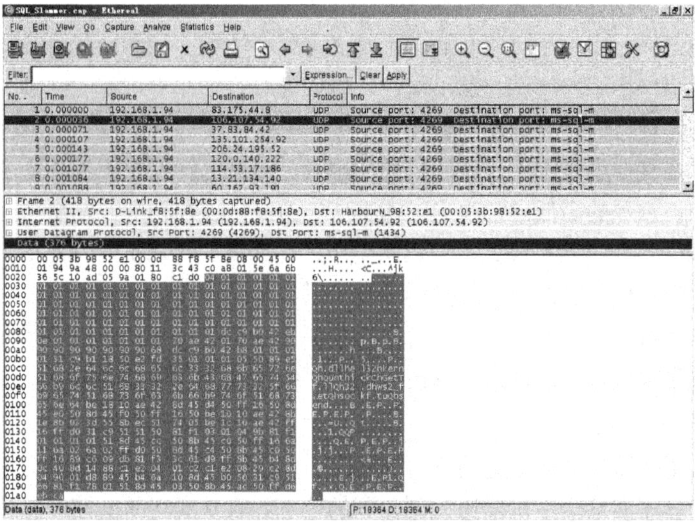

图 5-73　SQL Slammer 抓包分析

该蠕虫利用的端口是 UDP 1434，该端口提供 SQL Server 解析服务。Microsoft SQL Server 2000 支持在单个物理主机上提供多个 SQL 服务器的实例，在对每个实例操作时，都可以将其看作一个单独的服务器。这些实例不能使用同一个 SQL 标准服务会话端口（TCP 1433），因此 SQL Server 解析服务监听 UDP 1434 端口来提供一种查询机制，向客户端返回各 SQL 服务实例对应的网络端口。当 SQL Server Resolution 服务在 UDP 1434 端口接收到第一个字节设置为 0x04 的 UDP 包时，SQL 监视线程会获取 UDP 包中的数据并使用 UDP 包后面的信息来尝试打开注册表中的某一键值。例如，接收到的 UDP 数据包是\x04\x41\x41\x41，SQL 服务程序就调用 sprintf 生成如下格式的字符串：HKLM\Software\Microsoft\Microsoft SQL Server\AAA\MSSQLServer\ CurrentVersion，再以这个字符串作为注册表键读取有关参数。

由于 SQL Server 解析服务程序在调用 sprintf 时没有进行字符串长度检查，如果 UDP 数据包字节\x04 后面的字符串达到一定长度后，将产生缓冲区溢出。SQL Slammer 就是利用这一漏洞，通过在这个 UDP 包后追加包含攻击代码的额外数据，当解析服务程序调用 sprintf 时，会发生基于堆栈的缓冲区溢出。它使用 0x42B0C9DC 覆盖了 ssnetlib.dll 中一个函数的返回地址，该返回地址（0x42B0C9DC）指向 sqlsort.dll 中数据区中的“FF E4”字节，而“FF E4”正好是“JMP ESP”这条指令的机器码。缓冲区溢出时内存布局如图 5-74 所示。

因此当处理数据包的函数 RET 指令返回时，ESP 正好指向 EB 0E（JMP $+0x0E），其执行时会马上跳到 90 处开始执行，一串空指令后，便开始蠕虫正式代码的执行，从 04 开始以后的 376 字节便是该蠕虫的关键部分。该蠕虫代码获得控制权，分别从 kernel32.dll 以及

ws2_32.dll 中获得 GetTickCount 函数和 Socket 以及 Sendto 函数地址。之后调用 GetTickCount 函数，利用其返回值产生一个随机数种子，并用此种子产生一个 IP 地址作为攻击对象。创建一个 UDP Socket，将自身代码发送到目标 IP 的 1434 端口，随后进入一个无限循环中，重复上述产生随机 IP 地址、发送攻击包等一系列动作。

42B0C9DC	FF E4 "JMP ESP"
缓冲区	
函数返回地址	HKLM\Software\Microsoft\Microsoft SQL Server\ 04 01 01 01 01 01 01 01 01 01 01 01 01 01 42B0C9DC EB 0E 01 01 01 01 01 01 01 70 AE 42 01 \MSSQLServer\CurrentVersion

图 5-74 SQL Slammer 攻击成功时的内存布局

4．蠕虫的检测

随着蠕虫技术的不断发展，蠕虫对网络系统造成了极大的威胁。准确有效的蠕虫检测则是消除这种威胁、减轻蠕虫危害的重要手段。下面介绍几种蠕虫检测技术。

1）基于特征的检测技术

基于特征的蠕虫检测技术的核心是模式匹配，即将已经出现的蠕虫提取出能充分识别该蠕虫的特征字符串，形成对该蠕虫的特征描述，加入到特征库中。这些特征可能是恶意的网络负载，也可能是蠕虫可执行代码中的部分样本代码等。当同类蠕虫再次爆发时可以通过该特征进行识别。基于特征的蠕虫检测技术具有高效、准确的特点，但它也有致命的缺点，即只要蠕虫稍有变异，这种方法往往就失去效力。另外，这种技术不能检测未知蠕虫。

2）网络黑洞检测技术

网络黑洞指网络中没有分配的 IP 地址空间。蠕虫编写者在编写蠕虫时为了减小蠕虫个体的大小（相对携带有效 IP 空间块的蠕虫而言）或者扩大蠕虫影响范围，往往会采用对全部 IP 地址进行扫描探测的方法，而正常的网络通信一般不会涉及这些并不使用的 IP 地址。根据这一点，就可以通过对与网络黑洞相关的数据包的监控来实现恶意行为的检测，通过对所监测到的数据进行分析，就可以及时发现网络中出现的蠕虫攻击行为。

网络黑洞检测技术的优点是对所有扫描全网的蠕虫都适用，无论该蠕虫是已知还是未知，但对于采用队列扫描和基于目标列表扫描的蠕虫来说却不适用。

3）基于流量的检测方法

基于流量的检测方法利用没有蠕虫与有蠕虫时流量的差异性来实现蠕虫的检测，是一种非常有效的蠕虫检测方法。这种检测方法是基于这样的前提：所有的蠕虫在展开攻击前都要先通过扫描探测来发现攻击目标，并且在攻击成功后往往还要传播其负载，由于整个过程是蠕虫自主发起的，探测频率一般非常高，所以通常会在短期内产生大量的扫描探测包，使网络的流量迅速增加，甚至会造成网络瘫痪。而在通常情况下，一台主机或者一个局域网在正常运转的情况下每天的平均流量在总体上是稳定的，即每天的平均流量几乎是相等的，即使稍有变化也是在很小的范围内波动。

该检测方法的难点是各种参数阈值的确定，它影响着检测结果的准确性。阈值过高会造成漏报，阈值过低会造成误报。常见的解决办法是在检测方法中加入自学习功能来解决参数阈值设定的问题，即让检测软件先在正常运转的网络或系统中自学习一段时间来为所监控的对象建立一个比较合理的阈值。此外，阈值还应该定期调整以适应网络或系统正常的流量变化。

基于流量的蠕虫检测技术不仅可以检测已知的蠕虫，而且能及时检测未知的蠕虫。

4）校验和技术

校验和技术是用于保护信息完整性的控制技术，如 Hash 值和循环冗余码等，它可以检测出未知蠕虫对文件的修改。校验和技术检测蠕虫基于这样的原理：蠕虫会对文件进行修改。因此它首先在系统没有感染蠕虫的情况下生成检测数据，然后周期性地用校验和检测文件的改变。

校验和技术不能检测文件是否被蠕虫感染，它只是查找变化。另外，蠕虫可以采用各种手段欺骗校验和检测法，使之认为文件没有改变。

5.4 入侵检测技术

建立一个健全的网络信息系统安全方案是一个复杂的系统工程，它应该包括以下几个方面的内容：安全效用检验、安全审计、安全技术、安全教育与培训、安全结构与程序、安全规则等。安全技术是其中的一个重要环节。目前，常用的安全技术有防火墙、防病毒软件、入侵检测系统、加密技术、用户认证等。其中，防火墙和入侵检测是两种重要的、可以互为补充的安全技术，两者从不同角度、不同层次实现了被保护的网络系统的安全。上一节已经介绍了防火墙技术，下面主要介绍入侵检测技术。

入侵检测，顾名思义，便是对入侵行为的发觉。它通过对计算机网络或计算机系统中的若干关键点收集信息并对其进行分析，从中发现网络或系统中是否有违反安全策略的行为和被攻击的迹象。进行入侵检测的软件与硬件的组合便是入侵检测系统（Intrusion Detection System，IDS）。入侵检测作为一种积极主动的安全防护技术，提供了对内部攻击、外部攻击和误操作的实时保护，在网络系统受到危害之前拦截和响应入侵。

5.4.1 入侵检测技术分类

根据着眼点的不同，对入侵检测技术的分类方法很多，下面分别介绍。

1．根据数据来源（信息源）分类

入侵检测系统要对所监控的网络或主机的当前状态做出判断，并不能凭空臆测，需要以原始数据中包含的信息为基础。按照原始数据来源的不同，可将入侵检测分为 3 类：

1）基于主机的入侵检测

基于主机的入侵检测系统主要用于保护运行关键应用的服务器，获取数据的依据是系统运行所在的主机，保护的目标也是系统运行所在的主机。它通过监视与分析主机的审计记录和日志文件，并辅以主机上的其他信息，例如文件系统属性、进程状态等来检测入侵。

一类特殊的基于主机的入侵检测系统是基于应用的入侵检测系统。它是针对某个应用程序而设计的入侵检测技术，采用的数据源是应用程序的日志。由于这种技术可以更加准确地监控用户某一应用的行为，所以这种技术在日益流行的电子商务中越来越受到重视。

基于主机的入侵检测系统能较为准确地监测到发生在主机系统高层的复杂攻击行为，例如对文件系统所进行的具有潜在安全风险的访问操作序列、对系统配置的修改等。它可以检测到发生在应用进程级别的攻击行为，而基于网络的入侵检测是无法检测到的。加密和交换设备加大了基于网络的入侵检测系统收集信息的难度，但基于主机的入侵检测系统安装在要监控的主机上，不受这些因素的影响。基于主机的入侵检测系统也有一些缺点：首先，它依赖于特定的操作系统平台，对于不同的平台系统是无法移植的；其次，它运行在所保护的主机上，会影响宿主机的性能，特别是当宿主机是服务器的情况；再次，在网络环境中，某些活动对单个主机来说可能构不成入侵，但对于整个网络来说是入侵活动。对于这种攻击方式，基于主机的入侵检测系统无法检测到。另外，它通常无法对网络环境下发生的大量攻击行为做出及时的反应。

基于主机的入侵检测系统，早期的系统原型有 SRI 的 IDES 和 NIDES、Haystack 系统、Los Alamos 的 NADIR、Wisdom&Sense 系统等。其中，IDES 是具有划时代意义的原型系统，它实现了最初的理论模型，并引起了早期的入侵检测系统研制热潮。

2）基于网络的入侵检测

基于网络的入侵检测系统获取的数据来源是网络传输的数据包，保护的目标是网络的运行。它实时监控网络关键路径的信息，采集数据，并通过协议分析、特征匹配、统计分析等手段发现当前的攻击行为。

基于网络的入侵检测系统能够实时监控网络中的数据流量，并发现潜在的攻击行为和做出迅速的响应。另外，其分析的对象是网络协议，是标准化的、独立于主机操作系统类型的，因此没有移植性的问题。因为基于网络的入侵检测系统通常采取独立主机和被动监听的工作模式，因此它的运行不会影响主机或服务器自身的运行。

第一个基于网络的入侵检测系统是 UC Davis 研制的 NSM 系统，其基本架构仍然影响着现代许多实际系统。

3）混合型入侵检测

既基于主机又基于网络，因此混合型一般也是分布式的。20 世纪 90 年代后，出现了把基于主机和基于网络的入侵检测结合起来的早期尝试。最早实现的原型系统是分布式入侵检测系统 DIDS，它将 NSM 组件和 Haystack 组件集成到一起，并采用中央控制台来解决关联处理和用户接口的问题。现在有人根据此种数据来源混合的方式，将此类系统称为混合型（Hybrid）系统。从后来的技术发展看，DIDS 系统所体现的主要思想是分布式检测架构的思路。自此之后，许多研究系统沿着分布式架构的道路继续前进。

最著名的明确体现分布式架构的早期系统为 SRI 的 EMERALD 系统。另外，典型的代表还有 UC Davis 设计的 GrIDS（Graph-based IDS）系统、Purdue 大学设计的 AAFID 系统。其中 AAFID 系统体现了基于自治代理的分布式架构。

2．根据分析方法分类

根据数据分析方法（即检测方法）的不同，可以将入侵检测分为如下两类：

1）异常检测（Anomaly Detection）

异常检测通过检测系统的行为或使用情况的变化来完成。这种模型的特点是首先总结正常操作应该具有的特征，例如特定用户的操作习惯与某些操作的频率等；在得出正常操作的模型之后，对后续的操作进行监视，一旦发现偏离正常统计学意义上的操作模式，即进行报警。按照这种模型建立的系统需要具有一定的人工智能，由于人工智能领域本身的发展缓慢，基于异常检测模型建立入侵检测系统的工作进展也不是很好。异常检测的优点是可以检测到未知的入侵行为。

在异常检测中，最广泛使用的较为成熟的技术是统计分析，IDES系统实现了最早的基于主机的统计模型。另一种主要的异常检测技术是神经网络技术。此外，还有许多其他异常检测方法，如基于贝叶斯网络的异常检测方法、基于模式预测的异常检测方法、基于数据挖掘的异常检测方法及基于计算机免疫学的检测技术。

2）误用检测（Misuse Detection）

Misuse Detection又译为滥用入侵检测。误用检测基于已知的系统缺陷和入侵模式，故又称特征检测。这种模型的特点是收集非正常操作也就是入侵行为的特征，建立相关的特征库；在后续的检测过程中，将收集到的数据与特征库中的特征代码进行比较，得出是否是入侵的结论。可以看出，这种模型与主流的病毒检测方式基本一致。当前流行的系统基本上采用了这种模型。

比较而言，误用检测可以明确指示当前发生的攻击手段类型，而异常检测不容易做到这一点，因此，误用检测在商用系统中得到了广泛应用。另外，误用检测具备较高的检测率和较低的虚警率，开发规则库和特征集合相对于建立系统正常模型来说，也更容易和方便。误用检测的缺点是一般只能检测到已知的攻击模式，并且模式库要不断更新。

无论是误用检测还是异常检测，都是入侵检测的具体技术手段。从最终的需求来看，将二者联合使用势在必行。实际上，早期的大量入侵检测系统都同时采取了异常检测技术和误用检测技术，如IDES系统、NADIR系统等都同时包括基于专家系统的误用检测组件和基于统计分析的异常检测组件。

3．根据时效性分类

根据数据分析发生的时间的不同，可将入侵检测分为如下两类：

1）脱机检测

脱机检测系统是一种非实时工作的系统。它在行为发生后，对产生的数据进行分析，而不是在行为发生的同时进行分析。如对日志的审核、对系统文件的完整性检查等都属于这种。一般而言，脱机分析也不会间隔很长时间，所谓的脱机只是与联机相对而言。

2）联机检测

在数据产生或者发生改变的同时对其进行检查，以发现攻击行为。这种方式一般对网络数据实时分析，对系统资源要求比较高。

4．根据分布性分类

按照系统各个模块运行的分布方式不同，可将入侵检测分为如下两类：

1）集中式

系统的各个模块包括数据的收集与分析以及响应模块都集中在一台主机上运行，这种方式适用于网络环境比较简单的情况。

2）分布式

系统的各个模块分布在网络中不同的计算机、设备上，一般来说分布性主要体现在数据收集模块上，例如有些系统引入的传感器（Sensor），如果网络环境比较复杂、数据量比较大，那么数据分析模块也会分布，一般是按照层次性的原则进行组织，如AAFID结构。

5.4.2　入侵检测基本工作原理

随着近年来对网络和系统的入侵不断增多，对入侵检测、入侵防范的研究越来越受到人们的重视。入侵检测作为一种专门用来检测和防范入侵的安全技术，无论在理论上还是产品开发上，近几年都取得了很大的进展。入侵检测系统现在已经成为整个安全防御体系的重要组成部分，是在防火墙之后的又一道安全闸门。图 5-75 所示给出了一个通用的入侵检测系统结构。

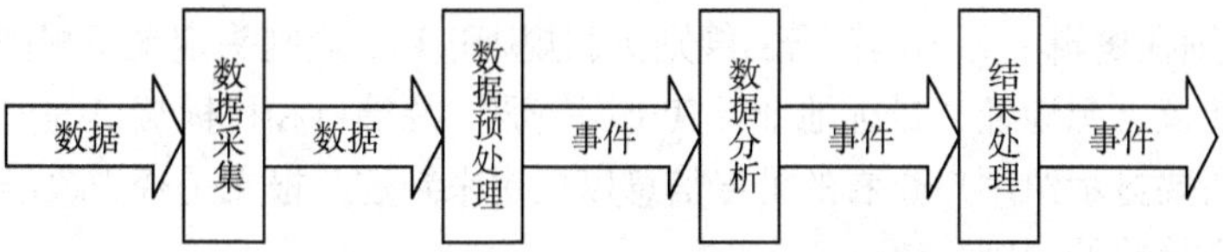

图 5-75　通用入侵检测系统结构图

为了进行入侵检测，首先要获取数据。数据的来源可以是主机上的日志信息、变动信息，也可以是网络上的数据信息，甚至是流量变化等。这些都可以作为数据源。通过抓包可以获取网络数据包，通过一些工具软件可以查看系统日志等日志文件并从中提取有用的数据。另外还可以通过其他途径获取数据，如直接使用从其他入侵检测系统或采集器采集来的数据。入侵检测在很大程度上依赖于收集信息的可靠性和正确性。

从数据源采集上来的数据需要进行预处理后才能进行分析。预处理的过程首先是去除一些明显无用的信息；其次是进行数据分类，将同种类型的数据分在一起；然后再将相关的数据合并，在合并的过程中也可以再去除一些冗余、无用的信息；最后将这些数据进行格式转换，使得这些数据可以被分析模块识别和处理。如果数据本身符合分析模块的要求，则不用再进行转换。这些可以被分析模块识别和处理的数据称为事件。

数据分析模块，又称检测引擎，是入侵检测系统的核心模块，它完成对事件的分析和处理。分析模块对事件进行分析，并发出报警。数据分析的方式多种多样，可以简单到对某种行为的计数（如一定时间内某种特定类型报文的出现次数），也可以是一个复杂的专家系统。

结果处理模块根据报警信号，人工或自动做出反应动作，采取相应措施，可以是重新配置路由器或防火墙、终止进程、切断连接、改变文件属性，也可以只是简单的报警。

现在某些 IDS 可能还包括一个所谓的“蜜罐”（Honeypot）诱饵机。该诱饵机被设计和配置成为具有明显的系统安全漏洞，并对攻击者明显可见。诱饵机能够作为 IDS 中一个专门提供给攻击者进行入侵的探测器来使用，从而提供关于某次攻击行为发生过程的相关信息。

5.4.3　入侵检测系统应用

Snort 是 Martin Roesch 等人开发的一种开放源代码的入侵检测系统，符合 GPL（GNU General Public License）的要求。Snort 是一个轻量级、跨平台的网络入侵检测系统，基于误用检测技术，可支持 Linux、Windows 等多种操作系统平台。Snort 采用基于规则的网络信息搜索机制，对数据包进行内容的模式匹配，从而发现入侵和探测行为，如缓冲区溢出、端口扫描、DoS 攻击等，并进行实时报警。Snort 安装在一台主机上对整个网络进行监视，其典型运行环境如图 5-76 所示。

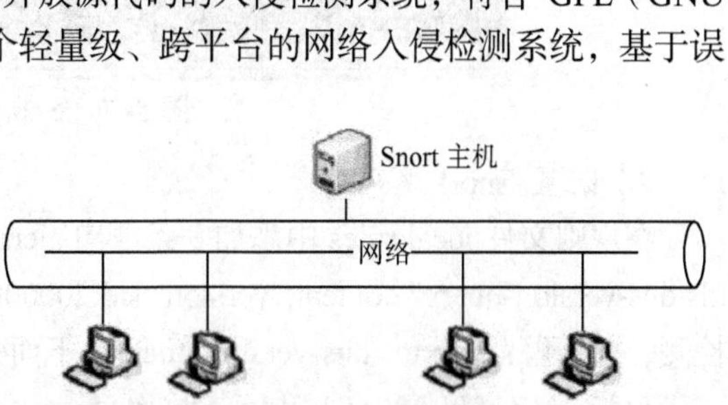

图 5-76　Snort 典型运行环境

1．Snort 的组成

Snort 由三个重要的子系统组成：数据包解码器、检测引擎、日志与报警系统。数据包解码器主要是对各种协议栈上的数据包进行解析、预处理，以便提交给检测引擎进行规则匹配。检测引擎用一个二维链表存储检测规则，其中一维称为规则头，另一维称为规则选项。规则头中放置一些公共的属性特征，规则选项中放置入侵特征。

2．Snort 的规则

Snort 的规则在逻辑上分为两部分：规则头和规则选项，规则头定义了规则的行为，所匹配网络报文的协议、源地址、目标地址及其子网掩码、源端口和目标端口等信息；规则选项部分则包含了所要显示给用户查看的警告信息以及用来判定此报文是否为攻击报文的其他信息。下面是一个简单的规则：

```
alert tcp any any ->192.168.1.0/24 111 (content:"|00 01 86 a5|"; msg:
"mounted access";)
```

在这个例子中，括号左边是规则头，括号内是规则选项。规则选项中，位于冒号“:”之前的词称为选项关键字（Option KeyWord）。规则选项部分对于 Snort 检测规则而言，并不是必需的，它只是用来明确地定义出表示某种攻击、需要采取某种行为的报文。组成规则的各个元素都为真时才能触发相应的操作。

3．配置使用案例

1）Snort 的启动

要启动 Snort，通常在 Windows 命令行中输入如下语句：snort -c "配置文件及路径" -l "日志文件及路径" -d -e –X，其中-x 参数用于在数据链路层记录 raw packet 数据，-d 参数记录应用层的数据，-e 参数显示/记录第 2 层报文头数据，-c 参数用以指定 snort 的配置文件路径。启动运行后如图 5-77 所示。

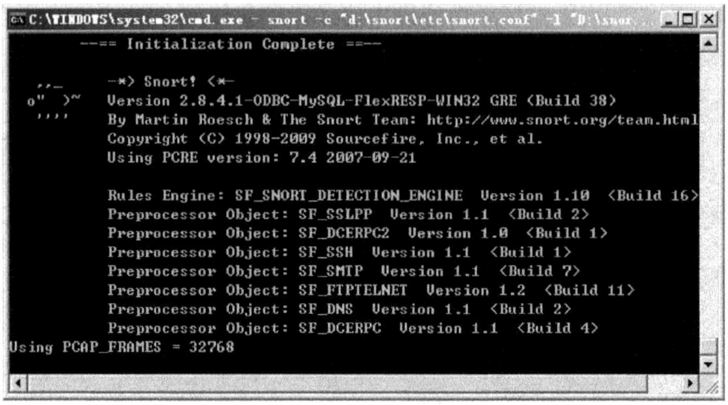

图 5-77　Snort 运行界面

2）配置 Snort 规则

在规则文件 local.rules 中添加一条语句 alert tcp any any <> $HOME_NET any (msg:"udp ids/dns-version-query";content:"version";sid:2000000;)，实现对内网的 UDP 协议相关流量进行检测，并报警：udp ids/dns-version-query。下面是 alert 日志文件记录的信息：

```
[**] [1:2000000:0] udp ids/dns-version-query [**]
[Priority: 0]
```

```
08/27-23:27:54.064357 0:D0:F8:B7:3C:62 -> 0:30:18:A4:DA:EA type:0x800
len:0x5EA
203.190.122.234:80 -> 172.27.41.210:15367 TCP TTL:113 TOS:0x0 ID:5023
IpLen:20 DgmLen:1500 DF
***A**** Seq: 0xE21A0FCF Ack: 0x4DF5921D Win: 0xFD72 TcpLen: 20
 [**] [1:2000000:0] udp ids/dns-version-query [**]
[Priority: 0]
08/27-23:28:16.670435 0:D0:F8:B7:3C:62 -> 0:30:18:A4:DA:EA type:0x800
len:0x264
123.125.50.27:80 -> 172.27.41.210:15524 TCP TTL:52 TOS:0x0 ID:7711
IpLen:20 DgmLen:598 DF
***AP*** Seq: 0x2F7F8510 Ack: 0xD7E78BCF Win: 0x1A0D TcpLen: 20
```

5.5 实例分析

5.5.1 校园网安全防护实例

当前校园网应用十分广泛，面临的安全攻击也较多，本节介绍校园网的安全防护实例。

1. 校园网面临的主要安全问题

校园网面临的主要安全问题包括以下几个方面。

（1）口令破解入侵。为了管理和计费方便，学校会为每个上网的教师和学生分配账号和权限。一些人员为了访问不属于自己访问的内容，或者偷取上网费用，窃取别人的口令。

（2）黑客攻击。黑客攻击的手段一般有 5.3 节介绍过的如网络扫描、拒绝服务攻击、缓冲区溢出攻击、欺骗攻击等。同时校园网内部也存在很大的安全隐患，个别学生的心理特点决定其利用工具进行攻击。

（3）恶意程序攻击。使用木马、蠕虫等恶意程序影响计算机系统的正常运行、破坏系统文件、破坏网络资源，甚至造成计算机和网络系统的瘫痪。

（4）操作系统和应用软件的安全。目前使用的操作系统和应用软件都存在各种各样的安全问题，如果不及时对操作系统和各种应用软件打补丁更新会遭到攻击，对网络安全构成威胁。

由此可见，构筑信息安全防护体系，建立一套有效的网络安全机制非常必要。

2. 校园网安全防护实施

对于校园网的安全问题，从预防、保护、响应和管理方面入手，在边界防御、漏洞扫描、病毒查杀、网络监控、信息防护等方面进行部署。具体步骤如下：

（1）部署边界防御系统，阻断外部威胁。在 Internet 与校园内网之前部署防火墙，成为内外网之间的安全屏障。WWW、邮件、FTP 等对外服务器连接在防火墙的 DMZ 区，在内、外网间进行隔离。这样，通过 Internet 接入的公共用户只能访问到对外公开的一些服务，既保护内网资源不被外部非授权用户非法访问或破坏，又可以阻止内部用户对外部不良资源的滥用，并能对网络安全事件进行跟踪和审计。

（2）部署入侵检测系统，监视恶意攻击。入侵检测能力是衡量一个防御体系是否完整有效的重要因素。强大完整的入侵检测体系可以弥补防火墙静态防御的不足。部署入侵检测系统，对来自外网和校园网内部的各种行为进行实时监测，及时发现各种可能的攻击企图，并采取相应的措施。

（3）部署漏洞扫描系统，及时发现网络隐患。使用漏洞扫描系统定期对服务器、计算机等进行安全检查，发现漏洞及时升级。

（4）部署网络杀毒系统，全面防范病毒传播。在整个网络内采取防病毒手段，实现远程安装、智能升级、远程报警、分布查杀等多种功能。

（5）部署上网行为审计系统，监控用户行为。通过部署上网行为审计系统，对用户的上网行为进行审计，收集用户上网数据，分析用户上网行为，掌握网络运行的状态，追查相关行为的负责人，对网络安全、用户行为进行有效监控和管理。

5.5.2 入侵检测系统部署实例

本节以网威（Netpower）入侵检测系统为例，给出入侵检测系统部署实例。网威网络入侵检测系统是中科网威网络安全系列产品中的重要组成部分，其设计采用 B/S 结构，无须专门的客户端，可通过浏览器对入侵检测系统进行管理，能够监视 10M/100M/1000M 局域以太网上传输的所有网络数据信息。网威入侵检测系统能够实时识别各种基于网络的攻击及其变形，包括 DoS 攻击、Web 攻击、溢出攻击等。下面就其部署的几种环境加以介绍。

1．单一内网环境

对于单一内网环境中，通过部署三个入侵检测引擎实现对局域网的监控，如图 5-78 所示。

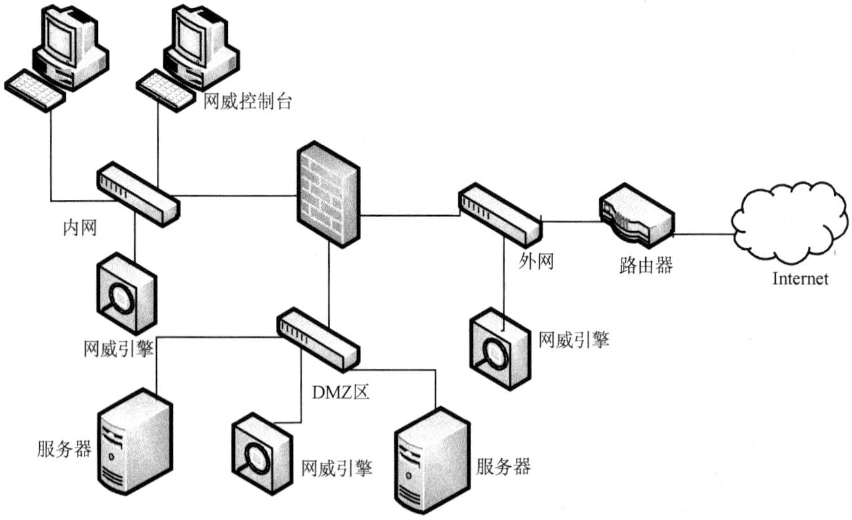

图 5-78 网威入侵检测系统单一网络环境部署

2．多内网环境

对于有多个内网，每个内网通过单独的防火墙与外网连接，可以对每个内网部署一个入侵检测引擎，并通过统一的控制台对其管理，如图 5-79 所示。

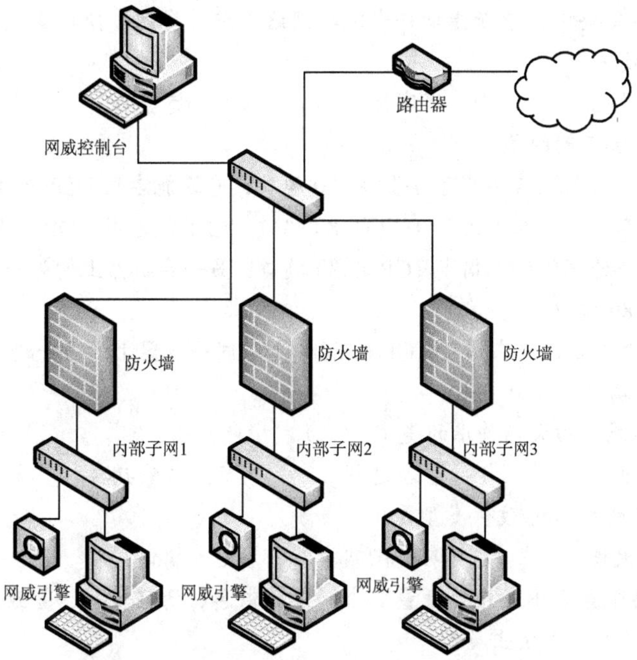

图 5-79　网威入侵检测系统多内网环境部署

习　题

一、填空题

1. 计算机网络通信面临 4 种威胁，分别是________、________、________、________。

2. 在 Internet 中，对网络的攻击可以分为两种基本类型，即________与________。

3. 数据传输加密主要是对传输中的数据流加密，按照实现层次的不同有________、________和________。

4. 用于过滤数据包的路由器称为________。

5. 有一主机专门被用作内部网和外部网的分界线。该主机中插有两块网卡，分别连接到两个网络。防火墙里面的系统可以与这台主机进行通信，防火墙外面的系统（Internet 上的系统）也可以与这台主机进行通信，但防火墙两边的系统之间不能直接进行通信，这是________的防火墙。

6. 根据数据分析方法（即检测方法）的不同，可以将入侵检测分为________和________两类。

7. WPA 所使用的加密算法是________。

二、单项选择题

1. 信息传输的安全应保证信息在网络传输的过程中不被泄露和不被攻击。下列属于攻击方法的是（　　）。

① 复制信息；② 剪裁信息；③ 窃听信息

A. ①和②　　B. ②和③　　C. ①和③　　D. 全部

2. 在网络安全中，中断指攻击者破坏网络系统的资源，使之变成无效的或无用的这是对（　　）的攻击。

A. 可用性　　B. 保密性　　C. 完整性　　D. 真实性

3. 下列说法正确的是（　　）。

A. 一个进程已经占用了 TCP 的 80 端口，它还能占用 UDP 的 80 端口

B. 一个进程已经占用了 TCP 的 80 端口，它不能占用 UDP 的 80 端口

C. 一个进程已经占用了 TCP 的 80 端口，另一台机器上的另一进程不可以占用 TCP 的 80 端口

D. 一个进程已经占用了 TCP 的 80 端口，同一机器上的另一进程也可以占用 TCP 的 80 端口

4. 以下不属于防火墙作用的是（　　）。

A. 过滤信息　　B. 管理进程　　C. 清除病毒　　D. 审计监测

5. 电路级网关的软/硬件类型是（　　）。

A. 防火墙　　B. 入侵检测软件　　C. 端口　　D. 商业支付程序

6. 使网络服务器中充斥着大量要求回复的信息，消耗带宽，导致网络或系统停止正常服务，这属于（　　）攻击类型。

A. 拒绝服务　　B. Sniffer 侦听　　C. IP 欺骗　　D. 恶意程序

7. 以下不属于入侵检测中要收集的信息的是（　　）。

A. 系统和网络日志文件　　B. 目录和文件的内容

C. 程序执行中不期望的行为　　D. 物理形式的入侵信息

8. 许多黑客攻击都是利用软件实现中的缓冲区溢出的漏洞，对于这一威胁，最可靠的解决方案是（　　）。

A. 安装防病毒软件　　B. 给系统安装最新的补丁

C. 安装防火墙　　D. 安装入侵检测系统

9. 为了防御网络监听，最常用的方法是（　　）。

A. 采用物理传输（非网络）　　B. 信息加密

C. 无线网　　D. 使用专线传输

10. 以下关于 DOS 攻击的描述正确的是（　　）。

A. 导致目标系统无法处理正常用户的请求

B. 不需要侵入受攻击的系统

C. 以窃取目标系统上的机密信息为目的

D. 如果目标系统没有漏洞，远程攻击就不可能成功

11. 向有限的空间输入超长的字符串（　　）攻击手段。

A. 缓冲区溢出　　B. 网络监听　　C. 拒绝服务　　D. IP 欺骗

12. 小李在使用 super scan 对目标网络进行扫描时发现，某台主机开放了 25 和 110 端口，此主机最有可能是（　　）。

A. 文件服务器　　B. 邮件服务器　　C. Web 服务器　　D. DNS 服务器

13. 不属于常见的危险口令是（　　）。

A. 跟用户名相同的口令　　B. 使用生日作为口令

C. 只有 4 位数的口令　　D. 10 位的综合型口令

14. 端-端加密方式是网络中进行数据加密的一种重要方式，其加密、解密在（　　）进行。

A. 源结点、中间结点　　B. 中间结点、目的结点

C. 中间结点、中间结点　　D. 源结点、目的结点

15. 保证数据的完整性就是（　　）。

A. 保证因特网上传送的数据信息不被第三方监视和窃取

B. 保证因特网上传送的数据信息不被篡改

C. 保证电子商务交易各方的真实身份

D. 保证发送方不能抵赖曾经发送过某数据信息

16. 以下关于防火墙技术的描述，错误的是（　　）。

A. 防火墙可以分为三种体系结构，分别是双宿主主机体系结构、主机屏蔽体系结构和子网屏蔽体系结构

B. 防火墙可以控制外部用户对内部系统的访问

C. 防火墙可以阻止内部人员对外部的攻击

D. 防火墙可以分析和统管网络使用情况

17. 假如你向一台远程主机发送特定的数据包，却不想远程主机响应你的数据包。这时你使用（　　）类型的进攻手段。

A. 缓冲区溢出　　B. 地址欺骗　　C. 拒绝服务　　D. 暴力攻击

18. Windows 2000 系统能设置为在几次无效登录后锁定账号，这可以防止（　　）。

A. 木马　　B. 暴力攻击　　C. IP 欺骗　　D. 缓存溢出攻击

19. 黑客利用 IP 地址进行攻击的方法有（　　）。

A. IP 欺骗　　B. 解密　　C. 窃取口令　　D. 发送病毒

20. 入侵检测系统的第一步是（　　）。

A. 信号分析　　B. 信息收集　　C. 数据包过滤　　D. 数据包检查

21. 当你感觉到你的 Windows XP 操作系统运行速度明显减慢，当你打开任务管理器后发现 CPU 的使用率达到了百分之百，你最有可能认为你受到了（　　）攻击。

A. 特洛伊木马　　B. 拒绝服务　　C. 欺骗　　D. 中间人攻击

22. 使用漏洞库匹配的扫描方法，能发现（　　）。

A. 未知的漏洞　　B. 已知的漏洞

C. 自行设计的软件中的漏洞　　D. 所有漏洞

23. 网络扫描一般不会使用（　　）协议进行。

A. IP　　B. DNS　　C. TCP　　D. ICMP

24. 对于 TCP SYN 扫描，如果发送一个 SYN 包后，对方返回（　　）表明端口处于开放状态。

A. ACK　　B. SYN-ACK　　C. SYN-RST　　D. RST-ACK

25. 在短时间内向网络中的某台服务器发送大量无效的连接请求，导致合法用户暂时无法访问服务器的攻击属于（　　）类型的攻击。

A. 扫描攻击　　B. 病毒　　C. 拒绝服务攻击　　D. 欺骗攻击

26. 下列不属于XSS跨站脚本漏洞威海的是（　　）。
A. 钓鱼欺骗　B. 身份盗用　C. SQL数据泄露　D. 网站挂马
27. 下列（　　）攻击不在网络层。
A. IP欺骗　B. Teardrop　C. Smurf　D. SQL注入
28. 下列（　　）防火墙的配置方式安全性最高。
A. 屏蔽路由器　B. 双宿主主机　C. 屏蔽子网　D. 屏蔽网关
29. IEEE 802.11规定MAC层采用（　　）协议来实现网络系统的集中控制
A. CSMA/CD　B. CSMA/CA　C. CDMA　D. TDMA
30. 下面的无线网络加密方法中安全性最高的是（　　）。
A. MAC地址过滤　B. WEP
C. WPA　D. WPA2

三、多项选择题

1. 可以通过下述（　　）方法打断一个TCP连接。
A. 发送RST包　B. 发送FIN包　C. 发送ACK包　D. 发送SYN包
2. 以下（　　）可以用于保证信息传输安全。
A. 数据传输加密技术　B. 数据完整性鉴别技术
C. 内容审计技术　D. 防抵赖技术
3. 缓冲区溢出产生的原因是（　　）。
A. 计算机硬件故障　B. 误用开发软件
C. 编程人员的人为因素　D. C/C++语言缺乏安全性
4. 网站受到的攻击类型有（　　）。
A. DDoS　B. SQL注入攻击
C. 网络钓鱼　D. Cross Site Scripting
5. 攻击者提交请求 http://www.xxxyzz.com/displaynews.asp?id=772'，网站反馈信息为Microsoft OLE DB Provider for ODBC Drivers错误 '80040e14'，能够说明该网站（　　）。
A. 不存在SQL注入漏洞　B. 数据库表中有个字段为id
C. 网站服务程序没有对id进行过滤　D. 该网站存在SQL注入漏洞
6. 下列属于常用的漏洞扫描工具有（　　）。
A. Nessus　B. 流光　C. Metaploit　D. John the Ripper
7. 缓冲区溢出包括（　　）。
A. 堆栈溢出　B. 堆溢出　C. bss段溢出　D. 数组溢出
8. 下面叙述正确的是（　　）。
A. IPv4协议报文头结构冗余，影响转发效率
B. IPv6集成了IPSec
C. IPv6报头没有用于分片的字段
D. IPv6强制使用IPSec，使得防火墙过滤变得困难

四、简答题

1. 在你看来，Nimda是病毒还是蠕虫，为什么？

2. 木马有哪些伪装方式、隐藏方式和自启动方式？

3. 比较基于网络和基于主机的入侵检测系统的优缺点。

4. 结合实际谈一谈对防火墙技术发展趋势的看法。

5. 如何扫描探测目标主机的开放端口？

6. 简述 DoS 和 DDoS 的攻击原理。

7. 解释以下术语：DDoS、Worm、IP Spoof、SYN Flood、ShellCode。

8. 在实际应用中应怎样防范口令破译？

9. 防火墙不能解决的问题有哪些？

10. 简述缓冲区溢出攻击原理。

11. 假如你是一个网络管理员，请假定一个网络应用场景，并说明你会采取哪些措施来构建你的网络安全体系？

12. 简要分析 Web 应用体系的脆弱性。

13. 如果你是一个 Web 应用程序员，应该采取哪些措施以减少 Web 应用程序被 SQL 注入攻击？

14. Land 攻击利用的是什么安全漏洞？

15. 什么是 IRC 僵尸网络，有什么优缺点？

16. 为什么要设置 DMZ？什么设备要放置在 DMZ 中？

17. IP 的哪些字段或特性能被攻击者利用？

五、操作题

1. 防火墙能防止病毒、木马等恶意软件的传播吗？研究和配置你自己计算机的单机版防火墙，写出配置过程。

2. 针对木马利用 Windows 注册表实现自启动的各种途径，查阅与注册表操作相关的 API 函数，编程实现敏感键值的监视与自动清除或恢复。

3. 分析“SQL Slammer”蠕虫缓冲区溢出的过程。

4. 在你的机器上练习使用 Metasploit 安全漏洞检测工具，并记录实验结果。

5. 搭建木马/蠕虫分析平台，在机器上安装虚拟机和各种系统监控工具并运行任一种蠕虫和木马，观察并记录实验结果。

6. 使用 SuperScan 扫描工具，并写出扫描报告。

7. 安装 Snort，自己编写检测规则文件 mytelnet.rules，用于记录外网对内网的 Telent 的连接企图，并发出警告，记录实验结果。

8. 使用探测工具，看看你能发现多少访问接入点，非加密的占多大比例。

第 6 章
电子商务认证技术

认证技术是信息安全理论与技术的一个重要方面。在电子商务活动中，用于鉴别用户身份合法性的身份认证技术显得尤为重要，因为电子商务中交易双方都是在虚拟的网络环境中进行的，所以对交易双方的身份认证成为电子商务中十分重要的一环。本章主要讲述电子商务的身份认证方法和数字证书、认证中心 CA、公钥基础设施 PKI 的相关知识、以及认证技术的应用案例。

实现目标的知识点

- 数字证书及 X.509 证书的内容
- 认证中心 CA 的功能及结构
- PKI 的组成及功能

6.1 报文鉴别与身份认证

6.1.1 身份认证系统的组成和要求

一般来说，身份认证有三种方式：一是根据你所知道的信息来证明身份（what you know），比如用户设置的密码；二是根据你所拥有的物品来证明身份（what you have）；三是直接根据生物特征来证明身份（who you are），如指纹、声纹、面貌等。

电子商务身份认证技术按以上原理，根据是否使用硬件分为软件认证和硬件认证。硬件认证是指借助硬件完成认证的方法，如使用智能卡认证。从认证需要的验证条件来看，身份认证技术还可以分为单因子认证和双因子认证。仅通过一个条件来验证的技术称为单因子认证，如用户名/密码方式的认证。双因子认证是通过组合两种不同条件（如通过密码和芯片组合）证明一个人的身份，如 USB Key 方式认证。从认证信息来看，身份认证技术还可以分为静态认证和动态认证。常见的用户名/密码认证就是静态认证，每次输入的密码是静态的、不变的。目前的动态口令认证就是一种动态认证方式，它可以克服传统静态认证口令方式易于泄漏、易于猜测、易于攻击的固有缺陷。动态口令认证方式采用一种电子设备——令牌，随机地生成认证口令，每次生成的认证口令均不一致，且不可预测。客户每次进行网上交易时，必须输入动态变化的口令供系统进行身份认证，这样就有效地保证了客户的资金安全。

一个身份认证系统一般由三方组成，一方是出示证件的人，称作示证者 P（Prover），又称申请者（Claimant），提出某种要求；另一方为验证者 V（verifier），检验示证者提出的证件的正确性和合法性，决定是否满足其要求；第三方是攻击者，可以窃听和伪装示证者，骗取验证者的信任。认证系统在必要时也会有第四方，即可信赖者参与调解纠纷。

一般对身份认证系统有如下几个要求：

（1）验证者正确识别合法示证者的概率要极大化。

（2）不具有可传递性（Transferrability）。验证者 B 不可能重用示证者 A 提供给他的信息来伪装示证者 A，而成功地骗取其他人的验证，从而得到信任。

（3）攻击者伪装示证者欺骗验证者成功的概率要小到可以忽略的程度，特别是要能抗击已知密文攻击，即能抵抗攻击者在截获到示证者和验证者多次通信内容后伪装示证者欺骗验证者。

（4）一些秘密的参数能够安全存储。

（5）实现身份证明所需的通信次数和数据量要小。

（6）实现身份证明所需的计算量要小。

（7）交互识别，有些应用中要求双方能互相进行身份认证。

（8）第三方的实时参与，如检索在线公钥的服务。

（9）第三方的可信赖性。

（10）安全的可证明性。

6.1.2　报文鉴别技术

在需要通过网络进行信息交换时，会遇到以下攻击：消息截取、通信量分析、伪装、内容篡改、序号篡改、计时篡改和抵赖等。报文鉴别是证实收到的报文来自可信的源点且未被篡改的过程，是防御网络主动攻击的重要技术。容易混淆的是，数字签名是一种防止源点或终点抵赖的鉴别技术。可见二者的区分主要体现在了各自的目的上。但是二者共同保证了传输的安全性。

通过报文鉴别，可以实现：① 验证消息的发送者是真正的而不是冒充的，此为信源识别；② 验证消息的完整性，在传送或存储过程中未被篡改、重放或延迟等。

1. 报文鉴别基本原理

与数据链路层的 CRC（循环冗余校验码）控制类似，将报文名字段（或域）使用一定的操作组成一个约束值，称为该报文的完整性检测向量（Integrated Check Vector，ICV），然后将 ICV 与数据封装在一起进行加密，传输过程中由于入侵者不能对报文解密，所以也就不能同时修改数据并计算新的 ICV，这样，接收方收到数据后解密并计算 ICV，若与明文中的 ICV 不同，则认为此报文无效，如图 6-1 所示。

2. 报文鉴别函数

鉴别函数用于产生一个报文的值的鉴别符。它包括报文加密，报文鉴别码和单向 Hash 函数三类。

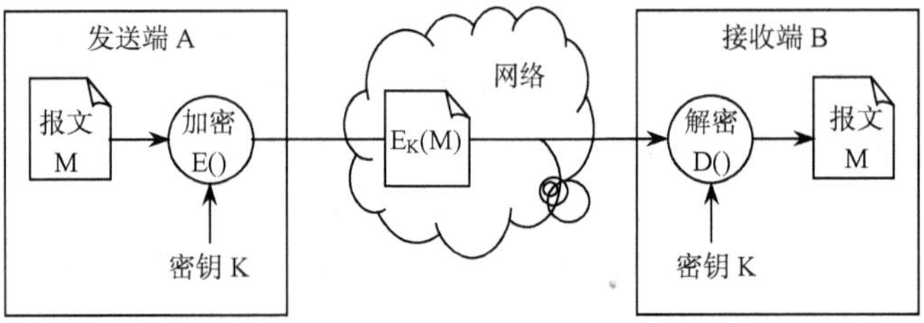

图 6-1　报文鉴别过程

1）报文加密

鉴别有很多种方式，其中最简单的就是给要传输的整个报文加密。如果采用对称密钥系统，密钥仅有发送方和接收方知道，那么其他人就不能解密报文，也不能改变报文而不被发觉，从而提供了保密性和报文的完整性。但是，由于双方共享密钥，接收方可以伪造报文，而发送方也可以因此否认发送过报文。

如果采用非对称密钥系统用于鉴别的话，有两种情况：

（1）A 使用自己的私钥加密报文，而 B 接收到报文后，用 A 的公钥解密。原理与对称密钥类似：A 是唯一拥有其私钥并能生成公钥解密信息的一方。另外，没有 A 的私钥就无法更改报文，保证了数据的完整性。但是这种方案不具备保密性，拥有 A 的公钥的任何人都能对报文解密。

（2）A 首先使用自己的私钥加密报文以提供鉴别，然后再用 B 的公钥加密提供保密性。这种方法在功能上比较理想，但其缺点是需要大量的存储空间和运算时间。

采用报文加密方式来实现保密和鉴别，不论采用对称加密还是公钥加密，其安全性一般依赖于密钥的长度。从上面的分析可知，用报文加密时理想的解决方案是非对称加密系统中既使用发送方私钥提供鉴别，又使用接收方的公钥提供保密性，但是当报文数据量很大时，这种方法会占用大量的存储空间和运算时间，这对于实际的应用是不可行的。

2）报文鉴别码

报文鉴别码（Message Authentication Code，MAC）又称数据鉴别码（Data Authentication Code，DAC）、密码校验、指纹等。MAC 是报文和密钥的函数，通常比输入的明文要短很多。

假设通信双方 A 和 B 共享一个密钥 K，当 A 要发送报文到 B 时，先计算报文的 MAC，然后将报文加上 MAC 后发给 B。B 用同样的密钥对收到的报文执行相同的计算过程可以得到新的 MAC，并与收到的 MAC 比较（见图 6-2），可能有以下两种情况。

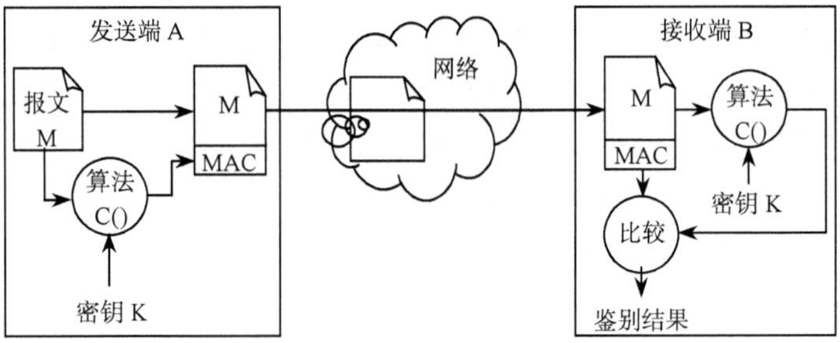

图 6-2　报文鉴别码的使用

（1）B 计算出来的 MAC 与接收到的 MAC 不同。假设攻击者不知道密钥，那么这时 B 知道攻击者已经更改了报文而未更改 MAC。

（2）B 计算出的 MAC 与接收到的 MAC 相同。他确定报文来自 A 并且没有被更改。

利用 MAC，计算机网络中的通信双方可以确信：

（1）接收方确信报文未被更改过。如果一个攻击者更改消息而未更改 MAC，那么接收方计算出的 MAC 将不同于接收到的 MAC。

（2）接收方确信报文来自所谓的发送者。因为没有其他人知道该密钥，因此没有人能够为此消息准备合适的 MAC。

（3）接收方确信该序号的正确性。如果报文包括一个序号（如用于 HDLC、X.25 和 TCP），因为攻击者无法成功地更改该序号。

由于 MAC 函数在发送方和接收方的运算完全相同，它可以用不可逆的函数，比加密函数更难破解。通常，用单向 Hash 函数产生 MAC。

3）单向 Hash 函数

Hash 函数是可将可变输入长度串（预映射）转换成固定长度（通常比输入短）的输入串（Hash 值）的一种“多对一”函数。Hash 函数是典型的多对一函数，不能用它来确定两个串一定相同，但可用它得到准确性的合理保证。它可以提供判断电子信息完整性的依据，是防止信息被篡改的一种有效方法。Hash 函数在数据加密、数据签名和软件保护等领域有着广泛应用。

单向 Hash 函数是在一个方向上工作的 Hash 函数，即很容易计算预映射的 Hash 值；但反过来却很困难。单向 Hash 函数是现在密码学的中心，具有如下特点：

（1）H 能用于任何大小的数据。

（2）H 产生定长输出。

（3）对任意给定的 x，H(x)要相对容易计算，使得软硬件实现都实际可行。

（4）对任意给定的码 h，寻求 x 使得 H(x)=h 在计算上是不可行的（单向性）。

（5）任意给定分组 x，寻求不等于 x 的 y，使得 H(x)=H(y)在计算上不可行（弱抗攻击性）。

（6）寻求任何的(x,y)，使得 H(y)=H(x)在计算上不可行（强抗攻击性）。

3．散列函数

散列函数是单向 Hash 函数报文鉴别码的一个变种，它不需要双方共享密钥，只要有相同的算法即可。散列函数类似报文鉴别码，一个散列函数以一个变长的报文作为输入，产生一个定长的散列码作为输出，散列码通常称为报文摘要（MD）。散列码是报文中所有位的函数值，任意位的变化都会使散列码改变，具有差错检测能力。散列函数可用于报文的完整性鉴别，与加密技术配合使用可以对报文的起源进行鉴别，还可以用于存储文件的完整性检验。从 20 世纪 80 年代末到 20 世纪 90 年代末，Rivest 开发了好几种 RSA 公司专用算法，包括 MD、MD2、MD4、MD5 等。鉴别函数可以保护通信的机密性，但是无法防止通信双方的欺骗和抵赖，也不能解决因此产生的争执。在电子商务系统中，如果不能解决这个问题，将带来很多经济和法律问题。所以，除了鉴别我们还需要一种可行的方案进行认证。数字签名就是一种较好的方法。鉴于数字签名在身份认证中的重要性，美国国家标准技术研究所（National Institute of Standards and Technology，NIST）在 1998 年 12 月发布了联邦信息处理标准——数字签名标准（Digital Signature Standard，DSS）。它利用安全散列算法（SHA），并提出了一种新的数字签名技术，即数字签名算法（Digital Signature Algorithm，DSA）。

6.1.3 身份认证技术

身份认证技术的发展，经历了从软件认证到硬件认证，从单因子认证到双因子认证，从静态认证到动态认证的过程。下面介绍几种主要方式：

1. 用户名/密码认证

用户名/密码方式是最简单也是最常用的身份认证方法，是基于“what you know”的验证手段。每个用户的密码是由用户自己设定的，只有用户自己才知道。用户名/密码认证必须具备一个前提：用户必须具有一个 ID，该 ID 在用户数据库中必须是唯一的、同时为保证认证的有效性需要考虑以下问题：

（1）用户的密码必须是安全的。即密码只能该用户知道，在认证机构的系统中必须保证密码的使用和存储是安全的。

（2）在认证的过程中，必须保证密码的传输是安全的。即在传输过程中，密码不能被窃听或替换。

（3）请求者在向认证机构请求认证前，必须确认认证机构的真实身份。否则会有把密码发送给冒充的认证机构的可能。

实际上，由于许多用户为了防止忘记密码，经常采用诸如生日、电话号码等容易被猜测的字符串作为密码，或者把密码抄在纸上放在一个自认为安全的地方，这样很容易造成密码泄漏。即使能保证用户密码不被泄漏，由于密码是静态的数据，在验证过程中需要在计算机内存中计算和在网络中传输，而每次验证使用的验证信息都是相同的，很容易被驻留在计算机内存中的木马程序或网络中的监听设备截获。因此，从安全性上讲，口令认证方式是一种极不安全的身份认证方式。

使用 SSL 协议的电子商务业务服务器在验证客户身份时常采用这种方式；另外，许多会员制服务系统也采用这种方式认证本系统的会员客户。

2. 基于智能卡的认证

智能卡是一种内置集成电路的芯片，芯片中存有与用户身份相关的数据。智能卡认证是基于“what you have”的手段，在进行认证时，用户首先输入身份识别码 PIN，智能卡认证 PIN 码，确认后，计算机就从智能卡中读取用户的秘密信息并传递到远程服务器。服务器根据收到的信息对用户的身份进行认证。这种认证方式是基于智能卡的物理安全性的，智能卡难以伪造，也难以直接读出其中的数据。然而由于每次从智能卡中读取的数据是静态的，通过内存扫描或网络监听等技术可能截取到用户的身份验证信息，因此还是存在安全隐患。

3. 基于生物特征的认证

这种认证方式是根据人的生理特征如指纹、脸形、声音等特性进行身份认证，它需要使用诸如指纹阅读器、脸型扫描器、语音阅读器等价格比较昂贵的硬件设备。同时，要求验证双方通过直接而非网络的方式交互，所以该类方法并不适用于在 Internet 或者无线应用等分布式的网络环境中。

4. 动态口令认证

图 6-3　动态口令认证

动态口令认证技术是一种让用户密码按照时间或使用次数不断变化、每个密码只能使用一次的技术。如图 6-3 所示，它采用一种称为动态令牌的专用硬件，内置电源、密码生成芯片和显示屏。密码生成芯片运行专门的密码算法，根据当前时间或使用次数生成当前密码。用户使用时只需要将动态令牌上显示的当前密码输入客户端计算机，即可实现身份认证。由于每次使用的密码必须由动态令牌产生，只有合法用户才持有该硬件，所以只要通过密码验证就可以认为该用户的身份是可靠的。而用户每次使用的密码都不相同，即使黑客截获了一次密码，也无法利用这个密码来仿冒合法用户的身份。

5．USB Key 认证

基于 USB Key 的身份认证是采用软硬件相结合的强双因子认证模式。USB Key 是一种 USB 接口的硬件设备，如图 6-4 所示，它内置单片机或智能卡芯片，可以存储用户的密钥或数字证书，利用其内置的公钥加密算法实现对用户身份的认证。由于用户私钥保存在密码锁中，理论上使用任何方式都无法读取，因此保证了用户认证的安全性。USB Key 的使用范围很广泛，可以应用到任何需要身份识别的领域，包括网络银行、电子商务、电子政务、安全电子邮件、VPN 等。

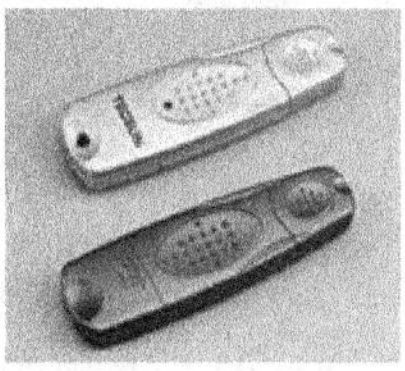

图 6-4　USB Key

6.2 数字证书

数字证书是各实体在网上信息交流及商务交易活动中的身份证明，并且具有唯一性。

6.2.1　数字证书的内容及 X.509 证书

数字证书（Digital CertifiCate，Digital ID）又称数字凭证，即用电子手段证实一个用户的身份和对网络资源的访问权限。数字证书是一种数字标识，也可以说是网络上的安全护照，它提供的是网络上的身份证明。数字证书拥有者可以将其证书提供给其他人、Web 站点及网络资源，以证实他的合法身份，并且与对方建立加密的、可信的通信。比如用户可以通过浏览器使用证书与 Web 服务器建立 SSL 会话，使浏览器与服务器之间相互验证身份；另外，用户也可以使用数字证书发送加密和签名的电子邮件。

数字证书采用公钥体制。用户使用私钥进行解密和签名，公钥公开，给一组其他用户共享，用于加密和验证签名。当发送一份保密文件时，发送方使用接收方的公钥对数据加密，而接收方则使用自己的私钥解密，这样信息就可以安全无误地到达目的地了。公开密钥技术解决了密钥管理问题，例如商家可以公开其公钥，而保留私钥。购物者用商家的公钥对发送的信息进行加密后安全地传送给商家，然后由商家用自己的私钥进行解密。

数字证书提供了一种系统化的、可扩展的、统一的、容易控制的公钥分发方法。是一个防篡改的数据集合，它可以证实一个公开密钥与某一最终用户之间的捆绑。为了提供这种捆绑关系，需要一组可信第三方实体来担保用户的身份。第三方实体称为证书颁发机构 CA，它向用户颁发数字证书，证书中含有用户名、公开密钥以及其他身份信息。由于这些信息都由证书颁发机构对之进行了数字签名，就形成一个证明这个公开密钥可靠性的证书，因而现在就可以传输和存储这些证书了，如图 6-5 所示。

数字证书是一个由 CA（Certifioate Authority，认证机构，又称认证中心）在确认了相应私钥持有者的身份和其他属性后签发的，包含公开密钥拥有者信息及公开密钥的文件。最简单的证书包含一个公开密钥、证书名称及认证机构的数字签名。一般情况下证书中还包括密钥的有效时间、发证机关的名称、该证书的序列号等信息，证书的格式遵循 ITU（International Telegraph Union，国际电信联盟）的 X.509 国际标准。一个标准的 X.509 数字证书如图 6-6 所示。

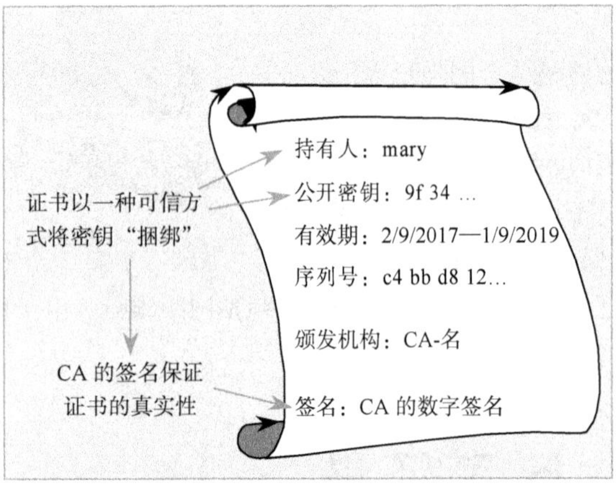

图 6-5 数字证书示意图

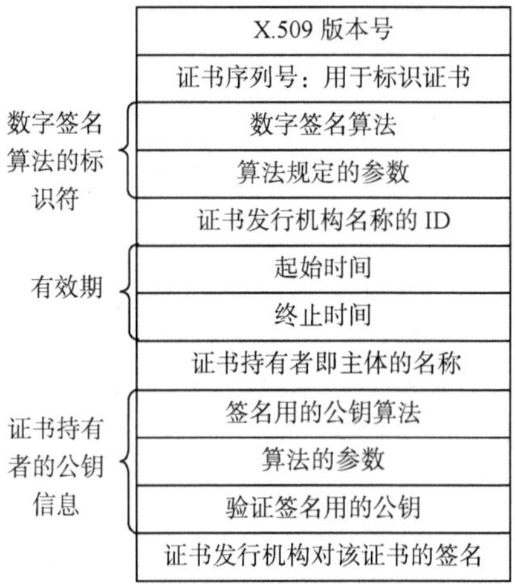

图 6-6 X.509 数字证书的结构

X.509 数字证书的结构包含以下几部分：

（1）证书版本信息：用来区分 X.509 的不同版本号。目前采用的 *x*.509 证书一般为 *v*3 版。

（2）证书序列号：每个证书都有唯一的证书序列号。这是由认证机构给每个证书分配的唯一编号。证书被撤销时，实际上是将它的序列号放入由认证机构签发的证书撤销列表 CRL 中。

（3）证书所使用的签名算法：这是认证机构对证书进行签名时所使用的数字签名算法的算法标识符。它用来指定 CA 签发证书时所使用的公开密钥算法和 Hash 算法。

（4）证书发行机构名称：命名规则采用 X.500 格式，即发放该证书认证机构的 X.500 名称。

（5）证书的有效期：包括两个日期，证书开始生效和证书失效日期，在所指定的这两个时间内证书是有效的。现在通用的证书一般采用 UTC 时间格式，其计时范围为 1950—2049。

（6）证书持有者即主体的名称：证书持有者的姓名、服务处所等信息。命名规则一般采用 X.500 格式。

（7）主体的公开密钥信息：包括被证明有效的公钥值以及使用这个公钥时所用算法的标识符。

（8）证书发行机构对证书的数字签名：用以确保这个证书在发放之后没有被篡改过。

此外，在 X.509 的 V2 和 V3 版本里有发放者的唯一标识符、主体的唯一标识符和扩展域几个部分。

（1）发放者的唯一标识符：这是可选的位串，当不同的实体被分配同样的名称时，利用该标识符可以使发放证书的认证机构的 X.500 名称不具有二义性。

（2）主体的唯一标识符：这也是一个可选的位串，当不同的实体被分配同样的名称时，利用该标识符可使主体的 X.500 名称不具有二义性。

（3）扩展域：每个扩充字段都有一个需要被注册的类型，注册方法和算法的注册相似，即将一个对象标识符赋值给该类型。扩展字段包括：一个表示扩展类型的对象标识符值、一个关键程度指示器和一个扩展字段值。扩展类型规定了值的数据类型（如字符串、日期或复杂的数据结构）以及与值相关联的语义。关键程度指示器是为了适应不同系统要识别不同扩展类型的需要。如果这个关键程度指示器指明一个扩展类型是非关键的，那么当使用证书的系统无法识别该扩展类型时，允许忽略该扩展字段。反之，则任何对该证书的使用都是不安全的，除非系统能识别扩展类型并调用与之关联的函数。

图 6-7 是 X.509 数字证书的应用示例。

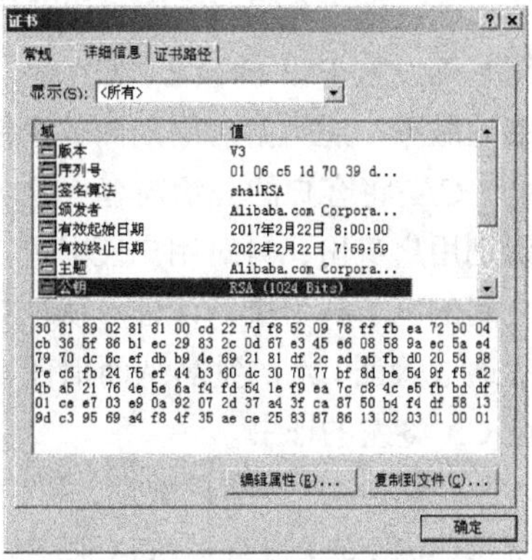

图 6-7　X.509 证书的示意图

6.2.2　数字证书的类型

根据数字证书的应用角度，数字证书可以分为以下几种：

1. 服务器证书

服务器证书被安装于服务器设备上，用来证明服务器的身份和进行通信加密。服务器证书可以用来防止假冒站点。

在服务器上安装服务器证书后，客户端浏览器可以与服务器证书建立 SSL 连接，在 SSL 连接上传输的任何数据都会被加密。同时，浏览器会自动验证服务器证书是否有效，验证所访问的站点是否是假冒站点，服务器证书保护的站点多被用来进行密码登录、订单处理、网上银行交易等。全球知名的服务器证书品牌是 verisign、thawte、geotrust 等。

2. 电子邮件证书

电子邮件证书可以用来证明电子邮件发件人的真实性。它并不证明证书所有者姓名的真实性，它只证明邮件地址的真实性。收到具有有效电子签名的电子邮件，除了能相信邮件确实由指定邮箱发出外，还可以确信该邮件从被发出后没有被篡改过。另外，使用接收的邮件证书，可以向接收方发送加密邮件。该加密邮件可以在非安全网络传输，只有接收方的持有者才可能打开该邮件。

3. 客户端个人证书

客户端个人证书主要被用来进行身份验证和电子签名。安全的客户端证书被存储于专用的 USB Key 中。存储于 key 中的证书不能被导出或复制，且 key 使用时需要输入 key 的保护密码。使用该证书需要物理上获得其存储介质 USB Key，且需要知道 key 的保护密码，这也被称为双因子认证。这种认证手段是目前 Internet 上最安全的身份认证手段之一。

6.3　认证中心 CA

数字证书将实体的公开密钥同实体本身联系在一起，为实现这一目的，必须使数字证书符合国际标准，同时数字证书的来源必须是可靠的。这就意味着应有一个网上各方都信任的机构，专门负责数字证书的发放和管理，确保网上信息的安全，这个机构就是 CA 认证机构。

认证机构是整个网上电子交易安全的关键环节。它主要负责产生、分配并管理所有参与网上交易的需要身份认证的实体的数字证书。为解决用户信任问题，交易双方在交易的各个环节中都需要检验对方数字证书的有效性。如果认证机构不安全或者发放的证书不具有权威性、公正性和可信赖性，电子商务就无从谈起。

6.3.1 认证中心 CA 及其组成

CA 是一个实体，它可以是人、群体、部门、公司或其他实体。它是证书签发机关是公钥基础设施 PKI 的核心。CA 不仅为客户提供签发公钥证书、认证证书、分配证书和管理证书的服务，还为生命周期内的密钥提供管理服务。

CA 将客户的公钥与客户的名称及其他属性关联起来，并制定政策和具体步骤来验证、识别用户身份，再对用户证书进行签名，以确保证书持有者的身份和公钥的拥有权，对客户之间的电子身份进行认证。认证机构 CA 本身也拥有一个证书（内含公钥）和私钥。终端用户通过验证 CA 的签名从而信任 CA，任何人都可以得到 CA 的证书（内含公钥）并用它来验证 CA 签发的证书。

CA 是一个具有权威性、可信赖性和公证性的第三方机构。一个典型的 CA 系统如图 6-8 所示，包括安全服务器、CA 服务器、注册机构 RA（Registration Authority），LDAP（Lightweight Directory Access Protocol）目录服务器和数据库服务器等。

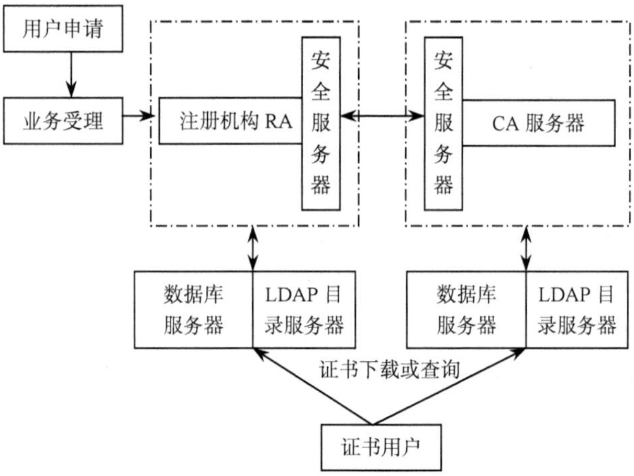

图 6-8　CA 系统的组成

1. 安全服务器

安全服务器面向普通用户，用于提供证书申请、浏览、证书撤销列表以及证书下载等安全服务。安全服务器与用户的通信采取安全信道方式（如 SSL 的方式，不需要对用户进行身份认证）。用户首先得到安全服务器的证书（该证书由 CA 颁发），然后用户与服务器之间的所有通信，包括用户填写的申请信息以及浏览器生成的公钥均以安全服务器的密钥进行加密传输，只有安全服务器利用自己的私钥解密才能得到明文，这样可以防止其他人通过窃听得到明文。从而保证了证书申请和传输过程中的信息安全性。

2. CA 服务器

CA 服务器是整个证书机构的核心，负责证书的签发。CA 首先产生自身的私钥和公钥（密钥长度至少为 1024 位），然后生成数字证书，并且将数字证书传输给安全服务器。CA 还负责为操作员、安全服务器以及注册机构服务器生成数字证书。安全服务器的数字证书和私钥也需要传输给安全服务器。CA 服务器是整个结构中为重要的部分，存有 CA 的私钥以及发行证书的脚本文件，出于安全考虑，应将 CA 服务器与其他服务器隔离，任何通信采用人工干预方式，确保认证中心的安全。

3. 注册机构 RA

注册机构 RA 在 CA 体系结构中起承上启下的作用，一方面向 CA 转发安全服务器传输过来的证书申请请求，另一方面向 LDAP 服务器和安全服务器转发 CA 颁发的数字证书和证书撤销列表。

4. LDAP 服务器

LDAP 服务器提供目录浏览服务，负责将注册机构服务器传输过来的用户信息以及数字证书加入到服务器上。这样其他用户通过访问 LDAP 服务器就能够得到其他用户的数字证书。

5. 数据库服务器

数据库服务器是认证机构中的核心部分，用于认证机构中数据（如密钥和用户信息等）、日志和统计信息的存储和管理。实际的数据库系统应采用多种措施，如磁盘阵列、双机备份和多处理器等方式，以维护数据库系统的安全性、稳定性、可伸缩性和高性能。

6.3.2　认证中心 CA 的功能

认证中心 CA 的具体功能包括：① 验证申请；② 审批；③ 颁发或拒绝；④ 更新证书；⑤ 查询和撤销；⑥ 产生和发布证书废止列表（CRL）；⑦ 公钥证书归档；⑧ 密钥归档；⑨ 历史数据归档。

CA 的组成包括：① 注册服务器；② 证书申请受理和审核机构；③ 认证机构服务器。图 6-9 所示为 CA 的模块结构。

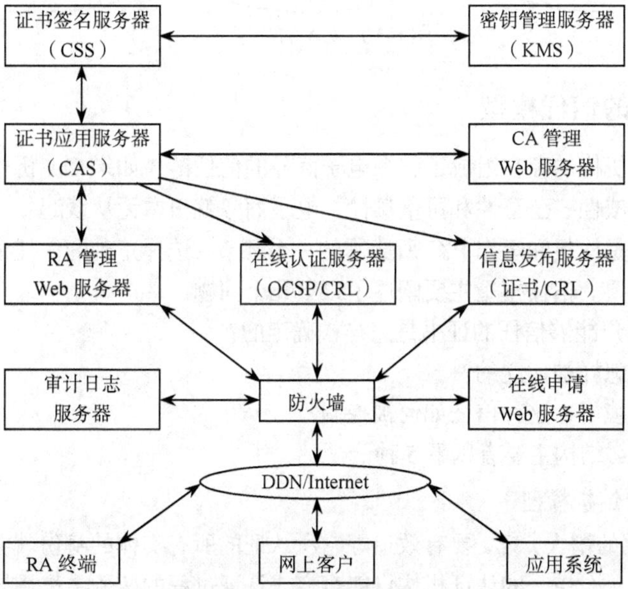

图 6-9　CA 的模块结构

全世界有很多的认证机构，现在的问题是如何使用户获得多个认证机构的公钥，从而获得大量的密钥持有者的公钥，这就引出了所谓的证书链或认证路径问题。

要构造依赖于认证机构 CA 间结构关系的规则或协定，因为借助于 CA 间的结构关系，才能使得一些认证机构能够验证其他认证机构的身份。CA 的数据流如图 6-10 所示。

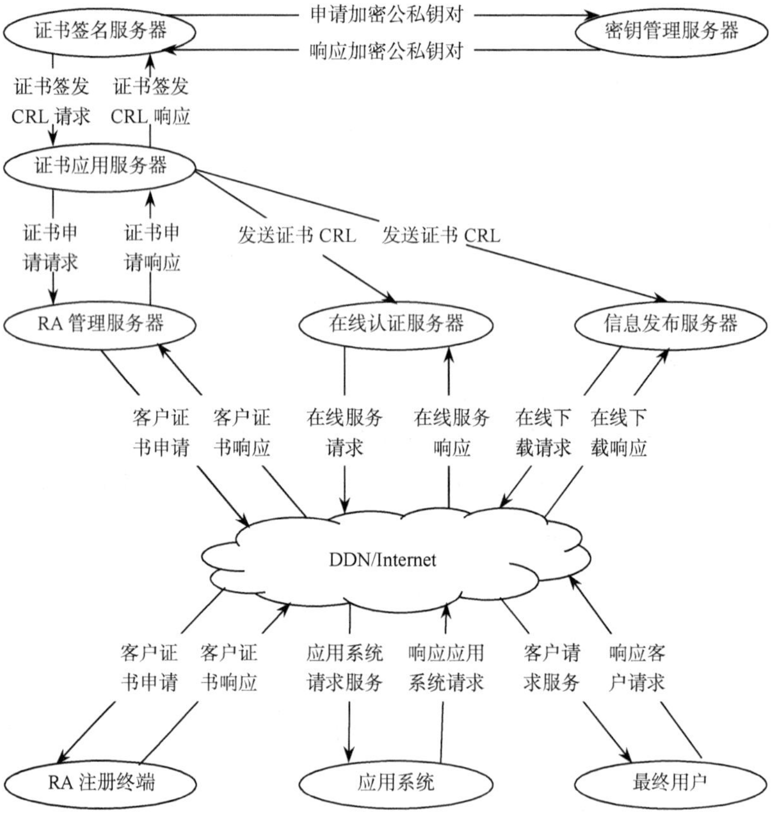

图 6-10　CA 的数据流

6.3.3　CA 的信任模型

各级 CA 认证机构的存在组成了整个电子商务的信任链。如果 CA 机构不安全或发放的数字证书不具有权威性、公正性和可信赖性，电子商务就根本无从谈起。

选择信任模型是构筑和运作 PKI 所必需的一个环节。选择正确的信任模型以及与它相应的安全级别非常重要。信任模型主要阐述了以下几个问题：

- 一个 PKI 用户能够信任的证书是怎样被确定的？
- 这种信任是怎样被建立的？
- 在一定的环境下，这种信任如何被控制？

目前常用的 CA 结构主要有以下 5 种。

1. CA 的层次结构模型

随着 PKI 规模的增大，CA 要有效追踪它所认证的所有实体的身份就会变得困难。随着证书数量的增加，一个单一的认证机构可能会变成认证过程的瓶颈。采用层次结构是解决问题的办法。

在层次结构中，CA 将它的权利授予一个或多个子 CA。这些 CA 再次依次指派它们的子 CA，这个过程将遍历整个层次结构，直到某个 CA 实际颁发了某一证书。

严格的 CA 层次结构可以被描绘成一棵倒置的树，如图 6-11 所示。其中，树根代表整个 PKI 系统中信任的起始点，称为根 CA，PKI 系统中的所有实体都信任根 CA。根 CA 下存在多级子 CA，根 CA 为自己和下级子 CA 颁发数字证书，但不为用户颁发证书。无下级的 CA 称为叶 CA，叶 CA 为用户颁发证书。除根 CA 外的其他 CA 都由父 CA 颁发证书。在层次结构中每个实体都必须拥有根 CA 的公钥，该公钥的安装是为随后进行的所有通信进行证书处理的基础。

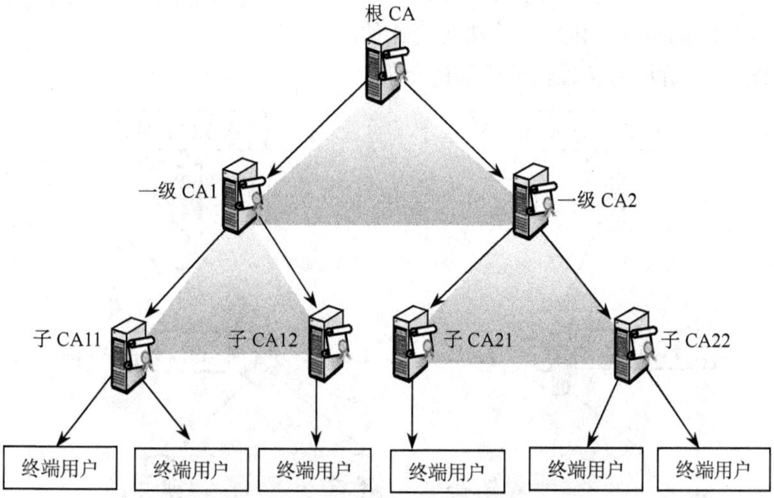

图 6-11　CA 的层次结构模型

2．网状信任模型

这种模型中没有所有实体都信任的根 CA，终端用户通常选择给自己颁发证书的 CA 为根 CA，各根 CA 之间通过交叉认证的方式互相颁发证书。网状信任模型比较灵活，验证速度较快。但由于存在多条证书验证路径，存在如何有效地选择一条最短验证路径的问题。图 6-12 所示为网状信任模型的示意图。

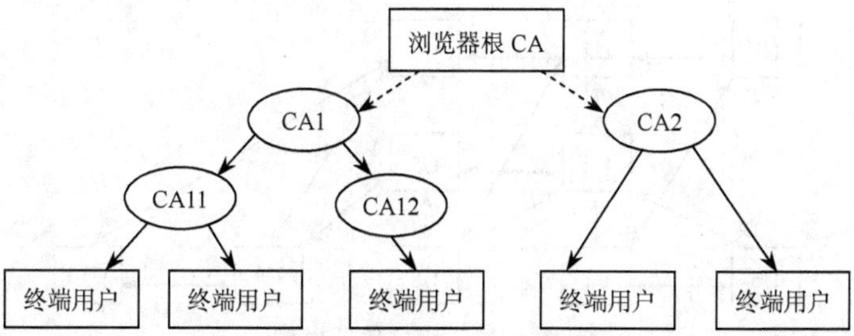

图 6-12　CA 的网状信任模型

3．基于 Web 信任模型

Web 信任模型在浏览器产品中物理地嵌入多个根 CA 证书，用户在验证证书时，从被验证的证书开始向上查找，直到找到一个自签名的根证书，即可完成验证过程。Web 信任模型虽然简单，方便操作，但因为其多个根 CA 证书是预先安装在浏览器中的，用户无法判断其所有的 CA 是否都是可信任的。图 6-13 所示为 Web 信任模型的示意图。

4．交叉认证

交叉认证是把以前无关的 CA 连接到一起的认证机制。当两者隶属于不同的 CA 时，可以通过信任传递的机制来完成两者信任关系的建立。CA 签发交叉认证证书是为了形成非层次的信任路径。一个双边信任关系需要两个证书，它们覆盖每一方向中的信任关系。这些证书必须由 CA 之间的交叉认证协议来支持。当某证书被证明是假的或者令人误解的时候，该协议将决定合作伙伴的责任。图 6-14 所示为交叉认证模型的示例。

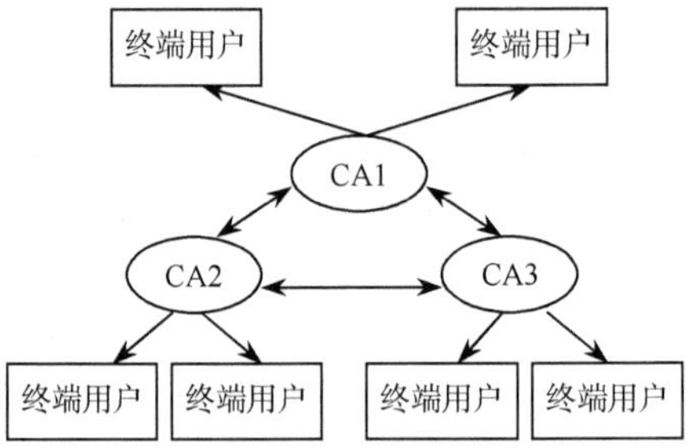

图 6-13　CA 的 Web 信任模型

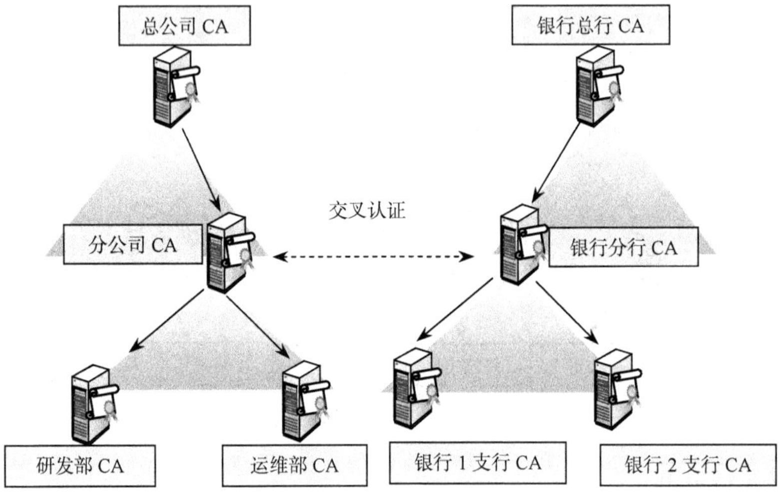

图 6-14　交叉认证模型的示例

5．以用户为中心的信任模型

在这种信任模型中，每个用户都直接决定信赖哪个证书和拒绝哪个证书。没有可信的第三方作为 CA，终端用户就是自己的根 CA，如图 6-15 所示。

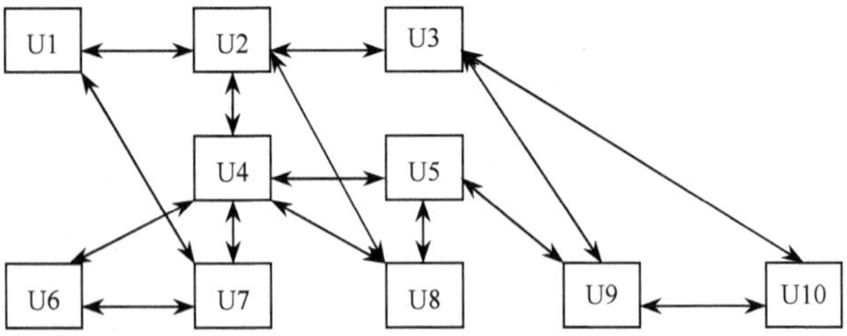

图 6-15　用户信任模型

著名的软件 PGP（Prerty Good Privacy）就是以这个信任模型为基础的。在 PGP 中，一个用户通过担当 CA 并使其公钥被其他人所认证来建立或参加所谓的信任网（web of trust）。

用户模型的优点：①安全性很强。因为以用户为中心的模型要依赖于用户自身的行为和决策能力，在高技术性和高利害关系的群体中，这种模型具有优势。②用户可控性很强。用户可自己决定是否信赖某个证书。也就是说，每个用户都对决定信赖哪个证书和拒绝哪个证书直接完全地负责。

用户模型的缺点：①使用范围较窄。由于普通用户甚少关心安全方面的知识，也很少有用户了解 PKI 的概念，将发放和管理证书的任务交给用户是不现实的。②这种模型在公司、金融或者政府环境都是不适宜的。因为在这些群体中，往往需要以组织的方式控制一些公钥，而不希望完全由用户自己控制。

6.3.4 认证中心 CA 的现状和发展情况

PKI/CA 技术作为电子商务信息安全的关键技术和基础技术，对其体系的研究受到各国的重视，从 20 世纪 90 年代初期以来，美国、加拿大和日本等国相继开展了可信第三方认证体系的研究和建设工作。美国联邦 PKI 筹委会成立于 1996 年，它由政府信息技术服务部、国家航空航天总署、国家标准技术研究所、国家安全部、国防部、交通部、财政部、农业部、劳动统计局和联邦网络委员会等 20 个部、署共同组建而成。2000 年 6 月 30 日，美国总统克林顿正式签署了美国的《全球及全国商业电子签名法》。这是美国历史上第一部联邦级的电子签名法，这一法律的签署，极大地促进全美乃至全球电子商务的发展。在 1993 年加拿大通信安全部（Communications Security Establishment，CSE）就已经开始了加拿大政府 PKI（GOC PKI）体系雏形的研究工作，当时主要是开发一种满足政府需求的 PKI 产品，实现无货架商业贸易。随后，陆续有部分联邦政府机构加入了 GOC PKI 体系的开发工作。经过若干年的研究，在建立一个开放的 PKI 体系方面获得重要进展，政府 PKI 体系为联邦政府与公众机构、商业机构等进行电子数据交换时提供信息安全的保障，从而推动了政府内部管理电子化的进程。

在国内，国家有关部门已经高度重视 PKI 产业的发展，如科技部的 863 计划中专门为 PKI 立项，国家计委也正考虑制订新的计划来支持 PKI 产业的发展。随着电子政务和电子商务的发展，PKI 技术也将取得比较大的发展。自 1998 年国内第一家以实体形式运营的上海 CA 中心成立以来，全国各地、各行业纷纷上马建成了几十家不同类型的 CA 认证机构。如果从 CA 中心建设的背景来分，国内的 CA 中心大致可以分为以下 3 类。

1. 行业建立的 CA

我国的 CFCA、CTCA 都是行业建立的 CA。CFCA 是中国金融认证中心（China Financial Certification Authority）的英文简称，CFCA 是经中国人民银行和国家信息安全管理机构批准成立的国家级权威的安全认证机构，是重要的国家金融信息安全基础设施之一，也是《中华人民共和国电子签名法》颁布后，国内首批获得电子认证服务许可的 CA 之一。CFCA 作为国家级权威、公正的第三方安全认证机构，为网上金融、电子商务、电子政务提供安全认证服务；确保了网上信息传递双方身份的真实性、信息的保密性和完整性，以及网上交易的不可否认性。现在各家银行为开展网上业务也都成立了各自的 CA 认证机构，专门负责签发和管理数字证书，并进行网上身份审核，实现了权威的、公正的、可信赖的第三方的作用。这样，交易的双方在参加交易之前，就已经通过了网络银行在互联网上的身份验证和确认，保证了买卖双方的真实身份，为安全的交易奠定了信任的基础。CTCA（China Telecom Certificate Authority）数字证书是以中国电信 CA 安全认证体系作为安全保障，由中国电信全国 CA 中心分发并签名的电子商务证书。

2. 政府授权建立的 CA

北京市数字证书认证中心、上海市数字证书认证中心等都是政府授权建立的 CA。

3. 商业性的 CA

商业性的 CA 是指一些专门做安全电子认证的公司提供的 CA 认证。

不难看出，行业性 CA 不但是数字认证的服务商，也是其他商品交易的服务商，它们不可避免地要在不同程度上参与交易过程，这与 CA 中心本身要求的"第三方"性质又有很大的不同。就应用的范围而言，行业性 CA 更倾向于在自己熟悉的领域内开展服务。政府授权建立的第三方认证系统属于地区性 CA，除具有地域优势外，在推广应用和总体协调方面具有明显的优势。地区性 CA 离不开与银行、邮电等行业的合作。

在电子商务系统中，CA 安全认证中心负责所有实体证书的签名和分发。CA 安全认证体系由证书审批部门和证书操作部门组成。就目前的情况而言，CA 的概念已经深入到电子商务的各个层面，但就其应用而言，还远远不够，都还存在一些问题。

在技术方面，由于受到美国出口限制的影响，国内的 CA 认证技术完全靠自己研发，由于参与部门很多，导致了标准不统一，既有国际上的通行标准，又有自主研发的标准，即便是同样的标准，其核心内容也有所偏差。

在应用方面，一些 CA 认证机构对证书的发放和审核不够严谨。目前国内相关的 CA 中心在颁发 CA 证书前虽然也竭力进行真实身份的审核，但由于进行相关审核的人员往往是 CA 中心自己的工作人员或其委托的其他人员，从法理上讲这些审核人员不具备法律上所要求的审核证明人资格，也无法承担相应的法律责任；另一方面现在的 CA 中心本身往往也是交易或合同的一方，难免存在不公正性。为了抢占市场，在没有进行严格的身份确认和验证的情况下就随意发放证书，难以确保认证的权威性和公证性。在分布格局上，很多 CA 认证机构还存在明显的地域性和行业性，无法满足充当面向全社会的第三方权威认证机构的基本要求，而就互联网而言，不应该也不可能存在地域限制。

基于国外 CA 的发展经验和国内目前的状况，认证中心 CA 将会朝着国际化、商业化、集中化的趋势发展。

6.4 公钥基础设施 PKI

PKI（Pubic Key Infrastructure，公钥基础设施）是一套为电子商务的开展提供安全基础平台的技术和规范。公钥基础设施能为各种不同安全需求的用户提供各种不同的网上安全服务，主要有身份识别与鉴别（认证）、数据保密性、数据完整性、不可否认性及时间戳服务等。用户利用 PKI 所提供的这些安全服务进行安全通信和不可否认的安全电子交易活动。无论是国内还是国外，PKI 都已得到广泛的应用，如安全电子邮件、Web 访问、虚拟专用网络 VPN 和本地简单登录认证，以及电子商务、电子政务、网上银行和网上证券交易等各种强认证系统都普遍应用了 PKI 技术。

PKI 技术采用证书管理公钥，通过第三方可信任机构——认证中心，把用户的公钥和用户的其他标识信息捆绑在一起，在电子商务交易中验证用户的身份。目前，通用的办法是采用建立在 PKI 基础之上的数字证书，通过把要传输的数字信息进行加密和签名，保证信息传输的机密性、真实性、完整性和不可否认性，从而保证信息的安全传输。

6.4.1　PKI 及其组成

公钥基础设施 PKI 包括公开密钥密码技术、数字证书、认证中心 CA 和关于公开密钥的安全策略等。PKI 的基本结构如图 6-16 所示。

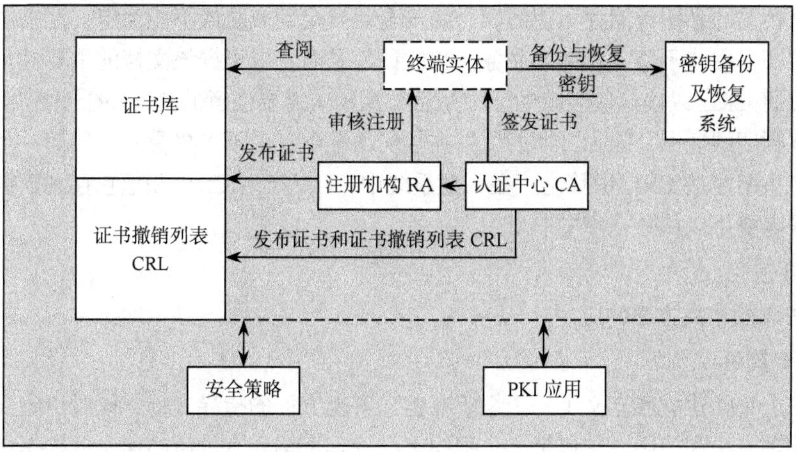

图 6-16　PKI 的基本结构

PKI 基本结构的介绍如下：

1. 认证中心 CA

CA 是 PKI 的核心，负责管理 PKI 结构下的所有用户（包括各种应用程序）的证书，把用户的公钥和用户的其他信息捆绑在一起，在网上验证用户的身份，还要负责用户证书废除列表（CRL）管理。如上一节所介绍的，CA 是承担网上安全电子交易认证服务，能签发数字证书并确认用户身份的服务机构。它是一个负责发放和管理数字证书的权威机构。在 PKI 体系中，CA 扮演了一个很重要的角色，是整个 PKI 体系中各方都承认的、值得信赖的、公正的第三方机构。大家通过信任由它签发的数字证书从而信任相应数字证书所代表的通信方的身份。

2. 注册机构 RA

RA 前面已经介绍过了，它的主要功能为证实证书申请者的身份，批准证书申请者的证书申请，将申请者的身份信息以公钥数字签名的方式发送给 CA，接收证书作废的申请，验证其有效性，并向 CA 发出该申请。这一部分是可选的，因为大部分 CA 都可以执行同样的任务，RA 可以代替 CA 完成部分管理功能。有些 PKI 产品把 CA 和 RA 分离开来，有些则没有。在一些分布式环境中，RA 和 CA 的分离有助于提高网络系统的灵活性和可伸缩性，还能降低运营成本，但是它的引入也带来了一些系统的复杂性和缺陷，比如安全性分散和松懈等。

3. 证书库

便于用户能够找到安全通信需要的证书。可以采用包括 X.500、LDAP、Web 服务器、FTP 服务器、企业数据库等在内的数据库技术。

4. 密钥备份及恢复系统

若用户丢失了私钥，则密文数据将无法解密，造成数据丢失。为避免这种情况的出现，PKI 应该提供备份与恢复密钥的机制。

5．证书撤销列表 CRL

CRL（Certificate Revocation List）是 PKI 的一个重要组件，是在证书有效期来到之前被撤销的证书清单。同日常生活中的各种证件一样，证书在 CA 为其签署的有效期以内也可能需要作废。证书需要提前被撤销并放入到 CRL 中的原因有：证书中的部分信息已经改变或无效；与证书相关的私钥或储存私钥的媒介的安全状况受到威胁或不能确定；证书主体不再需要该证书；证书主体不遵守应尽的义务。在验证签名时，应根据该文档的重要性来确定要不要检测相关的 CRL 以确认签名者的证书是否被撤销。需要注意的是，CRL 中列出的仅仅是当前还没有到期的证书，因为过期的证书在任何情况下都是不可接受的，任何一个被撤销的证书到了终止期便从 CRL 中移走。在一般系统中，CA 产生 CRL 并把它存到数据库中，终端用户根据需要可以从数据库中取出。

6．PKI 应用

基于 PKI 的相关方面的应用。

7．安全策略

PKI 安全策略建立和定义了一个组织在信息安全方面的指导方针，同时也定义了密码系统使用的处理方法和原则。它包括一个组织怎样处理密钥和有价值的信息，根据风险的级别定义安全控制的级别等。一般情况下，PKI 有两种策略：

（1）证书策略，用于管理证书的使用。比如确认某个 CA 是 Internet 上的公有 CA，还是某一企业内部的私有 CA。

（2）CPS（Certificate Practice Statement，证书实践声明），它详细描述了如何在实践中增强和支持安全策略的一些操作过程，包括 CA 如何建立和运作，证书如何发行、接收和废除，密钥如何产生和注册等。一些由商业证书发放机构或可信的第三方操作的 PKI 系统需要 CPS。

PKI 的运作流程如图 6-17 所示。首先，最终用户向证书注册机构 RA 请求证书，RA 将其申请发送到认证中心 CA，CA 将证书颁发给用户。CA 还要管理证书及密钥的生命周期，公布证书和证书撤销信息到证书目录中，以便用户检索相关信息。

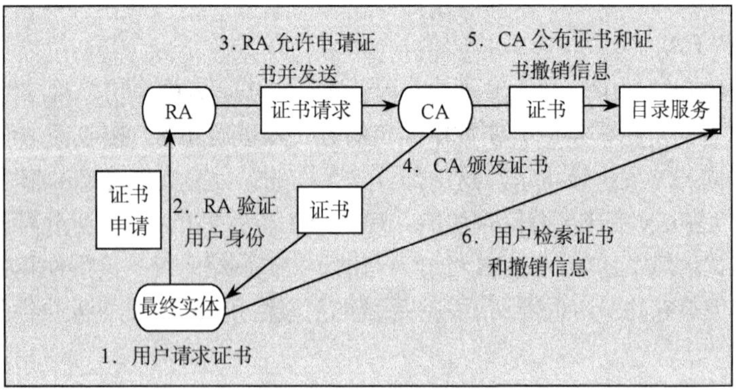

图 6-17　PKI 的运作流程

6.4.2 PKI 的功能

PKI 的功能很多，主要有签发数字证书、撤销证书、签发与发布证书撤销列表、存储与检索证书和证书撤销列表、密钥生成、密钥备份和恢复、密钥撤销与更新、密钥归档等。

1．注册管理

主要完成的是收集用户信息、确认用户身份的功能。一般这些工作都是由 RA 完成的。它接受用户的注册申请，审查用户的申请资格，并决定是否同意 CA 给其签发数字证书。需要注意的是，注册机构并不实际给用户签发证书，而只是对用户进行资格审查。因此，RA 可以设置在直接面对客户的业务部门，如银行的业务部、公司的人力资源部等，并非一定要放在科技部门。对于较小的 PKI 应用系统，注册管理的职能由认证中心 CA 完成，而不设立独立运行的 RA。但是如果用 RA 来完成注册管理的任务，可以减少整个系统的安全风险。

2．证书管理

这部分内容比较广泛，主要包括证书的存取、证书链校验及交叉认证等。

（1）证书存取：数字证书签发后，需要通过一定的渠道才能发布出来。目前，轻量目录访问协议（LDAP）被认为是访问证书存储库的最佳方式。

（2）证书链校验：证书链校验的最高层是根认证中心根 CA，下一级有一个或多个二级 CA，底端是最终用户。

（3）交叉认证：利用交叉认证可以扩展 CA 的信任范围，它允许不同信任体系中的认证中心建立起可信任的相互信赖关系，从而使各自签发的证书可以相互认证和校验。交叉认证包括两个方面：首先，两个 CA 要建立起信任关系，这就要求双方安全地交换用于校验签名的公开密钥，并利用自己的私钥为对方签发数字证书，从而使双方都拥有交叉证书。其次，利用 CA 的交叉证书校验最终用户的证书。对用户来说，就是利用本方 CA 的公钥来校验对方 CA 的交叉证书，从而决定对方 CA 是否可信；再利用对方 CA 的公钥来校验对方用户的证书，从而确定对方用户是否可信。

3．CA 功能

主要是签发证书和撤销证书。为合法的申请者签发数字证书，可以说是 CA 甚至整个 PKI 的核心功能。如果没有 CA 签发证书，PKI 的整个信任体系也就无从建立。在证书中，CA 要对其签名，有了这个签名后，任何对证书内容的改动都会被发现，从而保证了证书信息的完整性。另外，用户可以利用 CA 的公钥很方便地校验它的签名。因此，证书的安全有了坚实的保证，可以公开发布。在证书有效期结束前由于某种原因提前停止数字证书使用时，需要撤销数字证书，经过 CA 撤销的证书将不再值得信赖。用户在接受通信对方的证书时，必须校验对方证书的有效性，包括 CA 的签名是否有效，证书是否已经被撤销等。

4．密钥生命期管理

在 PKI 体系中，密钥的生命期主要包括密钥生成、密钥更新、密钥备份和恢复、密钥销毁和归档处理等，各部分具体介绍如下：

（1）密钥生成：用于加密/解密目的的密钥对，可以在客户端产生，也可以在一个可信的第三方机构中产生。如果在异地产生该密钥对，必须能够保证将其安全地传输到客户端以供用户使用。用于签名/校验的密钥对必须在客户端产生，并且该密钥对中用于签名的私钥只能由用户本身唯一拥有，严禁在网络中传播。但用于校验签名的公钥可以在网络中传输，还可以随处发布。

（2）密钥备份和恢复：PKI 要求应用系统提供密钥备份与恢复功能。当用户的密钥访问口令忘记或存储用户密码的设备损坏时，可以利用此功能恢复原来的密钥对，从而使原来加密的信息能够得到正确的解密。但并不是用户的所有密钥都需要备份，也并不是任何机构都可以备份密钥。可以备份的密钥是用于加密/解密的密钥对，而用于签名/校验的密钥对则不能备份，否则将无法保证用户签名信息的不可否认性。用于签名/校验的密钥对在损坏或泄漏后，必须重新产生。另外，可以备份密钥的应该是可信的第三方机构，如 CA、专用的备份服务器等。

（3）密钥更新：密钥的使用是有有效期的。当密钥到期时，PKI 应用系统应该能自动为用户进行密钥更新。当密钥作废时，PKI 也需要为用户更新密钥。

（4）密钥归档：当用于加密/解密的密钥对成功更新后，原来使用的密钥对必须进行归档处理，以保证原来的加密信息可以正确地解密。但用于签名/校验的密钥对成功更新后，原来密钥对中用于签名的私钥必须安全地销毁；而原来密钥对中用于校验签名的公开密钥则可以进行归档处理，以便以后对原来的签名信息进行校验。

6.4.3 PKI 核心技术

PKI 的核心技术是基于公钥密码学的“加密”和“签名”技术。PKI 中加密技术使用的是接收方的密钥对，发送方用接收方的公钥加密，接收方用自己的私钥解密。这是多对一的关系，任何知道接收方公开密钥的人都可以向接收方发送加密信息，只有唯一拥有接收方私有密钥的人才能对信息解密。

PKI 中用到的加密技术主要是：

（1）消息摘要与消息认证码确保消息完整性。消息摘要获取消息作为输入并生成位块，该位块表示消息的指纹。消息中很小的更改将引起指纹发生显著更改。如果在计算消息摘要的过程中加入相应的密码，就是消息认证码。主要的消息摘要算法：MD5 是 128 位算法，SHA-1 是 160 位算法，SHA-256、SHA-383 和 SHA-512 提供更长的指纹，大小分别是 256 位、383 位和 512 位。

（2）对称加密技术确保消息的机密性。常用的私钥算法有：TripleDES、AES、RC5 等。

（3）非对称加密技术实现数字签名和数字信封。常用的非对称加密技术 RSA 算法的典型长度是 1024 位。

（4）数字签名保证数据传输的不可否认性。消息认证使接收方能验证消息发送者是谁及所发的消息是否被篡改，当收发者之间没有利害冲突时，只需防止第三者破坏就足够了。但是，当发、收双方有利害冲突时，单是消息认证技术就无法解决他们之间的纠纷，此时就必须采用数字签名。

（5）数字信封的功能类似于普通信封。普通信封在法律的约束下保证只有收信人才能阅读信的内容；数字信封则采用密码技术保证只有规定的接收人才能阅读信息的内容。数字信封中采用了对称密码体制和非对称密码体制。在传递信息时，信息接收方要解密信息时，必须先用自己的私钥解密数字信封，得到对称密码，才能利用对称密码解密所得到的信息。

6.4.4 PKI 的格式标准

1. 与 PKI 相关的标准

从整个 PKI 体系建立与发展的历程来看，与 PKI 相关的标准主要包括以下一些：

（1）X.500 信息技术。X.500 是一套已经被国际标准化组织（ISO）接受的目录服务系统标准，它定义了一个机构如何在全局范围内共享其名字和与之相关的对象。

（2）X.509 信息技术。X.509 是由国际电信联盟（ITU-T）制定的数字证书标准。在 X.500 确保用户名唯一性的基础上，X.509 为 X.500 用户名称提供了通信实体的鉴别机制，并规定了实体鉴别过程中广泛适用的证书语法和数据接口。

（3）PKIX 标准。PKIX 标准是致力于互联网领域的 Internet 工程任务组（IETF）根据另外两个标准（X.509 标准和 RSA 数据安全实验室制定的公共密钥密码标准 PKCS）为依据制订的一系列 RFC 文档。

（4）LDAP 标准。轻量级目录访问协议 LDAP 是 X.500 标准的一个子集。LDAP 是设计用于在 TCP/IP 网络上适用的通信协议，它定义了目录客户如何访问目录服务器以及客户如何能进行目录操作并共享目录数据。

（5）PKCS 标准。公开密码学标准（Public Key Cryptograph Standard，PKCS）是 RSA 数据安全公司为公开密码学提供的一个工业标准接口。包括 PKCS#1 ~ PKCS#12 共 12 个规范。它们描述了公钥加解密、密钥交换、信息交换的语法和编程接口，是 Internet 上证书请求、发布、认证以及信息交换的基础。其中与密钥/证书管理协议以及消息格式相关的三个重要规范是：

① PKCS#7：Cryptographic Message Standard。

② PKCS#10：Certification Request Syntax Standard。

③ PKCS #11 v2.11：Cryptographic Token Interface Standard。

2．PKI 的应用标准

目前世界上已经出现了许多依赖于 PKI 的安全标准，即 PKI 的应用标准，如安全的套接层协议 SSL、传输层安全协议 TLS、安全的多用途互联网邮件扩展协议 S/MIME、安全电子交易 SET 和 IP 安全协议 IPSec 等。这些应用标准介绍如下：

（1）S/MIME 协议标准。S/MIME 是一个用于发送安全报文的 IETF 标准。它采用了 PKI 数字签名技术并支持消息和附件的加密，无须收发双方共享相同密钥。S/MIME 委员会采用 PKI 技术标准来实现 S/MIME，并适当扩展了 PKI 的功能。目前该标准包括密码报文语法、报文规范、证书处理以及证书申请语法等方面的内容。

（2）SSL/TLS 协议标准。SSL/TLS 是互联网中访问 Web 服务器最重要的安全协议。当然，它们也可以应用于基于客户机/服务器模型的非 Web 类型的应用系统。SSL/TLS 都利用 PKI 的数字证书来认证客户和服务器的身份。

（3）IPSec 协议标准。IPSec 是 IETF 制定的 IP 层加密协议，PKI 技术为其提供了加密和认证过程的密钥管理功能。IPSec 主要用于开发新一代的 VPN。

（4）安全电子交易 SET 协议。对于网上交易而言，商家、消费者和银行等中间机构是通过 Internet 互连在一起的，他们无法用传统的方法完成支付的查验过程。为解决这一问题，VISA 和 Master 两大信用卡组织提出了以信用卡为基础的电子系统支付系统规范，即 SET 标准。

6.4.5　证书与认证过程

1．证书的格式

在 Internet 网络中，应用程序使用的证书都来自不同的厂商或组织，为了实现可交互性，要求证书能够被不同的系统识别，符合一定的格式，并实现标准化。X.509 为证书及其 CRL 格式提供了一个标准。但 X.509 本身不是 Internet 标准，而是国际电联 ITU 标准，它定义了一个开放的框架，并在一定的范围内可以进行扩展。

X.509 目前有三个版本：V1、V2 和 V3，其中 V3 是在 V2 的基础上加上扩展项后的版本，这些扩展包括由 ISO 文档（X.509-AM）定义的标准扩展，也包括由其他组织或团体定义或注册的扩展项。X.509 由 ITU-T X.509（前身为 CCITT X.509）或 ISO/IEC 9594-8 定义，最早以 X.500 目录建议的一部分发表于 1988 年，并作为 V1 版本的证书格式。X.500 于 1993 年进行了修改，并在 V1 版本基础上增加了两个额外的域，用于支持目录存取控制，从而产生了 V2 版本。

2．证书的申请

证书的申请有两种方式，一是在线申请，另外一个就是离线申请。在线申请就是通过浏览器或其他应用系统通过在线的方式来申请证书，这种方式一般用于申请普通用户证书或测试证书，通常使用的是 Kerberos 协议。离线方式一般通过人工的方式直接到证书机构或证书受理点去办理证书申请手续，通过审核后获取证书，这种方式一般用于比较重要的场合，如服务器证书和商家证书等。

3．证书的存放

数字证书作为一种电子数据格式，可以直接从网上下载，也可以通过其他方式获取。存放方式有：

（1）使用 IC 卡存放用户证书。即把用户的数字证书写到 IC 卡中，供用户随身携带。这样用户在所有能够读 IC 卡证书的电子商务终端上都可以享受安全电子商务服务。

（2）用户证书直接存放在磁盘或自己的终端上。用户将从 CA 申请来的证书下载或复制到磁盘或 PC 或智能终端上，当用户使用自己的终端享受电子商务服务时，直接从终端读入即可。

另外，CRL 一般通过网上下载的方式存储在用户端。

4．证书的使用

在实际应用中，为了验证信息的数字签名，用户首先必须获取信息发送者的公钥证书，以及一些额外需要的证书（如 CA 证书等，用于验证发送者证书的有效性）。

证书的获取可以有多种方式，例如：

① 发送者发送签名信息时附加发送自己的证书。

② 以另外的单独信息发送证书。

③ 通过访问证书发布的目录服务器来获得。

④ 直接从证书相关的实体处获得。

在一个 PKI 体系中，可以采取上述某种或某几种方式获得证书。

5．证书的验证

在电子商务系统中，证书的持有者可以是个人用户、企事业单位、商家、银行等。无论是电子商务中的哪一方，在使用证书验证数据时，都遵循同样的验证流程。一个完整的验证过程有以下几步：

（1）将客户端发来的数据解密（如解开数字信封）。

（2）将解密后的数据分解成原始数据、签名数据和客户证书三部分。

（3）用 CA 根证书验证客户证书的签名完整性。

（4）检查客户证书是否有效（当前时间在证书结构中所定义的有效期内）。

（5）检查客户证书是否作废（OCSP 方式或 CRL 方式）。

（6）验证客户证书结构中的证书用途。

（7）客户证书验证原始数据的签名完整性。

如果以上各项均验证通过，则接受该数据。

6．证书的撤销

证书的撤销包括以下几个过程：

（1）用户向注册机构操作员 CRL Manager 发送一封签名加密的邮件，声明自己自愿撤销证书。

（2）注册机构同意证书撤销，操作员输入用户的序列号，对请求进行数字签名。

（3）CA 查询证书撤销请求列表，选出其中的一个，验证操作员的数字签名，如果正确的话，则同意用户的证书撤销申请，同时更新 CRL 列表，然后将 CRL 以多种格式输出。

（4）注册机构转发证书撤销列表。操作员导入 CRL，以多种不同的格式将 CRL 公布于众。

（5）用户浏览安全服务器，下载或浏览 CRL。

6.4.6 PKI 的应用

1．Web 安全

浏览 Web 页面或许是人们最常用的访问 Internet 的方式。一般的浏览也许并不会让人产生不妥的感觉，可是当你填写表单数据时，你有没有意识到你的私人敏感信息可能被一些居心叵测的人截获，而如果你或你的公司要通过 Web 进行一些商业交易，你又如何保证交易的安全呢?

为了透明地解决 Web 安全问题，最适合的入手点是浏览器。现在无论是 Internet Explore 还是 Netscape Navigator，都支持 SSL 协议。这是一个在传输层和应用层之间的安全通信层，在两个实体进行通信之前，先要建立 SSL 连接，以此实现对应用层透明的安全通信。利用 PKI 技术，SSL 协议允许在浏览器和服务器之间进行加密通信。此外还可以利用数字证书保证通信安全，服务器端和浏览器端分别由可信的第三方颁发数字证书，这样在交易时，双方可以通过数字证书确认对方的身份。需要注意的是，SSL 协议本身并不能提供对不可否认性的支持，这部分工作必须由数字证书完成。Web 安全应用的流程如图 6-18 所示。

在该流程中，具有如下安全功能：

（1）验证客户证书、服务器证书的有效性。

（2）查询黑名单（CRL），验证客户证书是否已经被注销。

（3）建立 SSL 通道，对信息进行加密处理，保证其完整性，如果有需要还可以生成数字签名。

（4）服务器端根据访问控制列表确认客户的权限，如果是普通用户，则引导高级客户进入普通用户页面；如果是管理员，则该客户将被允许进入管理员界面。

（5）如果使用数字签名技术，服务器端会将数字签名的信息交给后台数据库存储下来。

2．电子交易

PKI 技术是解决电子商务安全问题的关键，综合 PKI 的各种应用，可以建立一个可信任和足够安全的网络。在这里，有可信的认证中心，典型的如银行、政府或其他第三方。在通信中，利用数字证书可消除匿名带来的风险，利用加密技术可消除开放网络带来的风险，这样，商业交易就可以安全可靠地在网上进行。图 6-19 描述了 PKI 系统如何处理电子交易。

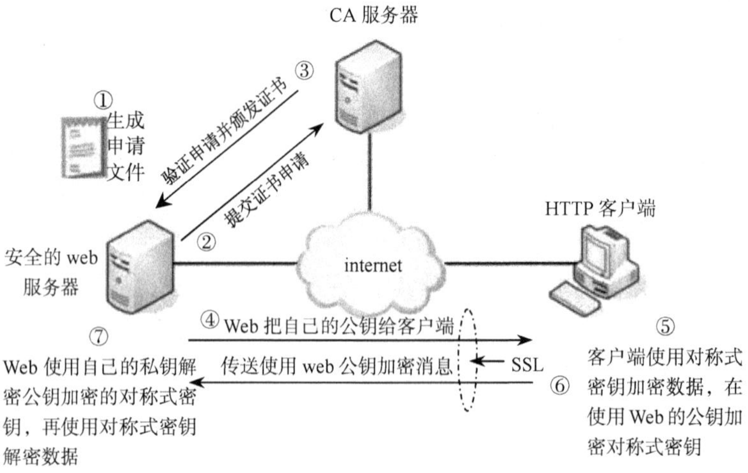

图 6-18　Web 安全应用系统

网上商业行为只是 PKI 技术目前比较热门的一种应用，必须看到，PKI 还是一门处于发展中的技术。例如，除了对身份认证的需求外，现在又提出了对交易时间戳的认证需求。PKI 的应用前景也绝不仅限于网上的商业行为，事实上，网络生活中的方方面面都有 PKI 的应用天地，不只在有线网络，甚至在无线通信中，PKI 技术都已经得到广泛应用。

3. 电子邮件

PKI 在电子邮件中的应用如图 6-20 所示。

目前，应用于邮件加密中，发展很快的安全电子邮件协议是 S/MIME，这是一个允许发送加密和有签名邮件的协议，该协议的实现需要依赖于 PKI 技术。

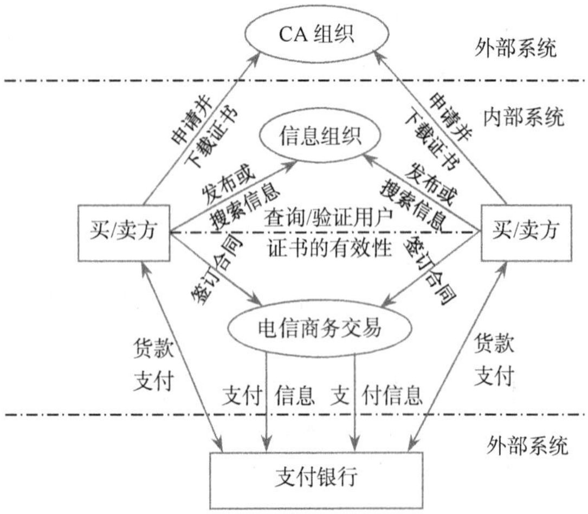

图 6-19　PKI 电子交易系统

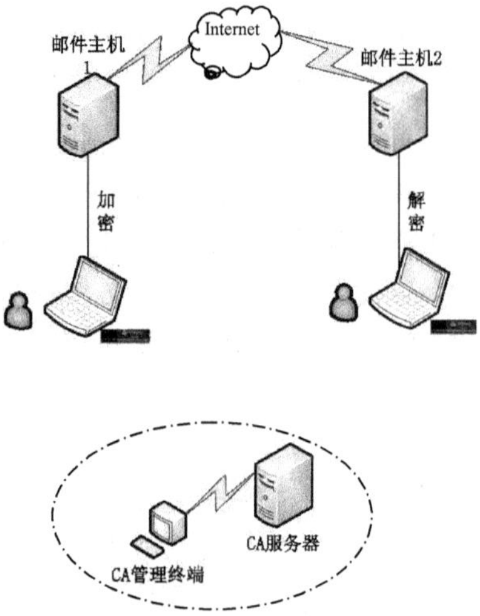

图 6-20　PKI 在电子邮件中的使用

S/MIME 工作流程如下：

（1）发送方在客户端编写电子邮件。

（2）提交电子邮件时，根据指定的公钥和私钥（接收方的公钥和发送方的私钥）对消息加密并签名。

（3）消息通过中间节点，而外界无法查看、篡改和变动数字签名。

（4）接收方收到电子邮件，客户端自动检查数字签名的合法性，然后应用私钥解密邮件。

对于 S/MIME 邮件加密过程也需要审计，因为证书库是天然的攻击目标，所以必须对证书库的管理权限进行很好的控制。

4．虚拟专用网络（VPN）

通常，企业在架构 VPN 时都会利用防火墙和访问控制技术提高 VPN 的安全性，这只解决了很少一部分问题，而一个现代 VPN 所需要的安全保障，如认证、机密、完整、不可否认及易用性等方面都需要采用更完善的安全技术。在实现上，VPN 的基本思想是采用秘密通信通道，用加密的方法来实现。具体协议一般有 PPTP、L2TP 和 IPSec。

其中，PPTP 是点对点的协议，基于拨号使用的 PPP 协议使用 PAP 或 CHAP 之类的加密算法，或者使用 Microsoft 的点对点加密算法。而 L2TP 是 L2FP 和 PPTP 的结合，依赖 PPP 协议建立拨号连接，加密的方法类似于 PPTP，但这是一个两层的协议，可以支持非 IP 协议数据包的传输，如 ATM 或 X.25，因此也可以说 L2TP 是 PPTP 在实际应用环境中的推广。

无论是 PPTP，还是 L2TP，它们对现代安全需求的支持都不够完整，应用范围也不够广泛。事实上，缺乏 PKI 技术所支持的数字证书，VPN 也就缺少了最重要的安全特性。简单地说，数字证书可以被认为是用户的护照，使得他有权使用 VPN，证书还为用户的活动提供了审计机制。缺乏数字证书的 VPN 对认证、完整性和不可否认性的支持相对而言要差很多。

基于 PKI 技术的 IPSec 协议现在已经成为架构 VPN 的基础，它可以为路由器之间、防火墙之间或者路由器和防火墙之间提供经过加密认证的通信。虽然它的实现会复杂一些，但其安全性比其他协议都完善得多。由于 IPSec 是 IP 上层的协议，因此很容易在全世界范围内形成一种规范，具有非常好的通用性，而且 IPSec 本身就支持面向未来的协议——IPv6。总之，IPSec 还是一个发展中的协议，随着成熟的公钥密码技术越来越多地嵌入到 IPSec 中，相信在未来几年中，该协议会在 VPN 世界里扮演越来越重要的角色。

6.5 应 用 实 例

6.5.1　电子邮件数字证书实例

电子邮件数字证书中包含证书持有者的电子邮件地址、公钥及 CA 中心的签名。使用电子邮件数字证书可以收发加密和数字签名邮件，保证电子邮件传输中的机密性、完整性和不可否认性，确保电子邮件通信各方身份的真实性。证书可以存储在硬盘、USB 中。安全电子邮件利用公钥算法保证用户的签名邮件不会被篡改，而用户的加密邮件除了邮件接收者以外的任何人均无法阅读其中的内容。下面介绍一个发送电子邮件时使用数字证书签名和加密的实例。

首先，可以到一个认证中心 CA 申请个人数字证书，这里我们选择一个可以免费获得数字证书的 CA，在线去申请。Thawte 为 1996 年设立的商业 CA，它提供免费的个人电子邮件的数字证书。打开 Thawte 的网页 http://www.thawte.com/，选择 products 的 free Personal E-mail certificates，如图 6-21 所示。如果没有注册过，请单击右边的“Join”按钮，如果已经注册了，请单击“Login”按钮进行登录。

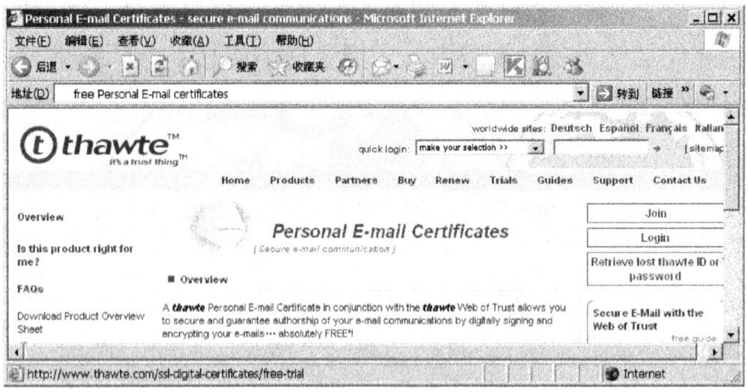

图 6-21　申请个人电子邮件数字证书示意图 1

按照网站所提示的步骤进行申请，选择“X.509 Format Certificates”。申请完成后，再单击“certificates”选项下的“view certificate status”，在这里，你可以下载证书。（注意：在申请完成后，需要经过一个 thawte 网站的内部生成与发布过程，如果看到“state”是“pending”那就请等待几分钟，当你看到自己的“State”已经是“issued”，那就表示该证书已经发布完毕，可以下载到你的机器上了，如图 6-22 所示。）单击“Type”列的“MSIE”即可进入下载页面，在新页面可以看到该证书的摘要信息，单击页面下部的“fetch”按钮，转入证书安装页面，你会看到标题：“install your MSIE certificate”，此时单击“Install you Cert”即可进行证书的下载与安装。

安装完成后，在 Internet Explorer 页面选择“工具”→“Internet 选项”命令，在弹出的对话框中选择“内容”选项卡，单击“证书”按钮，在弹出的对话框中会看到刚才安装成功的证书列表，如图 6-23 所示。

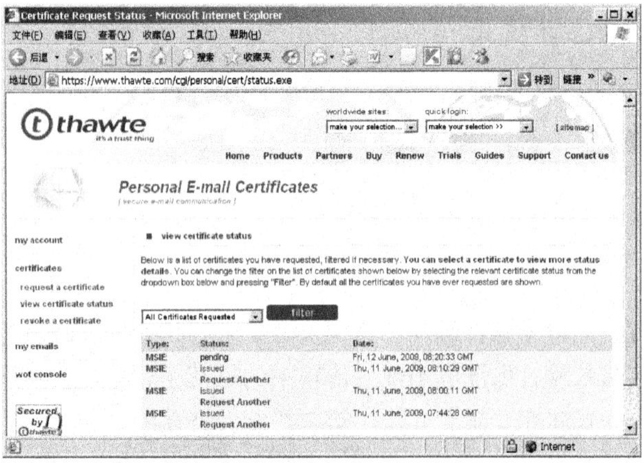

图 6-22　申请个人电子邮件数字证书示意图 2

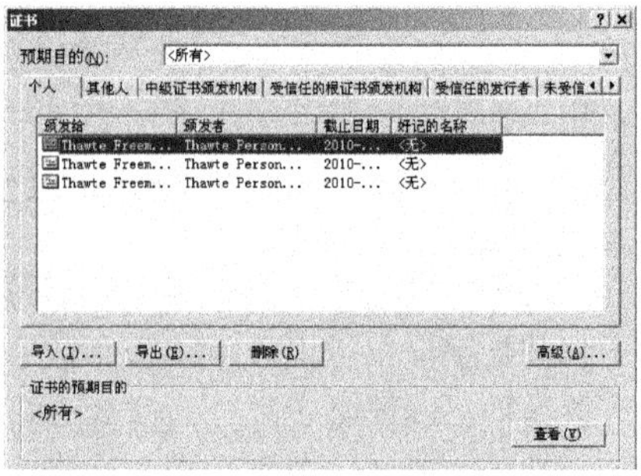

图 6-23　IE 安装成功的证书列表

单击“查看”按钮，可以看到数字证书的内容，如图 6-24 所示。

申请到了数字证书后，可以结合收发电子邮件的客户端工具，进行发送安全的电子邮件，实现网上邮件的加密和签名电子邮件。这里，电子邮件的客户端工具以 foxmail 为例。

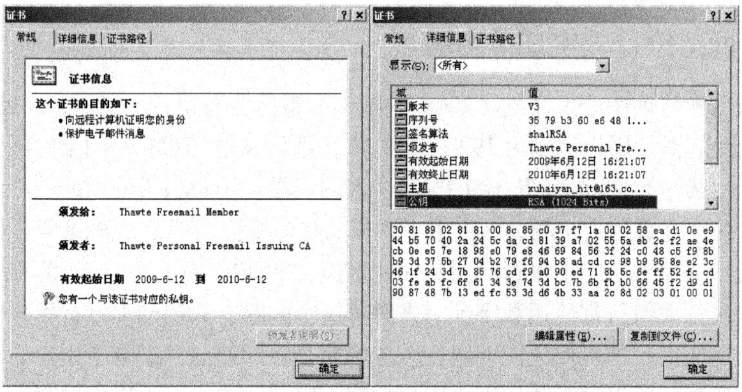

图 6-24　查看数字证书的内容

为邮件账户选择好数字证书之后，就可以发送签名和加密的邮件了，如图 6-25 所示。

单击“发送”按钮之后，将会出现如下的对话框，如图 6-26 所示，表示正在用自己的私钥对邮件签名。

如果邮件需要加密，发件人还需要查找收件人的数字证书，用对方的公钥对邮件加密，如图 6-27 所示。收件人收到邮件后，还需要具有相应的证书才能查看加密的邮件和验证签名的邮件。

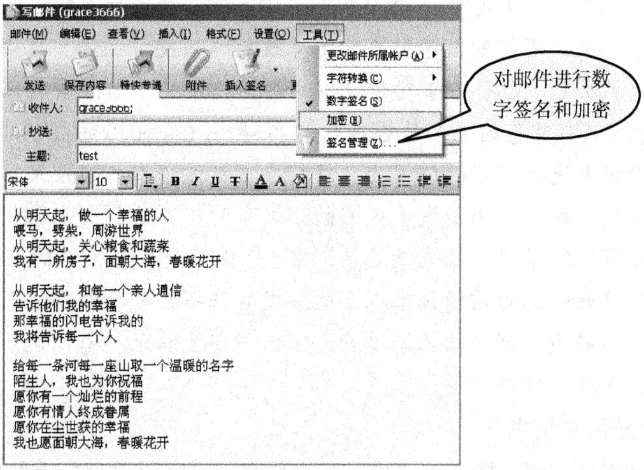

图 6-25　发送签名和加密的邮件

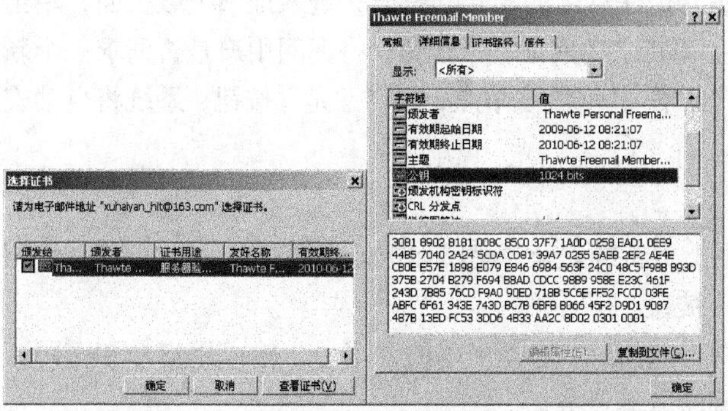

图 6-26　对正在发送的邮件进行数字签名

图 6-27　对邮件加密

6.5.2 网上银行数字证书实例

根据中国金融认证中心发布的《2008 中国网上银行调查报告》显示，2008 年，在全国范围内，个人网上银行用户比例为 19.9%；在 10 个经济发达城市，使用个人网上银行的用户比例达到了 44.9%，比 2007 年高出 7.1%。个人网银活动用户最常使用的功能就是账户查询和网上支付。在企业级用户市场，网银用户增长的趋势则更为明显，2008 年全国企业网银用户的比例达到了 42.8%。网上银行的发展如此迅速，如何来保障网上银行的安全成为非常关键的问题。现在各大银行都使用数字证书来解决这个问题。只要网上银行用户申请并使用了银行提供的数字证书，即可保证网上银行业务的安全，即使黑客窃取了用户的账户密码，因为他没有数字证书，所以也无法进入该用户的网上银行账户。下面以中国建设银行的网上银行数字证书为例，介绍数字证书的安装与使用。

1．安装根证书

首先到银行营业厅办理网上银行申请手续；然后登录到银行网站，单击网站“同意并立即下载根证书”，将弹出下载根证书的对话框，单击“保存”按钮，把根证书文件保存到你的硬盘上；双击该文件，在弹出的窗口中单击“安装证书”按钮，安装根证书。

拓展知识：什么是根证书？为什么用户必须下载根证书？

所谓根证书，是 CA 认证中心与用户建立信任关系的基础，用户的数字证书必须有一个受信任的根证书，用户的数字证书才是有效的。从技术上讲，证书其实包含三部分，用户的信息、用户的公钥、CA 中心对该证书里面的信息的签名。要验证一份证书的真伪（即验证 CA 中心对该证书信息的签名是否有效），需要用 CA 中心的公钥验证，而 CA 中心的公钥存在于对这份证书进行签名的证书内，故需要下载该证书，但使用该证书验证又需先验证该证书本身的真伪，故又要用签发该证书的证书来验证，这样一来就构成一条证书链的关系，这条证书链在哪里终结呢？答案就是根证书，根证书是一份特殊的证书，它的签发者是它本身，下载根证书就表明您对该根证书以下所签发的证书都表示信任，而技术上则是建立起一个验证证书信息的链条，证书的验证追溯至根证书即为结束。所以说用户在使用自己的数字证书之前必须先下载根证书。

2．生成用户证书

安装完根证书后，接下来要填写账户信息，按照用户存折上的信息进行填写，提交表单，单击“确定”按钮后出现操作成功提示，记住自己的账号和密码；进入证书下载页面，单击“下载”按钮，再选择存放证书的介质，单击“生成证书”按钮，将询问用户是否请求一个新证书，接着询问用户“是否要添加新的证书”，信任该站点，单击“是”按钮；系统将自动安装证书，最后出现“安装成功”界面。

3．使用数字证书

现在，用户可以使用证书来确保网上银行的安全，建议你把证书保存在 USB 盘上，使用网上银行时才插到计算机上，防止证书被盗。

重新进入银行网站，选择“证书客户登录”，选择正确的证书号，输入用户号和密码，即可登录到自己的网上银行账户，办理转账等业务。

6.5.3　认证中心设计实例

为了更好地说明问题，下面给出一个简单的认证中心设计实例。这里只是简单地从完成证书申请过程和证书撤销过程的功能出发，探讨一个认证中心的设计与实现。实际上，一个实际的规模较大的认证中心的实施要比下面所介绍的方案复杂得多。

1. 总体结构

认证中心的服务器包括安全服务器、注册中心服务器、CA 服务器以及 LDAP 服务器；人员包括用户、注册中心操作员以及 CA 操作员。其总体结构如图 6-28 所示。

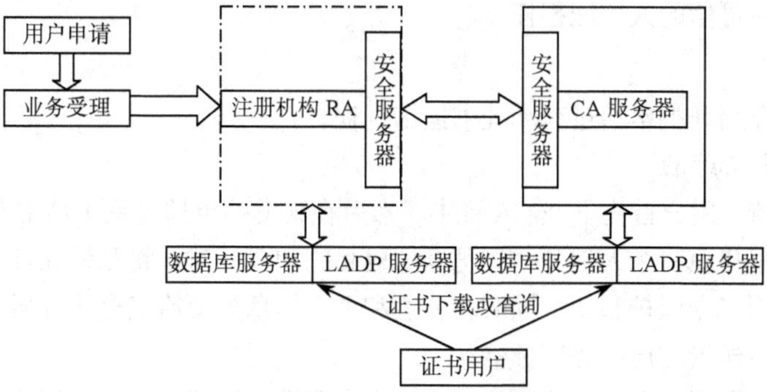

图 6-28　认证中心的总体结构

1）用户

用户使用浏览器访问安全服务器，申请数字证书，之后到注册中心注册，出示有效证件。认证中心为用户发行证书以后，用户根据注册中心发来的邮件到安全服务器上下载自己的数字证书。

2）服务器

（1）CA 服务器。CA 服务器需要最先设置，CA 首先产生自身的私钥和公钥（密钥长度至少为 1024 位），然后生成数字证书，并且将数字证书传输给安全服务器。CA 还负责为操作员、安全服务器以及注册中心服务器生成数字证书。操作员的数字证书需要通过硬拷贝的方式嵌入到注册中心操作员的浏览器中。安全服务器的数字证书和私钥也需要传输给安全服务器。CA 服务器是整个结构中最为重要的部分，存有 CA 的私钥以及发行证书的脚本文件。出于安全的考虑，将 CA 服务器与其他服务器隔离，任何通信采用人工干预的方式，确保认证中心的安全。

（2）安全服务器。安全服务器面向普通用户，负责提供证书申请、浏览、证书撤销列表以及证书下载（包括用户、CA）等服务。安全服务器与用户的通信采用 SSL 方式（不需要对用户进行身份认证），用户首先得到安全服务器的证书（由 CA 颁发），然后用户与服务器之间的所有通信，包括用户填写的申请信息以及浏览器生成的公钥均以安全服务器的密钥进行加密传输，只有安全服务器利用自己的私钥解密才能得到明文，这样可以防止其他人通过窃听得到明文。

（3）注册中心服务器。注册中心服务器面向注册中心操作员，在 CA 体系结构中起承上启下的作用，一方面向 CA 转发安全服务器传输过来的证书申请要求，另一方面向 LDAP 服务器和安全服务器转发 CA 颁发的数字证书和证书撤销列表。

（4）LDAP 服务器。LDAP 服务器提供目录浏览服务，负责将注册中心服务器传输过来的用户信息以及数字证书加入到服务器上，这样其他用户通过访问 LDAP 服务器就能够得到他人的数字证书。

2. 操作员

注册中心操作员使用浏览器访问注册中心服务器。服务器需要对操作员进行身份认证，操作员向服务器出示 CA 颁发的证书，服务器根据配置文件检查操作员的数字证书，如果证书合法，则与对方建立 SSL 通信。操作员的人数可以根据实际情况而定。

CA 操作员负责颁发用户的数字证书以撤销证书。CA 操作员的身份很特别，是整个系统的核心，必须是最可信的人才能担任。

3. 运作流程

这里只简单介绍证书申请过程和证书撤销过程。

1）证书的申请过程

（1）用户申请。用户首先下载 CA 证书，然后在证书的申请过程中使用 SSL 的方式与服务器建立连接，用户填写个人信息，浏览器生成私钥和公钥对，将私钥保存在客户端特定文件中，并且要求用口令保护私钥，同时将公钥和个人信息提交给安全服务器。安全服务器将用户的申请信息传送给注册中心服务器。

（2）注册中心同意申请。用户与注册中心人员联系，证明自己的真实身份，或请求代理人与注册中心联系。注册中心操作员利用自己的浏览器与注册中心服务器建立 SSL 安全通信，该服务器需要对操作员进行严格的身份认证，包括操作员的数字证书、IP 地址，为了进一步保证安全性，可以设置固定的访问时间。操作员首先查看目前系统中的申请人员，从列表中找出相应的用户，单击用户名，核对用户信息，并且可以进行适当的修改，如果操作员同意用户申请证书的请求，必须对证书申请信息进行数字签名。操作员也有权利拒绝用户的申请。

操作员与服务器之间的所有通信都采用加密和签名，具有安全性、抗否认性，保证了系统的安全性和有效性。

（3）CA 发行证书。注册中心通过硬拷贝的方式向 CA 传输用户的证书申请与操作员的数字签名，CA 操作员查看用户的详细信息，并且验证操作员的数字签名，如果签名验证通过，则同意用户的证书请求，颁发证书，然后 CA 将证书输出。如果 CA 操作员发现签名不正确，则拒绝证书申请。

CA 颁发的数字证书中包含关于用户及 CA 自身的各种信息，例如，能唯一标识用户的姓名及其他标识信息，证书持有者的公钥。公钥用于为证书持有者加密敏感信息、签发个人证书的认证机构的名称、个人证书的序列号、个人证书的有效期。

（4）注册中心转发证书。注册中心操作员从 CA 处得到新的证书，首先将证书输出到 LDAP 服务器以提供目录浏览服务，最后操作员向用户发送一封电子邮件，通知用户证书已经发行成功，并且把用户的证书序列号告诉用户及让用户到指定的网址去下载自己的数字证书，并且告诉用户如何使用安全服务器上的 LDAP 配置，让用户修改浏览器的客户端配置文件以便访问 LDAP 服务器，获得他人的数字证书。

（5）用户获取数字证书。在浏览器中输入指定网址，输入自己的证书序列号，服务器要求用户必须使用申请证书时的浏览器，因为浏览器需要用该证书相应的私钥去验证数字证书。只有保存了相应私钥的浏览器才能成功下载用户的数字证书。

这时用户打开浏览器的安全属性，就可以发现自己已经拥有了CA颁发的数字证书，可以利用该数字证书与其他人以及Web服务器使用加密、数字签名进行通信。

2）证书的撤销过程

（1）由用户提出申请。用户向注册中心操作员发送一封签名加密邮件，声明自己自愿撤销证书。

（2）注册中心同意证书撤销。操作员输入用户的序列号，对请求进行数字签名。

（3）CA撤销证书。CA查询证书撤销请求列表，选出其中的一个，验证操作员的数字签名，如果正确的话，则同意用户的证书撤销申请，同时更新CRL列表，然后将CRL以多种格式输出。

（4）注册中心转发证书撤销列表。注册中心转发证书撤销列表。注册中心操作员导入CRL，以多种不同的格式将CRL公布于众。

（5）其他用户得到CRL。用户浏览安全服务器，下载或浏览CRL。

习　　题

一、填空题

1. ________是保证双方之间通信安全的电子信任关系，由CA签发。在电子交易中，它能以一种不能被假冒的方式证明证书持有人身份。

2. ________在CA体系结构中起承上启下的作用，一方面向CA转发安全服务器传输过来的证书申请请求，另一方面向LDAP服务器和安全服务器转发CA颁发的数字证书和证书撤销列表。

3. ________包括公开密钥密码技术、数字证书、认证中心CA和关于公开密钥的安全策略等。

4. PKI的运作流程：用户向证书注册机构RA请求证书，RA将其申请发送到________，CA将证书颁发给用户。________还要管理证书及密钥的生命周期，公布证书和证书撤销信息到证书目录中，以便用户检索相关信息。

5. 数字签名是解决________问题的方法。

6. 数字证书的内容由两部分组成：________、发放证书的认证中心的信息。

7. 身份认证的主要目标包括：确保交易者是交易者本人、避免与超过权限的交易者进行交易和________。

8. 用于实现身份鉴别的安全机制是加密机制和________。

9. PKI的技术基础包括________和________两部分。

二、单项选择题

1. 以下关于数字签名说法正确的是（　　）。

A. 数字签名是在所传输的数据后附加上一段和传输数据毫无关系的数字信息

B. 数字签名能够解决数据的加密传输，即安全传输问题

C. 数字签名一般采用对称加密机制

D. 数字签名能够解决篡改、伪造等安全性问题

2. 以下关于CA认证中心说法正确的是（ ）。

A. CA认证是使用对称密钥机制的认证方法

B. CA认证中心只负责签名，不负责证书的产生

C. CA认证中心负责证书的颁发和管理、并依靠证书证明用户的身份

D. CA认证中心不用保持中立，可以随便找一个用户作为CA认证中心

3. 下列关于数字证书的描述中最恰当的是（ ）。

A. 等同于在网络上证明个人和公司身份的身份证

B. 浏览器的一个标准特性，它使得黑客不能得知用户的身份

C. 网站要求用户使用用户名和密码登录的安全机制

D. 伴随在线交易证明购买的收据

4. 某Web网站向CA申请了数字证书。用户登录该网站时，通过验证CA的签名，可确认该数字证书的有效性，从而（ ）。

A. 向网站确认自己的身份　　B. 获取访问网站的权限

C. 和网站进行双向认证　　D. 验证该网站的真伪

5. Bob从安全认证中心CA得到了Alice的数字证书（X.509格式），Bob可以从该数字证书中得到Alice的（ ）。

A. IP地址　　B. 私钥　　C. 口令　　D. 公钥

6. PKI支持的服务不包括（ ）。

A. 非对称密钥技术及证书管理　　B. 目录服务

C. 对称密钥的产生和分发　　D. 访问控制服务

7. 身份鉴别是安全服务中的重要一环，以下关于身份鉴别的叙述不正确的是（ ）。

A. 身份鉴别是授权控制的基础

B. 身份鉴别一般不用提供双向认证

C. 目前一般采用基于对称密钥加密或公开密钥加密的方法

D. 数字签名机制是实现身份鉴别的重要机制

8. 下面关于数字证书的说法正确的是（ ）。

A. 数字证书是用来保障信息系统安全的

B. 数字证书主要用来加密电子商务信息

C. 数字证书是由网上商店颁发的

D. 数字证书包含证书拥有者的公开密钥

9. 下面关于数字签名的说法正确的是（ ）。

A. 数字签名需要使用接收者的公钥

B. 数字签名能够确认信息自签发后到收到为止未曾作过任何修改

C. 数字签名需要使用接收者的私钥

D. 数字签名能够保密地传送信息

10. CA认证中心一般承担的义务不包括（ ）。

A. 信息披露和通知义务　　B. 安全义务

C. 担保义务　　D. 保密义务

三、多项选择题

1. 数字签名要预先使用单向 Hash 函数进行处理的原因是（　　）。
   A. 多一道加密工序使密文更难破译
   B. 提高密文的计算速度
   C. 缩小签名密文的长度，加快数字签名和验证签名的运算速度
   D. 保证密文能正确还原成明文
2. PKI 能够执行的功能是（　　）。
   A. 鉴别计算机消息的始发者　　B. 确认计算机的物理位置
   C. 保守消息的机密　　D. 确认用户具有的安全性特权
3. 下面关于 CA 的说法正确的是（　　）。
   A. CA 负责签发订户的数字证书
   B. CA 没有自己的数字证书
   C. CA 是 PKI 的核心部件
   D. CA 和 CA 之间不能相互认证、相互签发证书
4. 在 PKI 中，可以公开的信息包括（　　）。
   A. 交叉证书　　B. 订户私钥　　C. CA 的公钥　　D. 订户的公钥
5. 下列说法中正确的是（　　）。
   A. 身份认证是判明和确认贸易双方真实身份的重要环节
   B. 不可抵赖性是认证机构或信息服务商应当提供的认证功能之一
   C. 身份认证要求对数据和信息的来源进行验证，以确保发信人的身份
   D. SET 是提供公钥加密和数字签名服务的平台

四、简答题

1. 数字证书、认证中心 CA、公钥基础设施 PKI 之间的关系是怎么样的？
2. 基于 X.509 数字证书的内容有哪些？
3. 我有很多电子邮件地址，是否能够使用同一个数字证书？
4. 简述认证中心 CA 的职能。
5. 简述 PKI 的功能及组成。
6. 数字证书由谁来颁发，如何颁发？
7. 根证书是什么？

五、操作题

数字证书最常见的应用之一是发送安全邮件，即利用安全邮件数字证书对电子邮件签名和加密，这样即可保证发送的签名邮件不会被篡改，外人又无法阅读加密邮件的内容。试以 Outlook 为例，完成安全邮件的发送。

第 7 章 电子商务安全协议技术

Internet 是建立在开放的网络基础之上的，Internet 的协议体系 TCP/IP 设计之初主要是为了方便资源的共享，并没考虑安全性问题，比如不提供可靠的身份识别、对传输的数据没有考虑加密、缺乏可靠的信息完整性检验手段等问题。电子商务的出现对网络安全提出了更高的要求，它要求必须使用加密技术、鉴别技术等来实现、来保障交易的安全性。因此，后来的 IPSec、SSL、SET 等一系列安全协议的出现给电子商务提供了安全性的基础。本章主要介绍 SSL 和 SET 协议，对两者的性能进行了比较分析，最后用实例介绍了 SSL 和 SET 协议的应用。

实现目标的知识点

- SSL 协议的体系结构
- SET 协议的特点
- SSL 和 SET 协议的比较

7.1 安全套接层协议

7.1.1 SSL 协议概述

安全套接层（Security Socket Layer，SSL）协议是网景公司（Netscape）提出的一种安全通信协议，目的是在 Internet 上安全保密地传输信息，它在 Web 上获得了广泛的应用，这个协议第三版的设计经过了公开的评论并且接收了工业界的意见，作为 Internet 草案文档出版了。后来，IETF（因特网工程任务组，它是全球互联网最具权威的技术标准化组织）对 SSL 作了标准化，即 RFC 2246，并将其称为 TLS（Transport Layer Security）。从技术上讲，TLS 1.0 与 SSL 3.0 的差别非常微小。

SSL 协议是全球应用最为广泛的安全协议。每种商业浏览器和服务器都在其内部使用 SSL 来支持安全的 Web 交易。如图 7-1 所示，在 IE 浏览器中嵌入 SSL。

尽管 SSL 最常见的用途是保证 Web 通信的安全，但实际上它也是一种相当通用的协议，适用于保护各种通信数据的安全，如文件传输（FTP）、远程对象存取（RMI、CORBA、IIOP）、E-mail 传输（SMTP）、远程终端服务（Telnet）以及目录存取（LDAP）使用 SSL 或其后继

TLS 来保障安全。

SSL 协议位于应用层和传输层之间，如图 7-2 所示。SSL 提供了一种可靠的端到端的安全服务，它使客户和服务器应用之间的通信不被攻击窃听，并且始终对服务器进行认证，还可以选择对客户进行认证。SSL 协议在应用层通信之前就已经完成加密算法、通信密钥的协商以及服务器认证工作，在此之后，应用层协议所传送的数据都被加密。

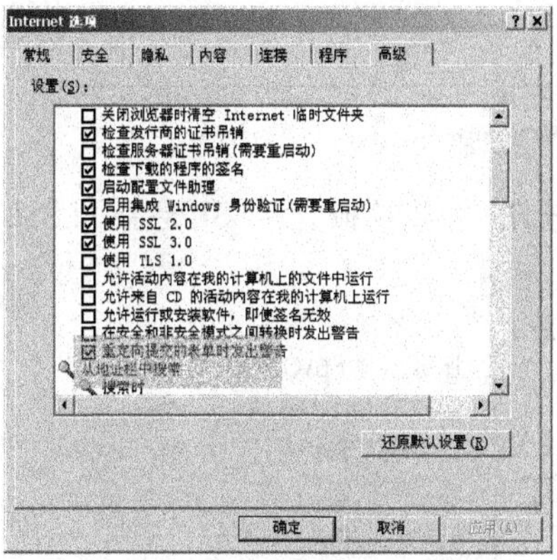

图 7-1　在 IE 浏览器中使用 SSL 协议

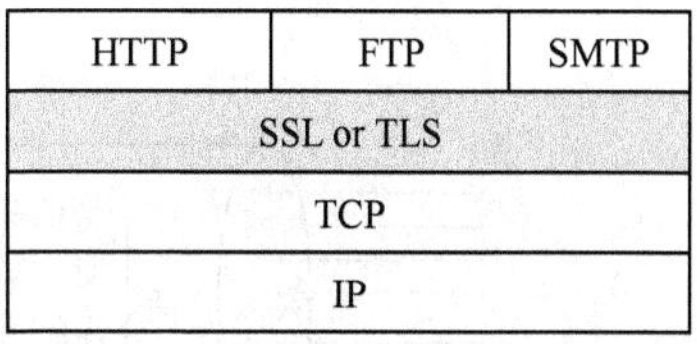

图 7-2　SSL 协议在 TCP/IP 协议栈中的位置

SSL 可以实现如下三个通信目标：

（1）保密性。SSL 客户机和服务器之间传送的数据都是经过对称加密算法处理的密文信息。

（2）完整性。SSL 利用密码算法和哈希（HASH）函数，通过对传输信息提取哈希值来保证信息的完整性，确保要传输的信息全部到达目的地，可以避免服务器和客户机之间的信息受到破坏。

（3）认证性。实体的身份通过公钥加密算法得到验证。利用证书技术和可信的第三方认证，可以让客户机和服务器相互识别对方的身份。为了验证证书持有者是其合法用户，SSL 要求证书持有者在握手时相互交换数字证书，通过验证来保证对方身份的合法性。

7.1.2　SSL 协议的体系结构及各层协议

1. SSL 协议的体系结构

SSL 协议分为两层，一层是 SSL 记录协议（SSL Record Protocol），它建立在可靠的传输协议（如 TCP）之上，为更高层提供基本的安全服务，如提供数据封装、压缩、加密等基本功能的支持；另一层是建立在 SSL 记录协议之上，用于在实际的数据传输开始前，通信双方进行身份认证、协商加密算法、交换加密密钥等，由 SSL 握手协议（SSL Handshake Protocol）、SSL 修改密文规约协议（SSL Change Cipher Spec Protocol）和 SSL 告警协议（SSL Alert Protocol）三个协议组成，如图 7-3 所示。

其中 SSL 记录协议用来定义传输数据的格式，它将数据流分割成一系列的数据段，然后分别对每个数据段单独进行数据保护和传输，接收方对每条记录单独进行解密和验证。这样的设计使数据一准备好就可以从连接的一端传到另一端，而接收方也可以立即对数据进行处理。告警、握手和修改密文规约协议用来对通信进行管理。SSL 安全协议实际上是 SSL 握手协议、SSL 修改密文规约协议、SSL 告警协议和 SSL 记录协议组成的一个协议族。

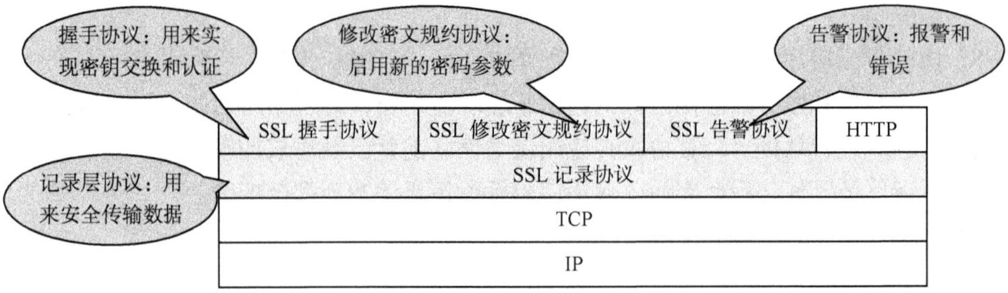

图 7-3　SSL 协议体系结构

在详细讨论 SSL 的两层协议之前，先来看看它的两个重要概念：SSL 会话和 SSL 连接。它们之间的关系如图 7-4 所示。

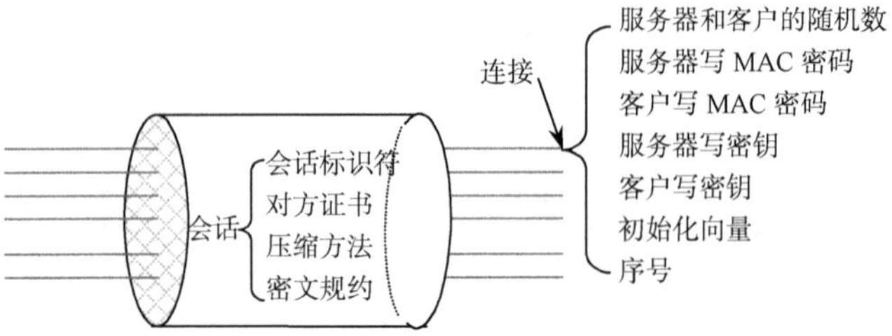

图 7-4　会话与连接的关系

（1）SSL 会话（Session）：一个 SSL 会话是在客户端与服务器之间的一个关联。会话由握手协议创建。一个会话包含多个连接，定义了一组可供多个连接共享的加密安全参数。会话用以避免为每个连接提供新的安全参数所付出昂贵的代价。

（2）SSL 连接（Connection）：客户和服务器之间的一次通信，SSL 的连接是点对点的关系。连接是暂时的，每个连接和一个会话关联。

一旦会话创建了，则进入针对接收和发送的当前操作状态。每个会话与多种状态相关，会话状态取决于客户端和服务器握手协调的结果。一个会话状态由以下参数定义：

- 会话标识符：服务器选择的一个任意字节序列，用以标识一个活动可激活的会话状态。
- 对方证书：一个 X.509.v3 证书。可为空。
- 压缩方法：加密前进行数据压缩的算法。
- 密文规约：指明数据体加密的算法（无，或 DES 等），以及用以计算 MAC 散列的算法（如 MD5 或 SHA-1）。还包括其他参数，如散列长度、主密码（48 位 C 与 S 之间共享的密钥）、重新开始标志（指明该会话是否能用于产生一个新连接）。

连接状态由下列参数定义：

- 服务器和客户的随机数：服务器和客户为每个连接所选择的字节序列。
- 服务器写 MAC 密码：服务器在对数据进行消息验证（MAC）操作时所使用的共享密钥。
- 客户写 MAC 密码：客户端在对数据进行消息验证（MAC）操作时所使用的共享密钥。
- 服务器写密钥：用于服务器进行数据加密，客户进行数据解密的对称加密密钥。
- 客户写密钥：用于客户进行数据加密，服务器进行数据解密的对称加密密钥。
- 初始化向量：当数据加密采用 CBC 方式时，每个密钥保持一个 IV。该字段首先由 SSL 握手协议初始化，以后保留每次最后的密文数据块作为下一个记录的 IV。

- 序号：每方为每个连接的数据发送与接收维护单独的顺序号。当一方发送或接收一个修改的密文规约的报文时，序号置为 0，最大为 $2^{64}-1$。

2．SSL 记录协议

在 SSL 协议中，所有的传输数据都被封装在记录中。记录是由记录头和长度不为 0 的记录数据组成的。所有的 SSL 通信包括握手消息、安全空白记录和应用数据都使用 SSL 记录层。SSL 记录协议包括了记录头和记录数据格式的规定。

1）SSL 记录头格式

SSL 的记录头可以是 2 或 3 字节长的编码。SSL 记录头包含的信息有：记录头的长度、记录数据的长度、记录数据中是否有粘贴数据。其中粘贴数据是在使用块加密算法时，填充实际数据，使其长度恰好是块的整数倍。最高位为 1 时，不含有粘贴数据，记录头的长度为 2 字节，记录数据的最大长度为 32 767 字节；最高位为 0 时，含有粘贴数据，记录头的长度为 3 字节，记录数据的最大长度为 16 383 字节。

当数据头长度为 3 字节时，次高位有特殊含义。次高位为 1 时，标识所传输的记录是普通的数据记录；次高位为 0 时，标识所传输的记录是安全空白记录（被保留用于将来协议的扩展）。

2）SSL 记录数据的格式

SSL 的记录数据包含 3 部分：MAC 数据、实际数据和粘贴数据。

MAC 数据用于数据完整性检查。计算 MAC 所用的散列函数由握手协议确定。若使用 MD2 和 MD5 算法，则 MAC 数据长度是 16 字节。MAC 的计算公式：MAC 数据＝HASH[密钥，实际数据，粘贴数据，序号]。当会话的客户端发送数据时，密钥是客户的写密钥（服务器用读密钥来验证 MAC 数据）；而当会话的客户端接收数据时，密钥是客户的读密钥（服务器用写密钥来产生 MAC 数据）。序号是一个可以被发送和接收双方递增的计数器。每个通信方向都会建立一对计数器，分别被发送者和接收者拥有。计数器有 32 位，计数值循环使用，每发送一个记录计数值递增一次，序号的初始值为 0。

3）SSL 记录协议的操作

在 SSL 的记录层完成对数据加密、解密和认证。SSL 记录协议为 SSL 连接提供了两种服务：一是机密性，二是消息完整性。为了实现这两种服务，SSL 记录协议接收传输的应用报文，将数据分片成可管理的块，进行数据压缩（可选），应用 MAC，接着利用 IDEA、DES、3DES 或其他加密算法进行数据加密，最后增加由内容类型、主要版本、次要版本和压缩长度组成的首部。被接收的数据刚好与接收数据工作过程相反，依次被解密、验证、解压缩和重新装配，然后交给更高级用户。操作过程如图 7-5 所示。

在记录层中的操作步骤如下：

（1）记录层接收到应用层的长数据流时，将对数据进行分段，每段称为一个记录，每个记录的最大长度为 16 KB。

（2）对上面每个记录块进行压缩，压缩是可选的，压缩算法在当前会话状态中定义。

（3）使用先前建立的共享密码对第一个明文记录计算 MAC 值。

（4）使用会话密钥对上面添加 MAC 后的数据加密。

（5）对加密后的每个记录添加 SSL 记录头。记录头的内容包括：内容类型、主版本号、次版本号、压缩长度。图 7-6 是 SSL 记录首部组成的示意图。

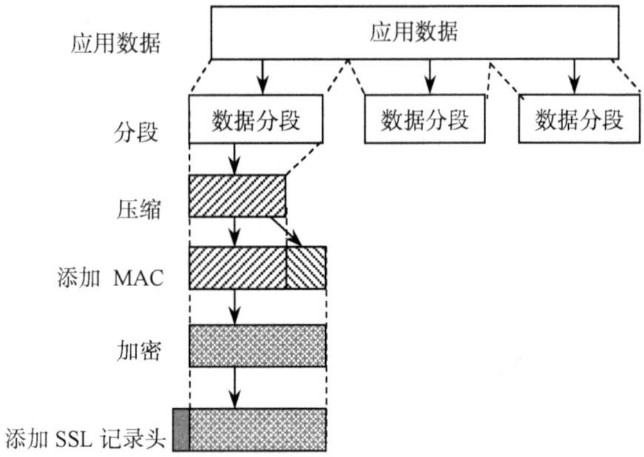

图 7-5　SSL 记录协议的操作

图 7-6　SSL 记录首部的组成

下面来看一个使用 Web 客户机和服务器的范例。Web 客户机通过连接到一个支持 SSL 的服务器，启动一次 SSL 会话。支持 SSL 的典型 Web 服务器在一个与标准 HTTP 请求（默认为端口 80）不同的端口（默认为端口 443）上接受 SSL 连接请求。当客户机连接到这个端口上时，它将启动一次建立 SSL 会话的握手。当握手完成之后，通信内容被加密，并且执行消息完整性检查，直到 SSL 会话过期。SSL 创建一个会话，在此期间，握手只发生过一次。

SSL 记录协议为不同的更高层协议提供了基本的安全服务，特别是为 Web 客户机/服务器的交互提供的传输服务的超文本传输协议（HTTP）可以在 SSL 上面运行。三个更高层协议被定义成 SSL 的一部分：握手协议、修改密文规约协议和告警协议。这些与 SSL 有关的协议用于管理 SSL 交换，在本节的后面讨论。

3．SSL 握手协议

握手协议完成对服务器和客户端的认证并确立用于保护数据传输的加密密钥。必须在传输任何应用数据之前完成握手。一旦握手完成，数据就被分成一系列经过保护的记录进行传输。

1）握手的目的

（1）客户端与服务器协商使用哪种加密算法。

（2）确立一组由哪些算法所使用的加密密钥。

（3）选择对客户端进行认证。

2）握手的过程

SSL 中最复杂的部分，负责建立当前会话状态的参数，使得服务器和客户能够协商一个协议版本、选择密码算法和哈希算法、压缩方法、会话 ID 等并且使用公钥加密技术通过一系列交换信息在客户和服务器之间生成共享的密钥。在使用会话传输任何数据之前，必须先用握手建立连接、实现相互验证、协商加密算法和生成密钥等内容。

握手协议由一系列在客户和服务器间交换的报文组成。每个报文由 3 个字段组成：报文类型、以字节为单位的报文长度以及这个报文有关的参数内容，如图 7-7 所示。

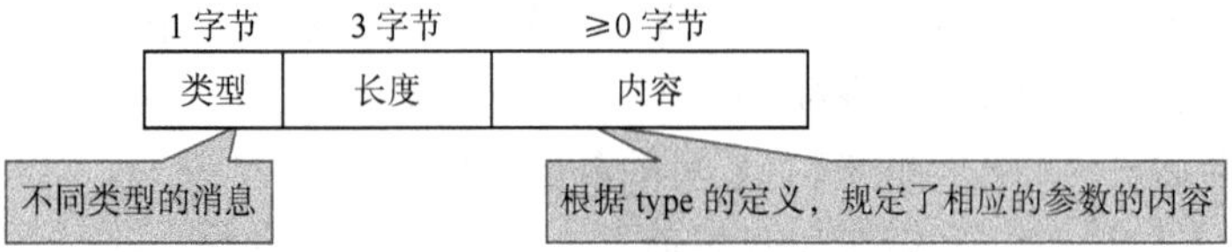

图 7-7　SSL 握手协议的组成

SSL 握手协议负责建立当前会话状态的参数。双方协商统一的版本，选择密码算法，进行认证，并且使用公钥加密技术通过一系列交换的消息在双方之间生成共享密钥。握手协议定义的消息类型见表 7-1。

表 7-1　SSL 握手协议定义的消息类型

消息类型	说　明	参　数
hello_request	握手请求，服务器可在任何时候向客户端发送该消息。若客户端正在进行握手过程就可忽略该消息。否则客户端发送 cleint_hello 消息，启动握手过程	无
client_hello	客户启动握手请求，该消息是客户第一次连接服务器时向服务器发送的第一条消息。该消息中包括了客户端支持的各种算法。若服务器端不能支持，则本次会话可能失败	版本、随机数、会话 ID、密文族、压缩方法
server_hello	其结构同 client_hello 消息，该消息是服务器对客户端 client_hello 消息回复	版本、随机数、会话 ID、密文族、压缩方法
server_certificate	服务器提供的证书。如果客户要求对服务器进行认证，则服务器在发送 server_hello 消息后，向客户端发送该消息。证书的类型一般是 X.509v3	X．509v3 证书链
server_key_exchange	服务器密钥交换。当服务器不使用证书，或其证书中仅提供签名而不提供密钥时，需要使用本消息来交换密钥	参数、签名
certificate_request	用于服务器向客户端要求一个客户证书	类型、授权
server_hello_done	该消息表明服务器端的握手请求报文已经发送完毕，正在等待客户端的响应。客户端在收到该消息时，将检查服务器提供的证书及其他参数是否是有效、可以接受的	无
client_certificate	客户端对服务器 certificate_request 消息的响应，只有在服务器端要求客户证书的时候使用。一般该消息是客户端收到 server_hello_done 消息后所发送的第一条消息。若客户端没有合适的证书，则向服务器端发送 no_certificate 告警消息（无证书可能导致握手失败）	X．509v3 证书链
client_key_exchange	客户密钥交换。当客户不使用证书，或其证书中仅提供签名而不提供密钥时，需要使用本消息来交换密钥	参数、签名
certificate_verify	该消息用于向服务器提供对客户证书的验证	签名
finished	该消息在“加密规约修改”（Change Cipher Spec）消息之后发送，以证实握手过程已经成功完成。本消息发送后，发送方开始使用协商的新参数来执行操作。该消息需要在两个方向上传送	散列值

（1）SSL 握手协议动作包含 4 个阶段。握手协议的动作如图 7-8 所示。

第一阶段建立安全能力：

① Client Hello 消息；

② Servver Hello 消息。

第二阶段服务器认证和密钥交换：

① Server Certificate 消息；

② Server Key Exchange 消息；
③ Certificate Request 消息；
④ Server Hello Done 消息。

第三阶段客户认证和密钥交换：
① Client Certificate 消息；
② Client Key Exchange 消息；
③ Certificate Verify 消息。

第四阶段结束握手：
① Change Cipher Spec 消息；
② Finished 消息；
③ Change Cipher Spec 消息；
④ Finished 消息。

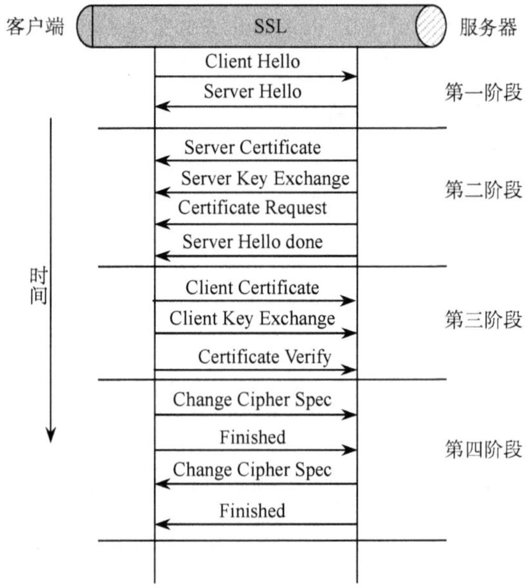

图 7-8　SSL 握手协议的过程

（2）整个握手过程描述如下：

① 客户端发送一个 client_hello 消息后，对应的服务器回应一个 server_hello 消息，否则会产生一个致命错误，导致连接失败。client_hello 和 server_hello 用于在客户端和服务器之间建立安全性能的协商，包括协议版本、会话标识、密码组和压缩方法，另外还产生和交换两组随机值 ClientHello.random 和 ServerHello.random。

② hello 消息之后，如果需要被客户端认证，服务器将发送其证书信息。另外，如果需要，可发送一个 server_key_exchange 消息（如果服务器不被认证，或认证仅仅为了签名）。服务器还可能会发送 certificate_request 消息请求客户机的数字证书。然后服务器将发送 server_hello_done 消息，表示握手阶段的 hello 消息部分已经完成，服务器将等待客户端响应。

③ 如果服务器已发送了一个证书请求（certificate_request）消息，客户端则回应证书消息或无证书报警（no_certificate alert）。然后客户端可发送 client_key_exchange 消息，消息的内容将取决于在 client_hello 和 server_hello 之间选定的公开密钥算法。如果客户端发送一个带有一签名能力的证书，则还需发送一个数字签名的 certificate_verify 消息用于明确地验证这个证书。

④ 客户端发送一个 change_cipher_spec 消息，将待决密码参数（pending Cipher Spec）复制到当前密码参数（current_Cipher_Spec），然后客户端立即在新的算法、密钥和密码下发送结束消息（finished）。对应地，服务器将发送自己的 change_cipher_spec 消息，将待决密码参数(pending_Cipher_Spec)复制到当前密码参数(current_Cipher_Spec)，然后在新的 Cipher Spec 下发送结束消息（finished）。此时，握手结束，客户端和服务器可开始交换其应用层数据。

3）重用一个 SSL 会话

如果客户端和服务器决定恢复一个以前的会话或复制一个已存在的会话（代替重新谈判新的安全参数），其过程如下：

客户端用将要恢复的会话的 Session ID 发送一个 client_hello，服务器则检查会话缓存来寻找匹配的会话。若匹配，服务器则在特定的会话状态下重新建立连接，它将发送一个具有同样 Session ID 值的 server_hello。此时，客户端和服务器必须发送 change_cipher_spec 消息，并且直接发送 finished 消息。一旦重新建立连接完成，客户端和服务器可开始交换应用层数据。如果发现 Session ID 不匹配，服务器则产生一个新的 Session ID，然后 SSL 的客户端和服务器将执行一个完整的握手。

4）SSL 握手协议作用

SSL 中的握手协议，将公钥加密技术与对称密钥加密技术的应用有效、巧妙地结合在一起，有机地组成了互联网（或其他网络）上信息安全传输的通道。这种信息安全通道，有其实用价值，比如，利用对称加密技术比公钥加密技术对大容量信息的加/解密速度要快，而公钥技术却提供了更好的身份认证技术。SSL 的握手协议可以非常有效地让客户与服务器之间完成身份认证。

通过 SSL 客户端与服务器传送自己的数字证书，互验合法性，特别是验证服务器的合法性，可以有效地防止互联网上虚假网站的网上钓鱼事件；同时，服务器端也可以严格验证客户端的真实身份。其作用如下：

（1）客户端的浏览器向服务器传送客户端 SSL 协议的版本号、加密算法的种类、产生的随机数，以及其他服务器和客户端之间通信所需要的各种信息。

（2）服务器向客户端传送 SSL 协议的版本号、加密算法的种类、随机数及其他相关信息，同时，服务器还将向客户端传送自己的证书。

（3）客户利用服务器传过来的信息验证服务器的合法性。服务器的合法性包括：证书是否过期，发行服务器证书的 CA 是否可靠，发行者证书的公钥能否正确解开服务器证书的“发行者的数字签名”，服务器证书上的域名是否和服务器的实际域名相匹配。如果合法性验证没有通过，则通信将断开；如果合法性验证通过，则将继续进行第（4）步。

（4）客户端随机产生一个用于后面通信的“对称密码”，然后用服务器的公钥（从步骤（2）服务器的证书中获得）对其加密，再将加密后的“预主密码”传给服务器。

（5）如果服务器要求客户的身份认证（在握手过程中为可选），客户则可以建立一个随机数，然后对其进行数字签名，将这个含有签名的随机数和客户自己的证书，以及加密过的“预主密码”一起传给服务器。

（6）如果服务器要求客户的身份认证，服务器则必须检验客户证书和签名随机数的合法性。具体的合法性验证包括：客户的证书使用日期是否有效，为客户提供证书的 CA 是否可靠，发行 CA 的公钥能否正确解开客户证书的发行 CA 的数字签名，检查客户的证书是否在证书撤销列表（CRL）中。检验如果没有通过，则通信立刻中断；如果验证通过，则服务器将用自己的私钥解开加密的“预主密码”，然后执行一系列步骤来产生主通信密码（客户端也将通过同样的方法产生相同的主通信密码）。

（7）服务器和客户端用相同的主密码，即“通话密码”，一个对称密钥用于 SSL 协议的安全数据通信的加/解密通信。同时，在 SSL 通信过程中还要完成数据通信的完整性，以防止数据通信中的任何变化。

（8）客户端向服务器发出信息，指明后面的数据通信将使用步骤（7）中的主密码为对称密钥，同时通知服务器客户端的握手过程结束。

（9）服务器向客户端发出信息，指明后面的数据通信将使用步骤（7）中的主密码为对称密钥，同时通知客户端服务器端的握手过程结束。

（10）SSL 的握手部分结束，SSL 安全通道的数据通信开始，客户和服务器开始使用相同的对称密钥进行数据通信，同时进行通信完整性检验。

5）密码参数的生成

由 SSL 握手过程分析可知，当客户端收到服务器的 server_hello 消息以后，如果服务器要求对客户端进行身份认证，客户端将自己的证书发送给服务器，然后发送 client_key_exchange 消息，如果不需要对客户端进行认证，则直接发送该消息。客户端产生一个随机数作为预加密主密钥 pre_master_secret，并用对方的公开密钥加密后作为 client_key_exchange 消息的内容发送给服务器。服务器收到该消息后用自己的私钥对加密数据进行解密，从而客户端与服务器具有相同的预加密主密钥 pre_master_secret，然后双方以此 pre_master_secret 为基数，经过一定的算法计算出主密钥 master_secret，该主密钥被用来生成各类加密算法密钥。主密钥首先通过一系列散列运算生成一个足够长度的密钥块（key_block），该密钥块的长度大于或等于 SSL 所需要的各类加密密钥的长度。随后 SSL 将该密钥块中的数据切分成各个加密密钥。SSL 密钥的生成过程如图 7-9 所示。

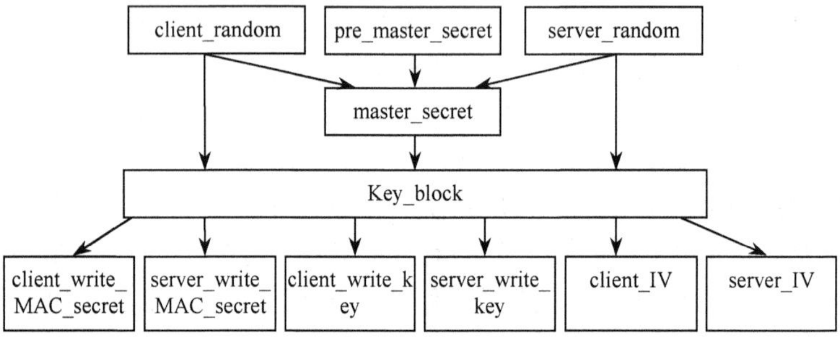

图 7-9 SSL 密钥的生成过程

SSL 中的密钥导出过程具体如下：

```
master_secret=
  MD5(pre_master_secret||SHA('A'||pre_master_secret||ClientHello.random||
     ServerHello.random))+
  MD5(pr_master_secret||SHA('BB'||pre_master_secret||ClientHello.random||
     ServerHello.random))+
  MD5(pre_master_secret||SHA('CCC'||pre_master_secret||ClientHello.random||
     ServerHello.random))
```

双方得到 master_secret 后，再由 master_secret 经过一定的计算生成 key_block，然后对 key_block 进行切分，从而导出加密所需要的各个密钥和散列所需要的散列密钥。key_block 的计算过程如下：

```
key_block=
  MD5(master_secret||SHA('A'||master_secret||ClientHello.random||
     ServerHello.random))+
  MD5(master_secret||SHA('BB'||master_secret||ClientHello.random||
     ServerHello.random))+
  MD5(master_secret||SHA('CCC'||master_secret||ClientHello.random||
     ServerHello.random))
```

上述计算过程将不断进行，直到生成的 key_block 的字节数足够生成所有所需要的最终密钥。然后对 key_block 进行切分，从而得到所需要的最终密钥，如果切分完成后 key_block 还有剩余，则直接将其抛弃。

通过上面的描述可知，加密算法、消息摘要算法、初始化向量算法的安全与否除了受自身的安全性能影响外，还受主密钥的安全性影响。而主密钥的安全性又由客户端和服务器端的随机数以及预主密钥的安全性共同决定。

上述各计算过程中用到的 ServerHello.random 和 ClientHello.random 分别为用户端和服务器端在握手问候消息中交换的随机数。当用户端和服务器端在交换双方的随机数时，均以明文形式传送，很容易被监听，对攻击毫无秘密可言。

预加密主密钥是由通信双方在进行 SSL 握手时通过公钥密码技术进行交换，实现预加密主密钥的共享。目前，SSL 支持的公钥密码算法有 RSA 算法以及 DH 等算法。这些算法本身对密钥长度没有限制，高密钥位的公钥算法有足够的安全性，但是由于美国对加密产品的政策限制，使得出口到我国的 SSL 产品仅支持低密钥位的公钥算法，如其在 SSL 规范中加密套件限定 RSA 算法和 DH 算法采用 512 位密钥，而当前 RSA 密钥长度要求大于 1 024 位才有安全保障。正是由于这种限制，使得客户端和服务器端间的密钥交换缺乏安全性。

4．修改密文规约协议

修改密文规约协议（SSL Change Cipher Spec Protocol）是一个简单的特定协议。位于 SSL 记录协议之上，所以，它用到了 SSL 记录协议的处理过程。它仅定义了一个由单个字节“1”构成的消息报文；其目的是表示密码策略的变化，由记录层按照密码规约中所指定的方式进行加密和压缩。在握手完成之前，双方都要发送这个消息，以通知对方其后的记录将用刚刚协商的密码规范以及相关联的密钥来保护。所有意外的更改密码规范消息都将生成一个“意外消息（unexpected_message）”警告。

用途：切换状态，把密码参数设置为当前状态。在握手协议中，当安全参数协商一致后，发送此消息。

5．告警协议

告警协议将警告消息以及它们的严重程度传递给 SSL 会话中的主体。就像由记录层处理的应用层数据一样，警告消息也用当前连接状态所指定的方式来压缩和加密。

当任何一方检测到一个错误时，检测的一方就向另一方发送一个消息。如果警告消息有一个致命的后果，则通信双方应立即关闭连接。双方都需要忘记任何与该失败的连接相关联的会话标识符、密钥和秘密。对于所有的非致命错误，双方可以缓存信息以恢复该连接。

用途：规定了告警的级别和告警的类型，SSL 告警协议的组成如图 7-10 所示。在 SSL 协议执行过程中通过告警协议来显示信息交换过程中所发生的错误。

告警的级别及类型如表 7-2 和表 7-3 所示。

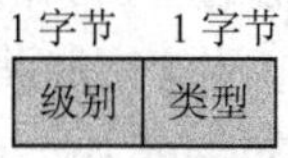

图 7-10　SSL 告警协议的组成

表 7-2　SSL 告警协议的级别

级别	告警名称	含　义
1	警告	表示一个一般警告信息
2	致命错误	表示出现了致命的错误，立即终止当前连接，同一会话的其他连接还可继续，不会再产生其他新的连接

表 7-3　SSL 告警协议的类型

类型	告警名称	含　义
0	close_notify	通知接收方，发送方在本连接中不再发送消息

续表

类型	告警名称	含　义
10	unexpected_message	收到不适当的消息
20	bad_recode_mac	接收到的记录的 MAC 有错误（致命错误）
30	decompression_failure	解压缩失败（致命错误）
40	handshake_failure	发送方无法进行的安全参数设置（致命错误）
41	no_certificate	认证中心没有证书
42	bad_certificate	证书已破坏
43	unsupported_certificate	不支持接收的证书类型
44	certificate_revoked	证书已经撤销
45	certificate_expired	证书过期
46	certificate_unknown	在产生证书时有不明问题
47	Illegal_parameter	握手过程某个字段超出范围

7.1.3 SSL 协议的通信与安全交易过程

1．SSL 协议的实现过程

（1）客户机使用 IE 浏览器向服务器发送客户端的 SSL 版本号、密码设置、随机数和需要服务器使用 SSL 协议与客户机进行通信的其他信息，IE 浏览器使用 HTTPS 协议向服务器申请建立 SSL 会话。

（2）服务器向客户端发送服务器端的 SSL 版本号、密码设置、随机数和客户端使用 SSL 协议与服务器通信需要的其他信息。同时服务器端发送它自己的数字证书供客户认证，如果认为客户端需要身份认证则要求客户发送证书，该操作是可选的。

（3）客户端利用服务器发送的信息认证服务器的真实身份并取得公开密钥等，如果服务器不被认证，客户被告警发生了问题，通知不能建立带有加密和认证的连接。若服务器能被成功地认证，客户机将继续下一步。

（4）客户机利用数字信封技术为将要进行的会话创建会话预密钥 pre_master_secret，并用服务器的公钥加密它，然后向服务器发送加密的会话预密钥。

（5）当客户能被成功认证后，服务器会使用它的私人密钥解密从客户端得到的会话预密钥 pre_master_secret，并生成真正的会话密钥 master_secret。同时客户端也从相同的 pre_master_secret 开始得到相同的 master_secret。会话密钥 master_secret 是对称密钥用于加密和解密在 SSL 会话期间交换的信息，并验证信息的完整性。

（6）会话密钥生成后，客户端向服务器发送消息，通知服务器以后从客户端来的消息将用会话密钥加密，这表明握手的客户端部分已经完成。

（7）服务器向客户端发送相同的消息，通知从服务器来的消息将用会话密钥加密，这表明握手的服务器部分已经完成。

（8）SSL 会话开始，使用安全通道发送消息，客户端和服务器使用会话密钥加密和解密它们彼此发送的数据和验证数据完整性。

（9）当通信完成后，一般情况会话密钥会被丢弃。

2．SSL 协议的工作过程

（1）发送方的工作过程（会话密钥已建立）：

① 从上层接收要发送的数据（包括各种消息和数据）；

② 对信息进行分段，成若干记录；

③ 使用指定的压缩算法进行数据压缩（可选）；

④ 使用指定的 MAC 算法生成 MAC；

⑤ 使用指定的加密算法进行数据加密；

⑥ 发送数据。

（2）接收方的工作过程（会话密钥已建立）：

① 接收数据；

② 使用指定的解密算法解密数据；

③ 使用指定的 MAC 算法校验 MAC；

④ 使用压缩算法对数据解压缩（在需要时进行）；

⑤ 将记录进行数据重组；

⑥ 将数据发送给高层。

7.1.4　SSL 协议的安全性分析

1．加密算法和认证算法

1）加密算法和会话密钥

SSL 协议 V2.0 和 V3.0 支持的加密算法包括 RC4、RC2、IDEA 和 DES，而加密算法所用的密钥由消息哈希函数 MD5 产生。RC4 和 RC2 是由 RSA 定义，其中 RC2 适用于块加密，RC4 适用于流加密。

2）认证算法

认证算法采用 X.509 电子证书标准，是通过 RSA 算法进行数字签名来实现的。

（1）服务器的认证。在上述两对密钥中，服务器方的写密钥和客户方的读密钥、客户方的写密钥和服务器方的读密钥分别是一对私钥、公钥。对服务器进行认证时，只有用正确的服务器方写密钥加密，client_hello 消息形成的数字签名才能被客户正确解密，从而验证服务器的身份。

若通信双方不需要新的密钥，则它们各自所拥有的密钥已经符合上述条件。若通信双方需要新的密钥，首先服务器方在 server_hello 消息的服务器证书中提供了服务器的公钥。服务器用其私钥才能正确地解密由客户方使用服务器的公钥加密的 master_key，从而获得服务器方的读密钥和写密钥。

（2）客户的认证。如上所述，只有用正确的客户方写密钥加密的内容才能被服务器方用其读密钥正确解开。当客户收到服务器方发出的 request_certificate 消息时，客户首先使用 MD5 消息哈希函数获得服务器方信息的摘要，服务器方的信息包括：key_material_0、key_material_1、key_material_2、certificate_challenage_data（来自于 request_certificate 消息）和服务器所赋予的证书（来自于 server_hello）消息。

其中 key_material_1 和 key_material_2 是可选的，与具体的加密算法有关。然后客户使用自己的读密钥加密摘要形成数字签名，从而被服务器认证。

2．SSL 安全优势

1）监听和中间人式攻击

SSL 使用一个经过通信双方协商确定的加密算法和密钥，对不同的安全级别应用都可找到不同的加密算法，从而用于数据加密。它的密钥管理处理比较好，在每次连接时通过产生一个 Hash 函数生成一个临时使用的会话密钥，除了不同连接使用不同密钥外，在一次连接的两个传输方向上也使用各自的密钥。尽管 SSL 协议为监听者提供了很多明文，但由于采用 RSA 交换密钥具有较好密钥保护性能，以及频繁更换密钥的特点，因此对监听和中间人式攻击而言，具有较高防范性。

2）流量数据分析式攻击

流量数据分析式攻击的核心是通过检查数据包的未加密字段或未加保护的数据包属性，试图进行攻击。在一般情况下该攻击是无害的，SSL 无法阻止这种攻击。

3）截取再拼接式攻击

当需要较强的连接加密时，需要考虑这种安全性。SSL V3.0 基本上可阻止这种攻击。

4）报文重发式攻击

报文重发式攻击比较容易阻止，SSL 通过在 MAC 数据中包含“系列号”来防止该攻击。

3．SSL 协议存在的问题

1）密钥管理问题

设计一个安全的密钥交换协议是很复杂的，因此 SSL 的握手协议也存在一些密钥管理问题。SSL 的问题表现在以下几方面。

（1）客户机和服务器在互相发送自己能够支持的加密算法时，是以明文传送的，存在被攻击修改的可能。

（2）SSL V3.0 为了兼容以前的版本，可能降低安全性。

（3）所有的会话密钥中都将生成 master_key，握手协议的安全完全依赖于对 master_key 的保护，因此在通信中要尽可能少地使用 master_key。

2）加密强度问题

Netscape 依照美国内政部的规定，在其国际版浏览器及服务器上使用 40 位的密钥。以 SSL 所使用的 RC4 演绎法所命名的 RC4 法规对多于 40 位长的加密密钥产品的出口加以限制。这项规定使 Netscape 的 128 位加密密钥在美国之外的地方变成不合法。一个著名的例子是一个法国的研究生和两个美国柏克莱大学的研究生破译了一个 SSL 密钥，才使人们开始怀疑以 SSL 为基础的系统安全性。

Microsoft 公司想利用一种称为私人通信技术（Private Communication Technology，PCT）的 SSL superset 协议来改进 SSL 的缺点。PCT 会衍生出第二个专门为身份验证用的密钥。这个身份验证并不属于 RC4 规定的管辖范围。PCT 加入比目前随机数产生器更安全的产生器，因为它也是 SSL 安全链中的一个弱环节。这个随机数产生器提供了产生加密密钥的种子数目（Seed Number）。

3）数字签名问题

SSL 协议没有数字签名功能，即没有抗否认服务。若要增加数字签名功能，需要在协议中打补丁。这样做，使用于加密的私钥同时又用于数字签名，这在安全上存在漏洞。后来的 PKI 体系完善了这种措施，即双密钥机制，将加密私钥和签名私钥两者分开，成为双证书机制。这是 PKI 完整的安全服务体系。

4）SSL 的加密漏洞

虽然一个网站可能使用了 SSL 安全技术，但这并不是说在该网站中正在输入和以后输入的数据也是安全的。所有人都应该意识到 SSL 提供的仅仅是电子商务整体安全中的一小部分解决方案。SSL 在网站上的使用可能会造成管理员对其站点安全性的某些错觉。使用了 SSL 的网站所可能受到的攻击和其他服务器并无任何区别，同样应该留意各方面的安全性。简而言之，加密和数字证书、SSL 的主要组成，从来都无法保护服务器——它们仅仅可以保护该服务器所收发的数据。SSL 常见的安全问题有以下 3 种。

（1）攻击证书。类似 Verisign 的公共认证机构并不总是可靠的，系统管理员经常犯的错误是过于信任 Verisign 等公共认证机构。例如，如果 Verisign 发放一个证书说“我是某某某”，系统管理员很可能就会相信“我是某某某”。但是，对于用户的证书，公共认证机构可能不像对网站数字证书那样重视和关心其准确性。例如，Verisign 发放了一个“keyman”组织证书，而我是其中一员“JACK”。当一个网站要求认证用户身份时，我提交了“JACK”证书。用户可能会对其返回的结果大吃一惊。更为严重的是，由于微软公司的 IIS 服务器提供了“客户端证书映射”（Client Certificate Mapping）功能，用于将客户端提交证书中的名字映射到 Windows NT 系统的用户账号，在这种情况下用户就能够获得该主机的系统管理员特权。

如果黑客不能利用上面非法的证书突破服务器，他们可以尝试暴力攻击（Brute Force Attack）。虽然暴力攻击证书比暴力攻击口令更为困难，但仍然是一种攻击方法。要暴力攻击客户端认证，黑客编辑一个可能的用户名字列表，然后为每个名字向认证机构申请证书。每个证书都用于尝试获取访问权限。用户名的选择越好，其中一个证书被认可的可能性就越高。暴力攻击证书的方便之处在于它仅需要猜测一个有效的用户名，而不是猜测用户名和口令。

（2）窃取证书。黑客还可能窃取有效的证书及相应的私钥。最简单的方法是利用特洛伊木马。这种攻击几乎可使客户端证书形同虚设。它攻击的是证书的一个根本性弱点：私钥（整个安全系统的核心，经常保存在不安全的地方）。对付这些攻击的唯一有效方法是将证书保存到智能卡或令牌之类的设备中。

（3）安全盲点。系统管理员没办法使用现有的安全漏洞扫描（Vulnerability Scanners）或网络入侵检测系统（Intrusion Detection Systems，IDS）来审查或监控网络上的 SSL 交易。

网络入侵检测系统是通过监测网络传输来找寻没有经过认证的活动。任何符合已知的攻击模式或者并未经过政策上授权的网络活动都被标起来以供系统管理者监视。而要让入侵检测系统能够发生作用，入侵检测系统必须能够监视所有的网络流量信息，但是 SSL 的加密技术却使得通过 HTTP 传输的信息无法让入侵检测系统辨认。

此外，虽然可以用最新的安全扫描软件审查一般的网页服务器来寻找已知的安全盲点，这种扫描软件并不会检查经过 SSL 保护的服务器。受到 SSL 保护的网页服务器的确拥有与一般服务器同样的安全盲点，可是也许是因为建立 SSL 连接所需要的时间以及困难度，安全漏洞扫描软件并不会审查受到 SSL 保护的网页服务器。没有网络监测系统，再加上没有安全漏洞审查，使得最重要的服务器反而成为受到最少防护的服务器。

7.2 安全电子交易协议

7.2.1 SET 协议产生的背景

虽然 SSL 协议已广泛应用在电子商务活动中来保证数据传输的安全性，但是 SSL 还存在一些不足。如无法对交易信息进行抗抵赖保护，也无法保证消费者的个人信息、信用卡信息对商家的保密性。

1．电子商务对安全的要求

电子商务活动对安全性的需求主要包含如下几方面：

（1）如何确定通信中的贸易伙伴的真实性？常用的处理技术是身份认证，依赖某个可信赖的机构（认证中心 CA）发放证书，双方交换信息之前通过 CA 获取对方的证书，并以此识别对方。

（2）如何保证电子单证的秘密性，防范电子单证的内容被第三方读取？常用的处理技术是数据加密和解密。

（3）如何保证被传输的业务单证不会丢失，或者发送方可以察觉所发单证的丢失？对于固定且具有频繁贸易往来的伙伴，可以采用单证传输的序列性检验（即为单证分配序列号，或者增加时间戳）；也可采用双方约定的方法，即在规定的时间内，通过某种方式进行确认，包括采用特定的确认报文，或者采用电子邮件确认和电话确认等。

（4）如何确定电子单证的内容未被篡改？单证传输完整性主要采用散列技术来防止非法用户对单证的篡改。散列算法保证对于不同的单证产生相同的散列值的概率极小。

（5）如何确定电子单证的真实性，即单证来源于期望的发送方？鉴别单证真实性的主要手段是数字签名技术，其基础是数据加密中的公开密钥加密技术，实用中常结合单证完整性一起考虑，利用发送方的密钥对散列值进行加密。目前可用的数字签名算法很多，如 RSA 数字签名、ELGamal 数字签名等。

（6）如何解决或者仲裁收发双方对交换的单证所产生的争议，包括发方或收方可能的否认或抵赖？通常要求引入认证中心 CA 进行管理，由 CA 发放密钥，传输的单证及其签名的备份发至 CA 保存，作为可能争议的仲裁依据。

为了达到商务活动的要求，电子商务需要有规定顾客、商家和各金融机构之间的责权关系的政策，给出参与各方的数据存储和通信过程以及数据流动的支付协议。

2．SET 协议简介

世界两大信用卡商 Master Card 和 Visa 于 1997 年共同推出了安全电子交易协议（Secure Electronic Transaction，SET），该协议主要用于保障 Internet 上信用卡交易的安全性。利用 SET 给出的整套安全电子交易过程的规范，可以实现电子商务交易中的机密性、认证性、数据完整性和不可否认性等安全功能。

SET 协议采用公钥密码体制和 X.509 数字证书标准，主要应用于 B to C 模式中保障支付信息的安全性。SET 协议本身比较复杂，设计比较严格，安全性高。

SET 协议是目前国际上公认的最安全、最成熟的电子支付协议之一，已日益成为电子商务的安全基础。

SET 要达到的最主要的目标是：

（1）信息在 Internet 上的安全传输，保证网上传输的数据不被黑客窃听。

（2）订单信息和个人账号信息的隔离，在将包括消费者账号信息的订单送到商家时，商家只能看到订货信息，而看不到消费者的账户信息。

（3）消费者和商家的相互认证，以确定通信双方的身份，一般由第三方机构负责为在线通信双方提供信用担保。

（4）要求软件遵循相同的协议和消息格式，使不同厂家开发的软件具有兼容和互操作功能，并且可以运行在不同的硬件和操作系统平台上。

7.2.2　SET 协议的规范与功能

SET 协议是一个应用层协议，在相关应用中比 SSL 协议具有更多优点，也是更复杂的密码应用协议。协议是一种基于信用卡网上电子商务交易的安全标准，主要是为了解决用户、商家和银行之间通过信用卡支付的交易安全而设计的，用以保证支付信息的机密、支付过程的完整、商户及持卡人的合法身份以及互操作性。

1. SET 协议涉及的实体

SET 协议涉及的实体，即参与者，他们之间交互的简要介绍如图 7-11 所示。

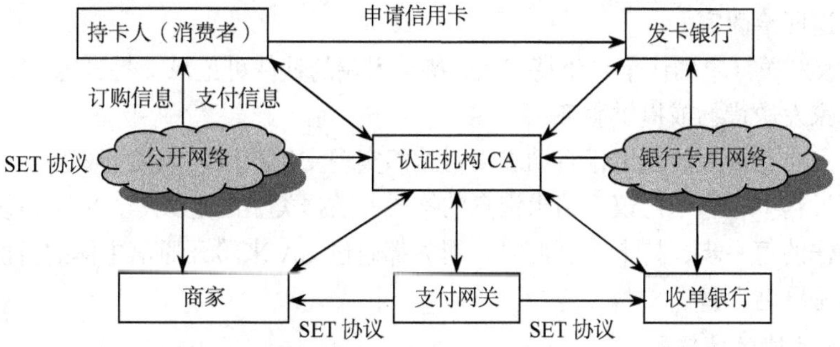

图 7-11　SET 协议涉及的实体及它们之间的交互

下面是由 SET 规定的这些参与者以及他们在交易中的角色：

（1）持卡人：一般指某信用卡的合法拥有者。在电子商务中指参与电子交易活动的消费者，可指个人或团体消费者。持卡人通过 Internet 或其他公开网络与商家进行商品交易，并利用发卡银行颁发的信用卡进行付款结算。

（2）发卡银行：指金融机构，它为每个建立了银行账户的个人或单位颁发信用卡。发卡银行依据信用卡的类型及相关规定，处理信用卡账户的申请、建立，并对用户的最终债权、债务负责。

（3）收单银行：指为参与电子交易的商家提供处理信用卡的授权与支付服务的金融机构。

（4）商家：指提供网上购物的电子商店或提供电子交易服务的企业。

（5）认证机构：指负责向信用卡用户及电子商家发行与管理数字证书的认证机构。

（6）支付网关：指由收单银行或特定的第三方操作的一个计算机软件系统，用于处理 Internet 与收单银行之间的数据信息转换。它专门负责处理来自 Internet 上的支付信息。在整个支付过程中，需要消费者（持卡者）、商家和银行或其他能够提供清算服务的机构（如金融电子结算中心）三方参与。

2. SET 协议的基本运行过程

SET 协议是一个庞大的协议系统，总共由 17 个子协议组成。其中主要的子协议包括：持卡人注册、商家注册、购买请求、支付认证、支付截获等。SET 协议还有很多可选的辅助子协议，包括：证书状态查询、支付查询、授权撤销、付款撤销、信用卡撤销和出错消息等。

SET 协议的基本运行流程如图 7-12 所示，其具体工作流程如下：

（1）持卡人通过浏览器选择在线商店里自己需要的商品，放入购物车。

（2）持卡人填写订单信息，并选择支付方式。

（3）持卡人将订单信息和支付信息发送给商家，订单信息和支付指令由消费者进行数字签名，同时利用双重签名技术保证商家看不到消费者的账号信息以及银行看不到消费者的订单信息。

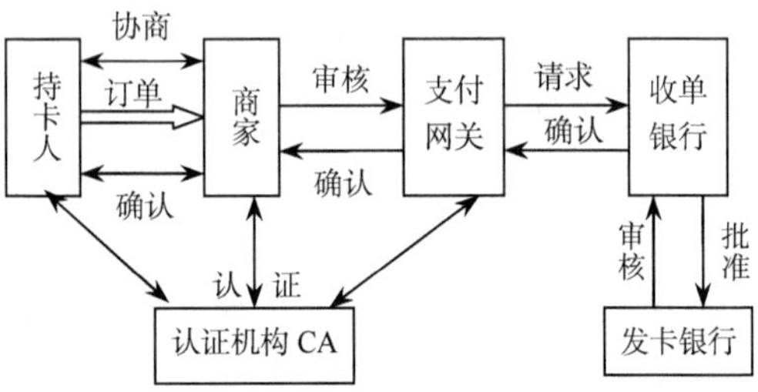

图 7-12　SET 协议的基本运行流程示意图

（4）商家接受订单信息后，与支付网关进行通信，请求授权认证。

（5）支付网关通过收单银行向持卡人的发卡银行请求进行支付确认。

（6）发卡银行同意支付，将确认信息通过支付网关返回给商家。

（7）商家发送订单确认信息给持卡人，持卡人端的软件可记录交易日志，以备将来查询。

（8）商家发送货物或提供服务。

（9）商家向持卡人的发卡银行请求支付，即实现支付获取、完成清算。

在处理过程中，通信协议、请求消息的格式、数据类型的定义等，SET 协议都有明确的规定。在操作的每一步，持卡人、商家、网关都通过 CA 来验证通信主体的身份，以确保通信的对方不是冒名顶替。

3. SET 协议的功能

SET 协议满足了电子商务活动的具体商业要求，其功能如下：

（1）机密性：确保支付信息和相关订购信息在互联网上安全传输，防止数据被黑客或被内部人员窃取，这一点通过加密技术来实现。

（2）完整性：确保所有传输数据的完整性，通过使用数字签名来实现。

（3）认证性：包括对持卡人和商家的认证，验证持卡人是否为支付卡的合法用户以及商家是否能接受支付卡交易并确保他与某个相关的金融机构的关系，认证性通过使用数字签名和 X.509 证书来实现。

（4）信息的部分共享：保证电子商务参与者信息的相互隔离，商家不能看到客户的账户和密码信息，而银行无法得到客户的订购信息，这一点通过双重签名实现。

（5）互用性：规范协议和消息格式，促使不同厂家开发的软件具有兼容性和互操作功能，并且可以运行在不同的硬件和操作系统平台上。

7.2.3　SET 证书的管理

在用户身份认证方面，SET 引入了证书（Certificates）和证书管理机构（Certificates

Authorities）机制。

1．SET 证书的种类

在 SET 协议中有持卡人证书、商家证书、支付网关证书、银行证书、发卡机构证书等。其中最主发的是持卡人证书、商家证书、支付网关证书。

（1）持卡人证书：适用于持卡人使用发卡机构颁发的银行卡（借记卡、储蓄卡、信用卡）进行网上购物和结算。

（2）商家证书：适用于商户通过互联网向消费者出售商品或服务，并与支付网关相连实现资金划转。

（3）支付网关证书：适用于支付网关提供的服务（Internet 上各种安全协议与银行现有网络数据格式的转换）。

2．SET 证书格式内容

SET 证书内容包括申请证书个体的信息和发行证书 CA 签名的信息，数字证书由四个域（标准域、扩展域、自定义域和 CA 签名域）构成，其构成均遵循 ITU X.509 V3 标准。

3．SET 认证中心

根据功能不同，SET 认证中心划分成不同等级，不同认证中心负责发放不同的证书。持卡人证书、商家证书、支付网关证书分别由持卡人认证中心（CAA）、商家认证中心（MCA），支付网关认证中心（PCA）进行颁发，而 CAA、MCA、PCA 证书则由区域认证中心（GCA）进行颁发。GCA 的证书则由品牌中心（BCA）颁发。BCA 由根认证中心（RCA）颁发。在证书中，利用 X.500 识别名来确定 SET 交易中所涉及的各参与方。

在 SET 协议中，只有唯一的根 CA，该根使用一个长为 2 048 位的密钥来签发每一张品牌证书。区域 GCA 和更低级别的 CA 所发放的证书，均使用 1 024 位的密钥进行签发。SET 认证及证书层次结构如图 7-13 所示。

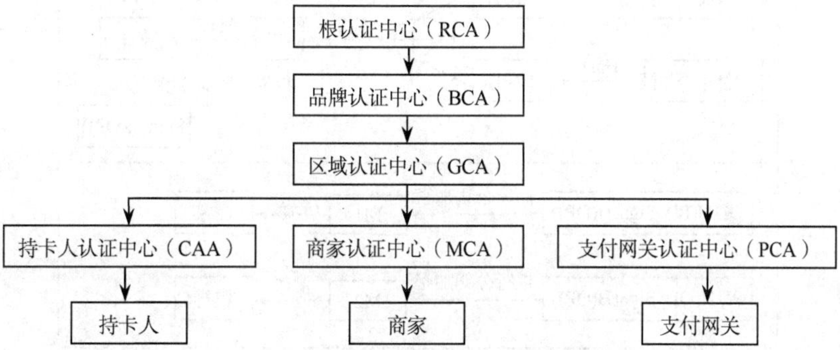

图 7-13　SET 认证中心 CA 的层次结构

4．SET 证书的验证

持卡人请求 CA 对商家认证，目的是对商家进行调查、验证和鉴别后，将包含商家公钥的证书传给持卡人。同样，商家也可对持卡人进行验证。证书采用树形验证。在两方通信时，通过出示由某个 CA 签发的证书来证明自己的身份，如果对签发证书的 CA 本身不信任，则可验证 CA 的身份，依此类推，一直到公认的权威处，就可确信证书的有效性。SET 证书正是通过信任层次来逐级验证的，每个证书与数字化签发证书的实体的签名证书关联，沿着信任树一直到一个公认的信任组织，就可确认该证书是有效的。

7.2.4 双重签名

所谓双重数字签名，就是在某些场合发送者需要寄出两个相关信息给接收者，对这两组相关信息，接收者只能解读其中一组，另一组只能转送给第三方接收者，不能打开看其内容。这时发送者就需分别加密两组密文，做两组数字签名，故称双重数字签名。

在电子商务应用中，当持卡人客户登录商户网站，提出申请购物时，持卡人要向商家提出两组信息：向商家直接提出订购信息的同时，还必须向银行提出付款信息。在这个处理过程中，有两个要点，即持卡人不希望商家知道自己的银行支付账号的有关信息，同时也不希望银行方面知道具体的购物内容，只需按金额贷记或借记账户即可。

SET 协议使用了双重签名，可以保护信用卡消息不被窃听者或者不诚实的商家窃取，此外，还可以保护买卖订单消息对于支付网关的机密性。在 SET 协议中，持卡用户需要将订购信息（OI）和支付信息（PI）一起发送给商家。但实际上订购信息是发送给商家的，而支付信息是发送给银行系统的。为了向持卡用户提供更好隐私保护，SET 将 OI 和 PI 分离开来，由不同机构处理。

（1）SET 系统中双重签名的产生过程如图 7-14 所示，具体操作过程如下：

① 持卡人通过 Hash 算法分别生成订购消息 OI 和支付指令 PI 的消息摘要 H(OI)和 H(PI)。

② 消息摘要 H(OI)和 H(PI)连接起来得到消息 OP。

③ 通过 Hash 算法生成 OP 的消息摘要 H(OP)。

④ 用持卡人的私有密钥加密 H(OP)得到双重数字签名 Sign(H(OP))。

⑤ 持卡人将消息(OI,H(PI),Sign(H(OP)))用商家的公开密钥加密后发送给商家，将消息(PI,H(OI),Sign(H(OP)))用银行的公开密钥加密后发送给银行。

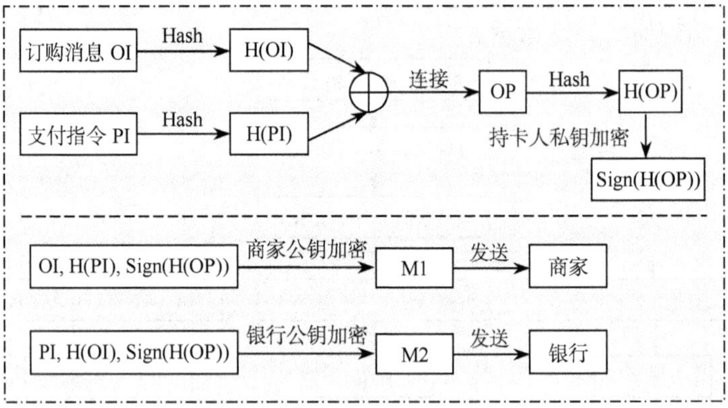

图 7-14 双重签名的产生过程

（2）SET 系统中双重签名的验证过程如图 7-15 所示，具体操作过程如下：

① 商家将收到的消息用自己的私有密钥解密后，生成消息 OI 的消息摘要 H(OI)，同样银行将收到的消息用自己的私有密钥解密后，生成消息 PI 的消息摘要 H(PI)。

② 商家将生成的消息摘要 H(OI)和接收到的消息摘要 H(PI)连接成新的消息 OP1，银行将生成的消息摘要 H(PI)和接收到的消息摘要 H(OI)连接成新的消息 OP2。

③ 商家将消息 OP1 生成消息摘要 H(OP1)，银行将消息 OP2 生成消息摘要 H(OP2)。

④ 商家和银行均用持卡人的公共密钥解密收到的双重数字签名 Sign(H(OP))，得到

H(OP)。

⑤ 商家将 H(OP1)和 H(OP)进行比较，银行将 H(OP2)和 H(OP)进行比较，若相同，则证明商家和银行所接收到的消息是完整有效的。

经过这样处理后，商家就只能看到订购消息 OI，银行只能看到持卡人的支付消息 PI，有效地保护了信息的机密性。

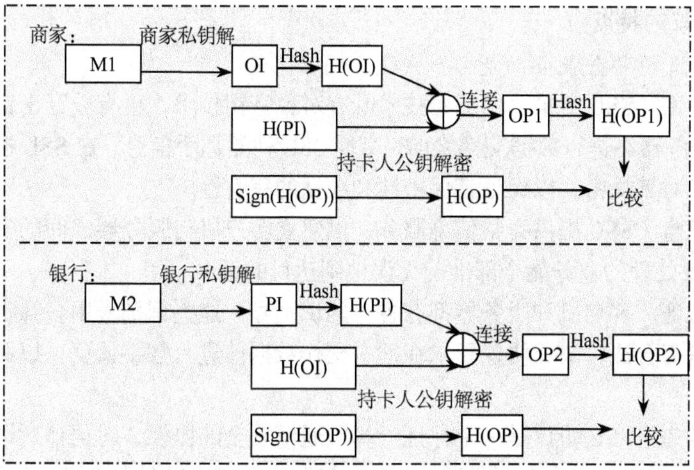

图 7-15　双重签名的验证过程

7.2.5　应用 SET 的购物流程

应用 SET 协议之后，购物流程如图 7-16 所示，具体操作过程如下：

（1）持卡人通过浏览器从商家网站选择要购买的商品，填写订单。选择付款方式，此时 SET 开始介入。持卡人通过网络发送给商家一个完整的订单及要求付款的指令。在 SET 中，订单和付款指令由持卡人进行数字签名，同时，利用双重签名技术保证商家看不到持卡人的账号信息。

（2）商家接受订单，通过支付网关向持卡人的金融机构请求支付认可。

（3）在银行和发卡机构确认和批准交易后，支付网关给商家返回确认信息。

（4）商家通过网络给顾客发送订单确认信息，为顾客配送货物，完成订购服务。客户端软件可记录交易日志，以备将来查询。

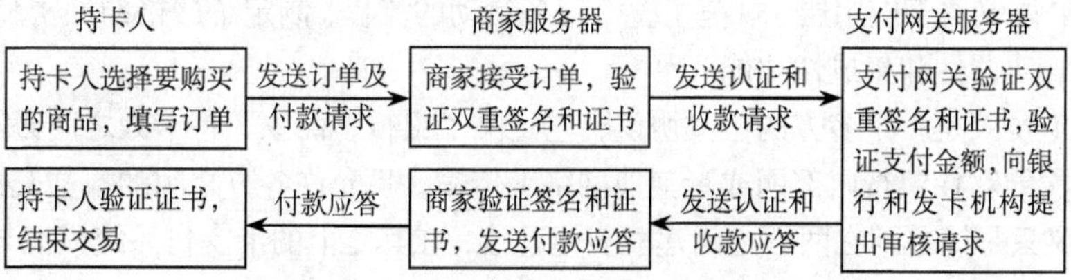

图 7-16　应用 SET 协议的购物流程

（5）商家请求银行将钱从购物者的账号转移到商家账号。

7.3 SSL 协议和 SET 协议的比较

7.3.1 SSL 协议和 SET 协议的特点比较

1. SSL 协议的特点

1）SSL 协议的安全服务功能

（1）信息加密。SSL 所采用的加密技术既有对称密钥技术，也有公开密钥技术。具体来讲，客户端与服务器在进行数据交换之前，交换 SSL 初始握手信息，在 SSL 握手信息中采用了各种加密技术对其加密，以保证其保密性和数据的完整性。

（2）信息完整。SSL 提供完整信息服务，以建立客户机与服务器之间的安全通道，使所有经过 SSL 协议处理的业务能全部准确无误地到达目的地。

（3）相互认证。客户机和服务器都有各自的识别号，这些识别号由公开密钥进行编号。为了验证用户是否合法，SSL 协议要求在握手交换数据前进行数字认证，以此来确保用户合法性。

需要说明的是，SSL 协议是一个保证计算机通信安全的协议，对通信对话过程进行安全保护。例如，一台客户机与一台服务器连接后，首先建立初始化握手协议，然后建立一个 SSL 对话时段，直到对话结束。SSL 协议会对整个通信过程加密，并且检查其完整性。

2）SSL 协议的缺陷

SSL 无法知道在传输过程中是否受到窃听；SSL 产品的出口受到美国政府限制，我国的 SSL 产品只能提供 512 bit RSA 公钥和 40 bit 对称密钥加密，加密强度不够；SSL 协议将客户的信用卡号传送给商家，容易被心术不正的商家欺诈。

2. SET 的特点

1）SET 协议的安全服务功能

（1）采用双重数字签名技术确保电子商务参与者信息的相互隔离，使得持卡人资料加密后经过商家到达银行的过程中，商家只能看到持卡人的订购数据，而银行只能取得持卡人的支付卡信息。

（2）解决了用户与商家、用户与银行、商家与银行之间的多方认证问题。

（3）SET 保证了交易的不可否认性。

（4）SET 协议位于应用层，规范了整个商务活动的流程，制定了严格的加密和认证标准，具备商务性、协调性和集成性功能。

（5）SET 协议是一个多方的报文协议，它定义了银行、商家、持卡人之间必需的报文规范，SET 报文能够在银行内部网或者其他网络上传输，且允许各方之间的报文交换不是实时的。SSL 协议只是简单地在两方之间建立安全连接，在其之上的卡支付系统只能与 Web 浏览器捆绑在一起。

目前 SET 协议已经成为实际的行业标准，但是 SET 协议十分复杂，交易数据需进行多次验证，用到多个密钥以及多次加密解密。而且在 SET 协议中除了消费者与商家外，还有发卡行、收单行、认证中心、支付网关等其他参与者，因此目前 SET 协议的应用还是非常有限。

目前 SET 协议只支持 B to C（Business to Consumer）这种类型的电子商务模式。

2）SET 协议的安全性分析

SET 协议主要通过使用密码技术和数字证书方式来保证信息的机密性和安全性，它实现了电子交易的数据完整性、机密性、身份的合法性和不可否认性。

（1）数据完整性（Data Integrity）。SET 协议通过使用 Hash 函数来保证数据完整性。报文发送后，Hash 函数将为其产生唯一的报文摘要值，一旦报文中包含的数据被篡改，该值就会改变，从而被检测到，这样就保证了信息的完整性。

（2）机密性（Confidentiality）。在 SET 协议下，客户将支付信息 PI 和订单信息 OI 进行双重签名，商家解密后得到 OI，银行解密后得到 PI，从而避免了商家访问客户的支付信息。

（3）身份验证（Verification Of Identity）。身份认证是电子商务中非常重要的环节，SET 协议使用数字证书来确认商家、持卡客户、受卡行和支付网关的身份，为网上交易提供了一个完整的可信赖的环境。

（4）不可否认性（Non-repudiation of Disputed charges）。SET 协议中数字证书的发布过程也包含了商家和客户在交易中存在的信息，因此，如果客户发出了一个商品的订单，在收到货物后它不能否认发出这个订单，同样，商家以后也不能否认收到过这个订单。

3）SET 协议的缺陷

从 1996 年 4 月 SET 安全协议 1.0 版面市以来，大量的现场实验和实施效果获得了业界的支持，促进了 SET 良好的发展趋势。但也发现了一些问题。这些问题包括：

（1）协议没有说明收单银行给在线商店付款前，是否必须收到消费者的货物接受证书。否则的话，在线商店提供的货物不符合质量标准，消费者提出疑义，责任由谁承担。

（2）协议没有担保“非拒绝行为”，这意味着在线商店没有办法证明订购是不是由签署证书的消费者发出的。

（3）SET 技术规范没有提及在事务处理完成后，如何安全地保存或销毁此类数据，是否应当将数据保存在消费者、在线商店或收单银行的计算机里。这些漏洞可能使这些数据以后受到潜在的攻击。

（4）在完成一个 SET 协议交易的过程中，需验证电子证书 9 次，验证数字签名 6 次，传递证书 7 次，进行 5 次签名、4 次对称加密和 4 次非对称加密。所以，完成一个 SET 协议交易过程需花费 1.5～2 min，甚至更长的时间（新式小型电子钱包将多数信息放在服务器上，时间可缩短到 10～20 s）。SET 协议过于复杂，使用麻烦，成本高，且只适用于客户具有电子钱包的场合。

（5）SET 的证书格式比较特殊，虽然也遵循 X.509 标准，但它主要是由 Visa 和 Master Card 开发并按信用卡支付方式来定义的。银行的支付业务不光是卡支付业务，而 SET 支付方式和认证结构适应于卡支付，对其他支付方式是有所限制的。

（6）一般认为，SET 协议保密性好，具有不可否认性，SET CA 是一套严密的认证体系，可保证 B2C 类型的电子商务安全顺利地进行。事实上，安全是相对的，我们提出电子商务中信息的保密性，要保证支付和订单信息的保密性，即要求商户只能看到订单信息（OI），支付网关只能解读支付信息（PI）。但在 SET 协议中，虽然账号不会明文传递，它通常用 1024 位 RSA 不对称密钥加密，商户电子证书确实指明了是否允许商户从支付网关的响应消息中看到持卡人的账号，可是事实上大多数商户都收到了持卡人的账号。

7.3.2 SSL 协议和 SET 协议的性能比较

SSL 和 SET 是当前在电子商务中应用最为广泛的安全协议，两者的差别主要体现在以下几个方面。

1．协议层次

SSL 协议工作于应用层和传输层之间，高层的应用层协议（如 HTTP、FTP、Telnet 等）能透明地建立于 SSL 协议之上。而 SET 协议工作于应用层。

2．认证机制

早期的 SSL 协议并没有提供身份认证机制，虽然在 SSL 3.0 中可以通过数字签名和数字证书实现浏览器和 Web 服务器之间的身份认证，但仍不能实现多方认证。SET 协议要求所有参与交易活动的各方都必须使用数字证书，较好地解决了客户与银行、客户与商家、商家与银行之间的多方认证问题。

3．安全程度

SET 协议采用了数字信封、报文摘要、数字签名等技术，提供参与者的身份认证，确保交易信息的机密性、完整性和交易过程的不可否认性，并且 SET 协议采用了双重数字签名来保证参与方信息的相互隔离，商家只能看到持卡人的订单数据，而银行只能取得持卡人的支付信息；SSL 协议虽然也采用了公钥机制、报文摘要和 MAC 检测，可以提供保密性、完整性和一定程度的身份鉴别功能，但是缺乏一套完整的认证体系，不能提供完备的防抵赖功能。

4．运行效率

SET 协议非常复杂、庞大、运行速度慢。一个典型的 SET 交易过程需验证电子证书 9 次、验证数字签名 6 次、传递证书 7 次、进行 5 次签名、4 次对称加密和 4 次非对称加密，整个交易过程非常耗时；而 SSL 协议则简单得多，运行效率也比 SET 协议高。

5．部署成本

SSL 协议已被大部分的浏览器和 Web 服务器内置，无须安装专门软件；而 SET 协议中客户端要安装专门的电子钱包软件，在商家服务器和银行网络上也需安装相应的软件，部署成本高。

SSL 协议与 SET 协议比较汇总如表 7-4 所示。

表 7-4　SSL 协议与 SET 协议比较汇总

协议	协议层次	认证机制	安全程度	运行效率	部署成本
SET	应用层	多方认证	较高，提供防抵赖功能	较低	高
SSL	传输层	双方认证	不提供防抵赖功能	高	较低

实际上，SSL 协议一开始并不是为支持电子商务而设计的，而是后来为了克服其局限性而在原来的基础上发展了 PKI。目前，很多银行和电子商务解决方案提供商还在考虑使用 SSL 构建更多的安全支付系统，但是如果不改进客户端软件的话，基于 SSL 协议的系统不可能实现像 SET 协议这种专用银行卡支付协议所能达到的安全性。

SET 协议在交易参与方的身份验证和交易的不可否认性等方面提供了 SSL 协议无法实现的特性，因此 SET 协议较之 SSL 协议具有更强的安全性和可靠性。但由于 SSL 协议的成本低、速度快、使用简单，对现有网络系统不需进行大的修改，因而目前取得了广泛应用。

随着电子商务规模的扩大，网络欺诈的风险也在不断提高，在未来的电子商务中，将出现商家支持 SSL 协议和 SET 协议两种支付方式的局面，以满足更高的安全要求。

7.4　其他安全协议

7.4.1　网络安全协议——IPSec

1. IPSec 基本概念

IPSec（Internet Protocol Security）是通过对 IP 协议（互联网协议）的分组进行加密和认证来保护 IP 协议的网络传输协议族（一些相互关联的协议的集合）。

IPSec 由两大部分组成：建立安全分组流的密钥交换协议、保护分组流的协议。前者为互联网密钥交换（IKE）协议；后者包括加密分组流的封装安全载荷协议（ESP 协议）或认证头协议（AH 协议），用于保证数据的机密性、来源可靠性（认证）、无连接的完整性并提供抗重播服务（一种部分序列完整性的服务形式）。它在 IP 层提供安全服务，使系统能按需选择安全协议，决定服务所使用的算法及放置需求服务所需密钥到相应位置。IPSec 用来保护一条或多条主机与主机间、安全网关与安全网关间、安全网关与主机间的路径。

IPSec 能提供的安全服务包括访问控制、无连接的完整性、数据源认证、拒绝重发包（部分序列完整性形式）、保密性和有限传输流保密性。因为这些服务均在 IP 层提供，所以任何高层协议均能使用它们，例如，TCP、UDP、ICMP、BGP 等。

IPSec 通过使用基于密码学的保护服务、安全协议和动态密钥管理，可实现以下目标：

1）认证 IP 报文的来源

基于 IP 地址的访问控制十分脆弱，因为攻击者可以很容易利用伪装的 IP 地址来发送 IP 报文。许多攻击者利用机器间基于 IP 地址的信任，来伪装 IP 地址。IPSec 允许设备使用比源 IP 地址更安全的方式来认证 IP 数据报的来源。IPSec 的这一标准称为原始认证（Origin Authentication）。

2）保证 IP 数据报的完整性

除了确认 IP 数据报的来源，还希望能确保报文在网络中传输时没有发生变化。使用 IPSec，可以确信 IP 报文没有发生任何变化。IPSec 的这一特性称为无连接完整性。

3）确保 IP 报文的内容在传输过程中未被读取

除了认证与完整性之外，还期望当报文在网上传播时，未授权方不能读取报文的内容。这可以通过在传输前将报文加密来实现。通过加密报文，可以确保攻击者不能破解报文的内容，即使他们可以用侦听程序截获报文。

4）确保认证报文没有重复

最终，即使攻击者不能发送伪装的报文，不能改变报文，不能读取报文的内容，攻击者仍然可以通过重发截获的认证报文来干扰正常的通信，从而导致事务多次执行，或是使被复制报文的上层应用发生混乱。IPsec 能检测出重复报文并丢弃它们。这一特性称为反重传（Antireplay）。

IPSec 建立在终端到终端的模式上，这意味着只有识别 IPSec 的计算机才能作为发送和接收计算机。IPSec 并不是一个单一的协议或算法，它是一系列加密实现中使用的加密标准定义的集合。IPSec 实现在 IP 层的安全，因而它与任何上层应用或传输层的协议无关。上层不需要知道在 IP 层实现的安全，所以在 IP 层不需要做任何修改。

2．IPSec 协议结构

IPSec 由一系列协议组成，其中 RFC2401 定义了 IPSec 的基本结构，所有具体的实施方案均建立在它的基础之上。它定义了 IPSec 提供的安全服务，它们如何使用以及在哪里使用，数据包如何构建及处理，以及 IPSec 处理同策略之间如何协调等。除 RFC 2401 外，还包括 RFC 2402（验证头）、RFC 2406（封装安全载荷）、RFC 2407（用于 Internet 安全联盟和密钥管理协议 ISAKMP 的 Internet IP 安全解释域）、RFC 2408（ISAKMP）、RFC 2409（Internet 密钥交换，IKE）、RFC 2411（IP 安全文档指南）、RFC 2412（OAKLEY 密钥确定协议）等。图 7-17 显示了 IPSec 的体系结构、组件及各组件间的相互关系。IPSec 组件包括安全协议认证头（AH）和封装安全载荷（ESP）、安全连接（SA）、密钥交换（IKE）及加密和验证算法等。

通过 IP 安全协议和密钥管理协议构建起 IP 层安全体系结构的框架，能保护所有基于 IP 的服务或应用。并且当这些安全机制正确实现时，它不对用户、主机和其他未采用这些安全机制的 Internet 部件有负面影响。由于这些安全机制不依赖于具体的加密算法，所以在选择和改变算法时不会影响其他部分的实现，对用户和上层应用程序是透明的。IPSec 的处理简图如图 7-18 所示。

1）IPSec AH——IPSec 认证头协议

IPSec 认证头协议（IPSec Authentication Header，IPSec AH）是 IPSec 体系结构中的一种主要协议，它为 IP 数据报提供无连接完整性与数据源认证，并提供保护以避免重播情况。一旦建立安全连接，接收方就可能会选择后一种服务。AH 尽可能为 IP 头和上层协议数据提供足够多的认证。但是，在传输过程中某些 IP 头字段会发生变化，且发送方无法预测当数据包到达接收端时此字段的值。AH 并不能保护这种字段值。因此，AH 提供给 IP 头的保护有些是零碎的。

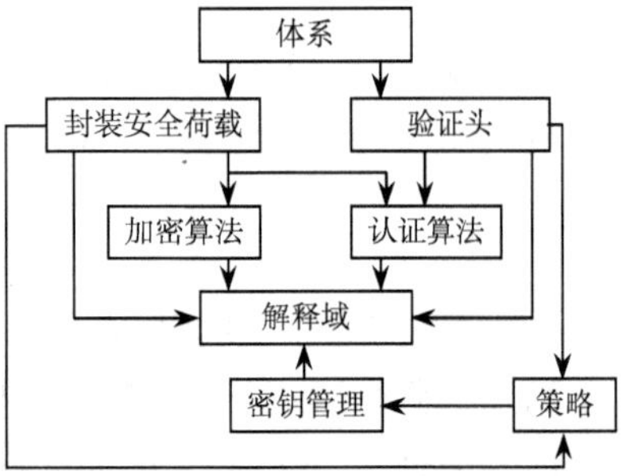

图 7-17　IPSec 的体系结构

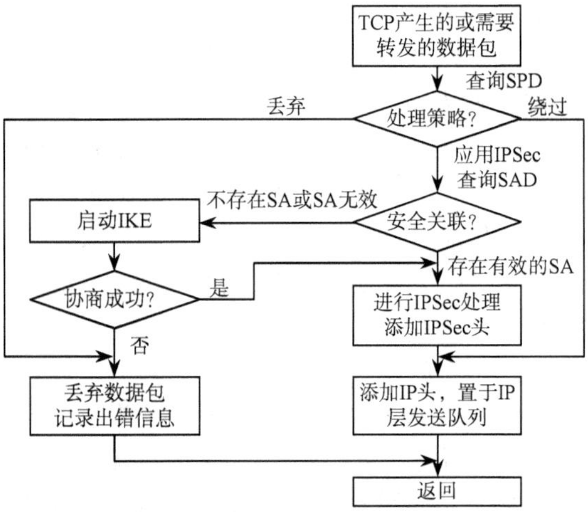

图 7-18　IPSec 处理简图

AH 可独立使用，或与 IP 封装安全负载（ESP）结合使用，或通过使用隧道模式的嵌套方式。在通信主机与通信主机之间、通信安全网关与通信安全网关之间或安全网关与主机之间可以提供安全服务。ESP 提供了相同的安全服务并提供了一种保密性（加密）服务，而 ESP 与 AH 各自提供的认证其根本区别在于它们的覆盖范围。特别地，不是由 ESP 封装的 IP 头字段则不受 ESP 保护。有关在不同网络环境下如何使用 AH 和 ESP 的详细内容，可参见相关文件。

通常，当用于 IPv6 时，AH 出现在 IPv6 逐跳路由头之后 IPv6 目的选项之前。而用于 IPv4 时，AH 跟随主 IPv4 头。

AH 协议头格式如图 7-19 所示。

上层协议	负荷长度	保留字段
安全参数索引值		
序号		
认证数据		

图 7-19　AH 协议头格式

其中的字段意义如下：

（1）上层协议：上层协议字段为 8 bit，定义了紧接 AH 头的上层协议类型。

（2）负荷长度：这是一个 8 位的字段，其值等于 AH 头长度（以 32 位字计算）减去 2。通常情况下的认证数据长度为 96 位，加上前面的 3 个字长的定长部分，那么，负荷长度域的值等于 4。若使用“空白”认证方式 （在调试情况下时），认证数据长度为 0，那么，这一域的值等于 1。

（3）保留字段：用于今后的扩充，应填 0。

（4）安全参数索引值：SPI 是一个 32 位的值，用以区分那些目的 IP 地址和安全协议类型相同，但算法不同的数据报。它与数据报的目的 IP 地址、安全协议类型（AH）一道，唯一地确定了这一数据报所用的安全连接。IANA（Internet Assigned Numbers Authority）保留从 1～255 的值。SPI 的值在 SA 建立时由目的主机确定。值 0 为内部保留值，在实际传输过程，IP 数据报的 SPI 不能取 0 值。如果一个新的 SA 尚未建立好，即它的密钥还在通信双方协商之时，这时，该 SA 内部的 SPI 值要取为 0。

（5）序号：序号为 32 位的整数，它代表一个单调递增计数器的值。即使收方不使用“防重放攻击”功能时，发方也一定要发送这一序号。是否处理序号，取决于收方，即发方总是传送序号，但收方不必强制性处理它。当一个安全连接建立时，发方和收方的计数器都清 0。第一个发出的报文中的序号值为 1。如果使用“防重放”功能，计数不能循环，即让计数器变成 0。在计数快接近溢出时（2^{32}），收发双方应重新协商来建立一个新的安全连接。

（6）认证数据：这个域的长度可变，它存放 IP 数据报的完整性校验值（ICV）。认证数据一定要为整数个 32 位字长。在这个域中，也可以添加填充字节，从而使 AH 头的长度满足 32 位字长对齐的要求。认证数据的实际长度由所使用的认证算法确定，如采用 HMAC-MD5-96 时，它的长度为 96 位。

2）IPSec ESP——IPSec 封装安全负载

IPSec 封装安全负载（IPSec Encapsulating Security Payload，IPSec ESP）是 IPSec 体系结构中的一种主要协议，其主要设计来在 IPv4 和 IPv6 中提供安全服务的混合应用。IPSec ESP 通过加密需要保护的数据以及在 IPSec ESP 的数据部分放置这些加密的数据来提供机密性和完整性。根据用户安全要求，这个机制既可以用于加密一个传输层的段（如 TCP、UDP、ICMP、IGMP），也可以用于加密一整个 IP 数据报。封装受保护数据是非常必要的，这样就可以为整个原始数据报提供机密性。

ESP 头可以放置在 IP 头之后、上层协议头之前（传送层），或者在被封装的 IP 头之前（隧道模式）。ESP 包含一个非加密协议头，后面是加密数据。该加密数据既包括了受保护的 ESP 头字段也包括了受保护的用户数据，这个用户数据可以是整个 IP 数据报，也可以是 IP 的上层协议帧（如 TCP 或 UDP）。

ESP 提供机密性、数据源认证、无连接的完整性、抗重播服务（一种部分序列完整性的形式）和有限信息流机密性。所提供服务集由安全连接（SA）建立时选择的选项和实施的布置来决定，机密性的选择与所有其他服务相独立。

ESP 头（包）的格式如图 7-20 所示。

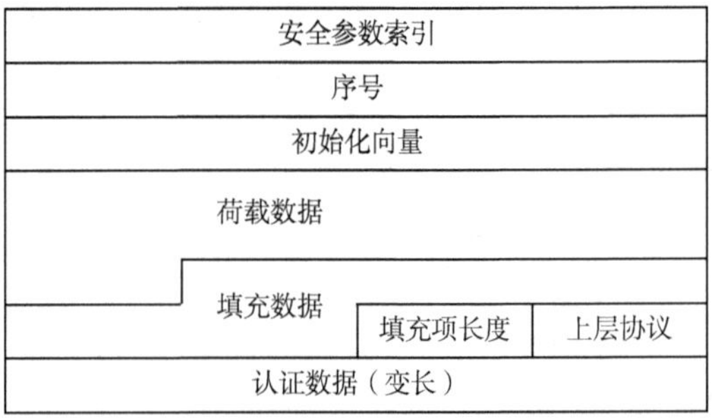

图 7-20　ESP 头（包）的格式

ESP 头（包）的格式说明如下：

（1）安全参数索引：与 AH 协议一样，收方可由此确定报文所用的安全连接。

（2）序号：与 AH 协议一样，这一序号也是一个递增计数器的值，用来防止重放攻击。

（3）载荷数据：载荷数据是非定长的域，用来存放经 ESP 协议处理过的数据，这些数据所属的类型由“下一协议头”字段定义。如果 ESP 算法在加密时需要算法同步数据（如初始向量），那么，这些同步数据也包含在载荷数据中。

（4）填充数据：由于以下几个原因，ESP 需要填充字段。

① 加密算法需要明文长度为分组块长度的整数倍，例如块密码算法。使用填充字段后，加密算法所处理的明文（载荷数据、填充字段、填充长度字段和下一协议头字段）长度将满足算法要求。

② 填充字段还能保证上层协议字段的右边界以 4 字节对齐。

③ 通过使用填充字段，ESP 协议能有效隐藏实际载荷的长度，从而提供一定的流量保密性。但是，这种填充方式会浪费线路的有效带宽，因此在使用时一定要权衡利弊。填充字段不超过 255 字节。

如果 ESP 需要填充字段，但是加密算法没有规定填充的内容，那么就要依照 ESP 协议的默认规定执行；填充字段为无符号单字节整型串，第一个字节值取 1 开始，以后依次增加，形成序列（1，2，3，…）。如果采用这种填充方式，在完成解密后，收方应该检查填充字段的内容，从而在一定程度上防止“剪贴” 攻击。填充长度是指填充字段的长度。

- 上层协议：上层协议字段指出了载荷数据所包含的内容。例如，在 ESP 加密 TCP 协议时，这一字段的值为 TCP 协议标识。
- 认证数据：认证数据是 ESP 认证算法对从安全参数索引字段开始，到上层协议字段为止的所有数据进行认证的结果。认证数据的长度由所选用的具体算法确定。

3）IPSec IKE——Internet 密钥交换协议

Internet 密钥交换（IPSec Internet Key Exchange Protocol，IPSec IKE）是 IPSec 体系结构中的一种主要协议。它是一种混合协议，使用部分 Oakley 和部分 SKEME，并协同 ISAKMP 提供密钥生成材料和其他安全关联，比如用于 IPSec DOI 的 AH 和 ESP。

IKE 是一系列密钥交换中的一种，称为“模式”。

IKE 可用于协商虚拟专用网（VPN），也可用于远程用户（其 IP 地址不需要事先知道）访问安全主机或网络，支持客户端协商。客户端模式即为协商方不是安全连接发起的终端点。当使用客户端模式时，端点处身份是隐藏的。

IKE 的实施必须支持以下属性值：

（1）DES 用在 CBC（Cipher Block Chaining，密码块链接）模式，使用弱、半弱、密钥检查。

（2）MD5[MD5]和 SHA[SHA]。

（3）通过预共享密钥进行认证。

（4）缺省的组 1 上的 MODP（Modular Exponentiation Group）。

另外，IKE 也支持 3DES 加密；用 Tiger[TIGER]作为 Hash；数字签名标准为 RSA [RSA]，使用 RSA 公共密钥加密的签名和认证；以及使用组 2 进行 MODP。IKE 实现可以支持其他加密算法，并且可以支持 ECP(Elliptic Curve Group Over GF[P])和 EC2N(E1liptic Curve Group Over GF[2^N]）组。

只要实现了 IETF IPSec DOI（Domain Of Interpretation），IKE 模式就必须实施。其他 DOI 也可使用这里描述的模式。

在协议结构上，IKE 信息是由 ISAKMP 头和 SKEME 以及 Oakley 字段联合构成的。其特定格式取决于信息状态和模式。

4）IPSec ISAKMP——Internet 安全连接和密钥管理协议

Internet 安全连接和密钥管理协议（Internet Security Association and Key Management Protocol，ISAKMP）是 IPSec 体系结构中的一种主要协议。该协议结合认证、密钥管理和安全连接等概念来建立政府、商家和互联网上的私有通信所需要的安全。

Internet 安全连接和密钥管理协议（ISAKMP）定义了程序和信息包格式来建立、协商、修改和删除安全连接（SA）。SA 包括了各种网络安全服务执行所需的所有信息，这些安全服务包括 IP 层服务（如头认证和负载封装）、传输或应用层服务，以及协商流量的自我保护服务等。ISAKMP 定义包括交换密钥生成和认证数据的有效载荷。这些格式为传输密钥和认证数据提供了统一框架，而它们与密钥产生技术、加密算法和认证机制相独立。

ISAKMP 区别于密钥交换协议是为了把安全连接管理的细节从密钥交换的细节中彻底分离出来。不同的密钥交换协议中的安全属性也是不同的。然而，需要一个通用的框架用于支持 SA 属性格式，谈判、修改与删除 SA，ISAKMP 即可作为这种框架。

把功能分离为三部分增加了一个完全的 ISAKMP 实施安全分析的复杂性。然而在有不同安全要求且需协同工作的系统之间，这种分离是必需的，而且还应该对 ISAKMP 服务器更深层次发展的分析简单化。

ISAKMP 支持在所有网络层的安全协议（如 IPSec、TLS、TLSP、OSPF 等）的 SA 协商。ISAKMP 通过集中管理 SA 减少了在每个安全协议中重复功能的数量。ISAKMP 还能通过一次对整个栈协议的协商来减少建立连接的时间。

ISAKMP 中，解释域（DOI）用来组合相关协议，通过使用 ISAKMP 协商安全连接。共享 DOI 的安全协议从公共的命名空间选择安全协议和加密转换方式，并共享密钥交换协议标识。同时它们还共享一个特定 DOI 的有效载荷数据目录解释，包括安全连接和有效载荷认证。

总之，ISAKMP 对于 DOI 定义了如下方面：

（1）特定 DOI 协议标识的命名模式。
（2）位置字段解释。
（3）可应用安全策略集。
（4）特定 DOI SA 属性语法。
（5）特定 DOI 有效负载目录语法。
（6）必要情况下，附加密钥交换类型。
（7）必要情况下，附加通知信息类型。

3．IPSec 工作原理

IPSec 的工作原理（见图 7-21）类似于包过滤防火墙。IPSec 是通过查询安全策略数据库 SPD 来决定接收到的 IP 包的处理，但不同于包过滤防火墙的是，IPSec 对 IP 数据包的处理方法除了丢弃、直接转发（绕过 IPSec）外，还有进行 IPSec 的处理。进行 IPSec 处理意味着对 IP 数据包进行加密和认证，保证了在外部网络传输的数据包的机密性、真实性和完整性，使通过 Internet 进行安全的通信成为可能。在 IETF 的标准化下，IPSec 的处理流程实现了规范化。

1）IPSec 流出处理

在 IPSec 流出处理过程中，传输层的数据包流进 IP 层，然后按如下步骤执行：

（1）查找合适的安全策略。从 IP 包中提取出“选择符”来检索 SPD，找到该 IP 包所对应的流出策略，之后用此策略决定对该 IP 包如何处理：绕过安全服务以普通方式传输此包或应用安全服务。

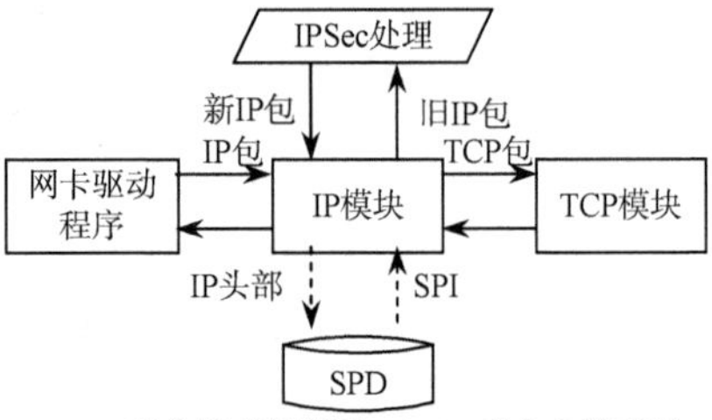

图 7-21　IPSec 工作原理

（2）查找合适的 SA。根据策略提供的信息，在安全关联数据库中查找为该 IP 包所应该应用的安全关联 SA。如果此 SA 尚未建立，则会调用 IKE，将这个 SA 建立起来。此 SA 决定了使用何种基本协议（AH 或 ESP），采用哪种模式 （隧道模式或传输模式），以及确定了加密算法、验证算法、密钥等处理参数。

（3）根据 SA 进行具体处理。根据 SA 的内容，对 IP 包的处理将会有几种情况：使用隧道模式下的 ESP 或 AH 协议，或者使用传输模式下的 ESP 或 AH 协议。

2）IPSec 流入处理

在流入处理过程中，数据包的处理按如下步骤执行：

（1）IP 包类型判断：如果 IP 包中不包含 IPSec 头，将该包传递给下一层；如果 IP 包中包含 IPSec 头，会进入下面的处理。

（2）查找合适的 SA：从 IPSec 头中提取出 SPI，从外部 IP 头中提取出目的地址和 IPSec 协议，然后利用<SPI,目的地址,协议>在 SAD 中搜索 SPI。如果 SA 搜索失败就丢弃该包。如果找到对应 SA，则转入以下处理。

（3）具体的 IPSec 处理：根据找到的 SA 对数据包执行验证或解密处理。

（4）策略查询：根据选择符查询 SPD，根据此策略检验 IPSec 处理的应用是否正确。最后，将 IPSec 头剥离下来，并将包传递到下一层，根据采用的模式不同，下一层或者是传输层，或者是网络层。

运用 IPSec 进行安全通信的大体步骤是：

（1）使用 IKE 协议协商 IPSec SA。

（2）在建立好 IPSec SA 的基础上，进行通信。

（3）通信完毕，撤销 IPSec SA。

（4）当 IPSec SA 撤销以后，与其相应的其他 SA 也要进行撤销。

7.4.2　应用层安全协议——S-HTTP

安全超文本传输协议（Secure Hypertext Transfer Protocol，S-HTTP）是为互联网的 HTTP 加密通信设计的。S-HTTP 是经超文本传输协议改造而来的。

浏览器通常利用 HTTP 协议与服务器通信，收发信息未被加密。而对于电子商务而言，要求浏览器与服务器之间传送信息必须加密。HTTPS 与 S-HTTP 在 20 世纪 90 年代中期被定义：S-HTTP 工作于应用层，可提供基于消息的抗抵赖性；HTTPS 工作于传输层，使用 SSL + HTTP 协议构建的可进行加密传输身份认证的安全协议，增强了数据的安全性。

1．S-HTTP 简介

安全超文本传输协议（S-HTTP）是一种面向安全信息通信的协议，它可以和 HTTP 结合起来使用。S-HTTP 能与 HTTP 信息模型共存并易于与 HTTP 应用程序整合。

S-HTTP 协议为 HTTP 客户机和服务器提供了多种安全机制，提供安全服务选项是为了适用于万维网上各类潜在用户。S-HTTP 为客户机和服务器提供了相同的性能（同等对待请求和应答，也同等对待客户机和服务器），同时维持 HTTP 的事务模型和实施特征。

S-HTTP 客户机和服务器能与某些加密信息格式标准相结合。S-HTTP 支持多种兼容方案并且与 HTTP 兼容。使用 S-HTTP 的客户机能够与没有使用 S-HTTP 的服务器连接，反之亦然，但是这样的通信明显不会利用 S-HTTP 安全特征。

S-HTTP 不需要客户端公用密钥认证（或公用密钥），但它支持对称密钥的操作模式。这点很重要，因为这意味着即使没有要求用户拥有公用密钥，私人交易也会发生。虽然 S-HTTP 可以利用大多现有的认证系统，但 S-HTTP 的应用并不必依赖这些系统。

S-HTTP 支持端对端安全事务通信。客户机可能“首先”启动安全传输（使用报头的信息），例如它可以用来支持已填表单的加密。使用 S-HTTP，敏感的信息不会以明文形式在网络上发送。

S-HTTP 提供了完整且灵活的加密算法、模态及相关参数。选项谈判用来决定客户机和服务器在事务模式、加密算法（用于签名的 RSA 和 DSA、用于加密的 DES 和 RC2 等）及证书选择方面取得一致意见。

虽然 S-HTTP 的设计者承认他有意识地利用了多根分层的信任模型和许多公钥证书系统，但 S-HTTP 仍努力避开对某种特定模型的滥用。S-HTTP 与摘要验证（在[RFC 2617]中有描述）的不同之处在于，它支持公钥加密和数字签名，并具有保密性。HTTPS 作为另一种安全 Web 通信技术，是指 HTTP 运行在 TLS 和 SSL 上面的实现安全 Web 事务的协议。

在语法上，S-HTTP 报文与 HTTP 相同，由请求或状态行组成，后面是信头和主体。显然信头各不相同并且主体密码设置更为精密。

正如 HTTP 报文，S-HTTP 报文由从客户机到服务器的请求和从服务器到客户机的响应组成。请求报文的格式如图 7-22 所示。

请求行	通用信息头	请求头	实体头	信息主体

图 7-22　请求报文的格式

为了和 HTTP 报文区分开来，S-HTTP 需要特殊处理，请求行使用特殊的“安全”途径和指定协议“S-HTTP/1.4”。因此 S-HTTP 和 HTTP 可以在相同的 TCP 端口混合处理，例如，端口 80，为了防止敏感信息泄露，URI 请求必须带有“*”。

S-HTTP 响应采用指定协议“S-HTTP/1.4”。响应报文的格式如图 7-23 所示。

状态行	通用信息头	响应头	实体头	信息主体

图 7-23　响应报文的格式

注意，S-HTTP 响应行中的状态并不表明展开的 HTTP 请求的成功或失败。如果 S-HTTP 处理成功，服务器会一直显示 200OK。这就阻止了所有请求的成功或失败分析。接收器由压缩数据对其中正确的作出判断，并接收所有的异常情形。

2. S-HTTP 与 SSL 的比较

S-HTTP 和 SSL 从不同角度提供 Web 的安全性。S-HTTP 建立在 HTTP 之上，旨在为 HTTP 事务提供身份认证和加密手段。SSL 则建立在 HTTP 的下一层， 并可用于 FTP、Gopher 等其他协议。S-HTTP 对单个文件作“私人/签字”之区分，而 SSL 则对参与相应进程之间的数据通道按“私用”和“已认证”进行监管。

S-HTTP 是应用层的加密协议，它能感知到应用层数据的结构，而不是像 SSL 一样把数据完全当作流来处理，也就是说，S-HTTP 把消息当成对象进行签名或加密传输，而 SSL 则主动把数据流分帧处理，而不理会消息的边界。也由于这样，S-HTTP 可以提供基于消息的抗抵赖性证明，而 SSL 不可以。因此，S-HTTP 比 SSL 更灵活，功能更强大，但是实现较困难，而使用也更困难，也因此现在使用基于 SSL 的 HTTPS 要比 S-HTTP 更普遍。

目前 SSL 基本取代了 S-HTTP。大多数 Web 贸易均采用传统的 Web 协议，并使用 SSL 加密的 HTTP 来传输敏感的账单信息。

7.5 应用实例

7.5.1 SSL 协议的应用

1. OpenSSL 简介

OpenSSL 是一个开放源代码的 SSL 协议的产品实现，它采用 C 语言作为开发环境，具备了跨系统的性能，支持 Linux、UNIX、Windows、Mac 和 VMS 等多种平台。OpenSSL 项目最早由加拿大人 Eric A. Yang 和 Tim J. Hudson 开发，现在由 OpenSSL 项目小组负责改进和开发，该软件的目的是实现一个完整的、健壮的、商业级的开放源码工具，通过强大的加密算法实现建立在传输层之上的安全性。OpenSSL 包含一套 SSL 协议的完整接口，应用程序应用它们可以很方便地建立起安全套接层，进而能够通过网络进行安全的数据传输。

目前，OpenSSL 已经得到了广泛应用，许多类型的软件中的安全部分都使用了 OpenSSL 的库，如 VOIP 的 OpenH323 协议、Apache 服务器、Linux 安全模块等。

OpenSSL 整个工具包可以分成三个主要的功能部分：密码算法库、SSL 协议库以及应用程序。

（1）密码算法库提供了功能强大的密码算法，它是 OpenSSL 的基础部分，实现了目前大部分主流的密码算法和标准，其中包括：

① 8 种对称加密算法：AES、DES、Blowfish、CAST、IDEA、RC2、RC4、RC5。

② 4 种非对称加密算法：DH、RSA、DSA、EC。

③ 5 种信息摘要算法：MD2、MD5、MDC2、SHA（SHA1）、RIPEMD。

④ 标准：X.509 数字证书标准、PKCS12、PKCS7 等标准。

（2）SSL 协议库实现了 SSL 协议的 SSL v2、SSL v3 和 TLS v1.0，并支持其中绝大部分算法协议。

（3）OpenSSL 的应用程序主要包括密钥生成、证书管理、格式转换、数据加密和签名、SSL 测试以及其他辅助配置功能。该部分基于上述的密码算法库和 SSL 协议库实现了很多实用和范例性的应用程序，覆盖了众多的密码学应用。主要包括了各种算法的加密程序和各种类型密钥的产生程序（如 RSA 和 Md5）、证书签发和验证程序（如 Ca 和 X.509）、SSL 连接测试程序（如 S_client 和 S_server）以及其他标准应用程序（如 Pkcs12）。在某些时候，不需要做二次开发，仅仅使用这些应用程序便能得到应用要求，比如采用 Ca 程序就能基本上实现一个小型的 CA 功能。这些应用程序同时也是很好的使用 OpenSSL 加密算法库和 SSL 协议库的优秀例子，比如 Ca、Req 和 X509 程序就是使用 OpenSSL 的库开发一个 CA 中心服务器的优秀例子，又如 S_client 和 S_server 程序就是利用 SSL 协议库建立 SSL 安全连接的优秀例子。对于初学者来说，研读这些应用程序的源码通常是最好的入门途径。

2. OpenSSL API 实现

调用 OpenSSL 的函数就可以实现一个 SSL 加密的安全数据传输通道，从而保护客户端和服务器之间数据的安全。调用 OpenSSL 的函数就可以实现一个 SSL 加密的安全数据传输通道，从而保护客户端和服务器之间数据的安全。建立 SSL 通信的过程如图 7-24 所示。

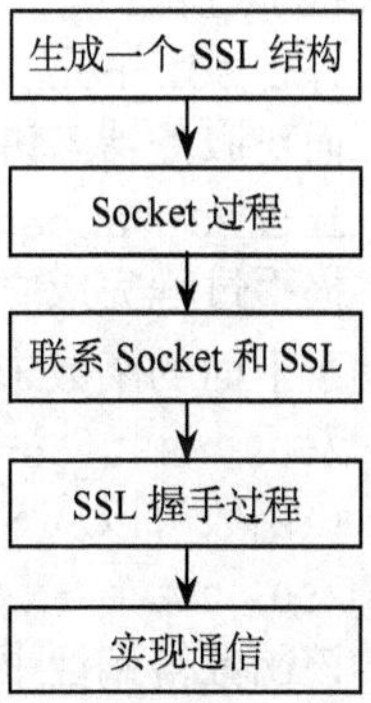

图 7-24　使用 OpenSSL 建立 SSL 通信

SSL 通信模型采用标准的 C/S 结构，除了在 TCP 层上进行传输之外，与普通的网络通信协议没有太大的区别，基于 OpenSSL 的程序都要遵循以下几个步骤：

1）OpenSSL 初始化

在使用 OpenSSL 之前，必须进行相应的协议初始化工作，这可以通过下面的函数实现：

```
int SSL_library_int(void);
```

2）选择会话协议

在利用 OpenSSL 开始 SSL 会话之前，需要为客户端和服务器制定本次会话采用的协议，目前能够使用的协议包括 TLS v1.0、SSL v2、SSL v3、SSL v2/v3。需要注意的是，客户端和服务器必须使用相互兼容的协议，否则 SSL 会话将无法正常进行。

3）创建会话环境

在 OpenSSL 中创建的 SSL 会话环境称为 CTX，使用不同的协议会话，其环境也不一样。

申请 SSL 会话环境的 OpenSSL 函数是：

```
SSL_CTX *SSL_CTX_new(SSL_METHOD * method);
```

当 SSL 会话环境申请成功后，还要根据实际需要设置 CTX 的属性，通常的设置是指定 SSL 握手阶段证书的验证方式和加载自己的证书。

制定证书验证方式的函数是：

```
int  SSL_CTX_set_verify(SSL_CTX  *ctx,int  mode,  int(*verify_callback),
int(X509_STORE_CTX *));
```

为 SSL 会话环境加载 CA 证书的函数是：

```
SSL_CTX_load_verify_location(SSL_CTX *ctx,const char *Cafile,const char
*Capath);
```

为 SSL 会话加载用户证书的函数是：

```
SSL_CTX_use_certificate_file(SSL_CTX *ctx, const char *file,int type);
```

为 SSL 会话加载用户私钥的函数是：

```
SSL_CTX_use_PrivateKey_file(SSL_CTX *ctx,const char* file,int type);
```

在将证书和私钥加载到 SSL 会话环境后，就可以调用下面的函数来验证私钥和证书是否相符：

```
int SSL_CTX_check_private_key(SSL_CTX *ctx);
```

4）建立 SSL 套接字

SSL 套接字建立在普通的 TCP 套接字基础之上，在建立 SSL 套接字时可以使用下面一些函数：

```
SSL *SSl_new(SSL_CTX *ctx);          //申请一个 SSL 套接字
int SSL_set_fd(SSL *ssl,int fd);)    //绑定读写套接字
int SSL_set_rfd(SSL *ssl,int fd);    //绑定只读套接字
int SSL_set_wfd(SSL *ssl,int fd);    //绑定只写套接字
```

5）完成 SSL 握手

在成功创建 SSL 套接字后，客户端应使用函数 SSL_connect( )替代传统的函数 connect( )完成握手过程：

```
int SSL_connect(SSL *ssl);
```

而对服务器来讲，则应使用函数 SSL_accept()替代传统的函数 accept()完成握手过程：

```
int SSL_accept(SSL *ssl);
```

握手过程完成之后，通常需要询问通信双方的证书信息，以便进行相应的验证，这可以借助于下面的函数来实现：

```
X509 *SSL_get_peer_certificate(SSL *ssl);
```

该函数可以从 SSL 套接字中提取对方的证书信息，这些信息已经被 SSL 验证过了。

```
X509_NAME *X509_get_subject_name(X509 *a);
```

该函数得到证书所用者的名字。

6）数据传输

当 SSL 握手完成之后，就可以进行安全的数据传输了，在数据传输阶段，需要使用 SSL_read( )和 SSL_write( )替代传统的 read( )和 write( )函数完成对套接字的读/写操作：

```
int SSL_read(SSL *ssl,void *buf,int num);
int SSL_write(SSL *ssl,const void *buf,int num);
```

7）结束 SSL 通信

当客户端和服务器之间的数据通信完成之后，调用下面的函数释放已经申请的SSL资源：

```
int SSL_shutdown(SSL *ssl);          //关闭 SSL 套接字
void SSl_free(SSL *ssl);             //释放 SSL 套接字
void SSL_CTX_free(SSL_CTX *ctx);     //释放 SSL 会话环境
```

OpenSSL 是用于安全通信的最著名的开放库。OpenSSL 源文件可以从 OpenSSL Project 的主页 http://www.openssl.org/下载。要充分理解 OpenSSL 源码，读者需精通 C 语言程序设计、熟悉 Internet 通信和基于 Internet 的应用程序的编写、熟悉 SSL 以及拥有密码学方面的知识。

7.5.2　SET 协议的应用

1. 信用卡支付

目前，国内提供网上信用卡支付网关服务的银行大多采用 SET 协议保障交易安全，中国银行按照 SET 标准建立了一整套购物及支付系统。在 SET 协议环境下，应用信用卡进行电子支付需要在客户端下载一个客户端软件（电子钱包软件），在商家服务端安装商家服务器端软件，在支付网关安装对应的网关转换软件等，并且各参与者还要各自下载一个证实自己真实身份的数字证书，借此获取自己的公开密钥和私人密钥对，且把公开密钥公开出去等。一个基本的电子交易流程如下：

（1）用户在自己的计算机内安装中银电子钱包软件。

（2）登录中国银行网站，在线申请并获得持卡人电子安全证书。

（3）登录到中国银行网上特约商户的站点，选购商品、填写送货地址并最后确认订单。

（4）选择长城电子借记卡支付，浏览器会自动启动电子钱包软件。用户只要按照画面提示输入借记卡卡号、密码等信息即可实时完成在线支付。

（5）用户在家里坐等网上商户将选购的商品邮寄过来或送货上门。

在上述整个电子交易过程中，SET 利用各种加密方法、数字签名、证书认证等技术手段为网上交易的各方提供了最全面的保护，确保了电子交易的安全。

2. SET 虚拟商城

虚拟电子商城 E-merchant 是电子商务活动核心组成部分，虚拟电子商城是网上商店，是一个电子商城，又称虚拟电子商店。它应具有全部商品信息，有买卖、配送系统，有售后服务。它有很多优点，不用设置店堂，从而减少开办费用，可以增加很多商品种类，减少中间环节，降低成本，增加效益等。

1）SET 虚拟商城概况

（1）虚拟电子商城的种类。一般按销售商品范围可分为：销售单一商品的虚拟商城（如裤子虚拟商城、手机虚拟商城等）、销售某一类商品的虚拟电子商城（如鲜花类、图书虚拟电子商城）、综合百货商品在线虚拟商城（如百货类商店等）。

（2）交易方式。交易方式一般为会员制，拥有一个稳定的客户群，收款与付款方式灵活；电子钱包交易，这是 SET 购物的典型交易应用方式。电子钱包是网上交易最快捷的方式，参加电子钱包交易活动的主要角色有持卡人（购物消费者）、在线电子虚拟商城和银行（收单行和发卡行），收单行是商家的开户银行，发卡行是持卡人的银行卡发放银行，是持卡人的开设账号所在银行。

2）SET 虚拟电子商城构成

虚拟电子商城的构成主要分为两部分：虚拟商城服务器、虚拟 POS 机，如图 7-25 所示。

（1）虚拟商城服务器。虚拟商城服务器是电子商务的核心系统，它一般由客户/服务器体系结构所组成，以客户/服务器方式应用电子钱包进行电子商务交易活动。利用虚拟商城服务器，面对每天都发生的大量银行卡交易的账务往来，当天都能及时处理。客户利用信用卡、借记卡等电子支付工具进行网上购物。

（2）虚拟 POS 机。在虚拟商城服务器端有一应用软件为电子商务支付系统，又称电子商务出纳系统，或称虚拟 POS 机系统，如图 7-25 所示。

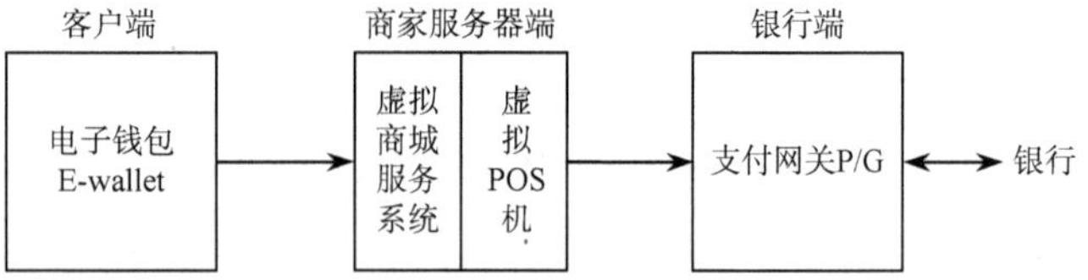

图 7-25　虚拟商城结构

电子商城中设置电子虚拟 POS 机，虚拟 POS 机将持卡人购物用的电子钱包中的银行卡号及消费金额等信息送入虚拟 POS 机，代替人工刷卡及人工口令的输入，虚拟 POS 机经商家传到收单行，收单行判断持卡人的发卡行，并转发到发卡行进行授权。

虚拟 POS 系统是电子商务支付系统，代替人工刷卡，并授权进行网上付款，所以虚拟 POS 机是电子商务系统中提供支付型电子商务服务的支付服务器，是 SET 安全电子交易协议的重要组成部分，它与现实世界中的商店 POS 机起同样的支付作用。

这种商户端的交易处理系统有很多成功的商品软件，如 HP 的虚拟 POS 机，HP/VeriFone 公司的 SET 解决方案。涉及支付的电子系统主要包括 vGate、VPOS、VWALLET。IBM 商家交易处理系统为 Commerece POINT eTill。

3）SET 虚拟商城的主要功能

虚拟电子商城的主要功能如下：

（1）处理用户（持卡人，通过电子钱包）的申请并和银行进行通信。持卡人通过 Internet 登录虚拟电子商城网站，浏览欲购商品，然后输入订货单信息，通过虚拟电子商城得到答复，告知客户所购货物的单价、应付款额、交货等信息。客户确认后，用电子钱包付款，即用电子钱包中的某一信用卡付款。

（2）发送和接收加密的支付信息。虚拟电子商城服务器将支付信用卡发送到相应的银行，同时电子商城也收到经过加密的订货单，其中商家对支付银行卡卡号是不能解读的，商家只能解读来自客户的订单信息。

（3）存储签名私钥和数据加密私钥。作为 SET 的商家，必须对自己发往银行或回应客户端的请求信息进行数字签名，对发往银行和回答客户端的数据要进行加密。因此必须存储保护好自己的签名私钥及数据加密私钥。

（4）申请和接收认证。虚拟电子商城在交易开始之前，必须向认证机构注册，申请证书，并在交易开始时，接受认证机构的认证，在交易中也要接受支付网关和客户端的认证。

（5）与数据库通信存储和填写交易记录。虚拟电子商城服务器必须具备大型数据库系统，将每笔交易的记录存储于数据库中，以便生成审计信息，包括登记时间、退出时间、交易内容及交易数字签名等。

对于虚拟电子商城的应用软件，国内外有许多公司都有成熟产品，其功能大体相同。如

IBM公司的Commerece POINT eTill，该软件与其他商家应用系统一起完成交易信息的处理、存储、传递，以及获得交易的授权、付款、退款等许可，可以用来管理付款流程的所有作业。

HP/VeriFone商户端的交易处理系统VPOS，用来完成商店的交易操作、传送交易信息、支持商户的业务处理，包括商户自己的交易、退货，以及日终对账等功能。

习　　题

一、填空题

1. SSL利用密码算法和哈希（Hash）函数，通过对传输信息提取哈希值来保证信息的________性，确保要传输的信息全部到达目的地，可以避免服务器和客户机之间的信息受到破坏。

2. SSL协议分为两层协议，一层是________，它建立在可靠的传输协议（如TCP）之上，为更高层提供基本的安全服务，如提供数据封装、压缩、加密等基本功能的支持；另一层是建立在SSL记录协议之上，用于在实际的数据传输开始前，通信双方进行身份认证、协商加密算法、交换加密密钥等，由________、________和________三个协议组成。

3. SET协议使用了________签名，可以保护信用卡消息不被窃听者或者不诚实的商家窃取，此外，还可以保护买卖订单消息对于支付网关的机密性。

4. SSL协议层包括两个协议子层：________和________。

5. SET协议遵循X.509标准，但主要支持________支付业务。

6. 国际上最早应用于电子商务的一种网络安全协议是________。

7. SSL协议是建立在________协议上开发的协议，可以为应用层协议和其之间提供数据安全性。

8. SET协议主要是应用于________层的协议。

二、单项选择题

1. 在SSL中，负责建立当前会话状态的参数由（　　）协议完成。
   A. 修改密文规约协议　　B. 警告协议
   C. 握手协议　　D. 密钥交换协议

2. SSL产生会话密钥的方式是（　　）。
   A. 从密钥管理数据库中请求获得　　B. 随机由客户机产生并加密后通知服务器
   C. 每台客户机分配一个密钥的方式　　D. 由服务器产生并分配给客户机

3. 下列关于SET使用的安全技术标准中正确的是（　　）。
   A. 将订单信息和个人账户信息分别进行数字签名，保证银行只能看到订货信息而看不到账户信息
   B. 持卡人证书由金融机构以数字化形式签发，并包括信用卡账号
   C. 在SET中，最主要的证书是持卡人证书、支付网关证书
   D. 商家证书是由金融机构签发，可以随意修改

4. SET用户证书不包括（　　）。
   A. 持卡人证书　　B. 商家证书　　C. 支付网关　　D. 企业证书

5. 电子商务安全协议 SET 主要用于（　　）。

A. 信用卡安全支付　　B. 数据加密

C. 交易认证　　D. 电子支票支付

6. SSL 协议对于电子商务应用的劣势主要是无法保证（　　）。

A. 信息的真实性　　B. 信息的完整性

C. 信息的不可否认性　　D. 信息的保密性

三、多项选择题

1. SSL 协议为网络应用的客户/服务器之间的安全通信提供了（　　）服务。

A. 保密性。所有传输的消息都被加密

B. 可认证性。客户端认证是可选的，服务器端始终是被认证的

C. 数据完整性。传送的消息包括消息完整性检查（使用 MAC）

D. 访问控制。以对抗非授权的使用和操作

2. 以下关于 SET 协议的说法正确的是（　　）。

A. SET 协议是一个应用层协议，在相关应用中比 SSL 协议具有更多优点，也是更复杂的密码应用协议

B. SET 协议是一种基于信用卡网上电子商务交易的安全标准，主要是为了解决用户、商家和银行之间通过信用卡支付的交易安全而设计的

C. SET 协议用以保证支付信息的机密、支付过程的完整、商户及持卡人的合法身份以及互操作性

D. SET 协议虽然也采用了公钥机制、报文摘要和 MAC 检测，可以提供保密性、完整性和一定程度的身份鉴别功能，但是缺乏一套完整的认证体系，不能提供完备的防抵赖功能

3. 以下关于电子商务安全交易体系的说法正确的是（　　）。

A. PKI 是权威的交易协议规范

B. SET 采用 TCP 作为传输协议解决互联网上信息传输的安全性问题

C. SET 是一种应用于互联网并以信用卡为基础的电子交付系统协议

D. 客户端浏览器可进行 SSL 设置，浏览器利用 HTTP 和 Web 服务器会话

4. SSL 协议包括（　　）协议子层。

A. SSL 记录　　B. SSL 传输　　C. SSL 保密　　D. SSL 握手

5. SSL 可用于加密任何基于 TCP/IP 的应用，如（　　）等。

A. HTTP　　B. X.23　　C. Telnet　　D. FTP

6. SET 协议运行的目标是（　　）。

A. 保证信息安全，防止黑客窃取　　B. 商家可以看到客户的账号和密码信息

C. 保障网上交易实时性　　D. 规范协议和消息格式

7. SSL 安全协议主要提供（　　）服务。

A. 提供用户和服务器的身份认证　　B. 保证数据的保密性

C. 维护数据的完整性　　D. 保证电子商务参与者信息的相互隔离

四、简述题

1. SSL 协议不是单个协议而是两层协议。一层是 SSL 记录协议，当数据传输到上层应用以及从上层应用中接收数据时，这些操作都在记录层里完成，请说出记录协议对数据的操作过程。

2. SSL 协议的握手协议有什么功能？

3. 简述应用 SET 协议的购物流程。

4. SET 协议的证书有哪几种？

5. 简述 SET 协议双重签名的过程。

第 8 章

安全电子支付技术

安全有效的电子支付系统是电子商务中的重要环节，它指的是电子交易的参与者（即客户、商家和银行）使用安全电子支付手段通过计算机网络进行现金支付或资金转账。在因特网电子商务中电子支付表现为客户通过 Internet 网络将客户存在银行的资金划入到商家账户的一系列资金转移过程。如何安全地实现支付功能，并保证参与方的安全保密是实现电子商务系统的关键。本章就安全的电子支付的方法进行全面分析，并给予实例。

实现目标的知识点

- 电子支付相关的概念
- 电子支付系统的结构
- 电子支付系统的类型
- 电子支付交易的安全

8.1 电子支付概述

8.1.1 电子支付与传统的支付方式

电子支付是电子商务的核心之一，它指的是电子交易的参与者（即客户、商家和银行）使用安全电子支付手段通过计算机网络进行现金支付或资金转账。

（1）传统支付手段主要有：

① 现金支付方式。在传统购物过程中，只要消费者支付现金就可以立刻获得商品，而商家则可以立刻获得现金。支付活动发生在消费者和商家之间，款项支付在交易现场就可以完成，因此具有实时性。

② 支付卡支付方式。消费者需要预先购买支付卡，然后采用支付卡购买商品。消费者通过支付卡完成款项支付。

③ 通过银行的支付方式。消费者可以采用银行发放的支付工具购买商品，例如采用借记卡、贷记卡、汇票或支票等方式。可以将其分为两种情况，第一种情况是：贸易双方在同一银行都有账户，银行可以从消费者的资金账户存款中扣除商品的金额，直接记入到商家的

存款账户中。第二种情况是：贸易双方在不同银行开设账户。这种情形比前一种情况多一个环节，即银行间资金账户的清算环节。

（2）电子支付系统通常采用以下三类电子支付工具：

① 电子现金。电子现金是以数字化形式存在的现金货币，是传统现金的电子表达形式。

② 信用卡。信用卡是目前因特网上最流行的支付工具。随着技术的发展，信用卡的卡基由磁条卡发展为能够读写大量数据、更加安全可靠的智能卡，人们称其为电子信用卡。

③ 电子支票。电子支票是网络银行常用的一种电子支付工具，它可以将传统支票的全部信息改变为带有数字签名的电子报文。

④ 电子钱包。电子钱包也是电子商务活动中客户常用的一种电子支付工具，是在小额购物时常用的新式钱包。它不仅可以装入电子现金、电子信用卡等电子货币，而且也可以把客户的各种电子现金或电子信用卡上的重要信息保存在电子钱包中。

8.1.2　电子支付的特征

与传统的支付方式相比较，电子支付具有如下特征：

（1）电子支付是在开放的网络系统中以先进的数字流转技术完成信息传输，采用数字化的方式进行款项支付的，而传统的交易支付方式则以传统的通信媒介通过现金流转、票据转让和银行汇兑等物理实体完成款项的支付。

（2）电子支付的工作环境基于一个开放的系统平台（即因特网中），而传统的交易支付方式在较为封闭的系统中运作。

（3）电子支付对软、硬件设施有很高的要求，一般要求有联网的微机、相关的软件及其他一些配套设施，而传统的交易支付方式对实施没有什么特殊的要求。

（4）电子支付具有方便、快捷、高效、经济的优势，交易方只要拥有一台上网的计算机，便可足不出户，在很短的时间内完成整个支付过程。支付费用仅相当于传统支付方法的几十分之一，甚至几百分之一。

（5）由于电子支付工具、支付过程具有无形化的特征，它将传统支付方式中面对面的信用关系虚拟化。如对支付工具的安全管理不是依靠普通的防伪技术，而是通过用户密码，软硬件加、解密系统以及路由器等网络设备的安全保护功能实现的。

8.2　电子支付系统的结构与类型

8.2.1　电子支付系统的结构

电子支付系统是电子商务的重要组成部分，电子商务支付系统指的是消费者、商家和金融机构之间使用安全电子手段交换商品或服务，即把新型支付手段包括电子现金（E-cash）、信用卡（Credit Card）、借记卡（Debit Card）、智能卡（Smart Card）等支付信息通过网络安全传送到银行或相应的处理机构，实现电子支付是融购物流程、支付工具、安全技术、认证体系、信用体系以及现在的金融体系为一体的综合大系统。电子支付系统的组成要素包括客户、商家、支付网关、客户开户银行、商家开户银行、CA 中心以及金融专网等。图 8-1 所示为电子支付系统的基本构成。

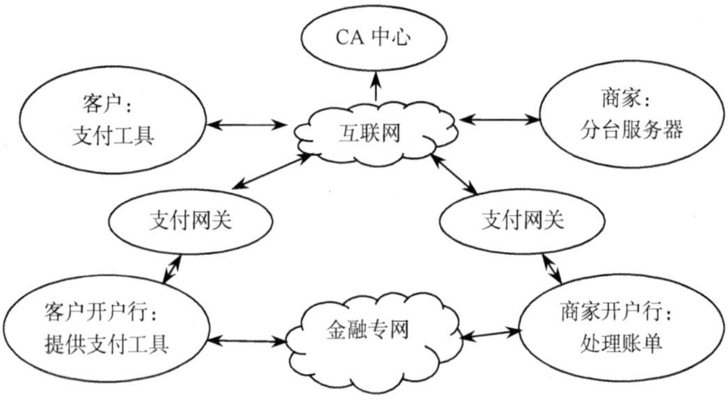

图 8-1　电子支付系统的基本构成

支付网关是公用网和金融专用网之间的接口，支付信息必须通过支付网关才能进入银行支付系统，进而完成支付的授权和获取。支付网关的建设关系着支付结算的安全以及银行自身的安全，关系着电子商务支付结算的安全以及金融系统的风险，必须十分谨慎。因为电子事务交易中同时传输了两种信息：交易信息与支付信息，必须保证这两种信息在传输过程中不能被无关的第三者阅读，包括商家不能看到其中的支付信息（如信息卡号、授权密码等），银行不能看到其中的交易信息（如商品种类、商品总价等）。这就要求支付网关一方面必须由商家以外的银行或其委托的卡组织来建设；另一方面网点不能分析交易信息，对支付信息也只是起保护与传输的作用，即这些保密数据对网关而言是透明的。

金融专用网则是银行内部及银行间进行通信的网络，具有较高的安全性，包括中国国家现代化支付系统、人民银行电子联行系统、工商银行电子汇兑系统、银行卡授权系统等。我国银行的金融专用网发展很迅速，为逐步开展电子商务提供了必要的条件。

认证机构则负责为参与商务活动的各方（包括客户、商家与支付网关）发放数字证书，以确认各方的身份，保证电子商务支付的安全性。认证机构必须确认参与者的资信状况（如通过在银行的账户状况、与银行交往的信用历史记录等），因此认证过程也离不开银行的参与。

除以上参与各方外，电子商务支付系统的构成还包括支付中使用的支付工具以及遵循的支付协议，是参与各方与支付工具、支付协议的结合。

8.2.2　电子支付系统的功能

电子支付具有以下功能：

（1）能使用数字签名和数字证书实现对各方的认证。

（2）使用加密技术对业务进行加密。

（3）使用消息摘要以确认业务的完整性。

（4）当交易双方出现纠纷时，保证对业务的不可否认性。

（5）能够处理贸易业务的多边支付问题。

8.2.3　电子支付系统的类型

电子支付系统可以有多种分类方式。按照支付的对象是否为真正交易的双方，可以分为直接支付系统和间接支付系统。图 8-2 所示为一个典型的在线支付系统示意图。该系统主要包含了以下参与方：客户（即消费者）、商家、支付网关、接收银行和发行银行。该系统要求客户和商家必须在各自的银行中建立账户，其中客户账户所在的银行通常称为发行银行，而负责从商家接收支付记录的银行称为接收银行。支付网关可以由金融机构或第三方控制，它处理客户和商家之间的支付请求。

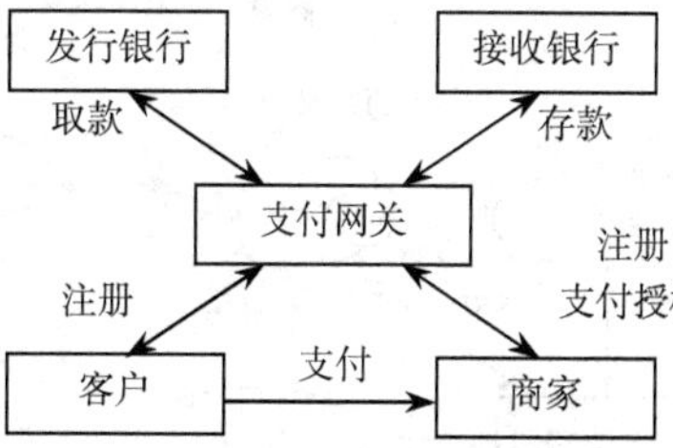

图 8-2　在线电子支付系统示意图

当商家接收到客户的支付请求后，商家首先请求支付网关对客户以及其支付方式（如借记卡）进行授权。支付网关将与发行银行交互以执行授权检查。若授权成功，支付网关将从客户的账户中提取支付金额，并存入到商家在接收银行的账户中。在完成支付过程后，支付网关将确认消息通知给商家，以便商家向客户交付商品。

8.2.4　网上支付模式

1．单纯 SSL 模式

在单纯 SSL 模式下，持卡人与商家之间通过 SSL 连接进行通信，持卡人将订单以及信用卡支付信息发送给商家。商家将支付信息转换成 ISO 8583 报文，模拟 POS 系统的方法，将其发送到收单行支付网关进行支付处理。

SSL 模式应用在早期电子商务系统中，现在应用较多的网上支付模式主要有面向商家的 SET 模式、无证书 SET 模式、完全 SET 等三种。

2．面向商家的 SET（Merchant-Oriented SET，MOSET）模式

面向商家的 SET 模式，持卡人的浏览器与商家的服务器之间的通信是通过标准 SSL 连接进行。现今，大多数浏览器都使用 SSL 进行信用卡支付，该模式的示意图如图 8-3 所示。其运作过程是：当持卡人确认进行购买时，商家服务器软件接收持卡人信用卡信息，包括信用卡号码、金额等，然后商家服务器向能够处理 MOSET 支付的支付服务器提交。支付服务器把这些购买信息作为 SET 交易内容发送给支付网关。

3．无证书 SET（CertLess）模式

在无证书 SET 模式下，持卡人也不需要向 CA 申请持卡人证书，但必须使用电子钱包进行网上交易，须事先在电子钱包软件中增加一个无证书的账号等相关信息，如信用卡号码等。然后订单和支付信息通过 Internet 使用 SET 协议传到支付服务器。

对于接受 SET 支付的商家来说，无须进行任何改动就可接受无证书 SET 支付。这种支付方式不仅对商家而言灵活，也为持卡人提供了方便。无证书 SET 模式的处理流程与图 8-3 类似。无证书 SET 的优点是持卡人不必向 CA 申请证书：信用卡号码以及相关金融信息对商家是不可见的，采用 SET 协议在持卡人、商家、支付网关之间传送金融和订单信息比单纯使用 SSL 协议更安全：实现 SET 后，要接受无证书 SET，商家无须进行任何改动，对支付网关的影响也不大。无证书 SET 的缺点是持卡人必须安装电子钱包软件。

4．完全 SET

完全 SET 模式的优点是信用卡号码以及相关金融信息对商家不可见，商家只能检索订单信息。完全 SET 模式的缺点是实现很复杂。所有 SET 成员必须可以互操作，持卡人需要安装电子钱包。该模式如图 8-4 所示。

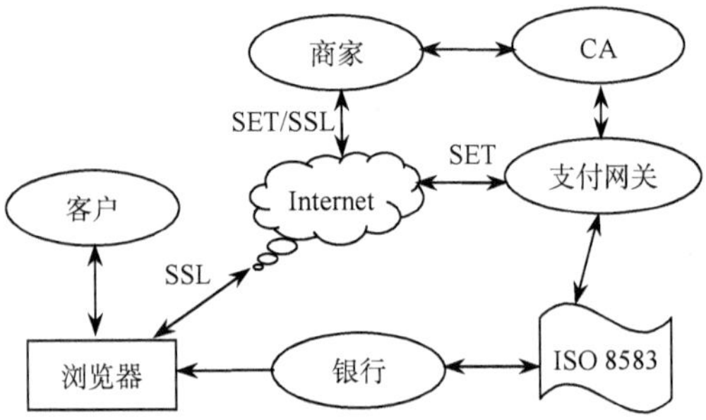

图 8-3　面向商家的 SET 模式

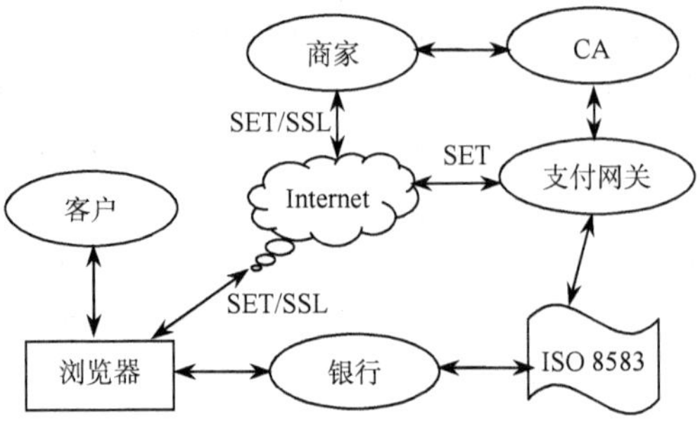

图 8-4　完全 SET 模式

8.3　电子支付系统

8.3.1　电子银行卡系统

银行卡中最常见的是信用卡和借记卡。

1. 信用卡

信用卡是在一定范围内可以代替传统现金的电子货币，具有支付和信贷两种功能。

信用卡使用流程中的参与者主要包括发卡行、收单行、持卡人、商家及信用卡组织。电子信用卡支付系统可以采用以下两种支付模型：通过信任第三方的支付模型和具有简单安全措施的支付模型。

1）信任第三方的支付模型

第三方不仅负责识别鉴别商家和客户的身份，而且负责核对订单和支付信息的有效性。它作为整个系统的核心，一个信任第三方的支付模型如图 8-5 所示。

只有在客户确认该订单信息后，第三方才开始启动离线或安全的支付结算过程。

2）具有简单安全措施的支付

支付时，客户向商家提供加密的信用卡号码，由商家将这些信息转发给支付网关，支付网关将解密后的支付消息转发给相关金融机构。图 8-6 所示为一个 Cyber Cash 的典型实例。

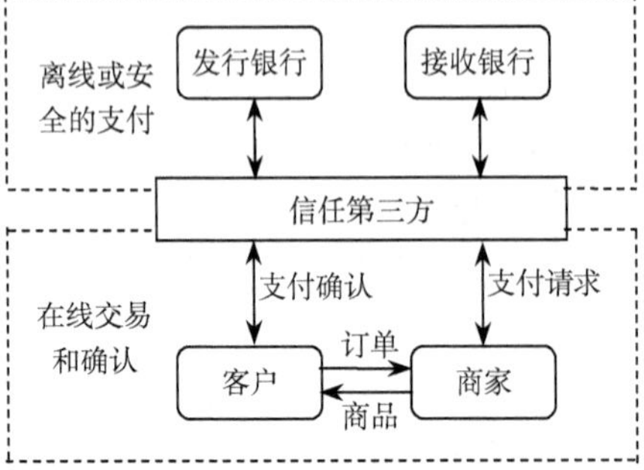

图 8-5　信任第三方的支付模型

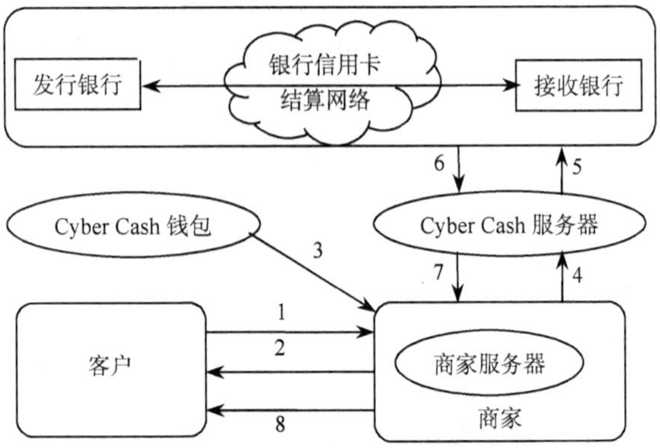

图 8-6　Cyber Cash 支付过程

图中的 1-8 分别是支付过程的步骤：

（1）客户填写商家的订单。

（2）客户选择采用 Cyber Cash 付费时，商家服务器向客户开一个费用清单请求客户付费。客户接收到请求后需要从钱包中选择付费信用卡。

（3）Cyber Cash 钱包将信用卡信息加密后发送给商家服务器。

（4）商家服务器验证所接收到的信息有效性和完整性。若信息没有被篡改，则再次发送给 Cyber Cash 服务器。

（5）Cyber Cash 服务器验证上述信息后，将解密的信用卡信息通过安全专网传送到接收银行，确认信用卡信息的有效性。

（6）接收银行核实客户信用卡后，将结果传送给 Cyber Cash 服务器。

（7）Cyber Cash 服务器向商家服务器通报交易处理结束。

（8）商家发送商品给客户。

2. 借记卡

借记卡是商业银行向个人和单位发行的，凭此卡向特约单位购物、消费和向银行存取现金的银行卡，现阶段我国各银行发行的银行卡大多是借记卡。即持卡人使用借记卡支付前需要在卡内存一定的金额，银行不提供信贷服务。

借记卡的电子支付流程如图 8-7 所示。

数字序号含义如下：

（1）持卡人到信用卡特约商家消费。

（2）特约商家向收单行要求交易授权，收单行向发卡行验证卡号、密码及账户金额。

（3）特约商家向持卡人确认交易及金额。

（4）特约商家向收单行请款。

（5）收单行从发卡行的持卡人账户划拨资金到特约商家。

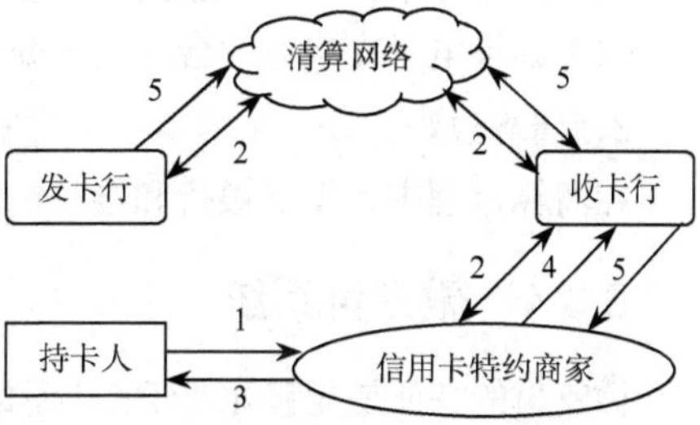

图 8-7　借记卡支付流程图

8.3.2　电子现金系统

E-cash 是一种以电子数据形式流通的，通过互联网购买商品或服务时可以使用的货币。电子现金以数字信息形式存在，把现金数值转换成为一系列的加密序列数，通过这些数字来表示现实中各种金额的币值。电子现金支付流程如图 8-8 所示。

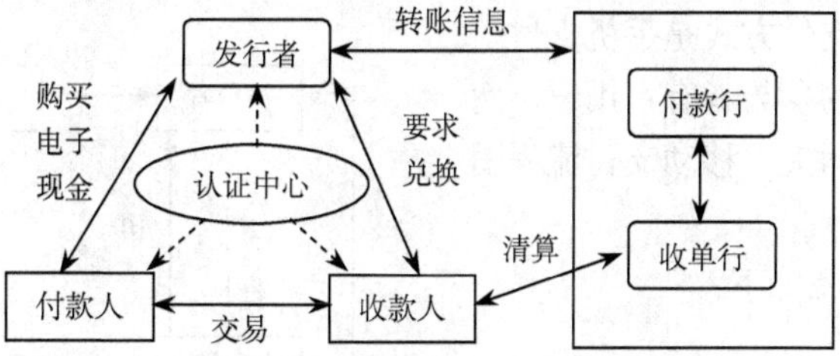

图 8-8　电子现金支付流程图

8.3.3　电子支票系统

电子支票是一种借鉴纸张支票转移支付的优点，利用数字传递将钱款从一个账户转移到另一个账户的电子付款形式。用电子支票支付，事务处理费用较低，而且银行也能为参与电子商务的客户提供标准化的资金信息，是目前最有效率的支付手段之一。

电子支票的支付过程包括了生成、支付和清算三个过程，如图 8-9 所示。

1．生成过程

客户必须在提供电子支票业务的银行注册，开具电子支票。注册时需要输入信用卡或银行账户信息，支票上也具有银行的数字签名。

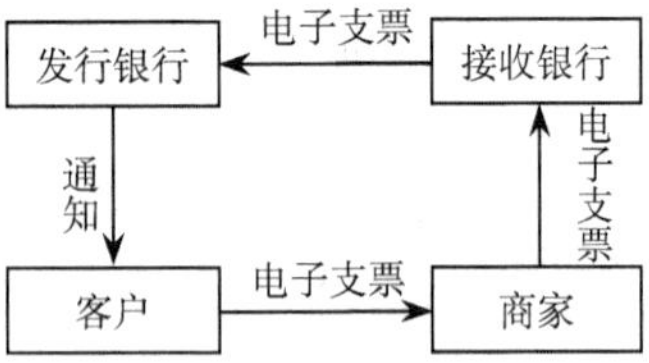

图 8-9　电子支票支付过程

2．支付过程

支付系统首先验证交易双方的身份，然后通过以下步骤实现支付过程：

（1）客户使用发卡银行发放的授权证明文件签发电子支票，然后将签名支票发送给商户。

（2）为提高电子支票的安全性，客户可以用商家的公开密钥或双方共享的对称密钥对支票内容或部分内容进行加密，然后客户通过网络将加密过的支票传送给商家，商家是该支票唯一的合法接收者。

（3）商家用自己的私有密钥解密电子支票，然后采用客户公钥验证客户对电子支票签名。

（4）如果电子支票有效合法，则商家将发货给客户或提供相应的服务。

3．清算过程

在清算过程中，发卡银行和接收银行将支付资金从客户账户转入到商家的账户中。

8.3.4　微支付系统

微支付的特征是能够处理任意小量的钱，适合于网上不可触摸商品的销售。一方面，要求商品的发送与支付几乎同时发生，另一方面商品销售处理与运输的平静为保持成本低廉设置了障碍。微支付具有交易额小、安全性低、效率高和应用范围特殊等特点。

微支付模型一般涉及顾客、代理和商家三方。典型的微支付模式如图 8-10 所示。

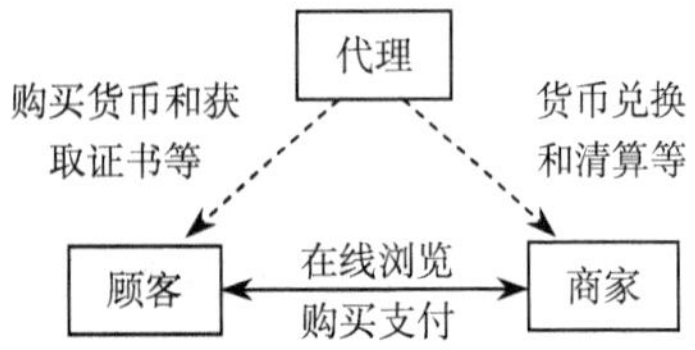

图 8-10　微支付过程模型

8.3.5　移动支付系统

移动支付是使用移动设备通过无线方式完成支付行为的一种新型支付方式，目前使用最广泛、最典型的移动支付方式是手机支付。

在移动支付中，主要的参与者有：用户、商家、金融机构和支付网关。移动支付流程图如图 8-11 所示。

图 8-11 中所示步骤如下：

（1）注册。

（2）提交支付申请。

（3）提交处理后的支付申请。

（4）商家确认。

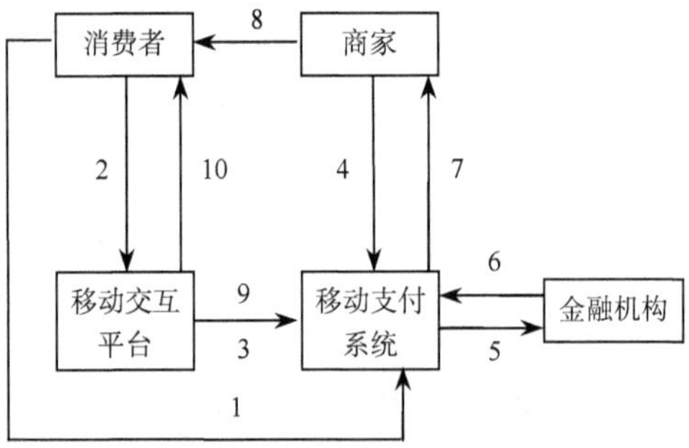

图 8-11　移动支付流程图

（5）转账申请。
（6）确认转账申请的有效性。
（7）向商家返回支付结果。
（8）递送。
（9）返回确认结果。
（10）反馈消费者。

8.4　支付交易的安全

根据所使用的支付手段，可将安全支付服务分为三大类。

（1）第一类涉及所有的电子支付系统和所有的支付手段。第一类服务称为支付交易安全服务，主要包括以下几方面：

① 用户匿名性——在网络交易中保护用户的身份免于泄露。
② 地址不可跟踪性——防止支付交易进行的地点泄露。
③ 买方匿名性——保护支付交易中买方的身份免于泄露。
④ 支付交易不可跟踪性——防止同一客户的不同支付交易链接起来。
⑤ 支付交易数据的机密性——有选择地保护支付交易数据的特定部分，免于泄露给未经授权的参与方中的指定参与方。
⑥ 支付交易消息的不可否认性——防止在支付交易中交换的协议消息源进行抵赖。
⑦ 支付交易消息的新鲜性——防止支付交易消息的重放。

（2）第二类服务主要与数字货币相关，称为数字货币安全，主要包括以下几方面：

① 防止再度花费——防止电子货币的重复使用。
② 防止货币的伪造——防止未授权的参与方伪造数字货币。
③ 防止货币被盗——防止数字货币被未授权的参与方花费。
④ 第三类服务基于以电子支票作为支付手段的支付系统的特定的技术。

8.4.1　支付交易的安全

1. 保护用户匿名性

用户匿名性是用于通信双方之间的服务，在一次通信会话期间必须一直得到保护。而买方匿名性必须在整个交易过程中受到保护，而这期间可能会发生好几次会话。例如，顾客与商家之间的会话，商家与接收银行之间的会话，以及接收银行与发行银行之间的会话等。除了买方与自己的银行之间的会话以外，在其他所有会话中通常都要求买方是匿名的。换句话说，正如地址不可跟踪性一样，用户匿名性是买方匿名性的先决条件，此外买方匿名性还可能会运用某些其他的机制。

买方的匿名可通过隐藏的假名或数字签名来实现。但是，如果买方在所有的支付交易中都使用同一个 ID，则就可以跟踪到其行为，同其他一些信息结合后就能用于断定其身份。

2. 支付交易的不可跟踪性

支付交易不可跟踪性的目的就是使得无法将同一买方的多次支付交易联系在一起。支付交易数据的机密性相当于前面所讲的通信机密性。此外这一服务还包括更复杂的情况，其中不仅仅是要防止支付交易数据泄露给外人，而且还要防止数据的指定部分泄露给指定的参与方（如卖方）。举例来说，假设数据包括 a 和 b 两部分，经授权的参与方有 A 和 B，可以采用如下方式来保护数据的机密性：

（1）除了 A 和 B 以外没有任何参与方能读取数据的任何部分。

（2）A 只能读取 a。

（3）B 只能读取 b。

（4）保持数据的完整性。

3．支付交易的不可抵赖性

电子支付交易由一个或几个网络协议组成。协议由参与双方的一系列交互消息组成。消息源的不可抵赖性是一种信息安全服务，用于防止当参与方收到了消息，发送方却否认曾发送过这一消息的情况。不可抵赖性可以用数字签名机制来实现。在电子支付交易中，客户、商家、支付网关和银行都是参与方。如果客户声称其从未发送支付指令，或者商家声称其没有收到客户的付款，就会发生纠纷。支付交易消息的不可否认性就是帮助解决此类纠纷的。

4．支付交易消息的新鲜性

保证支付交易消息的新鲜性意味着防止重复使用，如支付指令消息的重复使用。一旦顾客为了付款发送了其信用卡的消息，该消息即使是以加密的形式发送的，也可能被窃听者盗用，之后在顾客不知情的情况下被攻击者重复使用。这就是重放攻击的一个例子。

8.4.2　数字货币的安全

在安全方面，数字货币在电子商务的应用中主要支持以下几点：

1．支付交易的不可跟踪性

当顾客从 ATM（Automatic Teller Mechine，自动柜员机）或银行柜台提取现金时，通常都不会记录下纸币的序列号。因而支付交易不会与顾客相关联。数字货币也有序列号，在特定情况下可以通过唯一的数字来代替。由于这些数字只是以数字形式存在，因此很容易建立一个记录表示出哪个顾客拥有哪些序列号。这样，只要简单地看一看这些号码，就可以明了某个顾客所进行的电子支付交易了。为了防止这种情况的发生，就需要一些专门的机制。简单地说，是通过盲签名来支持不可跟踪性。

2．防止重用

通常我们可以很容易地任意复制数字货币。对任何人都是如此，因为它们只是很简单地被电子储存起来的数字。如果买方通过合法途径获得一枚有效的货币，它可能会多次违章使用。因此有必要运用某些可以检查出再度花费的机制。简单地说，是通过分割选择实现有条件的匿名性。

3．防止货币的伪造

通常，要伪造传统意义上的纸币是很困难的。首先，纸币必须具备一些特殊的、昂贵的，或是难以复制的物理性质（例如特殊的印刷或颜色）。其次，序列号至少要看起来是真实的。序列号是否伪造只能由合法的货币发行机构检测出来。而对于数字货币，物理上的复制根本不成问题。只有在线系统才能在花费之前检验序列号，而这既是无法扩展的，又是不实际的。

于是唯一的选择就是使得发行的货币的序列号具备一些特别的数学特性。

4．防止货币的盗用

防止通过窃听盗用数字货币的一种明显的方法就是使用加密。但是，通常货币的面值很低（比如说低到 1 元）。因此，很多情况下使用加密机制效率实在是不高，而且花费还很大。

8.4.3　电子支票安全

电子支票是与传统的纸面支票包含同样数据的电子公文。如果在电子支付交易中要用到电子支票，就有必要运用一种或几种支付交易安全体制。而其中一种机制普通支票中也很常见，即支付授权转移。

当一个人交给某人一张支票，实际上就是授权给他，让他从这个人的银行账户上提取现金。对于书面支票，这样的授权是通过手写签字来确认的。对于电子支付指令，授权必须通过支付授权转账服务来执行。

8.5 实 例 分 析

由于信用卡支付模型是目前甚至将来最受欢迎的支付模型之一，所以本节将重点介绍信用卡支付模型。Bellare 介绍了一个可应用于 Internet 上的安全支付系统，它是采用 IBM 研究院开发的 iKP 支付协议设计和实现的。

8.5.1　支付系统实例 1

一个通用的支付模型如图 8-12 所示，iKP 协议也基于该模型。该模型主要涉及以下参与者：客户、商家、发行银行、接收银行（同时代表支付网关）。Bellare 介绍的支付系统假设：

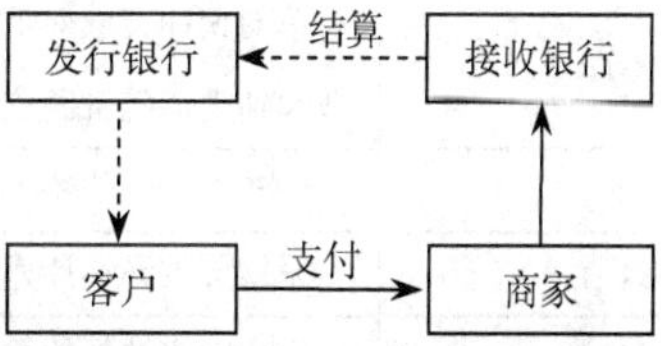

图 8-12　通用支付模型

- 每个银行均有一个银行身份识别号 BIN，并且该 BIN 将作为信用卡号的一部分。
- 假设客户将使用一个可信赖的计算机执行支付协议，并且该计算机可以接收客户信用卡的 PIN 或签名密钥。
- 商家需要一个安全的设备，用以保存商家的私钥，并执行支付协议。
- 接收银行和发行银行之间的划拨结算通过现有的金融网络实现。
- 系统中只有一个 CA，SK_{CA} 为 CA 的私钥，其他参与者均持有 CA 的公钥 PK_{CA}。

1．安全需求

电子支付系统的攻击者主要包括以下几类：偷听者、主动攻击者和不诚实的内部人员。为了防御这些攻击者的攻击，Bellare 提出系统应满足以下安全需求：

RO——交易数据不能被篡改。

R1——客户支付授权的不可否认性。以下参与者需要客户提供一个不可伪造、也不可重放的支付授权证据：

R1.1——商家利用该证据证明客户同意支付一定数目的金额，并确保客户的支付授权不可否认性。

R1.2——接收银行和发行银行也只有在获得该证据的情况下，才能够将所需支付的金额从客户的账户转入商家的账户中。

R2——客户的支付授权证据的不可重放。该证据应该可以防止重放攻击，即需要防止窃听者或不诚实的参与者重复使用支付授权证据。

R3——商家的支付授权不可否认。接收银行和发行银行需要商家提供一个不可伪造的证据证明商家要求将交易中的金额存入其账户中，从而确保商家的支付授权不可否认性。

R4——接收银行的支付授权不可否认。以下参与者需要接收银行提供一个不可伪造的证据证明接收银行已获得支付交易的许可：

R4.1——商家；

R4.2——客户。

R5——商家的支付收据。客户需要商家提供一个证据，以证明商家已接收到支付，从而使得商家无法否认客户还没有为其订购的商品付款。

R6——支付交易数据的机密性。系统应该保证客户提供的订单信息和支付信息的机密性，从而防止未经授权的参与方对支付交易数据的访问。

R7——提供客户的匿名性。

2. 支付过程

首先介绍 iKP 协议采用的记号与定义（见表 8-1）。

表 8-1 记号与定义

记录号	定义
H(.)	无冲突的单向散列函数
Hk(R,.)	单向无冲突散列函数，只要 R 是随机选择的，此散列函数就不会泄露另外一个参数的信息，即该函数起到类似随机函数的作用
Ex(.)	x 的公开密钥密码系统的加密函数
Sx(.)	采用 x 的私钥计算签名
SALTc	客户随机选择的数字，用以保证订单信息对于接收银行的机密性，同时也用于保证签名的新鲜性
AUTHPRICE	数量和价格
Date	商家的日期/时间戳
NONCEs	由商家选定的随机数
IDs	商家标识
TIDs	由商家选定的交易标识符
DESC	订单信息，它描述了客户和商家协商的交易协议，包含了诸如商品描述、金额以及支付方式等信息
BAN	客户的银行账号（如信用卡号码）
EXPIRATION	客户的银行账号的有效期
Rc	客户选定的随机数
IDc	客户通过公式 IDc =Hk(Rc, BAN)计算获得一次性假名
RESPCODE	结算网络的响应
SKa	接收银行的私钥

续表

记　录　号	定　　义
PKa	接收银行 Ska 对应的公钥
V	商家生成的随机数，用于作为商家已接收支付的证据
VC	商家生成的随机数，用于作为商家未接收支付的证据
Common	AUTHPR1CE、IDs、TIDs、Date、NONCEs、IDc、Hk(SALTc,DESC)、H(V)、H(VC)
Clear	IDs、TIDs、Date、NONCEs、H(Common)、H(V) 、H(VC)
SLIP	AUTHPRICE、H(Common)、BAN、Rc、PIN、EXPIRATION
EncSlip	Ea(SLIP)
Siga	Sa(RESPCODE, H(Common))
Sigs	Ss(H(Common))
Sigc	Sc(EncSlip, H(Common))

图 8-13 显示了遵循 iKP 协议的支付过程。Bellare 假设在开始支付交易之前，商家已拥有了如下信息：DESC、AUTHPRICE、Pkca，SKs、接收银行的证书 CERTa、商家的证书 CERTs；而客户也拥有如下信息：DESC、AUTHPRICE、BAN、EXPIRATION、Pkca、SKc、客户的证书 CERTc 和 SALTc。

8.5.2　支付系统实例 2

1．支付加、解密过程

中讯通信发展有限公司作为软件开发商和系统集成商，自主开发了专门用于电子商务系统的加密解密模块。表 8-2 和表 8-3 举例说明其加密、解密的步骤：

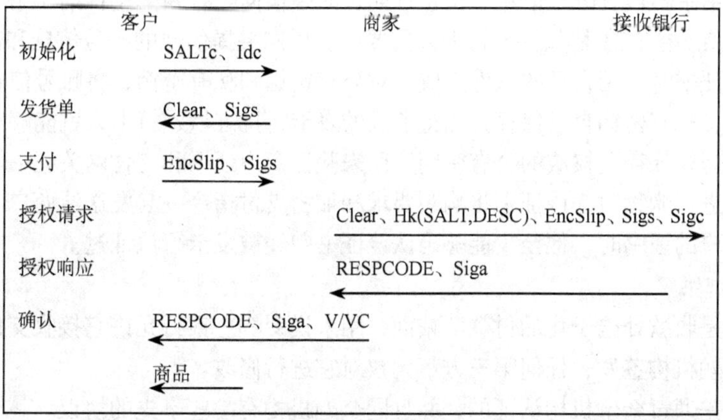

图 8-13　支付过程

表 8-2　加密过程

步骤	描　　述
1	用户 A 将要发送的信息原文用单向 Hash 算法产生一个单一数值的信息摘要。这个信息摘要称为数字指纹，在后面将用于测试信息的完整性
2	用户 A 用自己的私有密钥加密信息摘要，产生数字签名

续表

步骤	描述
3	生成一个随机的对称密钥，并用这个对称密钥加密用户 A 的签名和包含公有密钥的证书。为了对用户 A 的签名和证书解密，用户 B 也需要这个对称密钥
4	用户 A 在与用户 B 通信之前必须得到用户 B 包含其公有密钥的证书，为了保证对称密钥在传输时的安全性，用户 A 用用户 B 的公有密钥加密这个对称密钥。这个加密后的对称密钥，就是数字信封。这个数字信封将与加密的信息一起发送给用户 B
5	用户 A 传送给用户 B 的信息包括：用对称密钥加密的信息原文、签名、证书和非对称加密的对称密钥（数字信封）

表 8-3　解密过程

步骤	描述
1	用户 B 接收到来自用户 A 的信息，用自己的私有密钥解密数字信封，得到对称密钥
2	用户 B 用对称密钥解密加密后的信息原文、用户 A 的签名和证书
3	用户 B 用用户 A 的公有密钥解密用户 A 的数字签名，得到用户 A 生成的信息摘要
4	用户 B 将接收到并解密后的信息原文用单向的 Hash 算法产生一个新的信息摘要
5	用户 B 用这个新产生的信息摘要与用户 A 信息摘要对比；如果两个信息摘要完全一样，用户 B 可以确定：信息在传输过程中没有被修改，同时确实是用用户 A 的私有密钥签名的。如果两个信息摘要不完全一样，用户 B 可以确定：或者是信息在传输过程中被修改过，或者是信息原文在进行签名之前就被修改过；这样一来用户 B 就必须采取其他办法通知用户 A 或干脆将收到的信息抛弃

1）持卡人证书

持卡人证书是支付卡的一种电子化形式，并且由金融机构颁发，任何第三方都不允许修改。持卡人证书中不包含账号信息和截止日期，而是根据账号和截止日期，用 Hash 算法推算出一个特殊值。在 SET 协议中，持卡人需要向支付网关提供他的账号信息和密码。持卡人向发卡行申请证书时，用自己的软件生成一对公有密钥和私有密钥，将账号信息和公有密钥给发卡行保存，私有密钥自己保存。当持卡人的发卡行批准后，持卡人就能够获得持卡人证书。持卡人还需要保存更权威的公有密钥，用来验证商户证书和支付网关证书。当持卡人想通过电子方式进行购物时，该证书将购买要求和加密支付指令一起发送给商户。当商户收到参加交易的客户的证书时，他至少能够确认该证书曾经被发卡行认证过。

2）商户证书

商户证书是收款处电子化的付款卡帖面，用来说明哪些银行允许它接收支付卡。它由与商户有关的金融机构签发，任何第三方都无权对它进行修改。

商户证书是通过金融机构认证的，并且同金融机构有一些事先的协议。一个商户至少拥有一份证书，与一个收单银行打交道。当然，一个商户也可以有多个证书，表示它可以接收多种付款卡。

3）支付网关证书

支付网关证书由付款卡机构发放。

4）金融咨询机构证书

金融机构必须持有证书作为认证权威来接收和处理来自商户的证书申请，它的证书由付款卡颁发机构颁发。

5）发卡行证书

发卡行必须持有证书以便作认证权威受理和审批来自持卡人的证书申请，发卡行证书由付款卡机构颁发。

6）信任树结构

信任树结构如图 8-14 所示。其中，GCA：区域性 CA 证书；CCA：持卡人 CA 证书；MCA：商户 CA 证书；PCA：支付网关 CA 证书。

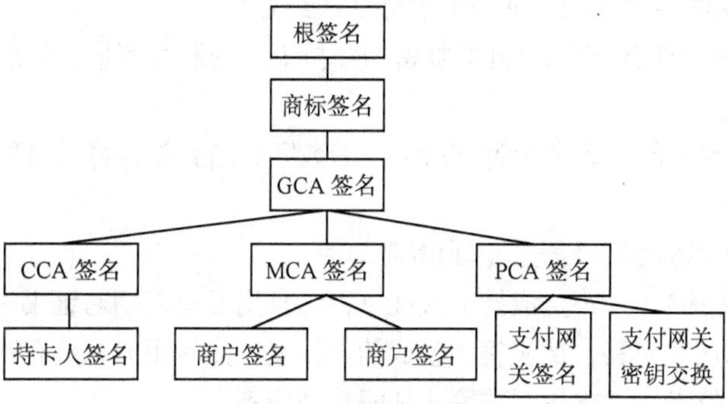

图 8-14 信任树结构

2．支付过程

1）持卡人注册流程

（1）持卡人软件向 CA 认证中心发送初始化请求。

（2）CA 接收初始化请求。

（3）CA 生成应答，并且根据应答产生信息摘要，然后用私有密钥对它进行数字签名。

（4）CA 向持卡人发送应答和 CA 证书。

（5）持卡人客户端软件接收初始化应答，通过反转信任链至根密钥，认证 CA 证书。

（6）持卡人软件通过 CA 公有密钥解开并认证初始化应答，并且将其与新生成的应答信息摘要进行比较。

（7）持卡人输入账号。

（8）持卡人软件生成注册表请求。

（9）持卡人软件用随机生成的对称密钥加密信息，然后用 CA 公有密钥加密对称密钥和持卡人的账号信息。

（10）持卡人软件将加密后的注册表传送到 CA。

（11）CA 首先用 CA 私有密钥解开对称密钥和持卡人账号信息，然后用对称密钥解开注册表请求。

（12）CA 决定一个适当的登记表，并且根据登记表产生信息摘要，然后用私有密钥对它进行加密。

（13）CA 向持卡人发送登记表和 CA 证书。

（14）持卡人软件接收登记表，通过反转信任链至根密钥，认证 CA 证书。

（15）持卡人软件通过 CA 公有密钥解开并且认证 CA 签名，然后将其与新生成的注册表的信息摘要进行对比。

（16）持卡人软件生成一对密钥：公有密钥和私有密钥。

（17）持卡人完成登记表。

（18）持卡人软件生成认证请求。

（19）持卡人软件首先对认证请求、持卡人的公有密钥和新生成的对称密钥进行信息摘要，生成认证请求，然后用持卡人的私有密钥对信息进行加密。

（20）持卡人软件用随机生成对称密钥加密信息，然后用 CA 公有密钥加密这个对称密钥和持卡人的账号信息。

（21）持卡人软件将加密的认证请求信息发送给 CA。

（22）CA 用 CA 的私有密钥解开对称密钥和持卡人的账号信息，然后用对称密钥解开认证请求。

（23）CA 用持卡人的公有密钥解开持卡人的数字签名，并且将其与新生成的认证请求信息摘要对比。

（24）CA 用持卡人的账号信息验证请求。

（25）直到认证完毕，CA 生成持卡人证书，并且用私有密钥对证书进行加密。

（26）CA 生成认证应答，从应答中生成信息摘要，然后用 CA 私有密钥加密信息摘要。

（27）CA 根据持卡人请求用对称密钥加密认证应答。

（28）CA 将应答传送给持卡人。

（29）持卡人软件通过反转信任链至根密钥，认证 CA 证书。

（30）持卡人用对称密钥解开应答，并且将其存入第 19 步。

（31）持卡人软件用 CA 公有密钥解开并认证 CA 签名，并且与新生成的应答信息摘要进行比较。

（32）持卡人软件保存证书和应答信息，以备后用。

上述注册流程可以用图 8-15 来表示。

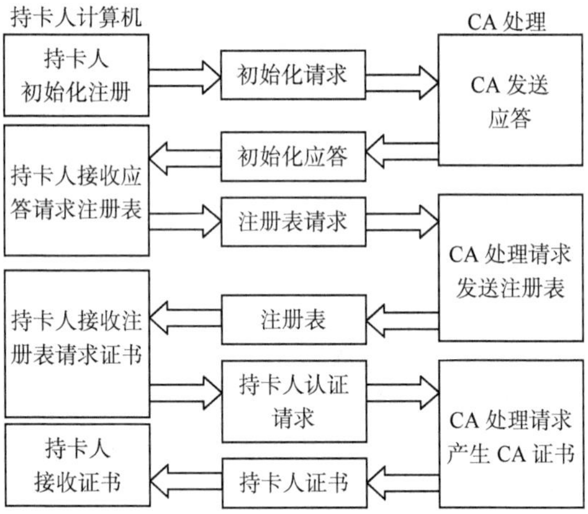

图 8-15　持卡人注册

2）商户注册流程

（1）商户软件向 CA 认证中心发送初始化请求。

（2）CA 接收初始化请求。

（3）CA 决定一个适当的登记表，并且根据登记表产生信息摘要，然后用私有密钥对它进行加密。

（4）CA 向商户发送登记表和 CA 证书。

（5）商户软件接收登记表，通过信任链至根密钥，认证 CA 证书。

（6）商户软件通过 CA 公有密钥产生对称密钥，用对称密钥认证 CA 签名，然后用 CA 公有密钥加密对称密钥和商户的账号信息。

（7）商户软件生成一对密钥：加密密钥和签名密钥。

（8）商户完成登记表。

（9）商户软件生成认证请求。

（10）商户软件首先对认证请求进行信息摘要，然后用商户的私有签名密钥对信息进行加密，接下来生成包含请求和商户公有密钥、数字签名的信息。

（11）商户软件用随机生成的对称密钥加密信息，然后用 CA 公有密钥加密这个对称密钥和商户的账号信息。

（12）商户软件将加密的认证请求信息发送给 CA。

（13）CA 用 CA 的私有密钥解开对称密钥和商户的账号信息，然后用对称密钥解开认证请求。

（14）CA 用商户的公有密钥解开商户的数字签名，并且将其与新生成的认证请求信息摘要对比。

（15）CA 用商户信息来验证请求。

（16）认证完毕，CA 生成商户证书，并且用私有密钥对证书进行加密。

（17）CA 生成认证应答，从应答中生成信息摘要，然后用 CA 私有密钥加密信息摘要。

（18）CA 将应答传送到商户。

（19）商户软件通过反转信任链至根密钥，认证 CA 证书。

（20）商户软件用 CA 公有密钥解开并认证 CA 签名，并且与新生成的应答信息摘要进行比较。

（21）商户软件保存证书和应答信息，以备后用。

上述流程可以用图 8-16 来表示。

3）购买请求流程

（1）持卡人软件发送初始化的请求。

（2）商户软件收到初始化请求。

（3）商户软件生成应答，并且用私有密钥加密应答信息的摘要。

（4）商户软件将应答与支付网关的证书发送给持卡人。

（5）持卡人客户端软件接收初始化应答，将信任链反转至根密钥，认证证书。

（6）持卡人客户端软件用商户的公有密钥解开商户的签名，然后与新生成的应答信息的摘要进行比较。

（7）持卡人客户端软件用购买阶段的信息生成订单信息。

（8）持卡人完成支付提示。

（9）持卡人客户端软件用持卡人的私有密钥对由 Hash 算法连接 OI（Order Information，订单信息）和 PI（Payment Instruction，支付指令）的信息摘要进行数字双签加密。

（10）持卡人客户端软件用随机生成的对称密钥加密 PI，然后用支付网关的公有密钥加密对称密钥和持卡人的账号信息。

（11）持卡人客户端软件将 OI 和加密后的 PI 传送给商户。

（12）商户软件通过反转信任链至根密钥，认证持卡人证书。

（13）商户软件用持卡人公有密钥解开持卡人数字双签，并且将其与由连接 OI 和 PI 生成的信息摘要进行比较。

（14）商户软件处理请求。

（15）商户软件生成购买应答。

（16）商户软件传送购买应答给持卡人。

（17）如果交易是经过授权的，商户要完成持卡人的订单。

（18）持卡人客户端软件通过反转链至根密钥，对商户的签名进行认证。

（19）持卡人客户端软件用商户的公有密钥解开商户的数字签名，并且将其与新生成的购买应答的信息摘要进行比较。

（20）持卡人客户端软件保存购买应答。

上述流程可以用图 8-17 来表示。

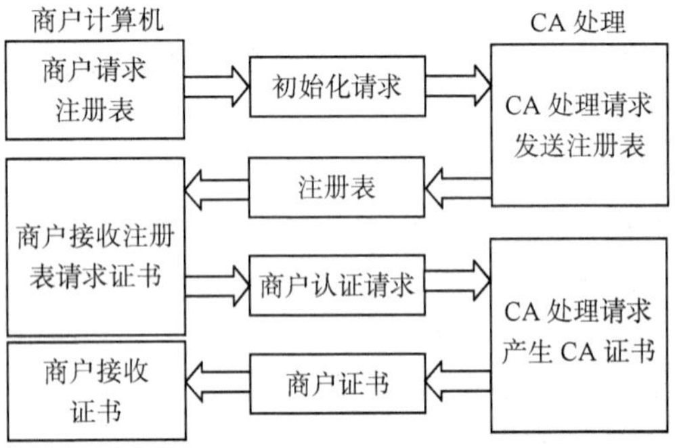

图 8-16　商户注册

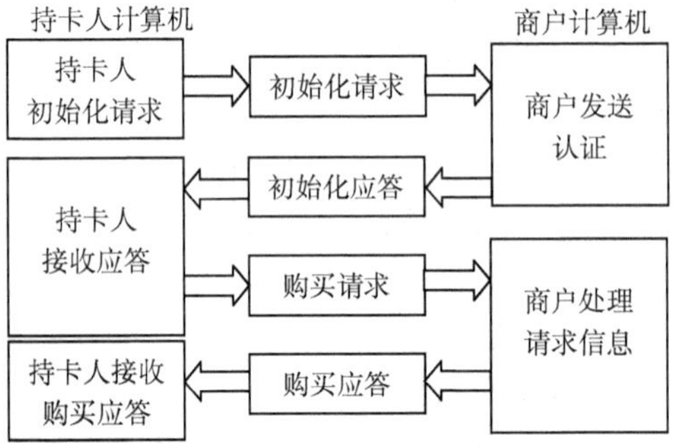

图 8-17　购买请求

4）支付授权流程

（1）商户软件生成授权请求。

（2）商户软件用私有密钥加密授权请求的信息摘要。

（3）商户软件随机生成对称密钥，对授权请求进行加密，用支付网关的公有密钥加密对称密钥。

（4）商户软件将持卡人的支付请求生成数字信封，同时将加密的授权信息发送给网关。

（5）支付网关将信任链反转至根密钥，认证商户证书。

（6）支付网关用网关的私有密钥解开商户的数字签名，并且将其与新生成的认证请求的信息摘要对比。

（7）支付网关用商户的公有密钥解开商户的数字签名，并且将其与新生成的认证请求的信息摘要对比。

（8）支付网关将信任链反转至根密钥，认证持卡人证书。

（9）支付网关用私有密钥解开对称密钥和持卡人账号信息，然后用对称密钥解开数字信封。

（10）支付网关用持卡人的公有密钥解开持卡人的数字双签，并且将其与新生成的数字信封的信息摘要进行比较。

（11）支付网关保证商户的授权请求和持卡人的数字信封是一致的。

（12）支付网关将支付请求通过金融网传送到为持卡人服务的金融机构。

（13）支付网关生成应答信息，包括支付网关的签名、证书，对信息摘要用私有密钥进行加密。

（14）支付网关对生成的新对称密钥进行授权应答的加密，并且用商户的公有密钥加密对称密钥。

（15）支付网关生成捕捉令牌，对信息令牌进行信息摘要，然后用私有密钥进行加密。

（16）支付网关通过对生成捕捉令牌进行信息摘要，用随机生成的新对称密钥进行授权应答的加密，并且用网关的公有密钥加密对称密钥和持卡人的账号信息。

（17）支付网关将加密后的授权应答传给商户。

（18）商户软件通过反转信任链至根密钥，认证网关证书。

（19）商户软件用私有密钥解开对称密钥，再用对称密钥解开授权应答。

（20）商户软件用网关的公有密钥验证网关的数字签名，并且与新生成的授权应答信息摘要进行比较。

（21）商户软件加密捕捉令牌和数字信封，以备后用。

（22）商户完成购买请求的处理。

上述流程可以用图 8-18 来表示。

5）*支付实施流程*

（1）商户软件生成支付请求。

（2）商户软件将商户证书嵌入支付请求，通过支付请求生成信息摘要，用商户私有密钥进行加密，完成数字签名。

（3）商户软件随机生成对称密钥，对支付请求进行加密，用支付网关的公有密钥加密对称密钥。

（4）商户软件将加密的支付信息请求发送给网关，加密认证响应生成的支付令牌。

（5）支付网关将信任链反转至根密钥，认证商户证书。

（6）支付网关用商户的私有密钥解开对称密钥，然后用对称密钥解开支付请求。

（7）支付网关用商户的公有密钥解开商户的数字签名，并且将其与新生成的支付请求信息摘要对比。

（8）支付网关用私有密钥解开对称密钥，然后用对称密钥解开数字信封。

（9）支付网关保证商户的支付请求和支付令牌是一致的。

（10）支付网关将支付请求通过金融网传送到为持卡人服务的金融机构。

（11）支付网关生成支付应答信息，包括支付网关的数字签名、证书，对信息摘要用私有密钥进行加密。

（12）支付网关对随机生成的新对称密钥进行支付应答的加密，并且用商户的公有密钥加密对称密钥。

（13）支付网关将加密后的支付应答传给商户。

（14）商户软件通过反转信任链至根密钥，认证网关证书。

（15）商户软件用私有密钥解开对称密钥，再用对称密钥解开支付应答。

商户软件用网关的公有密钥验证网关的数字签名，并且与新生成的支付应答信息摘要进行比较。上述流程可以用图 8-19 来表示。

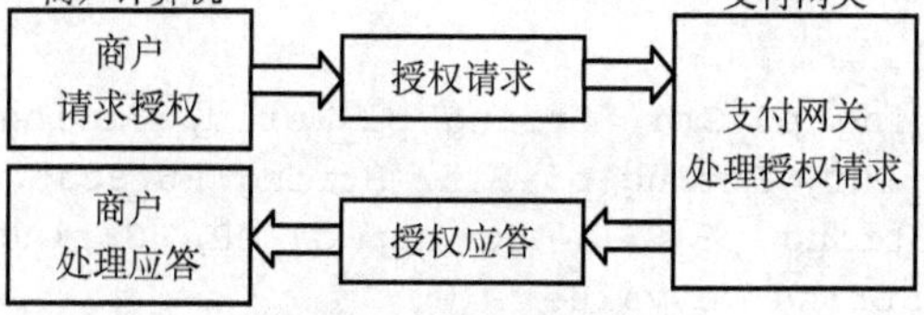

图 8-18　支付授权

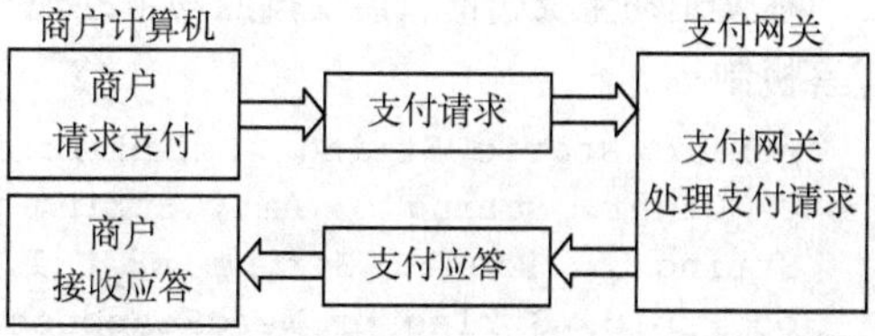

图 8-19　支付实施

8.5.3 网上支付的安全编程实现

SSL、SET、3D-Secure、SPA 等安全协议只具备资金传递功能，不能对交易双方进行约束和管理，支付手段比较单一，交易双方只能通过指定的银行界面进行资金划拨。在整个交易过程中，产品质量、诚信交易、退换货等方面无法得到可靠保证。并且这些支付手段比较单一，尚无法覆盖除 B to C 之外的其他支付需求。第三方支付模式能够很好地解决这些安全问题：① 第三方支付模式的支付网关能够隔离和保护金融专网；② 第三方支付模式使商家看不到客户的信用卡信息，同时避免了信用卡信息在网络上多次公开传输而易泄露的问题；③ 客户选购商品后使用第三方支付平台进行支付，第三方通知商家货款送达、进行发货、买方在验证货物后，可以通知第三方付款给商家，这就保证了诚信交易。

本小节要考虑网上支付的编程实现。通常当客户在商家网页上选好商品后，商家网站的后台程序就会根据订单号确定应付金额，商家在用户请求支付时转到第三方支付网关。第三方支付网关再给用户产生一个订单号，再转到一个实际银行的网址，这时要审核一下该银行的网址是否正确，如果正确就可以输入卡号。这是网上支付的一般过程。

网上支付有两种接入方法：直接与银行对接方法；通过中间公司间接与银行对接方法。

（1）直接与银行对接的方法的优点是能够直接进行财务结算，交易资金比较安全，适合于交易量大的企业，如每月交易金额百万元以上的企业；缺点是开发工作量大，银行不定期升级交易系统时，企业将不得不随着改变，因而维护工作量也比较大，企业每年还需向银行缴纳一定数量的接口使用费。

（2）中间公司间接对接方法的优点是开发工作量少，接入规范，维护量少，费用低，适合于每月几十万元的企业；缺点是资金安全是个大问题。在开发在线支付系统时，经常采用的是与中间公司间接对接的形式。

我国做得比较好的第三方中间支付公司主要有首信易支付（http://www.beijing.com.cn）和易宝支付（http://www.yeepay.com）。使用首信易支付的有当当网、红孩子和京东商城等。使用易宝支付的有盛大、e 龙网、巴巴运动网等。首信易支付对用户收取接口使用费，并从交易金额中扣除 1%的手续费。易宝支付的接入是免费的，从交易金额中扣除 1%的手续费。

易宝支付的接入规范使用了加密手段，使用 MD5-Hmac 的方法。Hmac 是一种秘密的密钥验证算法。Hmac 提供的数据完整性和源身份验证完全取决于密钥分配的范围。如果只有发起者和接收方知道 Hmac 密钥，那么就对两者间发送的数据提供了源身份验证和完整性保证。易宝支付网关对企业发来的数据使用用户的密钥生成 MD5-Hmac 码，然后跟企业发来的 MD5-Hmac 码比较是否相同，如果相同即把请求转发到银行网关。buildHmac( ) 方法用于生成 MD5-Hmac，该方法的原型如下：当用户支付完成后，银行网关自动引导用户的浏览器重定向到易宝支付网关，易宝再引导用户到企业提供的 URL 上。

在使用易宝支付时，需要按照易宝的规范，向易宝提交各项数据：业务类型、商户编号、应答机制等。

```
public static String buildHmac(String p0_Cmd, String pl_MerId, String
p2_Order, String p3_Amt, String p4_Cur, String p5_Pid, String P6_Pcat,
String p7_Pdesc, String p8_Url, String p9_SAF, String pa_MP, String
pd_FrpId, String pr_NeedResponse, String keyvalue)
{
```

```
 StringBuffer sValue=new StringBuffer();
// 业务类型
 sValue.append(p0_Cmd);
// 商户编号
 sValue.append(p1_MerId);
// 商户订单号
 sValue.append(p2_Order);
// 支付金额
 sValue.append(p3_Amt);
// 交易币种
 sValue.append(p4_Cur);
// 商品名称
 sValue.append(pS_Pid);
// 商品种类
 sValue.append(p6_Pcat);
// 商品描述
 sValue.append(p7_Pdesc);
// 商户接收支付成功数据的地址
 sValue.append(p8_Url);
// 送货地址
 sValue.append(p9_SAF);
// 商户扩展信息
 sValue.append(pa_MP);
// 银行编码
 sValue.append(pd_FrpId);
// 应答机制
 sValue.append(pr_NeedResponse);
 String sNewString = DigestUtil. hmacSign (sValue . toString(), keyValue) ;
 rcturn sNewString;
}
```

为了使商家网站支持在线支付，首先要建立一个 PaymentUtil 类，该类用于将用户名、订单号和密钥统一生成 Hmac 码。还要将用户的输入信息传给易宝支付网关，因此需要有一个支付请求（PaymentRequest.java）的 Servlet，其源代码如下：商家网站事先已经从易宝支付获得了自己的配置信息 merchantInfo，其中有 p1_MerId、keyValue 和 merchantCallbackURL 三个参数，对于这个配置信息需要读取里面的 Key 值。

```
package payment.online.servlet;
import java.io.IOException;
import javax.servlet.ServletException;
import javax.servlet.http.HttpServlet;
import javax.Servlet.http.HttpServletRequest;
import javax.servlet.http.HttpServletResponse;
import payment.online.utils.ConfigInfo;
import payment.online.utils.PanymentUtil;

/* 发起支付请求 */
public class PaymentRequest extends HttpServlet {
public void doGet(HttpServletRequest request,HttpServletResponse response)
     throws ServletException, IOException {
     this . doPost (request' response) ;
```

```
    }
public void doPost(HttpServletRequest request,HttpServletResponse response)
        throws ServletExceptton, IOException {
        request.setCharacterEncoding("GBK");
        String orderid=request.getParameter("orderid");  // 订单号
        String amount=request.getParameter("amount");  // 支付金额
        String pd_FrpId=request.getParameter("pd_FrpId"); //选择的支付银行
        String pl_MerId=ConfigInfo.getValue("pl_MerId");
        String keyValue=ConfigInfo.getValue("keyValue");
        String merchantCallbackURL=ConfigInfo.getValue("merchantCallbackURL");
        String messageType="Buy";       // 请求命令，在线支付固定为 Buy
        String currency="CNY";          // 货币单位
        String productDesc=" ";         // 商品描述
        String productCat=" ";          // 商品种类
        String productId=" ";           // 商品 ID
        String addressFlag="0";         // 需要填送货信息; 0，不需要; 1，需要
        String sMctProperties=" ";      // 商家扩展信息
        String pr_NeedResponse="0";     // 应答机制
        String md5hmac=PanymentUtil.buildHmac(messageType,p1_MerId,orderid,
amount, currency, productId, productCat, productDeac, merchantCallbackURL,
addressFlag, sMctProperties, pd_FrpId, pr_NeedResponse, keyValue);
        request.setAttribute( "messageType",messageType);
        request.setAttribute("merchantID",pl_MerId);
        request.setAttribute("orderId",orderid);
        request.setAttribute("amount",amount);
        request.setAttribute("currency",currency);
        request.setAttribute("productId",productId);
        request.setAttribute("productCat",productCat);
        request.setAttribute("productDesc",productDesc);
        request.setAttribute("merchantCallbackURL",merchantCallbackURL);
        request.setAttribute("addressFlag",addressFlag);
        request.setAttribute("sMctProperties",sMctProperties);
        request.setAttribute("frpId",pd_FrpId);
        request.setAttribute("pr_NeedResponse",pr_NeedResponse);
        request.setAttribute("hmac",md5hmac);
        request.getRequestDispatcher("/WEB-INF/page/connection.jsp").
forward(request,response);
}
```

支付结果响应（PaymentResultResponsejava）源代码如下。

```
        package cn.itcast.Servlet;
        import javax.io.IOException;
        import javax.servlet.ServletException;
        import javax.servlet.http.HttpServlet;
        import javax.servlet.http.HttpServletRequest;
        import javax.servlet.http.HttpServletResponse;
        import payment.online.utils.ConfigInfo;
        import payment.online.utils.PanymentUtil;
        /* 响应银行支付结果请求 */
public class PaymentResultResponse extends HttpServlet {
```

```
    public void doGet(HttpServletRequest request,HttpServletResponse
response)
    throws ServletException, IOException {
        this.doPost(request,response);
    }

    public void doPost(HttpServletRequest request,HttpServletResponse
response)
    throws ServletException,IOException {
        request.setCharacterEncoding("GBK");
        String merchantID=ConfigInfo.getValue("pl_MerId");
                                                    // 商家 ID
        String keyValue=ConfigInfo.getValue("keyValue");
                                                    // 商家密钥
        String sCmd=request.getParameter("r0_Cmd");   // 业务类型
        Strtng sResultCode=request.getParameter("r1_Code");
                          // 扣款结果，该字段值为 1 时表示扣款成功
        String sTrxId=request.getParameter("r2_TrxId");
                          // Yeepay 易宝交易订单号
        String amount=request.getParameter("r3_Amt");
          // 扣款金额，交易结束后，Yeepay 易宝交易系统将实际扣款金额返回给商户
        String currency=request.getParameter("r4_Cur");
          // 交易币种，人民币为 CNY
        String productId=request.getParameter("r5_Pid");
          // 商品 ID
        String orderId=request.getParameter("r6_Order");
          // 商品订单号
        String userId=request.getParameter("r7_Uid");
          // Yeepay 易宝会员 ID
        String mp=request.getParameter("r8_MP");
          // 商户扩展信息，可以任意填写 1KB 字符串，交易返回时将原样返回
        String bType=request.getParameter("r9_BType");
          // 交易结果通知类型，1: 交易成功回调（浏览器重定向） 2: 交易成功主动通
知（服务器点对点通信）
        String rb_BankId=request.getParameter("rb_BankId");
          // 支付银行
        String rp_PayDate=request.getParameter("rp_PayDate");
       // 在银行支付时的时间
        String hmac=request.getParameter("hmac");  // MD5 交易签名
        boolean result=PanymentUtil.verifyCallback(hmac,merchantID,sCmd,
sResultCode,sTrxId,amount,currency,productId,orderId,userId,mp,bType,
keyValue);
        if(result) {
            if("1".equals(sResultCode)){
            //此处应该把数据库中订单的支付状态设置成已经支付
            String message="订单号为: "+orderId+"的订单支付成功了";
            message+=", 用户支付了"+amount+"元";
            message+=", 交易结果通知类型: ";
            if("1".equals(bType)){
                message+="浏览器重定向";
```

```
                }else if ("2".equals (bType) ) {
                    message += "易宝支付网关后台程序通知";
                }
                message += "，易宝订单系统中的订单号为: "+ sTrxId;
                request.setAttribute("message",message);
                }else{
                    request.setAttribute("message","用户支付失败");
                }
            }else{
                request.setAttribute("message","数据来源不合法");
            }
        request.getRequestDispatcher ( "/WEB -INF/page/paymentResult.jsp").
    forward(request,response);
```

从商家以易宝支付作为中间接入的安全实现来看，关键的安全点在于 buildHmac()方法生成的 MD5-Hmac，一定要保证严格按照易宝支付要求的顺序去实现；另外商家从易宝支付获得的密钥要严格保密。

第三方支付平台除了首信易支付、易宝支付外，还有支付宝（https://www. alipay. com）、银联在线（http://ww.chinapay.com）、Paypal（http://www.paypal. com.cn）、百付宝（https://www. baifubao.com）、财付通（https：//www.tenpay.con/v2）、快钱（https://www.99bill.com）、汇付天下（http://www.chinapnr.com）、网银在线（http://www.chinabank.com.cn）。这些第三方支付平台都有自己的一套安全方案，用户使用时需要仔细研读遵守，本书将不作一一分析。

习　题

一、填空题

1. 电子支付方式可以分为________、________、________三大类。

2. 对于网上支付，银行的参与是必需的，网上支付系统必须借助银行的________、________以及________才能最终得以实现。

3. 电子现金既具有________的基本特点，又由于和________结合而具有________、多用途、快速简便等特点，已经在国内外的网上支付中广泛使用。________的推广应用又使得电子现金的安全性大大提高。

4. 电子支票是一种借鉴________转移支付的优点，利用________将钱款从一个账户转移到另一个账户的电子付款形式。

5. 电子支票的支付主要是通过专用网络及一套完整的________、________、________等规范化协议完成数据传输。

6. 电子支票可以分为两类：一类是________，即________向银行发出________指令，以向________的划拨；另一类是________，即________向银行发出________指令________的划拨。

7. 电子资金划拨根据发起人的不同，可以分为________和________。前者由________发起的划拨。后者是由________发起的划拨。

8. 安全电子交易是基于因特网的________，是授权业务信息传输的安全标准，它采用

________公开密钥体系对通信双方进行认证。利用________、RC4 或任何标准对称加密方法进行信息的加密传输，并用________来鉴别消息真伪，有无篡改。

9. 招商银行推出了________网上业务，包括________、________和________三种服务。

二、单项选择题

1. 目前应用最为广泛的电子支付方式是（　　）。

A. 银行卡　　B. 电子货币　　C. 电子支票　　D. 电子本票

2. 在电子支付系统各组成要素中，为公用网和金融专用网之间实现连接，并使支付信息必须经过它才能进入银行支付系统的是（　　）。

A. CA 中心　　B. 金融专网　　C. 客户或商家开户行　D. 支付网关

3. 根据电子支付的定义，以下选项中不属于电子支付的是（　　）。

A. 用银行卡进行 POS 结账　　B. 用电子钱包进行网上支付

C. 电子汇款　　D. 用银行卡从 ATM 机提款后支付

4. 目前，电子支付存在的最关键问题是（　　）。

A. 技术问题　　B. 安全问题　　C. 成本问题　　D. 观念问题

5. SSL 安全协议最初是由（　　）公司设计开发的。

A. Netscape Communication　　B. VISA 和 Mastercard

C. Roland Moreno　　D. IBM

6. 目前我国开发的电子支付系统，采用 SSL 协议的有（　　）。

A. 中国银行的长城卡电子支付系统　　B. 上海长途电信局的网上支付系统

C. 民生银行的民生卡电子支付系统　　D. 农行的金穗卡电子支付系统

三、多项选择题

1. 在 Internet 上，典型的电子支付方式包括（　　）。

A. 电子货币支付方式　　B. 电子支票支付方式

C. 银行卡支付方式　　D. 牡丹卡

2. 网上购物可以选择（　　）付款方式。

A. 邮局汇款　　B. 银行电汇　　C. 在线支付　　D. 货到付款

3. 电子支票支付方式包括（　　）。

A. E-check　　B. NetBill　　C. NetCheque　　D. 电子邮件

4. 简易的电子商务采用的支付方式是（　　）。

A. 汇款　　B. 交货付款

C. 网上支付　　D. 虚拟银行的电子资金划拨

5. 选择中银电子钱包付款，在用户输入完用户名和口令后，进入电子钱包界面，此时在“订单说明”处的信息包括（　　）。

A. 购买金额　　B. 商城名称　　C. 订购单号　　D. 商品描述

四、简述题

1. 什么是电子支付系统，可以将电子支付系统分为哪 3 类？

2. 网上信用卡支付主要有哪 3 种方式？

3. 网络银行的主要特点有哪些？

4. 什么是支付网关？
5. 什么是电子支票，电子支票的特点有哪些？
6. 电子支票的应用过程是怎样的？
7. 什么是电子现金，电子现金的特性是什么？
8. 电子现金的应用过程有哪几步？
9. 电子现金支付方式有哪些特点？
10. 电子现金主要有哪些系统？
11. 根据所使用的支付手段，可将安全支付分为哪三类？
12. 支付交易安全主要包括哪些内容？
13. 数字货币安全主要包括哪些内容？
14. 电子支票安全主要包括哪些内容？

参考文献

[1] 肖和阳，卢嫣．电子商务安全技术[M]．长沙：国防科技大学出版社，2006．
[2] 韩宝明，杜鹏，刘华．电子商务安全与支付[M]．北京：人民邮电出版社，2001．
[3] 管有庆，王晓军，董小燕．电子商务安全技术[M]．北京：北京邮电大学出版社，2005．
[4] 祝凌曦．电子商务安全[M]．北京：清华大学出版社，2006．
[5] 冯晓玲．电子商务安全[M]．北京：对外经济贸易大学出版社，2008．
[6] 陈月波．电子商务解决方案[M]．北京：电子工业出版社，2002．
[7] [美] KEVIN HOFFMAN．ASP.NET 电子商务高级编程[M]．北京：清华大学出版社，2003．
[8] 赵祖荫．电子商务网站建设教程[M]．北京：清华大学出版社，2004．
[9] 厉小军．电子商务系统设计与实现[M]．北京：机械工业出版社，2007．
[10] 郝卫东，等．网络环境下的电子商务与电子政务建设[M]．北京：清华大学出版社，2006．
[11] 张波．电子商务安全[M]．上海：华东理工大学出版社，2006．
[12] 魏善沛．电子商务网站开发与实现[M]．北京：高等教育出版社，2004．
[13] 朱顺泉．电子商务信息系统分析与设计[M]．北京：清华大学出版社，2006．
[14] 张李义，等．电子商务系统设计理论与实例分析[M]．北京：科学出版社，2007．
[15] 程永敬，翁海燕，朱涛江，等．编写安全的代码[M]．北京：机械工业出版社，2005．
[16] 刘福太，张立民，金慧琴，等．ASP 3 高级编程[M]．北京：机械工业出版社，2000．
[17] 沈凤池．电子商务网站设计与管理[M]．北京：北京大学出版社，2006．
[18] 冯大辉，姚湘怡．Web 安全实践[M]．北京：人民邮电出版社，2003．
[19] 田芳，陈红．Web 应用黑客大曝光[M]．北京：清华大学出版社，2003．
[20] [美]旋奈尔．应用密码学协议：算法与 C 源程序．吴世忠，译．北京：机械工业出版社，2003．
[21] [加]斯廷森．密码学原理与实践[M]．冯登国，译. 3 版．北京 ：电子工业出版社，2009．
[22] 章照止．现代密码学基础[M]．北京：北京邮电大学出版社，2004．
[23] 张焕国，王张宜．密码学引论[M]．2 版．武汉：武汉大学出版社，2009．
[24] 杨义先，钮心忻．应用密码学[M]．北京：北京邮电大学出版社，2005．
[25] 谢希仁．计算机网络[M]．4 版．北京：电子工业出版社，2005．
[26] 胡建伟．网络安全与保密[M]．西安：西安电子科技大学出版社，2003．
[27] 陈卓．网络安全技术[M]．北京：机械工业出版社，2004．
[28] 周荣庭．信息国防论[M]．北京：军事科学出版社，2002．
[29] 张茂林，等．信息系统测试[M]．北京：中央广播电视大学出版社，2006．
[30] 佟晓筠，杨书华．计算机网络实用技术[M]．北京：机械工业出版社，2004．
[31] 唐涛，白涛．网络组建及应用典型实例精粹[M]．北京：电子工业出版社，2007．
[32] WEST NOONAN，IDO DUBRAWSKY．防火墙基础[M]．北京：人民邮电出版社，2007．
[33] 张庆华．网络安全与黑客攻防[M]．北京：电子工业出版社，2007．
[34] 戴宗坤．信息安全实用技术[M]．重庆：重庆大学出版社，2005．

[35] 祁明．电子商务安全与保密[M]．北京：高等教育出版社，2006．
[36] 张波．电子商务安全[M]．上海：华东理工大学出版社，2006．
[37] 陈三堰，沈阳．网络功防技术与实践[M]．北京：科学出版社，2006．
[38] 汪春阳，等．下一代网络安全[M]．北京：北京邮电大学出版社，2006．
[39] 唐正军，李建华．入侵检测技术[M]．北京：清华大学出版社，2004．
[40] 罗守山．入侵检测[M]．北京：北京邮电大学出版社，2004．
[41] Michael Howard，David LeBlane．编写安全的代码[M]．北京：机械工业出版社，2005．
[42] Jon Erickson．黑客之道漏洞发掘的艺术[M]．北京：中国水利水电出版社，2005．
[43] 许治坤，王伟，等．网络渗透技术[M]．北京：电子工业出版社，2005．
[44] 张仁斌，李钢，等．计算机病毒与反病毒技术．北京：清华大学出版社，2006．
[45] 阎雪．黑客就这么几招[M]．2 版．北京：北京科海培中技术有限责任公司，2002．
[46] 邓吉．黑客攻防实战入门[M]．北京：电子工业出版社，2005．
[47] 李德全．拒绝服务攻击[M]．北京：电子工业出版社，2007．
[48] 董玉格，等．攻击与防护网络安全与实用防护技术[M]．北京：人民邮电出版社，2002．
[49] 王达．网管员必读：网络安全[M]．2 版．北京：电子工业出版社，2007．
[50] Anonymous，等．最高安全机密[M]．2 版．北京：机械工业出版社，2004．
[51] 李匀．网络渗透测试：保护网络安全的技术、工具和过程[M]．北京：电子工业出版社，2007．
[52] 连一峰，王航．网络攻击原理与技术[M]．北京：科学出版社，2004．
[53] 郎永祥．计算机网络安全技术[M]．北京：机械工业出版社，2005．
[54] 韩东海，王超，等．入侵检测系统及实例剖析[M]．北京：清华大学出版社，2002．
[55] 蔡红柳，何新华．信息安全技术及应用实验[M]．北京：科学出版社，2004．
[56] STALLINGS W ．密码编码学与网络安全[M]．北京：电子工业出版社，2004．
[57] 虞益诚．电子商务概论[M]．北京：中国铁道出版社，2006．
[58] 朱建明．电子商务安全[M]．北京：机械工业出版社，2012．
[59] 管有庆．电子商务安全技术[M]．北京：北京邮电大学出版社，2005．
[60] 张波，等．电子商务安全[M]．北京：机械工业出版社，2015．
[61] 杨坚争，赵雯，杨立钒．电子商务安全与电子支付[M]．北京：机械工业出版社，2007．
[62] 李洪心．电子商务案例[M]．北京：机械工业出版社，2006．
[63] 卢湘鸿．电子商务技术基础[M]．北京：清华大学出版社，2007．
[64] DOUGLAS．网络安全基础：网络攻防、协议与安全[M]．仰礼友，赵红宇，等译．北京：电子工业出版社，2011．
[65] 吴礼发，洪征，李华波．网络攻防原理[M]．北京：机械工业出版社，2012．
[66] 刘英卓．电子商务安全[M]．2 版．北京：电子工业出版社，2016．
[67] 宋一兵．局域网组建与维护[M]．北京：人民邮电出版社，2009．
[68] 尹淑玲．网络安全技术教程[M]．武汉：武汉大学出版社，2014．